凉州人物志

赵鲲
赵继成 编注

上海古籍出版社

图书在版编目(CIP)数据

凉州人物志 / 赵鲲,赵继成编注. —上海：上海古籍出版社，2024.5
ISBN 978-7-5732-1107-1

Ⅰ.①凉… Ⅱ.①赵… ②赵… Ⅲ.①人物志-武威 Ⅳ.①K820.842.3

中国国家版本馆 CIP 数据核字(2024)第 076825 号

凉州人物志

赵　鲲　赵继成　编注

上海古籍出版社出版发行

(上海市闵行区号景路 159 弄 1-5 号 A 座 5F　邮政编码 201101)
(1) 网址：www.guji.com.cn
(2) E-mail：guji1@guji.com.cn
(3) 易文网网址：www.ewen.co

商务印书馆上海印刷有限公司印刷

开本 710×1000　1/16　印张 17　插页 2　字数 274,000

2024 年 5 月第 1 版　2024 年 5 月第 1 次印刷

ISBN 978-7-5732-1107-1

K·3577　定价：88.00 元

如有质量问题，请与承印公司联系

前　言

众所周知,不同的文化圈即使相隔遥远,只要道途可通,相互之间的影响总是难以避免的。长期以来,不少人习惯于认为中华文化与西方文化(包括印度)的交流肇始于西汉时的张骞凿空西域,其实在更早之前,东西方之间的文化交流,就已经普遍地发展与持续着。横贯亚欧大陆之间的大草原便是最为方便的交通之途。"玉门关"这个地名是在张骞打通了西域之后出现的,意谓西域美玉进入中原的门户。但在玉门关设立之前,西域玉石早已大量地进入了内地。秦李斯在其著名的《谏逐客书》中写道:"今陛下致昆山之玉。"唐张守节《史记正义》云:"昆山,在于阗国东北四百里,其山出玉。"昆山所指即为今天新疆和田县南的昆仑山。其实,早在秦代之前就有美玉从这里运入中原。无论是美玉、名马还是冶铜之术,大凡来自西方的物产与技术进入中原地区,最为便捷的路径必然是当今盛称的"丝绸之路",而丝绸之路的得名则远远晚于更早的"玉石之路"。而玉石之路、丝绸之路,都必须经过地理学上的河西走廊,这条走廊正是今日甘肃的西部地区。经过河西,欲入中原,必须经过今日甘肃的中、东部地区。如此一来,甘肃几乎全部处于这条沟通东西方交通的大动脉之中。正是这种得天独厚的区位优势,使得甘肃这方土地在中华文明的早期,一直处于比较领先的地位。

一个地方文化的发达,与其优秀人物的孕育密不可分,所谓"人杰地灵"也。同样,甘肃古代文化发达的标志就是人才辈出。何谓"人才"? 一时难以定义。姑且从中华皇皇巨史二十五史(包括《清史稿》)中有传记的人物去认识,甘肃在古代就曾涌现过许多赫赫有名的人物。也许,如今很少有人去仔细阅读这厚重的历史档案了,因此对于古代甘肃的历史人物比较陌生,认为古代甘肃比较落后。其实,古代的甘肃不仅人才辈出,而且其人不同凡响。笔者细阅古史,竟然多次与同乡先辈不期而遇,不禁叹为观止——原来自己脚下这片贫瘠的黄土也曾孕育过不少驰骋疆场的英雄豪杰,以及学行俱优的卓异之士,于是一种自豪的情怀便油然而生。为了让更多的当代甘肃人对家乡产生自爱之情，乃至让甘肃以外的人对甘肃多一些了解，不妨把古代甘肃历史人物介绍一番，也许是颇有意义的。笔者乃发心要把古代史书中甘肃人物的传记做一番注释，以便读者了解。于是，从《史记》《汉书》《后汉书》《三国志》《晋书》这五部正史中择出34位西汉至晋朝的人物传记，加以注释。

中华历史进入隋唐以后，由于北方草原民族的屡屡入侵，以及长江流域的不断开发，而甘肃往往成为异族入侵的冲要之地，战祸不断，导致各个方面都落后于东南地区，与之相应，历史人物逐渐寥落。因此，本书选入的古代甘肃人物始于西汉，止于两晋。这一时期，当今甘肃大部分地区属于"凉州"，故定书名为《凉州人物志》。正史中甘肃人物的传记，曾有人为其中的个别篇章作过注释，如王伯祥在《史记选》中为《李广传》作过注，但大多数尚未有注释，实不便读者了解古代甘肃人物。笔者不揣浅陋，为众多甘肃古代人物传记作一些简单的注释，也许对读者不无裨益。

何为甘肃人物？毫无疑问，自然当是出生并成长于甘肃这方土地上的人物。但实际上这样的划定并不可行。姑且不论在极其看重郡望的古代，即使在当下，中国人还有一个籍贯与出生地以及成长之地并非全同的问题，因此要确定某位古人为甘肃人并不十分容易。以东汉中期权臣梁冀为例，他的五世祖梁统是西汉末至东汉初年的人，因为功名成就于东汉初年，其传记被范晔写入了《后汉书》中。《后汉书》卷六十四《列传第二十四》专为梁氏一代四人立传，分别为梁统、子梁竦、曾孙梁商、玄孙梁冀。而梁统传首句云："梁统，字仲宁，安定乌氏人。"后面又写到梁统的祖籍并非安定乌氏，而是自其高祖时从河东（今山西南部）迁入北地（今甘肃庆阳北及宁夏东南），后又迁居茂陵（今陕西兴平），至西汉哀、平之际才归安定，因此习惯上都称梁统为安定乌氏人。但梁统自从归附了刘秀之后，一直生活在京师洛阳。到梁冀时已经五代，早已成了地道的洛阳人，而安定只是他的郡望，犹如现今所谓籍贯。但在汉代，不仅别人认为梁统是安定人，连他自己也认为是安定人。《后汉书》在写梁竦、梁商以及梁冀时都不再写安定，更不提洛阳，只需跟着梁统的郡望就行了。因此，古代甘肃人物可统一以其郡望、籍贯论定。

名人的籍属确定之后，还要明确的是何为"古代甘肃"？众所周知，甘肃这个省名只是在元代才出现的。元代以前，地方无省一说，因省属中央机构，如中书省、尚书省等。中国古代地方行政机构最早为郡,郡下设县,史称郡县制,以别于封建制。郡县始于春秋战国。秦统一天下之后,即在全国推行郡县制,全国有郡四十。到了西汉武帝时,由于经济发展,人口增加,郡县也随之增加了不少,其中还有许多诸王封国。中央朝廷难以控制,于是又将全国划分为十三个州,每州设刺史一员,用来监察本州郡、县、乡行政。但州刺史只行监察任务,不属行政。至东汉末年,州刺史逐渐变成了一州最高军事行政长官,名称也一度改为"州牧"。牧者,牧民之谓也。这时郡太守也要受州牧的辖制,于是州牧成了地方行政的最高权力执掌者。例如在汉末大乱时,冀州牧袁绍、并州牧董卓、兖州牧曹操、荆州牧刘表都是些不可一世的割据者,尽管仍称臣于朝廷,其实只具名义而已。

州作为地方行政区,一直延续到宋末。唐代州之上设有道,宋代设有路等,但多属军事、经济、监察部门,行政机构仍以州为主。到宋代,州之最高长官已不再称牧或刺史而改称知××州事,简称"知州"。

元朝初年,疆域大扩,州亦更多。为了加强对地方的有效控制,中央在全国设置了十多个行中书省,简称"行省",后遂为定制。从此,省作为地方最高行政区划和机构设置一直沿袭至今。为何称"行省"?省本为中央政府机构,元代称中书省,首长称中书令,权力最大,往往由皇太子兼任。又设左右丞相、平章政事等。由于元代疆域极大,交通不便,通讯落后,要统治空前广大的国土,实在是困难重重。于是,元朝廷将中书省分设于全国各地,称为"行中书省",代表中书省行使权力,意为中书省的派出机关,简称"行省"或"省"。元代最初所设的十一个行省中就有甘肃省,取名于甘州府(今张掖市)和肃州府(今酒泉市)。因此,甘肃作为地名实则不到七百年。

元以后的甘肃省与汉魏时凉州刺史部大体相同。《后汉书·郡国志》凉州刺史部下属有:陇西、汉阳、武都、金城、安定、北地、武威、张掖、酒泉、敦煌诸郡及张掖属国、张掖居延属国等郡国。其中的两个属国是专为内附匈奴人而设置的,位置大约在今内蒙古自治区西部额济纳旗和阿拉善旗一带。而额济纳旗在20世纪六七十年代一度属于甘肃省酒泉地区管辖。需要指出的是,元明清时并无青海、宁夏两省区,其地全属甘肃,而在汉时亦属凉州。本书所选为汉、魏、晋几朝甘肃人物,取名为《凉州人物志》,良有以也。

综览古代凉州人物的经历与功业,大体可以分为以下几类:一、名将;二、曾经割据一方的"诸侯王";三、出使并经营过西域的"外交家";四、高才卓行的隐士；五、恶名流布的大奸元凶；六、流芳千古的奇女子；七、不甚明确的杰出之士。

凉州古代多出名将，此说由来已久。班固在《汉书·辛庆忌传赞》中写道："秦汉以来，山东出相，山西出将。"这里的山东、山西并非今日之山东省与山西省。因为此山系指今河南省西部之崤山，属秦岭东段余脉，主峰在灵宝市东南，附近有著名的函谷关。《辛庆忌传赞》又曰："关东出相，关西出将。"但无论山西还是关西，指的都是以陕西与甘肃为主的西北地区。班固接着又写道："秦将军白起，郿人；王翦，频阳人。汉兴，郁郅王围、甘延寿，义渠公孙贺、傅介子，成纪李广、李蔡，杜陵苏建、苏武，上邽上官桀、赵充国，襄武廉褒，狄道辛武贤、庆忌，皆以勇武显闻。"这十五位名将中，除白起、王翦、苏建、苏武四人属陕西人之外，其余全是凉州人。凉州出名将早在西汉时已成显闻。东汉以降，凉州仍屡出名将。由于东汉一朝，边患多来自羌人的反叛，在对羌人的长期争战中凉州涌现过三位名将，他们是安定人皇甫规、敦煌人张奂、武威人段颎。范晔在《后汉书》中将三人同列一传，因为这三人的字中都有一个"明"字（皇甫规字威明、张奂字然明、段颎字纪明），故时号"凉州三明"。三国时，魏将陇西人庞德勇猛不让关羽。蜀将甘谷人姜维是诸葛亮最器重的接班人，名声更加显赫。凉州何以屡出名将？班固早在《辛庆忌传赞》中就道出了原委，他说："何则？山西、天水、陇西、安定，此地势迫羌胡，民俗习修战备，高尚勇力骑射。"他指出的这四郡位于今日甘肃之东北、东南方，凉州出名将自在情理之中。

凉州地处西北，西通域外，东达京师，在中央王朝强盛之时，控制严密。可一旦王室衰微，天下大乱，地方豪强往往会割据一方，称雄一时。姑且勿论殷商末年的西伯侯姬昌、春秋时称霸西戎的秦穆公，单说西汉末年王莽乱政，四方豪杰纷起，在凉州就有卢芳与隗嚣割据称王，直至被刘秀逐一击灭。西晋惠帝时，先有八王之乱，后继五胡乱华，中原丧乱，晋室南渡，北方大地陷入空前混乱之中。先后有不少民族雄杰纷纷登场，掠人夺地，各霸一方，逞雄一时，史称五胡十六国。其中在凉州先后建立过五个带"凉"字的小政权，它们分别是张轨建立的前凉、吕光建立的后凉、段业建立的北凉、李暠建立的西凉和秃发乌孤建立的南凉。这些割据者多为凉州人。更有略阳人苻坚建立的前秦一度统一了整个北方，连四川也被囊括，势力远超三国时的曹魏，是十六国中国土最大的一国。

凉州容易产生割据的状况从汉魏一直向后推演，例如隋唐之际称雄西北的薛举、薛仁杲父子,北宋时李继迁及李元昊建立西夏。即使在民国时期,盘踞在甘、宁、青三省的军阀,虽然名义上承认北洋和南京国民政府,但实质仍属半独立的割据者。究其原因,仍与甘肃特殊的地理位置与民族成分有关。此点,与西南的四川、云南颇为相似。

亚洲北方草原民族匈奴人早在秦代就已经十分强盛,威胁着中原华夏民族。秦始皇为防备匈奴入侵,派大将蒙恬扩建秦、赵、韩三国旧长城,绵延万里。又修直道北达朔方,暂时阻挡了匈奴人的南下之路。楚汉相争之际,匈奴未动。刘邦建汉之初,欲乘壮盛之军力一举击破匈奴。不料反被匈奴围困在白登道中,若不是用陈平之谋,几乎不得脱身。不得已,方取和亲政策,以换一时之安宁。汉文帝十四年(前166年),匈奴入萧关,杀北地郡守,烧毁中宫,离京师长安不到三日路程。在汉武帝击破匈奴之前,今日甘肃境内只有陇西、天水,北地、安定四郡属汉。武帝击退羌人,增设武都、金城二郡。当时的河西尚为匈奴人的牧地。霍去病西出陇西,击匈奴三千余里,在河西走廊上先后设置了武威、张掖、酒泉、敦煌四郡,此时古代甘肃境内共设置十郡。早于出击匈奴之前,武帝已派遣张骞出使西域,目的是寻找西迁的大月氏以共同对付匈奴。张骞虽然没能说动大月氏王合作,但已掌握了西域各国的第一手资料,开辟了名副其实的丝绸之路。张骞是陕西汉中城固人,但其后涌现出的几位与西域相关的历史名人大多是甘肃人,如班固提及的甘延寿、傅介子、段会宗等。为什么古代甘肃人会充当与西域交通的外交家呢?依然不出地理的因素。因为甘肃离西域最近,无论东方人远去西域,还是西方人进入中原,都会途经甘肃。即使在海路畅通之后,威尼斯商人马可·波罗依然是通过甘肃进入中原的。这可能就是古代甘肃多出与西域有关名人的真正原因。

以上三类人物多以武将为主,这是否意味着古代甘肃文化贫乏?其实古代甘肃文化之发达要远早于东南沿海,即使与中原相比也毫不逊色。有关此一论题非本文之所及,但是要论及人类发展中的陶器文化,中国黄河中上游实为发育最早的地区之一。迄今所知制作精美、纹饰绚丽的彩陶大多出自黄河的支流渭水,以大地湾、半坡为代表。洮河,以马家窑为代表;湟水,以柳湾半山为代表。其地正是今日青海、甘肃、陕西黄河支流地区,其中甘肃所出陶器最多,也最为精美。也许有人以为彩陶上没有文字,更没有文学、哲学,它能代表文化吗?其实在中国人尚未使用甲骨文字之前,最能代表文化的符号就属这类陶器上的纹饰。

因为它是艺术的载体,是艺术门类中美术的鼻祖。尽管没有文字来记述人们的思想,但那时黄土高原地区的音乐、美术、舞蹈已相当发达。青海大通县孙家寨出土的一件彩陶盆内的舞蹈纹饰,就是最具说服力的证物。更不用说传说中华夏民族的先祖伏羲、女娲都源自甘肃。因此,说古代甘肃是中华文化的发端之地之一也毫不为过。

诚然,中华文化的第一个高峰期出现在周代,尤其是周末的春秋战国时期,具体代表为《诗》(文学)、《易》(哲学)、《春秋》(史学)、诸子(思想)、《禹贡》(地理)、《孙子兵法》等。至于其他,如制作之精美(青铜器)、艺术之繁荣(音乐、舞蹈、绘画),更不消说。在这些方面,中原地区后来居上,但甘肃也不让分毫,如礼县秦公墓中出土的青铜器制作水平直追殷周。《诗经·秦风·豳风》中反映的生产、生活、战争故事发生地点包括甘肃部分地区在内。总之,古代甘肃一直处在文化发达地区之列,究其原因,仍与地理位置有关。众所周知,周代都镐京(今陕西西安),秦代都咸阳,汉代都长安。自古至今,京城从来都是一国之中心,文化的中心自然会包括京城外围。西汉时大文学家司马相如倘若一生蜗居成都,不入长安,则何以成大名于天下?汉末大学者郑玄在山东已学高无师,只有入关至绛帐(今陕西武功)拜马融为师,方成一代儒宗。足见关中地区长期以来就属中华文化的核心地区,而甘肃与关中只隔着一座陇山,相比于其他地区可谓中心之近邻。

文化发达的重要标志之一,便是文人及其作品的孕育。在这方面,古代甘肃尚无法与其他地方相比,譬如,先秦诸子即大多出自中原,孔孟、老庄、申韩、杨墨、屈宋都非西地所产。春秋时,秦国虽强,却被视为近于戎狄。西北文化再次发达,始于汉代。大史学家司马迁、班固都是关中人。东汉初,刘秀曾对部属讲:"西州多文士。"意谓给隗嚣写书信时要注意文辞,生怕贻笑于对方。这里所指的西州正是隗嚣割据的天水、陇西一带。这一地区何以会多文士呢?首先,王莽篡汉,关中大乱,文人士大夫为了躲避战祸,大多依身于隗嚣控制的地区。这里距离关中较近,而中原颇不安全。其次,隗嚣本就是一名文士,又能尊贤敬士,自然文士多愿投奔其下。其中最著名的即是班固的父亲班彪,他的《王命论》一文就是写给隗嚣的。隗嚣被刘秀击败后,这些文化人大多随刘秀去了京师洛阳,但三辅(关中)地区仍是文化最发达的地方。东汉中期,大科学家、文学家张衡生于号称南都的南阳。当时的南阳因为是刘秀的故乡,经济文化十分发达,与京师洛阳、旧都长安三足鼎立，但张衡还要去关中进修。《后汉书·张衡传》云："(衡)游于三辅，入京师，观太学，遂通五经，贯六艺。"大思想家、《论衡》的作者王充生于浙江会稽上虞，今日属于国内最发达的地区，但在东汉时还相对落后，王充后来游学北方，终成一代大儒。甘肃同时也诞生了一位与王充等大学者齐名的文化名人——王符。王符，字节信，安定临泾人。范晔在其传记中说他"少好学，有志操，与马融、窦章、张衡、崔瑗等友善。……符独耿介，不同于俗，以此遂不得升进……隐居著书三十余篇……不欲彰显其名，故号《潜夫论》"。《潜夫论》是一部政治思想文化论著，后代学者把他列入子部。也有人称王符为思想家。笔者观此书所述要旨，当以政论家视之为当。《后汉书》把王符与王充以及稍后的仲长统(《昌言》的作者)同列一传，足证王符在学术上的重要地位。王符虽然未曾做官，但他一定去过京师洛阳，因为与他交游的几位都是当时最著名的学术大师。张衡、马融自不待言。崔瑗为一代"宿德大儒"，更是东汉最著名的书法家之一，与蔡邕齐名。窦章位至少府，属九卿之一。而王符一介布衣，能与此辈"友善"，实足荣耀乡里。

大约与王符同时，天水郡(时名汉阳)还有一位著名的文人赵壹。范晔在《后汉书》中把赵壹归入《文苑传》中，说明他是以文学见长的人物。汉代的文学主要为辞赋和散文，尤其辞赋更是独领风骚，称雄一代，几位最著名的文学家全以善赋而名满当世。司马相如的《子虚》《上林》名扬天下，扬雄的《甘泉》《羽猎》倾动人主。史学家班固曾创作著名的《两都赋》。大科学家张衡也不甘示弱，花了十年时间，完成了与之齐名的《二京赋》。以上各赋号称巨制，时称大赋，属当时最流行的文学形式。除此之外，一些文人也创作了以表达思想情感为主的篇幅较小的赋，被称为小赋，例如扬雄就写过《解嘲》《解难》等赋以回应别人的质疑。而赵壹正是以写小赋而名扬文苑的辞赋家。他的代表作《刺世疾邪赋》是汉代小赋中不可多得的杰作之一。范晔在赵壹的传记中全文转载了这篇名赋，从而让赵壹的文名流誉千载。

在王符、赵壹之后的百年左右，安定郡内又出现了一位分量极重的文化大师，他就是朝那人皇甫谧。皇甫谧生活于魏末晋初，他的祖籍离王符比较近。《后汉书·王符传》中写到王符与皇甫谧的五世祖皇甫规有过来往。但皇甫谧比王符更加独特。王符从小就好学博闻，但性格耿介，不事干谒，一生不曾做官，以著述为务。而皇甫谧在二十岁以前还不务学业，终日游荡无度。后来在叔母的谆谆教诲下才幡然悔悟,读书之勤远逾常人,时人号称"书淫"。由于勤学不辍,加以天资聪颖,很快就成了博通六艺综贯百家的学术大师。更奇特的,是皇甫谧成名之后,当朝皇帝屡次征召他入朝为官,都被其一一拒绝,他和王符一样终生以著述为务。因为皇甫谧曾患严重的风痹症,便有人给他加上了一顶"针灸鼻祖"的桂冠。依据流传后世的著作来看,皇甫谧首先应是一位历史学家,他撰写的《帝王世纪》曾被后来的历史研究者多所引述。其次,皇甫谧还是一位文学家,他写的《高士传》《列女传》同样为世人所重。但皇甫谧对后世的影响,最显著的标记无疑是隐士的典范。因为不慕荣利,隐居一生,又给古代的隐士立传,因此皇甫谧本人也成了隐士的代表之一。在中国,隐士文化源远流长,孔子也曾经讲过"邦有道则仕,邦无道则隐",说明儒家文化中也包含着隐的一面。道家更是隐士文化的源头。而对隐士做文化总结,即隐士文化的奠基者正是甘肃人皇甫谧。

皇甫谧之后的一二百年间,甘肃还出现过几位与他相似的文化名人,《晋书》的作者把他们列入《隐逸》之类中,他们分别是:

一、杨轲,天水人。《晋书》说他"少好《易》,长而不娶,学业精微,养徒数百。"先被前赵刘耀所征,"固辞不起"。接着,又被后赵石勒强迫东迁,"留长安"。石虎嗣位,又被以礼征聘,轲终不应。

二、王嘉,陇西人。亦当世奇士。隐居不仕,聚众授徒,先辞苻坚,后谢姚苌,终为姚苌所害。王嘉曾著小说《拾遗记》,与干宝的《搜神记》开唐宋传奇文学之先河,故名气颇著。

三、索袭,敦煌人。其传云:"虚静好学,不应州郡之命,举孝廉,贤良方正,皆以疾辞。游思于阴阳之本,著天文地理十余篇,多所启发。"太守阴澹慕索袭之高才大德,礼之甚厚。临终,阴澹不仅亲临葬礼,赠钱,且评价极高。

四、宋纤,敦煌人。学识渊博,不与世交,隐居于酒泉南山,受业弟子千余人。地方官员多次征召,不应。前凉国君张祚遣使聘为太子友,授太子太傅之职。但宋纤终不接受,返山中,享寿82岁。

五、郭瑀,敦煌人。其传云:"精通经义,雅辩谈论,多才艺,善属文……隐居于临松薤谷,凿石窟而居,服柏实以轻身。作《春秋墨说》《孝经错纬》。弟子千余人。"前凉末代君主张天锡屡征不应。苻坚灭凉后,"征入朝,不应"。

以上五人皆上承皇甫谧之余绪,构成一方隐士群体,这在任何时代都不多见。究其原因,当与所处时代相关。晋末之乱,天下滔滔,称雄争霸者如走马灯一般,生灵涂炭,道德败坏。高才卓行之士只有隐居山林,保全性命,设帐授徒,以传薪火,但他们又要拒势利之逼迫,实在是痛苦。笔者注古代甘肃人物,体会最深者可以八字括之,曰:"名将辈出,高士若云。"而名将多出两汉,高士则多产两晋。

以上几类多属"正面人物",难道古代甘肃就只有好的名人而没有恶人了吗?其实在任何一个时代、任何一个地方,有好人就一定也有恶人。以古代甘肃名人为例,史书为之立传的恶人虽然要比前几类"好人"少了许多,但其恶名之昭彰却远远超过前类。其中最著名者,当属东汉中期的"跋扈将军"梁冀与汉末的一代奸雄董卓。两人所为见于本传,不再赘述。

概而述之,古代甘肃之所以会涌出诸多杰出人物,实与它所处的地理位置关系密切,亦即时下所谓"地缘政治"因素所至。众所周知,当下的中国是一个面对全球的大国,在两千多年前,虽然早已是世界上的大国之一,但以中原为核心的巨大国度却是封闭的。它的东、南两面是渺茫无际的大洋。即使可以到达的某些岛屿国家,也都是比较原始落后的小国家,例如被称为倭奴国的日本等。中国北方是广阔无垠的荒漠草原,生活在其中的游牧民族一直是南下剽掠的劲敌,如匈奴等。至于西方,除去高山大河的阻隔,尚有被异族占据的河西走廊。因此即使雄略无比的千古一帝秦始皇,也只是把尖利的兵锋指向了东南的陆地边缘。秦帝国的西部边界只达到今天甘肃中部地区。雄才大略的汉武帝向西探寻的目的并非为了领土的扩张,而是寻求联合大月氏来共同对抗强大的匈奴。于是,张骞的西行为汉帝国打开了一扇朝向西方的大门,今天甘肃西部的河西走廊便成为进入西域三十六国的必经之地。经河西走廊翻越葱岭,直至中亚、西亚,一条以丝绸贸易为主的国际大通道出现在了亚欧大陆之间。在这条漫长而险远的大道上,古代的凉州,即今日之甘肃成了一段无可替代的枢纽区域,因此,在这片土地上涌现出了诸多可歌可泣的豪杰之士。

时移世易,大航海时代改变了人类相互交往的主要途径,在当下中国迈向全球化的道途中,先祖们为我们开辟的丝绸之路依然具有重大的战略意义。我们深信它会在新时代闪耀出更加辉煌的光芒。不忘历史,敬仰先辈,让他们的开拓精神与不朽业绩永远激励我们奋勇前行。

凡 例

一、本书所选传记出自《史记》(中华书局,1959年)《汉书》(中华书局,1962年)《后汉书》(中华书局,1965年)《三国志》(中华书局,1965年)《晋书》(中华书局,1974年)。

二、本书注释力求精当,侧重人事、地理、名物、掌故、词语出处及疑难词语等,部分稀见字以汉语拼音注音。

三、个别传记篇章有所删节。主要是个别传主的大段作品之类,如《王符传》所引4篇《潜夫论》内容及《李暠传》所引李暠《述志赋》等皆从略。

四、注释中凡征引古代文献,均只注书名、篇名等,其作者、版本等详见《参考文献》。

目　录

前言 ··· 1
凡例 ··· 1

卷一　西汉 ··· 1
　　李广传 ·· 1
　　李陵传 ·· 7
　　赵充国传 ··· 12
　　辛庆忌传 ··· 26
　　傅介子传 ··· 29
　　段会宗传 ··· 31

卷二　东汉 ··· 34
　　卢芳传 ··· 34
　　隗嚣传 ··· 37
　　梁统传 ··· 50
　　梁冀传 ··· 54
　　梁懂传 ··· 64
　　王符传 ··· 67
　　赵壹传 ··· 69
　　盖勋传 ··· 74
　　皇甫规传 ··· 79
　　张奂传 ··· 89

段颎传 ··· 96
皇甫嵩传 ··· 105
董卓传 ··· 114

卷三 三国 129
张绣传 ··· 129
贾诩传 ··· 131
庞德传 ··· 136
姜维传 ··· 138

卷四 两晋 143
皇甫谧传 ··· 143
胡奋传 ··· 155
索靖传 ··· 157
张轨传 ··· 159
李暠传 ··· 166
王嘉传 ··· 175
苻坚传 ··· 177
姚苌传 ··· 221
吕光传 ··· 230
秃发乌孤传 ··· 241
沮渠蒙逊传 ··· 244

参考文献 ·· 254

卷一 西汉

李 广 传

李将军广者,陇西成纪①人也。其先曰李信,秦时为将,逐得燕太子丹者也。故槐里②,徙成纪。广家世世受射③。孝文帝十四年,匈奴大入萧关④,而广以良家子⑤从军击胡,用善骑射,杀首虏多,为汉中郎⑥。广从弟李蔡亦为郎,皆为武骑常侍,⑦秩八百石。尝从行,有所冲陷折关及格猛兽⑧,而文帝曰:"惜乎,子不遇时⑨!如令子当高帝时,万户侯岂足道哉!"

及孝景初立,广为陇西都尉,徙为骑郎将。吴楚军时⑩,广为骁骑都尉,从太尉亚夫⑪击吴楚军,取旗⑫,显功名昌邑下。以梁王⑬授广将军印,还,赏不行。徙为上谷⑭太守,匈奴日以合战⑮。典属国公孙昆邪⑯为上泣曰:"李广才气,天下无双,自负其能,数与虏敌战,恐亡之。"于是乃徙为上郡太守。后广转为边郡太守,

---

① 成纪:古县名。初属陇西郡,后改属天水郡,故地在今静宁县南及秦安县北一带,相传为伏羲化生地。
② 槐里:古县名。秦时称废丘,汉改槐里。故地在今陕西兴平市东南十里。后汉皇甫嵩因功封槐里侯。
③ 世世受射:精于骑射,世代相授。
④ 萧关:古关名。位于今宁夏固原市东南,"关中四关"之西关。
⑤ 良家子:世世清白人家的子弟。
⑥ 中郎:郎中令属官,掌守宫禁,出充车骑,秩比六百石。
⑦ 武骑常侍:郎官加衔。
⑧ 冲陷折关及格猛兽:冲锋陷阵,斩关夺隘,格斗猛兽。
⑨ 不遇时:没有遇上好的时机。
⑩ 吴楚军时:吴楚七国起兵叛汉之时。
⑪ 太尉亚夫:周勃之子周亚夫时任太尉,率汉军平定七国之乱。
⑫ 取旗:夺取叛军旗帜。
⑬ 梁王:景帝之弟刘武时为梁王,当七国叛军之前。以李广之功私授将军印绶,为景帝不乐。故曰:"还,赏不行。"
⑭ 上谷:秦置,位于今陕北及内蒙古鄂尔多斯一带。
⑮ 日以合战:经常交战。日犹天天。
⑯ 典属国公孙昆邪:管理外族降人的官员。公孙为姓,昆邪为名。

徙上郡①。尝为陇西、北地、雁门、②代郡、云中太守,皆以力战③为名。

匈奴大入上郡,天子使中贵人从广勒习兵击匈奴。中贵人④将骑数十纵⑤,见匈奴三人,与战。三人还射⑥,伤中贵人,杀其骑且尽。中贵人走广⑦。广曰:"是必射雕者⑧也。"广乃遂从百骑往驰三人。三人亡马步行,行数十里。广令其骑张左右翼,而广身自射彼三人者,杀其二人,生得一人,果匈奴射雕者也。已缚之上马,望匈奴有数千骑,见广,以为诱骑⑨,皆惊,上山陈⑩。广之百骑皆大恐,欲驰还走。广曰:"吾去大军数十里,今如此以百骑走,匈奴追射我立尽。今我留,匈奴必以我为大军诱,必不敢击我。"广令诸骑曰:"前!"前未到匈奴陈二里所,止,令曰:"皆下马解鞍!"其骑曰:"虏多且近,即有急,奈何?"广曰:"彼虏以我为走,今皆解鞍以示不走,用坚其意⑪。"于是胡骑遂不敢击。有白马将出护其兵,李广上马与十余骑奔射杀胡白马将,而复还至其骑中,解鞍,令士皆纵马卧。是时会暮⑫,胡兵终怪之,不敢击。夜半时,胡兵亦以为汉有伏军于旁欲夜取之,胡皆引兵而去。平旦⑬,李广乃归其大军。大军不知广所之,故弗从。

居久之,孝景崩,武帝立,左右以为广名将也,于是广以上郡太守为未央卫尉⑭,而程不识亦为长乐卫尉。程不识故与李广俱以边太守将军屯。及出击胡,而广行无部伍行陈⑮,就善水草屯⑯,舍止,人人自便,不击刀斗以自卫,莫府⑰省约文书籍事,然亦远斥候⑱,未尝遇害。程不识正部曲行伍营陈⑲,击刀斗⑳,士吏

---

① 上郡:郡名,秦置,今陕西北部及内蒙古鄂托克旂等地。
② 北地、雁门、代郡、云中:位于今山西北部及内蒙古中部一带,时属并州。
③ 力战:拼力作战。
④ 中贵人:亲幸的宦官。
⑤ 纵:纵骑赴敌。徐广曰:"放纵驰骋。"
⑥ 还射:环绕射击。还通环。
⑦ 走广:逃至李广处。
⑧ 射雕者:匈奴中最善射的人。
⑨ 诱骑:引诱敌人的骑兵。
⑩ 上山陈:上山布阵。陈通阵。
⑪ 用坚其意:使他们更相信。坚,坚定。
⑫ 会暮:时至天黑。
⑬ 平旦:天亮。
⑭ 未央卫尉:未央宫的守卫将领。卫尉为九卿之一,秩二千石,与郡太守同级。但属中央禁卫军。
⑮ 无部伍行陈:没有严格的行军扎营章程。
⑯ 就善水草屯,舍止:在有好水草的地方安营扎寨。
⑰ 莫府:即幕府。行军时将军的帷帐,营帐,犹今之司令部。莫通幕。
⑱ 远斥候:斥,侦察。候,视望。犹今之侦察兵。派斥候去很远的地方侦察敌情。
⑲ 正部曲行伍营陈:正,严肃约束。部曲,部属。行伍营陈,行军驻营的规章制度。陈通阵。
⑳ 刀斗:同刁斗,铜铸,可作量具。行军时白天用来炊饭,夜间敲击巡更,以防范敌人。

治军簿至明①，军不得休息，然亦未尝遇害。不识曰："李广军极简易，然虏卒犯之②，无以禁也；而其士卒亦佚乐③，咸乐为之死。我军虽烦扰，然虏亦不得犯我。"是时汉边郡李广、程不识皆为名将，然匈奴畏李广之略④，士卒亦多乐从李广而苦程不识。程不识孝景时以数直谏为太中大夫。为人廉，谨于文法⑤。

后汉以马邑城诱单于⑥，使大军伏马邑旁谷，而广为骁骑将军，领属护军将军。是时单于觉之，去，汉军皆无功。其后四岁⑦，广以卫尉为将军，出雁门击匈奴。匈奴兵多，破败广军，生得广。单于素闻广贤，令曰："得李广必生致之⑧。"胡骑得广，广时伤病，置广两马间，络而盛卧广。行十余里，广详死⑨，睨⑩其旁有一胡儿骑善马，广暂腾⑪而上胡儿马，因推堕儿，取其弓，鞭马南驰数十里，复得其余军，因引而入塞。匈奴捕者骑数百追之，广行取胡儿弓，射杀追骑，以故得脱。于是至汉，汉下广吏⑫。吏当广所失亡多，为虏所生得，当斩，赎为庶人⑬。

顷之，家居数岁。广家与故颍阴侯孙⑭屏野居蓝田南山中射猎。尝夜从一骑出，从人田间饮。还至霸陵亭⑮，霸陵尉醉，呵止广。广骑曰："故李将军。"尉曰："今将军尚不得夜行，何乃故也！"止广宿亭下。居无何，匈奴入杀辽西⑯太守，败韩将军⑰，后韩将军徙右北平。于是天子乃召拜广为右北平太守。广即请霸陵尉与俱，至军而斩之。

广居右北平，匈奴闻之，号曰"汉之飞将军"，避之数岁，不敢入右北平。

---

① 治军簿至明：办军务到天亮。簿，军中文书簿记之类。
② 卒犯之：突然侵犯他们，卒同猝。
③ 佚乐：安逸快乐。佚通逸。
④ 略：胆略。
⑤ 谨于文法：严格遵守条文法度。
⑥ 汉以马邑城诱单于：其后汉朝用计谋引诱匈奴单于入侵马邑城，而设伏于附近，力图全歼。马邑，城名，在今山西朔州市。
⑦ 后四岁：其后四年为元光六年（前129年）。
⑧ 必生致之：一定要活捉他。
⑨ 详死：装死。详通佯。
⑩ 睨（nì）：斜视。
⑪ 暂腾：忽然跳起。暂，猝然，突然。
⑫ 下广吏：交给执法官处置。下，移送。
⑬ 赎为庶人：缴纳赎金，削去官职，降为平民。庶人，平民百姓。
⑭ 故颍阴侯孙：颍阴侯灌婴的孙子。
⑮ 霸陵亭：霸陵为汉文帝的陵墓，位于今西安市东南白鹿原。其时设有亭障，置守尉，犹今之交通检查站。
⑯ 辽西：郡名，秦置，汉因之，位于今河北东北、辽宁西南一带。
⑰ 韩将军：即韩安国，亦其时名将。

广出猎,见草中石,以为虎而射之,中石没镞①,视之石也。因复更射之,终不能复入石矣。广所居郡闻有虎,尝自射之。及居右北平②射虎,虎腾伤广,广亦竟射杀之。

广廉,得赏赐辄分其麾下,饮食与士共之。终广之身,为二千石四十余年,家无余财,终不言家产事。广为人长,猿臂,其善射亦天性也,虽其子孙他人学者,莫能及广。广讷口少言,与人居则画地为军陈,射阔狭以饮③。专以射为戏,竟死④。广之将兵,乏绝之处,见水,士卒不尽饮,广不近水,士卒不尽食,广不尝食。宽缓不苛⑤,士以此爱乐为用。其射,见敌急,非在数十步之内,度不中不发,发即应弦而倒。用此,其将兵数困辱,其射猛兽亦为所伤云。

居顷之,石建⑥卒,于是上召广代建为郎中令。元朔六年,广复为后将军,从大将军军出定襄⑦,击匈奴。诸将多中首虏率⑧,以功为侯者,而广军无功。后二岁,广以郎中令将四千骑出右北平,博望侯张骞将万骑与广俱,异道。行可数百里,匈奴左贤王⑨将四万骑围广,广军士皆恐,广乃使其子敢⑩往驰之。敢独与数十骑驰,直贯胡骑⑪,出其左右而还,告广曰:"胡虏易与耳。"军士乃安。广为圜陈外乡⑫,胡急击之,矢下如雨。汉兵死者过半,汉矢且尽。广乃令士持满毋发,而广身自以大黄⑬射其裨将,杀数人,胡虏益解。会日暮,吏士皆无人色,而广意气自如,益治军。军中自是服其勇也。明日,复力战,而博望侯军亦至,匈奴军乃解去。汉军罢⑭,弗能追。是时广军几没⑮,罢归。汉法,博望侯留迟后期,当死,赎为庶人。广军功自如⑯,无赏。

---

① 中石没镞(zú):射入石中,不见箭镞。镞,箭头。
② 右北平:郡名。战国时燕置,秦汉因之,属幽州。位于今河北东北一带。
③ 射阔狭以饮:以射程的远近与射入的深浅为胜负的依据,负者罚饮。
④ 竟死:终死,犹一生。
⑤ 宽缓不苛:宽松和缓,不加苛扰。
⑥ 石建:石奋之子,以孝谨著称。事见同书《万石张叔列传》。
⑦ 从大将军出定襄:大将军即卫青。定襄,郡名,属并州,位于今山西西北及内蒙古和林格尔一带。
⑧ 中首虏率:符合斩首及掳获的标准。率同律,亦标准。中率即及格,达标。
⑨ 左贤王:匈奴单于手下的统帅。单于置左右两贤王,分统东西部。
⑩ 其子敢:李广的第三子李敢。
⑪ 直贯胡骑:从匈奴的军营一直穿过。贯,通也。
⑫ 圜陈外乡:列成环形阵营,向外御敌。乡通向。
⑬ 大黄:大号的弓弩。可以射得更远,杀伤力更强。
⑭ 罢:同疲。
⑮ 几没:近乎全军覆没。
⑯ 军功自如:功过相抵。如,同也。

初,广之从弟李蔡与广俱事孝文帝。景帝时,蔡积功劳至二千石。孝武帝时,至代相。以元朔五年为轻车将军,从大将军击右贤王,有功中率,封为乐安侯。元狩二年中,代公孙弘①为丞相。蔡为人在下中②,名声出广下甚远,然广不得爵邑,官不过九卿,而蔡为列侯,位至三公③。诸广之军吏及士卒或取封侯。广尝与望气王朔燕语④,曰:"自汉击匈奴而广未尝不在其中,而诸部校尉以下,才能不及中人,然以击胡军功取侯者数十人,而广不为后人,然无尺寸之功以得封邑者,何也?岂吾相⑤不当侯邪?且固命⑥也?"朔曰:"将军自念,岂尝有所恨⑦乎?"广曰:"吾尝为陇西守,羌尝反,吾诱而降,降者八百余人,吾诈而同日杀之。至今大恨独此耳。"朔曰:"祸莫大于杀已降,此乃将军所以不得侯者也。"

后二岁,大将军、骠骑将军⑧大出击匈奴,广数自请行。天子以为老,弗许;良久乃许之,以为前将军。是岁,元狩四年也。

广既从大将军青击匈奴,既出塞,青捕虏知单于所居,乃自以精兵走之,而令广并于右将军军,出东道。东道少回远,而大军行水草少,其势不屯行。广自请曰:"臣部为前将军,今大将军乃徙令臣出东道,且臣结发而与匈奴战,今乃一得当单于,臣愿居前,先死单于。"大将军青亦阴受上诫,以为李广老,数奇,毋令当单于,恐不得所欲。而是时公孙敖新失侯,为中将军从大将军,大将军亦欲使敖与俱当单于,故徙前将军广。广时知之,固自辞于大将军。大将军不听,令长史封书与广之莫府,曰:"急诣部,如书。"广不谢大将军而起行,意甚愠怒而就部,引兵与右将军食其合军出东道。军亡导,或失道,后大将军。大将军与单于接战,单于遁走,弗能得而还。南绝幕,遇前将军、右将军。广已见大将军,还入军。大将军使长史持糒醪遗广,因问广、食其失道状,青欲上书报天子军曲折。广未对,大将军使长史急责广之幕府对簿。广曰:"诸校尉无罪,乃我自失道。吾今自上簿。"

至莫府,广谓其麾下曰:"广结发与匈奴大小七十余战,今幸从大将军出接单

---

① 公孙弘:字季,薛郡人,曾任丞相。
② 为人在下中:品行居下中。以九品中正之法,当在第八等。
③ 三公:西汉以丞相、太尉、御史大夫为三公,即最高职位。
④ 望气王朔燕语:王朔为当时最著名的天文家,善于占候,望气。燕语,犹私语。燕通宴。
⑤ 相:即骨相,面相。
⑥ 命:命数。
⑦ 所恨:所遗憾。
⑧ 骠骑将军:即霍去病,卫青的外甥。

于兵,而大将军又徙广部行回远,而又迷失道,岂非天哉!且广年六十余矣,终不能复对刀笔之吏。"遂引刀自刭。广军士大夫一军皆哭。百姓闻之,知与不知,无老壮皆为垂涕。而右将军独下吏,当死,赎为庶人。

广子三人,曰当户、椒、敢,为郎。天子与韩嫣戏,嫣少不逊,当户击嫣,嫣走。于是天子以为勇。当户早死,拜椒为代郡太守,皆先广死。当户有遗腹子名陵。广死军时,敢从骠骑将军。广死明年,李蔡以丞相坐侵孝景园墙地,当下吏治,蔡亦自杀,不对狱,国除。李敢以校尉从骠骑将军击胡左贤王,力战,夺左贤王鼓旗,斩首多,赐爵关内侯,食邑二百户,代广为郎中令。顷之,怨大将军青之恨其父,乃击伤大将军,大将军匿讳之。居无何,敢从上雍,至甘泉宫猎。骠骑将军去病与青有亲,射杀敢。去病时方贵幸,上讳云鹿触杀之。居岁余,去病死。而敢有女为太子中人,爱幸,敢男禹有宠于太子,然好利,李氏陵迟衰微矣。

选自《史记》卷一百九《李将军列传》

李 陵 传

陵字少卿,少为侍中建章监①。善骑射,爱人,谦让下士②,甚得名誉。武帝以为有广之风,使将八百骑,深入匈奴二千余里,过居延③视地形,不见虏,还。拜为骑都尉,将勇敢五千人④,教射酒泉、张掖以备胡。数年,汉遣贰师将军伐大宛⑤,使陵将五校兵随后。行至塞,会贰师还。上赐陵书,陵留吏士,与轻骑五百出敦煌,至盐水⑥,迎贰师还,复留屯张掖。

天汉二年,贰师将三万骑出酒泉,击右贤王于天山⑦。召陵,欲使为贰师将辎重⑧。陵召见武台⑨,叩头自请曰:"臣所将屯边者,皆荆楚勇士奇材剑客也,力扼虎⑩,射命中,愿得自当一队,到兰干山南以分单于兵,毋令专乡贰师军⑪。"上曰:"将恶相属邪!吾发军多,毋骑予女⑫。"陵对:"无所事骑⑬,臣愿以少击众,步兵五千人涉单于庭⑭。"上壮而许之,因诏强弩都尉路博德将兵半道迎陵军。博德故伏波将军,亦羞为陵后距⑮,奏言:"方秋匈奴马肥,未可与战,臣愿留陵至春,俱将酒泉、张掖骑各五千人并击东西浚稽⑯,可必禽也。"书奏,上怒,疑陵悔

---

① 侍中建章监:建章宫侍卫总监,犹建章宫卫队长。建章与未央、长乐为汉代三大宫室之一。
② 下士:屈己尊人。
③ 居延:位于今内蒙古额济纳旗。黑河在此形成海子。古称居延海。时处匈奴之地。
④ 勇敢五千人:五千勇士。
⑤ 贰师将军伐大宛:贰师将军名李广利,武帝所宠李夫人之兄。武帝遣其去大宛国贰师城取其善马(汗血宝马),故号贰师将军。
⑥ 盐水:新疆罗布泊。
⑦ 天山:祁连山。
⑧ 将辎重:负责辎重。辎重,军用器械、粮草、营帐、服装等统称。
⑨ 武台:颜师古注:"未央宫有武台殿。"
⑩ 力扼虎:力气能够扼杀猛虎。
⑪ 专乡贰师:一直跟随贰师将军。乡同向。
⑫ 毋骑予女:没有骑兵给你。女通汝。
⑬ 无所事骑:没有骑兵也行。
⑭ 涉单于庭:到达于单于的王庭。涉,跋涉。
⑮ 羞为陵后距:路博德曾位伏波将军,资深于陵,故羞为陵后。
⑯ 东西浚稽:浚稽为山名。位于今蒙古国境内戈壁阿尔泰山脉中段,时匈奴共分居山两边。

不欲出而教博德上书,乃诏博德:"吾欲予李陵骑,云'欲以少击众'。今虏入西河,其引兵走西河,遮钩营之道①。"诏陵:"以九月发,出庶虏鄣②,至东浚稽山南龙勒水③上,徘徊观虏,即亡所见,从浞野侯赵破奴故道抵受降城休士④,因骑置以闻⑤。所与博德言者云何? 具以书对。"陵于是将其步卒五千人出居延,北行三十日,至浚稽山止营,举图所过山川地形,使麾下骑陈步乐还以闻⑥。步乐召见,道陵将率得士死力⑦,上甚说,拜步乐为郎。

陵至浚稽山,与单于相直⑧,骑可三万围陵军。军居两山间,以大车为营。陵引士出营外为陈,前行持戟盾,后行持弓弩,令曰:"闻鼓声而纵,闻金声⑨而止。"虏见汉军少,直前就营。陵搏战⑩攻之,千弩俱发,应弦而倒。虏还走上山,汉军追击,杀数千人。单于大惊,召左右地兵八万余骑攻陵。陵且战且引,南行数日,抵山谷中。连战,士卒中矢伤,三创者载辇,两创者将车,一创者持兵战⑪。陵曰:"吾士气少衰而鼓不起者,何也? 军中岂有女子乎?"始军出时,关东群盗妻子徙边者随军为卒妻妇⑫,大匿车中。陵搜得,皆剑斩之。明日复战,斩首三千余级。引兵东南,循故龙城道行,四五日,抵大泽葭苇中,虏从上风纵火,陵亦令军中纵火以自救。南行至山下,单于在南山上,使其子将骑击陵。陵军步斗树木间,复杀数千人,因发连弩射单于,单于下走。是日捕得虏,言:"单于曰:'此汉精兵,击之不能下,日夜引吾南近塞,得毋有伏兵乎?'诸当户⑬君长皆言:'单于自将数万骑击汉数千人不能灭,后无以复使边臣,令汉益轻匈奴。'复力战山谷间,尚四五十里得平地,不能破,乃还。"

---

① 遮钩营之道:张晏曰:"胡来要害道,令博德遮之。"遮,阻挡。
② 遮虏鄣:阻挡虏骑的屏鄣要塞。颜师古曰:"遮虏,鄣名也。"
③ 龙勒水:龙勒为敦煌郡辖县,其水当流经此地。
④ 抵受降城休士:颜师古注曰:"抵归也。休,息也。受降城本公孙敖所筑。"犹言在受降城休整。
⑤ 骑置:颜师古曰:"谓驿骑也。"
⑥ 还以闻:让陈步乐返回京师报告出击匈奴的详情。
⑦ 得士死力:深得士心,愿意拚死力战。
⑧ 相直:相遇。直犹面对。
⑨ 金声:鸣钲之声。古代作战,进兵击鼓,收兵鸣金。
⑩ 搏战:手脚并用战斗,俗称肉搏战。
⑪ 三创者载辇,两创者得车,一创者持兵战:受伤三处者坐在车上,二处者赶车行,一处者手持兵器继续作战。辇,车。
⑫ 关东群盗妻子徙边者随军为卒妻妇:关东群盗为函谷以东地区的盗贼。国家将这些犯人的妻子儿女发配到西部边地。其中一些女子做了李陵士卒的妻妇。不意有的士卒把这些女人偷偷地带在军中藏匿在军车中。
⑬ 当户:匈奴官名。

是时陵军益急,匈奴骑多,战一日数十合,复伤杀虏二千余人。虏不利,欲去,会陵军候管敢①为校尉所辱,亡降匈奴,具言"陵军无后救,射矢且尽,独将军麾下及成安侯校各八百人为前行,以黄与白为帜,当使精骑射之即破矣。"成安侯者,颍川人,父韩千秋,故济南相,奋击南越战死,武帝封子延年为侯,以校尉随陵。单于得敢大喜,使骑并攻汉军,疾呼曰:"李陵、韩延年趣降②!"遂遮道③急攻陵。陵居谷中,虏在山上,四面射,矢如雨下。汉军南行,未至鞮汗山④,一日五十万矢皆尽,即弃车去。士尚三千余人,徒斩车辐而持之⑤,军吏持尺刀,抵山入峡谷。单于遮其后,乘隅下垒石⑥,士卒多死,不得行。昏后,陵便衣⑦独步出营,止左右:"毋随我,丈夫一取单于耳!"良久,陵还,大息⑧曰:"兵败,死矣!"军吏或曰:"将军威震匈奴,天命不遂,后求道径还归,如浞野侯为虏所得,后亡还,天子客遇之,况于将军乎!"⑨陵曰:"公止⑩!吾不死,非壮士也。"于是尽斩旌旗,及珍宝埋地中,陵叹曰:"复得数十矢,足以脱矣。今无兵复战,天明坐受缚矣!各鸟兽散,犹有得脱归⑪报天子者。"令军士人持二升糒,一半冰⑫,期至遮虏鄣者相待。夜半时,击鼓起士,鼓不鸣。陵与韩延年俱上马,壮士从者十余人。虏骑数千追之,韩延年战死。陵曰:"无面目报陛下!"遂降。军人分散,脱至塞者⑬四百余人。

陵败处去塞百余里,边塞以闻。上欲陵死战⑭,召陵母及妇,使相者⑮视之,无死丧色。后闻陵降,上怒甚,责问陈步乐,步乐自杀。群臣皆罪陵,上以问太史令司马迁,迁盛言:"陵事亲孝,与士信,常奋不顾身以殉⑯国家之急。其素所畜

---

① 军候管敢:军候为低于校尉的军官。管敢为人名。
② 趣降:快投降吧。趣读促。
③ 遮道:遮挡往前的道路。
④ 鞮(dī)汗山:鞮汗,古代北方的少数民族。鞮汗山,阿尔泰山支脉,居延海北180里。
⑤ 徒斩车辐以持之:只能折断车辐当作武器。因陵士卒多为弓箭射手。矢尽则无器可用,颜师古曰:"徒,但也。"
⑥ 乘隅下垒石:乘着汉军处于峡谷之中,从山上投下石块砸击。垒石:言石块多貌。
⑦ 便衣:短衣小袖,未穿铠甲。
⑧ 大息:太息,大声叹息。
⑨ 将军威震匈奴,天命不遂……况将军乎:大意为要设法突围回归朝廷,像浞野侯赵破奴一样虽被匈奴所俘,但逃归后,天子仍在重用他,不能就死此处。
⑩ 公止:你不要说了。
⑪ 脱归:逃回汉庭。
⑫ 一半冰:大块冰。颜师古曰:"半读曰判。判,大片也。时冬寒有冰,持之以备渴也。"
⑬ 脱至塞者:逃回到边塞的士兵。
⑭ 陵死战:犹战死,不降。
⑮ 相者:看相的人。
⑯ 殉:颜师古曰:"殉,营也,一曰从也。"意犹服从国家的急难。

积①也,有国士之风。今举事一不幸,全躯保妻子之臣随而媒蘖②其短,诚可痛也!且陵提步卒不满五千,深鞣③戎马之地,抑④数万之师,虏救死扶伤不暇,悉举引弓之民共攻围之。转斗千里,矢尽道穷,士张空拳,冒白刃,北首⑤争死敌,得人之死力,虽古名将不过也。身虽陷败,然其所摧败亦足暴⑥于天下。彼之不死,宜欲得当以报汉也。"初,上遣贰师大军出,财令陵为助兵,及陵与单于相值,而贰师功少。上以迁诬罔⑦,欲沮贰师,为陵游说,下迁腐刑。

久之,上悔陵无救,曰:"陵当发出塞,乃诏强弩都尉令迎军。坐预诏之,得令老将⑧生奸诈。"乃遣使劳赐陵余军得脱者。

陵在匈奴岁余,上遣因杆将军公孙敖将兵深入匈奴迎陵。敖军无功还,曰:"捕得生口⑨,言李陵教单于为兵以备汉军,故臣无所得。"上闻,于是族陵家⑩,母弟妻子皆伏诛。陇西士大夫以李氏为愧⑪。其后,汉遣使使匈奴,陵谓使者曰:"吾为汉将步卒五千人横行匈奴,以亡救而败,何负于汉而诛吾家?"使者曰:"汉闻李少卿教匈奴为兵。"陵曰:"乃李绪,非我也。"李绪本汉塞外都尉,居奚侯城,匈奴攻之,绪降,而单于客遇绪,常坐陵上⑫。陵痛其家以李绪而诛,使人刺杀绪。大阏氏欲杀陵,单于匿之北方,大阏氏⑬死乃还。

单于壮陵⑭,以女妻之,立为右校王,卫律为丁灵王,皆贵用事。卫律者,父本长水胡人。律生长汉,善协律都尉李延年,延年荐言律使匈奴。使还,会延年家收,律惧并诛,亡还降匈奴。匈奴爱之,常在单于左右。陵居外,有大事,乃入议。

昭帝立,大将军霍光、左将军上官桀辅政,素与陵善⑮,遣陵故人陇西任立政

---

① 素所畜积:长期培养而成。畜同蓄。
② 媒蘖(niè):媒,酒母。蘖,曲也。比喻挑拨是非、陷人于罪。
③ 鞣(róu):颜师古曰:"鞣,践也。"犹践踏。《史记·项羽传》:"乱相鞣蹋。"
④ 抑:遏止、压制。《国策·秦策一》:"约纵散横,以抑强秦。"
⑤ 北首:颜师古曰:"北首,北向也。"
⑥ 暴:彰名。今言暴得大名。
⑦ 以迁诬罔:认为司马迁在诋毁李广利。诬罔:虚构事实污蔑他人。
⑧ 老将:指路博德。其时已年老。
⑨ 生口:活俘虏。
⑩ 族陵家:族灭李陵全家老小。族、灭族。《书·泰誓上》:"罪人以族。"孔《传》:"一人有罪,刑及父母兄弟妻子。"
⑪ 为愧:以为耻辱。
⑫ 坐陵上:座位在李陵之上。以其有功于匈奴。
⑬ 大阏氏(yān zhī):单于之母。
⑭ 壮陵:以陵为壮士,壮作动词解。
⑮ 素与陵善:言霍光、上官桀很早就与李陵为好友。善,友好。

等三人俱至匈奴招陵。立政等至,单于置酒赐汉使者,李陵、卫律皆侍坐。立政等见陵,未得私语,即目视陵,而数数自循其刀环①,握其足②,阴谕之,言可还归汉也。后陵、律持牛酒劳汉使,博饮③,两人皆胡服椎结④。立政大言曰:"汉已大赦,中国安乐,主上富于春秋,霍子孟、上官少叔⑤用事。"以此言微动之。陵墨不应⑥,孰视而自循其发⑦,答曰:"吾已胡服矣!"有顷,律起更衣,立政曰:"咄,少卿良苦⑧!霍子孟、上官少叔谢女⑨。"陵曰:"霍与上官无恙⑩乎?"立政曰:"请少卿来归故乡,毋忧富贵。"陵字立政⑪曰:"少公,归易耳,恐再辱,奈何!"语未卒,卫律还,颇闻余语,曰:"李少卿贤者,不独居一国。范蠡遍游天下,由余去戎入秦,今何语之亲也!"因罢去。立政随谓陵曰:"亦有意乎⑫?"陵曰:"丈夫不能再辱。"

陵在匈奴二十余年,元平元年⑬病死。

选自《汉书》卷五十四《李广苏建传附李陵传》

---

① 数数自循其刀环:多次手顺着刀环转圈,示意当还故土。
② 握其足:手握其足。意谓行走。足,脚也。亦同促。
③ 博饮:猜拳饮酒。
④ 胡服椎结:言李陵、卫律都穿着胡服,头发扎成椎结之状。
⑤ 霍子孟、上官少叔:霍光与上官桀的字。
⑥ 墨不应:墨同默。意谓不作声。
⑦ 自循其发:用手梳理头发。循:梳理。颜师古曰:"循,谓摩循也。"
⑧ 良苦:劳苦。今言用心良苦。颜师古曰:"言其劳苦。"
⑨ 谢女:颜师古曰:"谢,以辞相问也。"女同汝。
⑩ 无恙:颜师古曰:"恙,犹病也。"犹言:身体可好吗?
⑪ 字立政:称任立政的字,即"少公"。
⑫ 有意乎:有回汉的意愿吗?
⑬ 元平元年:前74年。

赵 充 国 传

赵充国字翁孙，陇西上邽①人也，后徙金城令居②。始为骑士，以六郡良家子善骑射补羽林。为人沉勇有大略，少好将帅之节，而学兵法，通知四夷事。

武帝时，以假司马从贰师将军击匈奴，大为虏所围。汉军乏食数日，死伤者多，充国乃与壮士百余人溃围陷陈，贰师引兵随之，遂得解。身被二十余创，贰师奏状，诏征充国诣行在所。武帝亲见视其创，嗟叹之，拜为中郎，迁车骑将军长史。

昭帝时，武都氐人③反，充国以大将军护军都尉④将兵击定之，迁中郎将⑤，将屯上谷⑥，还为水衡都尉⑦。击匈奴，获西祁王⑧，擢为后将军⑨，兼水衡如故。

与大将军霍光定册尊立宣帝，封营平侯。本始中⑩，为蒲类将军⑪征匈奴，斩虏数百级，还为后将军、少府⑫。匈奴大发十余万骑，南旁塞⑬，至符奚庐山⑭，欲入为

---

① 陇西上邽：古县名，在今甘肃天水市。古邽戎地，秦武公取之，置邽县，后改上邽县，为我国最早设置的县。因秦与汉初陇山以西全属陇西郡，故称陇西上邽，武帝时分陇西东南部为天水郡，上邽遂属天水。此处沿袭旧称。
② 金城令居：古县名，在今兰州市永登境内。西汉昭帝时分陇西，置金城郡，治所在允吾（今甘肃永靖西北）辖境相当于今甘肃兰州市以西，青海湖以东的河、湟二水流域及大通河下游地区。
③ 武都氐（dī）人：武都，郡名。西汉武帝元鼎元年（前111年）置，治所在武都，辖境为今甘肃省东南部的白龙江流域，今陇南市即古武都郡。氐人：古族名，主要分布在甘肃、陕西、四川三省相邻之处。西汉时已多汉化，南北朝时，先后建立过仇池、前秦、后凉等地方政权，武都境内氐人尤多。
④ 护军都尉：官名。大将军属下之军职。时任大将军为霍光。
⑤ 中郎将：官名。有左右中郎将，秩两千石。
⑥ 上谷：郡名。战国时燕置，治所在沮阳（今河北怀来东南），辖境相当今河北张家口市及北京市西北一带。
⑦ 水衡都尉：官名。武帝时置，掌上林苑，兼管皇室财物及铸钱等事。
⑧ 西祁王：匈奴王之一。
⑨ 擢为后将军：升任后将军。
⑩ 本始：汉宣帝年号之一，前73—70年。
⑪ 蒲类将军：因西域有蒲类国，在今新疆东部巴里坤湖附近，其时为匈奴属地。后汉在其地置车师前后国、蒲类前后共八国。
⑫ 少府：官名。始于战国，秦汉相袭，为九卿之一。掌山海池泽收入及皇室手工业制造，为皇帝的私府。
⑬ 南旁塞：南接近边塞。旁犹傍，靠近，接近。
⑭ 符奚庐山：匈奴南部靠近汉朝边塞处山名，今尚德山。

寇。亡者题除渠堂降汉言之①,遣充国将四万骑屯缘边九郡②。单于闻之,引去。

是时,光禄大夫义渠安国③使行诸羌,先零豪④言愿时渡湟水北,逐民所不田处畜牧⑤。安国以闻。充国劾安国奉使不敬⑥。是后,羌人旁缘前言,抵冒渡湟水⑦,郡县不能禁。元康三年⑧,先零遂与诸羌种豪二百余人解仇、交质、盟诅⑨。上闻之,以问充国,对曰:"羌人所以易制者,以其种自有豪,数相攻击,势不壹也⑩。往三十余岁,西羌反时,亦先解仇合约攻令居,与汉相距,五六年乃定。至征和五年⑪,先零豪封煎⑫等通使匈奴,匈奴使人至小月氏⑬,传告诸羌曰:'汉贰师将军众十余万人降匈奴。羌人为汉事苦。张掖、酒泉本我地,地肥美,可共击居之。'以此观匈奴欲与羌合,非一世也。间者匈奴困于西方,闻乌桓⑭来保塞,恐兵复从东方起,数使使尉黎、危须⑮诸国,设以子女貂裘⑯,欲沮解之⑰。其计不合。疑匈奴更遣使至羌中,道从沙阴地,出盐泽,过长坑,入穷水塞,南抵属国,与先零相直⑱。臣恐羌变未止此,且复结联他种,宜及未然⑲为之备。"后月余,羌侯

---

① 亡者题除渠堂降汉言之:亡者为逃之之人。题除渠堂为人名。此人归降汉朝后讲述了匈奴入塞的消息。
② 缘边九郡:靠近匈奴边境的九个郡,分别为五原、朔方、云中、代郡、雁门、定襄、右北平、上谷、渔阳。
③ 义渠安国:人名。其先祖为春秋时古义渠国人,时任光禄大夫。使行犹出使。
④ 先零豪:先零,诸羌中人数较多的一种。豪,即豪酋、豪帅、头领。
⑤ 渡湟水北,逐民所不田处畜牧:想要在时机成熟时渡过湟水,到汉人没种田的地方去放牧。湟水,源出青海湖东之湟源县,流经西宁,东入甘肃,在刘家峡附近汇入黄河,是黄河上游较大的支流之一。其北为汉地。
⑥ 劾(hé)安国奉使不敬:赵充国上书弹劾义渠安国奉命出使诸羌但对国家的利益不够重视。劾:参劾、弹劾。不敬:不敬重。此处意为不顾国家利益,听任羌人渡湟入汉地畜牧。
⑦ 旁缘前言,抵冒渡湟水:依据曾对义渠安国讲过的话,强渡湟水。抵冒为突犯而前,犹强渡。
⑧ 元康三年:前63年。
⑨ 解仇、交质、盟诅:谓相互之间解除了往日的仇怨,并交换人质,在一起订立盟约,以共同对付汉朝。盟诅犹同盟,即誓约。
⑩ 势不壹也:即永远也不会统一起来。壹,统一、一致。
⑪ 征和五年:汉武帝征和五年又称后元元年,即前88年。
⑫ 封煎:豪帅的名字。
⑬ 小月氏:古族名。汉初,未西迁去中亚的一部分人居住在青海湖以东湟水流域,渐与汉人杂居,习俗与羌族相似。
⑭ 乌桓:古族名。又作乌丸,东胡一支,秦末东胡被匈奴击破后,一支迁往乌桓山,故称乌桓,以游牧为主。武帝时又迁至汉边塞附近,汉朝设置乌桓校尉。保塞犹保卫边塞。
⑮ 尉黎、危须:尉黎,西域古国,西汉时东西域都护府,东汉后为焉耆国所兼并。在今新疆巴音郭勒州东北地区。危须,古西域国,西汉宣帝至平帝之世西域都护诸属国之一。在今新疆焉耆县东北。
⑯ 设以子女貂裘:供给美女及貂裘。
⑰ 沮解之:想阻止、解散乌桓与汉朝的和好关系。沮,阻止。
⑱ 道从沙阴地,出盐泽,过长坑,入穷水塞,南抵属国,与先零相直:匈奴使者的路途是从沙阴地出发,沙阴地不详。盐泽为今新疆之罗布泊。长坑、穷水塞不详,直犹相接。
⑲ 未然:其计未成功。即与羌人联合之计。

狼何果遣使至匈奴藉兵①，欲击鄯善、敦煌以绝汉道②。充国以为："狼何小月氏种在阳关③西南，势不能独造此计，疑匈奴使已至羌中，先零、罕、开④乃解仇作约。到秋马肥，变必起矣。宜遣使者行边兵豫为备，敕视⑤诸羌，毋令解仇，以发觉其谋。"于是两府⑥复白遣义渠安国行视诸羌，分别善恶。安国至，召先零诸豪三十余人，以尤桀黠⑦，皆斩之。纵兵击其种人，斩首千余级。于是诸降羌及归义羌侯杨玉等⑧，恐怒，亡所信乡⑨，遂劫略小种⑩，背畔犯塞，攻城邑，杀长吏。安国以骑都尉将骑三千屯备羌，至浩亹⑪，为虏所击，失亡车重兵器甚众。安国引还，至令居，以闻。是岁，神爵元年春也。

时充国年七十余，上老之⑫，使御史大夫丙吉⑬问谁可将者，充国对曰："亡逾于老臣者矣⑭。"上遣问焉，曰："将军度羌虏何如，当用几人？"充国曰："百闻不如一见。兵难隃度⑮，臣愿驰至金城，图上方略⑯。然羌戎小夷，逆天背畔，灭亡不久，愿陛下以属老臣，勿以为忧。"上笑曰："诺。"

充国至金城，须兵满万骑，欲渡河，恐为虏所遮，即夜遣三校衔枚⑰先渡，渡辄营陈，会明，毕，遂以次尽渡。虏数十百骑来，出入军傍。充国曰："吾士马新倦，不可驰逐。此皆骁骑难制，又恐其为诱兵也。击虏以殄灭为期，小利不足贪。"令军勿击。遣骑候四望狭中⑱，亡虏。夜引兵上至落都，召诸校司马，谓曰："吾知羌虏不能为兵矣。使虏发数千人守杜⑲四望陿中，兵岂得入哉！"充国常以

---

① 狼何果遣使至匈奴藉兵：狼何，羌人豪帅名。
② 绝汉道：阻断汉朝去西域诸国的道路。绝，阻断。
③ 阳关：汉代设置通往西域的关口，与玉门关齐名，在今敦煌市。
④ 罕、开：同为羌族两支别种。苏林曰："罕、开在金城南。"
⑤ 敕视：敕，下敕令明示诸羌族。视同示。
⑥ 两府：大将军与丞相府。
⑦ 尤桀黠：尤，特别。桀，颜师古注："桀，坚也，言不顺从也。黠，恶也，为恶坚也。"意为坚决反对汉朝的顽固者。
⑧ 归义羌侯杨玉等：早已归顺汉朝的羌族首领杨玉等人。
⑨ 恐怒，亡所信乡：害怕，亡同无。汉人继续发怒而无所适从。信向，信任的方向。
⑩ 劫略小种：劫持、掳掠小部落。
⑪ 浩亹(gé mén)：古县名，西汉置，在今永登大通河东。
⑫ 上老之：皇帝以为赵充国年老。
⑬ 丙吉：(?—前55年)，字少卿，鲁国人。西汉名臣，时任御史大夫，后任丞相。护立宣帝有功，封博阳侯。
⑭ 亡逾老臣者矣：没有人能超过我。逾，超越。
⑮ 隃度：即遥度，意为在远方揣度、估量。隃通遥。
⑯ 图上方略：把这一地区的敌我形势绘成图画，并判定用兵方略，一并奏上。图上，即用图形奏上。
⑰ 衔枚：战士每人口中咬一支小木棍，以防止言语被敌方听到。
⑱ 四望陿中：陿同峡，四望峡在今青海省乐都县西。落都：即今青海东部之乐都县。
⑲ 守杜：把守，阻绝。杜，堵塞、断绝。

远斥候为务,行必为战务,止必坚营壁,尤能持重,爱士卒,先计而后战。遂西至西部都尉府①,日飨军士,士皆欲为用。羌数挑战,充国坚守。捕得生口,言羌豪相数责②曰:"语汝亡反,今天子遣赵将军来,年八九十矣,善为兵。今请欲一斗而死,可得邪。"

充国子右曹中郎将卬,将期门佽飞、羽林孤儿、胡越骑为支兵③,至令居,羌并出绝转道④,卬以闻。有诏将八校尉⑤与骁骑都尉、金城太守合疏捕⑥山间羌,通转道津渡。

初,罕、开豪靡当儿使弟雕库来告都尉曰先零欲反,后数日果反。雕库种人颇在先零中,都尉即留雕库为质。充国以为亡罪,乃遣归告种豪:"大兵诛有罪者,明白自别,毋取并灭。天子告诸羌人,犯法者能相捕斩,除罪。斩大豪有罪者一人,赐钱四十万,中豪十五万,下豪二万,大男三千,女子及老小千钱,又以其所捕妻子财物尽与之。"充国计欲以威信招降罕、开及劫略者,解散虏谋,徼极乃击之⑦。

时上已发三辅、太常徒弛刑⑧,三河、颍川、沛郡、淮阳、汝南材官,金城、陇西、天水、安定、北地、上郡骑士、羌骑,与武威、张掖、酒泉太守各屯其郡者,合六万人矣。酒泉太守辛武贤奏言:"郡兵皆屯备南山,北边空虚,势不可久。或曰至秋冬乃进兵,此虏在竟外之册⑨。今虏朝夕为寇,土地寒苦,汉马不能冬,屯兵在武威、张掖、酒泉万骑以上,皆多羸瘦。可益马食,以七月上旬赍三十日粮,分兵并出张掖、酒泉合击罕、开在鲜水⑩上者。虏以畜产为命,今皆离散,兵即分出,虽不能尽诛,亶⑪夺其畜产,虏其妻子,复引兵还,冬复击之,大兵仍出⑫,虏必

---

① 西部都尉府:汉朝在湟水流域设置的都尉府,其地不详。
② 相数(shuò)责:互相多次指责。数,多次、屡次。
③ 期门佽飞、羽林孤儿、胡越骑为支兵:期门、佽飞、羽林都是皇帝的卫士,多以六郡良家子充任,也有不少阵亡将士的孤儿,他们装备精良、训练有素、战斗力强。胡越骑为少数民族组成的骑兵队伍。古时称北胡南越,支兵犹支队、分队。
④ 绝转道:阻断转运军粮的道路。颜师古注:"转道,运粮之道也。"
⑤ 八校尉:中垒、屯骑、步兵、越骑、长水、胡骑、射声、虎贲八校尉分率中央各部禁军。
⑥ 疏捕:搜捕。苏林曰:"疏,搜索也。"
⑦ 徼(yāo)极乃击之:徼,通邀,求取。极,倦极。意为要等敌人困倦到无力反抗时再出兵攻击。
⑧ 太常徒弛刑:太常为九卿之一,掌宗庙礼仪,下设官分司山陵等事。属下有许多服苦役的罪犯。弛刑:放宽刑期,充任战事。
⑨ 竟外之册:竟同境,册同策。
⑩ 鲜水:青海湖,古称鲜水、西海、卑禾羌海。
⑪ 亶:颜师古注:"亶读曰但。"
⑫ 仍出:频出。

震坏。"

　　天子下其书充国，令与校尉以下吏士知羌事者博议①。充国及长史董通年以为："武贤欲轻引万骑，分为两道出张掖，回远千里。以一马自佗②负三十日食，为米二斛四斗，麦八斛，又有衣装兵器，难以追逐。勤劳而至，虏必商军进退，稍引去，逐水草，入山林。随而深入，虏即据前险，守后陒，以绝粮道，必有伤危之忧，为夷狄笑，千载不可复。而武贤以为可夺其畜产，虏其妻子，此殆空言，非至计也③。又武威县、张掖日勒④皆当北塞，有通谷水草。臣恐匈奴与羌有谋，且欲大入，幸能要杜⑤张掖、酒泉以绝西域，其郡兵尤不可发。先零首为畔逆，它种劫略。故臣愚册，欲捐罕、开暗昧之过，隐而勿章⑥，先行先零之诛以震动之，宜悔过反善，因赦其罪，选择良吏知其俗者抚循和辑⑦，此全师保胜安边之册。"天子下其书。公卿议者咸以为先零兵盛，而负罕、开之助，不先破罕、开，则先零未可图也。

　　上乃拜侍中乐成侯许延寿为强弩将军，即拜酒泉太守武贤为破羌将军，赐玺书嘉纳其册。以书敕让充国曰：皇帝问后将军，甚苦暴露。将军计欲至正月乃击罕羌，羌人当获麦，已远其妻子⑧，精兵万人欲为酒泉、敦煌寇。边兵少，民守保不得田作⑨。今张掖以东粟石百余，刍藁⑩束数十。转输并起，百姓烦扰。将军将万余之众，不早及秋共水草之利，争其畜食⑪，欲至冬，虏皆当畜食⑫，多藏匿山中依险阻，将军士寒，手足皲瘃⑬，宁有利哉？将军不念中国之费，欲以岁数而胜微，将军谁不乐此者！今诏破羌将军武贤将兵六千一百人，敦煌太守快将二千

---

① 博议：广议，多议，充分讨论议定。
② 佗：佗同驼。即用骆驼运输军粮。
③ 殆空言，非至计也：殆，仅，只是空话，不是最好的计谋。至计，最好的计谋。
④ 日勒：地名，在张掖郡。
⑤ 要杜：遮挡，堵塞。要同"邀"，中途拦截遮留。
⑥ 暗昧之过，隐而勿章：因愚昧造成的过错，不要讲明白。暗昧，犹愚昧。章，彰明。
⑦ 抚循和辑：抚循抚慰。和辑：和谐、和睦，意为用安抚、和谐的政策来处理与羌人的关系，反对用武力征服。
⑧ 远其妻子：羌人在夏季收麦时，可以把女人孩子藏在很远的地方。
⑨ 不得田作：不能正常下田耕作。
⑩ 刍藁：喂马的草料。
⑪ 不及早秋共水草之利，争其畜食：言秋季既是农作物收获之时，又是牧区水草肥美的季节。倘若及早出兵，可共享水草之利，与其（羌人）竞争人畜之食。
⑫ 畜食：收藏人畜所需的食物。
⑬ 手足皲瘃(zhú)：皲瘃，手和脚会因天气寒冷受冻生疮。

人,长水校尉富昌、酒泉候奉世将婼、月氏兵①四千人,亡虑②万二千人。赍③三十日食,以七月二十二日击罕羌,入鲜水北句廉④上,去⑤酒泉八百里,去将军可千二百里。将军其引兵便道西并进,虽不相及,使虏闻东方北方兵并来,分散其心意,离其党与⑥,虽不能殄灭,当有瓦解者。已诏中郎将卬将胡越佽飞射士步兵二校尉,益将军兵⑦。

今五星出东方,中国大利,蛮夷大败。太白出高,用兵深入敢战者吉,弗敢战者凶。将军急装,因天时,诛不义,万下必全,勿复有疑!⑧

充国既得让,以为将任兵在外,便宜有守,以安国家⑨。乃上书谢罪,因陈兵利害⑩,曰:"臣窃见骑都尉安国前幸赐书,择羌人可使使罕,谕告以大军当至,汉不诛罕,以解其谋。恩泽甚厚,非臣下所能及。臣独私美陛下盛德至计无已⑪,故遣开豪雕库宣天子至德,罕、开之属皆闻知明诏。今先零羌杨玉将骑四千及煎巩骑五千,阻石山木,候便为寇,罕羌未有所犯。今置先零,先击罕,释有罪,诛亡辜,起一难,就两害,诚非陛下本计⑫也。臣闻兵法'攻不足者守有余',又曰'善战者致人,不致于人⑬'。今罕羌欲为敦煌、酒泉寇,饬兵马⑭,练战士,以须其至⑮,坐得致敌之术,以逸击劳,取胜之道也。今恐二郡兵少不足以守,而发之行攻,释致虏之术⑯而从为虏所致之道,臣愚以为不便。先零羌虏欲为背畔,故与

---

① 婼(ruò)、月氏兵:婼,古音读"儿",今读 ruò,古国名,今新疆巴音郭楞蒙古自治州若羌县。大月氏是前 2 世纪中亚地区的游牧部族,在前 2 世纪以前居住在中国西北部,后迁徙到中亚地区。
② 亡虑:大略,大约。
③ 赍(jī):携带。
④ 句廉:河岸曲折有锋棱之处。
⑤ 去:距离。
⑥ 离其党与:离间、分化同党。党与,犹同党。
⑦ 益将军兵:增加你的军力。
⑧ 五星出东方……万下必全,勿复有疑:其年有五颗行星同出于东方,本天文现象,但古人相信其与人事有关,以为是战事必胜的先兆,因此必须出兵。
⑨ 以为将任兵在外,便宜有守,以安国家:颜师古注:"言为将之道,受任行兵于外,若有便宜,则当(固)守以取安利也。"充国不以皇帝的玺书为然,当以国家的根本利益为重,将帅在外应有随机处置的义务。
⑩ 陈兵利害:陈述用兵的利害关系。
⑪ 独私美陛下盛德至计无已:个人私下以为陛下的大德良策一直很好。独私美,个人以为很好。美,好。盛德,犹大德。至计,最好的计谋。无已:没有停止。
⑫ 本计:根本大计。
⑬ 致人,不致于人:颜师古注:"引致而取之也。致于人,为人所引也。"
⑭ 饬兵马:整顿兵马。饬,整饬。
⑮ 须其至:等待敌人到来。须,待也。
⑯ 释致虏之术:放弃取胜的战术。颜师古注:"释,废也。"

䍐、开解仇结约,然其私心不能亡恐汉兵至而䍐、开背之也。臣愚以为其计常欲先赴䍐、开之急,以坚其约,先击䍐羌,先零必助之。今虏马肥,粮食方饶,击之恐不能伤害,适使先零得施德于䍐羌①,坚其约,合其党。虏交坚党合,精兵二万余人,迫胁诸小种,附着者稍众,莫须之属②不轻得离也。如是,虏兵寖多③,诛之用力数倍,臣恐国家忧累繇十年数④,不二三岁而已。臣得蒙天子厚恩,父子俱为显列。臣位至上卿,爵为列侯,犬马之齿⑤七十六,为明诏填沟壑⑥,死骨不朽,亡所顾念。独思惟兵利害至熟悉也,于臣之计,先诛先零已,则䍐、开之属不烦兵而服矣⑦。先零已诛而䍐、开不服,涉正月击之,得计之理,又其时也。以今进兵,诚不见其利,唯陛下裁察⑧。"

六月戊申奏,七月甲寅玺书报从充国计焉。

充国引兵至先零在所。虏久屯聚,解弛⑨,望见大军,弃车重,欲渡湟水,道阸狭⑩,充国徐行驱之。或曰逐利行迟⑪,充国曰:"此穷寇不可迫也。缓之则走不顾,急之则还致死⑫。"诸校皆曰:"善。"虏赴水溺死者数百,降及斩首五百余人,卤⑬马牛羊十万余头,车四千余两。兵至䍐地,令军毋燔聚落⑭刍牧田中⑮。䍐羌闻之,喜曰:"汉果不击我矣!"豪靡忘使人来言:"愿得还复故地。"充国以闻,未报。靡忘来自归,充国赐饮食,遣还谕种人。护军以下皆争之,曰:"此反虏,不可擅遣。"充国曰:"诸君但欲便文自营,非为公家忠计也⑯。"语未卒,玺书报,令靡忘以赎论。后䍐竟不烦兵而下。

---

① 适使先零得施德于䍐羌:适,正好。施德,树立恩德。
② 莫须之属:颜师古注:"莫须,小种羌名也。"即羌人中的小支。
③ 虏兵寖多:敌人的军队越来越多。颜师古注:"寖,渐也。"
④ 忧累繇十年数:忧累,扰扰与负担会多达十数年。繇同"由"。
⑤ 犬马之齿:指自己的年龄。
⑥ 为明诏填沟壑:为了遵从皇帝的旨意,战死疆场。填沟壑犹战死荒野,不得完尸回归。
⑦ 不烦兵而服矣:不劳动用武力就能收服。烦,烦劳。
⑧ 裁察:裁决,省察。
⑨ 解弛:松懈,放松,颜师古注:"弛,放也。"
⑩ 道阸狭:道路十分狭窄。阸同隘。
⑪ 逐利行迟:颜师古注:"逐利宜疾,今行太迟。"意为要想取胜,就必须快速急迫,而现在进军速度这样缓慢,能有战利成果吗?
⑫ 还致死:回过头来和你拼死。
⑬ 卤(lǔ):通"掳"。
⑭ 毋燔(fán)聚落:不要焚烧羌人居住的村落。燔,焚烧。聚落,村庄。
⑮ 刍牧田中:在羌人种的田地放马。
⑯ 便文自营,非为公家忠计也:颜师古注:"苟取文墨之便而自营卫。"意为你们都想着保全自身,这不是忠诚于国家的做法。

其秋，充国病，上赐书曰："制诏后将军：闻苦脚胫寒泄①，将军年老加疾，一朝之变不可讳②，朕甚忧之。今诏破羌将军诣屯所，为将军副，急因天时大利，吏士锐气，以十二月击先零羌。即疾剧，留屯毋行，独遣破羌、强弩将军。"时羌降者万余人矣。充国度其必坏，欲罢骑兵屯田，以待其敝。作奏未上，会得进兵玺书，中郎将卬惧，使客谏充国曰："诚令兵出，破军杀将以倾国家，将军守之可也。即利与病，又何足争？一旦不合上意，遣绣衣③来责将军，将军之身不能自保，何国家之安？"充国叹曰："是何言之不忠也④！本用吾言，羌虏得至是邪⑤？往者举可先行羌者⑥，吾举辛武贤，丞相御史复白遣义渠安国，竟沮败羌⑦。金城、湟中谷斛八钱，吾谓耿中丞⑧，籴二百万斛谷，羌人不敢动矣⑨。耿中丞请籴百万斛，乃得四十万斛耳。义渠再使，且费其半。失此二册，羌人故敢为逆。失之毫厘，差以千里，是既然矣。今兵久不决，四夷卒有动摇⑩，相因而起，虽有知者⑪不能善其后，羌独足忧邪！吾固以死守之，明主可为忠言⑫。"遂上屯田奏曰："臣闻兵者，所以明德除害⑬也，故举得于外，则福生于内⑭，不可不慎。臣所将吏士马牛食，月用粮谷十九万九千六百三十斛，盐千六百九十三斛，茭藁⑮二十五万二百八十六石。难久不解，繇役不息。又恐它夷卒有不虞之变⑯，相因并起，为明主忧，诚非素定庙胜之册⑰。且羌虏易以计破，难用兵碎⑱也，故臣愚以为击之不便。

---

① 脚胫寒泄：小腿与脚都寒凉而泄。如大便溏泄、小便清长等疾。
② 一朝之变不可讳：颜师古注："恐其死。"一朝之变，一早晨的变故。死的委婉之词。不可讳，不容讳言，不能不面对的事实。
③ 绣衣：侍御史，衣着绣衣，内朝直接指派，有权诛杀不力官员。武帝的特置，又称绣衣直指。
④ 是何言之不忠也：这是什么不忠的话呀。意为服从上命其实是对国家的不忠，故"叹曰"。
⑤ 羌虏得至是邪：颜师古注："言预防之，可无今日之寇也。"意为早听我的话，哪有今日之战祸。
⑥ 先行羌者：先期出使羌人的朝臣。
⑦ 沮败羌：颜师古注："沮，坏也。"意为义渠安国用武力镇压羌人，迫使羌人的反抗更加强烈。
⑧ 耿中丞：即司农中丞耿寿昌。
⑨ 羌人不敢动矣：颜师古注："言预储粮食，可以制敌。"意为羌人知汉朝储备有大量军粮，不敢轻举妄动。
⑩ 四夷卒有动摇，相因而起：四夷，即北方匈奴、西方羌胡、东方乌桓、南方蛮越。卒犹猝，突然。相因犹相应。
⑪ 知者：熟知四夷之事的人。
⑫ 明主可为忠言：圣明的君主可以听取忠言。可为，可以听取接纳。
⑬ 明德除害：彰显恩德，消除祸害。
⑭ 举德于外，则福生于内：在外推行恩德，在内就会生成福佑。
⑮ 茭藁：颜师古注："茭，干刍也。藁，禾秆也。"喂马匹的草和烧饭的干柴。
⑯ 不虞之变：不可预料，不可逆知的变故。虞，料想。《诗·大雅·抑》"谨尔侯变，用戒不虞。"
⑰ 定庙胜之册：颜师古注："庙胜，谓谋于庙堂而胜敌也。"意为早已在朝廷中制定好的制胜之策。
⑱ 碎：犹破。

"计度①临羌东至浩亹，羌虏故田及公田，民所未垦，可二千顷以上，其间邮亭多坏败者。臣前部士入山，伐材木大小六万余枚，皆在水次②。愿罢骑兵，留驰刑应募，及淮阳、汝南步兵与吏士私从者③，合凡万二百八十一人，用谷月二万七千三百六十三斛，盐三百八斛，分屯要害处。冰解漕下④，缮乡亭，浚沟渠⑤，治湟陿以西道桥⑥七十所，令可至鲜水左右。田事出，赋人二十亩⑦。至四月草生，发郡骑及属国胡骑伉健⑧各千，倅马⑨什二，就草⑩，为田者游兵⑪。以充入金城郡，益积畜，省大费。今大司农所转谷至者，足支万人一岁食。谨上田处及器用簿⑫，唯陛下裁许。"

上报曰："皇帝问后将军，言欲罢骑兵万人留田，即如将军之计，虏当何时伏诛，兵当何时得决，孰计其便⑬，复奏。"充国上状曰：臣闻帝王之兵，以全取胜，是以贵谋而贱战。战而百胜，非善之善者也，故先为不可胜以待敌之可胜⑭。蛮夷习俗虽殊于礼义之国⑮，然其欲避害就利，爱亲戚，畏死亡，一也。今虏亡其美地荐草⑯，愁子寄托远遁，骨肉离心，人有叛志⑰，而明主般师罢兵⑱，万人留田，顺天时，因地利，以待可胜之虏，虽未即伏辜⑲，兵决可期月⑳而望。羌虏瓦解，前后降者万七百余人，及受言去者㉑凡七十辈，此坐支解羌虏之具㉒也。

---

① 计度：估算。
② 水次：河水边。
③ 私从者：附属于吏士及自愿留下来的人。
④ 冰解漕下：河冰消融之后，存在水中的木材可以顺流而下。漕，犹河床，古时水运又称漕运。
⑤ 缮邮亭，浚沟渠：修缮邮亭，疏浚沟渠。
⑥ 治湟陿以西道桥：修治湟水峡谷以西道路桥梁。
⑦ 田事出，赋人二十亩：意为开春耕种时，每人给田二十亩。赋，给予。
⑧ 伉(kàng)健：伉，高大貌。意为身材高大，体格健康者。
⑨ 倅(cuì)马：副马，备用之马。
⑩ 就草：就地食草。
⑪ 为田者游兵：为耕种农田的人充当巡逻的流动战士。
⑫ 田处及器用簿：记录田地数目以及各种器用的账簿。
⑬ 虏当何时伏诛，兵当何时得决，孰计其便：羌何时可得扑灭，战事何日可得停息，哪个计谋最适宜方便。
⑭ 帝王之兵……以待敌之可胜：颜师古注："此兵法之辞也。言自先完坚，令敌不能胜我，乃可以胜敌也。"意为大国用兵之道当以谋略胜敌而非用力。以自身的强大来威慑敌人降服。
⑮ 殊于礼仪之国：不同于讲求礼仪的国家，意为异于汉朝。
⑯ 荐草：肥厚的牧草。
⑰ 寄托远遁，骨肉离心，人有叛志：苦于远离长久生存的美好家园，寄身于无田地无牧草的深山老林中，加之亲人离散、生存无望，才起来反抗朝廷。
⑱ 般师罢兵：般同班，班师犹还师，回师。罢兵，撤回军队。
⑲ 伏辜：服罪，辜，罪也，如死有余辜。
⑳ 期月：一整月。
㉑ 受言去者：接受赵充国的劝慰之言，返回告谕部众的有七十二人。
㉒ 具：才具。此处引申为计谋办法。

"臣谨条不出兵留田便宜十二事。步兵九校,吏士万人,留屯以为武备,因田致谷,威德并行,一也。又因排折①羌虏,令不得归肥饶之墬②,贫破其众③,以成羌虏相叛之渐④,二也。居民得并田作,不失农业,三也。军马一月之食,度支田士一岁⑤,罢骑兵以省大费,四也。至春省甲士卒,循河湟漕谷至临羌,以际羌虏⑥,扬威武,传世折冲之具⑦,五也,以闲暇时下所伐材,缮治邮亭,充入金城,六也。兵出,乘危徼幸,不出,令反畔之虏窜于风寒之地,离霜露疾疫瘃堕之患⑧,坐得必胜之道,七也。亡经阻、远追、死伤之害⑨,八也。内不损威武之重,外不令虏得乘间之势,九也。又亡惊动河南大开、小开使生它变之忧,十也。治湟狭中道桥,令可至鲜水,以制西域,信威千里,从枕席上过师⑩,十一也。大费既省,繇役豫息,以戒不虞,十二也。留屯田得十二便,出兵失十二利。臣充国材下⑪,犬马齿衰,不识长册,唯明诏博详公卿议臣采择。"

上复赐报曰:"皇帝问后将军,言十二便,闻之。虏虽未伏诛,兵决可期月而望,期月而望者,谓今冬邪? 谓何时也? 将军独不计虏闻兵颇罢⑫,且丁壮相聚,攻扰田者及道上屯兵,复杀略人民,将何以止之? 又大开、小开前言曰:'我告汉军先零所在,兵不往击,久留,得亡效五年时不分别人而并击我⑬?'其意常恐。今兵不出,得亡变生,与先零为一? 将军孰计复奏。"充国奏曰:"臣闻兵以计为本⑭,故多算胜少算。先零羌精兵今余下过七八千人,失地远客,分散饥冻。罕、开、莫须又颇暴略其羸弱畜产,畔还者不绝,皆闻天子明令相捕斩之赏。臣愚以

---

① 排折:排为排挤、排斥。折为断绝。
② 肥饶之墬:颜师古注:"墬,古地字。"
③ 贫破其众:使羌众因贫困而破败。
④ 相叛之渐:使之逐渐相互背叛。
⑤ 度(duó)支田士一岁:度,计算。支,支出。田士一岁,种田士兵一年的收成。意为一匹军马一个月的粮,支出需要一个屯田士兵耕种一年的收入。故"罢骑兵以省大费"。
⑥ 循河湟漕谷至临羌,以际羌虏:顺着黄河,湟水用船将收到的谷物运到上游的临羌,让羌人看到汉军兵粮充足。际同示,犹展示,显示。
⑦ 传世折冲之具:折冲,原为折返敌方的战车,意为抵御敌人。而兵精粮足就是世代相传抵御强敌的办法与策略。
⑧ 离风霜疾疫瘃堕之患:离同罹,遭受。瘃为冻疮。堕为因冻伤而掉手指。意为迫使羌人因遭受严寒疾病的摧残而自行亡败。故曰:"坐得必胜之道。"
⑨ 亡经阻、远追、死伤之害:没有经过道路阻隔,长途追迫而造成战士死伤的危害。亡同无,没有。
⑩ 信威千里,从枕席上过师:信读申。意为躺在枕席上就可以战胜敌人。
⑪ 材下:犹下材,古人分别人的才识为上才、中才、下才。材同才。
⑫ 颇罢:犹稍罢。
⑬ 效五年时不分别人而并击我:效仿本始五年出击先零时不加分别,连我们也一同遭到汉军的打击。故"其意常恐"。
⑭ 以计为本:以计策为根本。计,计策。本,根本,根据。

为虏破坏可日月冀①,远在来春,故曰兵决可期月而望。窃见北边自敦煌至辽东万一千五百余里,乘塞列隧②有吏卒数千人,虏数大众攻之而不能害。今留步士万人屯田,地势平易,多高山远望之便,部曲相保,为堑垒木樵,校连不绝③,便兵弩,饬斗具④。烽火幸通,势及并力,以逸待劳,兵之利者也。臣愚以为屯田内有亡费之利,外有守御之备。骑兵虽罢,虏见万人留田为必禽之具,其土崩归德⑤,宜不久矣。从今尽三月,虏马羸瘦,必不敢捐其妻子于他种中,远涉河山而来为寇。又见屯田之士精兵万人,终不敢复将其累重⑥还归故地。是臣之愚计,所以度虏且必瓦解其处,不战而自破之册也。至于虏小寇盗,时杀人民,其原未可卒禁⑦。臣闻战不必胜,不苟接刃⑧;攻不必取,不苟劳众。诚令兵出,虽不能灭先零,亶⑨能令虏绝不为小寇,则出兵可也。即今同是⑩而释坐胜之道,从乘危之势,往终不见利,空内自罢敝⑪,贬重而自损,非所以视蛮夷也。又大兵一出,还不可复留,湟中亦未可空,如是,徭役复发也。且匈奴不可不备,乌桓不可不忧。今久转连烦费,倾我不虞之用以澹一隅⑫,臣愚以为不便。校尉临众⑬幸得承威德,奉厚币,拊循众羌,谕以明诏,宜皆乡风⑭。虽其前辞尝曰'得亡效五年',宜亡它心,不足以故出兵。臣窃自惟念。奉诏出塞,引军远击,穷天子之精兵,散车甲于山野,虽亡尺寸之功,媮得避嫌之便⑮,而亡后咎余责⑯,此人臣不忠之利,非明主社稷之福也。臣幸得奋精兵,讨不义,久留天诛⑰,罪当万死。陛下宽仁,未忍加诛,令

---

① 虏破坏可日月冀:羌虏亡败的希望可用日月来计算。破坏犹亡败,失败。冀,希望。
② 乘塞列隧:防守各处烽隧。乘塞,防守。《史记·高祖本纪》:"兴关内卒乘塞。"
③ 堑(qiàn)垒木樵,校连不绝:堑,壕沟。垒,堡垒。樵通谯,犹谯,楼也。校连:相连。意为深沟高垒,谯楼亭障,连绵不断。
④ 便兵弩,饬斗具:便,利也。使兵弩锋利。饬为修,斗具,战斗的器具。意为利用耕种的空余时间修整战斗装备。
⑤ 土崩归德:土崩犹分裂,如土崩瓦解。归德,归顺有德之人。意为羌人不久就会分崩离析,自行归顺。
⑥ 复将其累重:再带领他的妻子。累重,颜师古注:"累重谓妻子也。"
⑦ 未可卒禁:不能在短期内禁止。卒用猝,急也。
⑧ 战不必胜,不苟接刃;攻不必取,不苟劳众:作战不必一定要全胜,因此不能草率交兵;进攻不必要有获取,因此不能草率劳师动众。
⑨ 亶:同"但"。
⑩ 即今同是:即如今日同是这样。意为出兵与不出兵都不可能在很短的时间内禁止小股强寇的侵扰。
⑪ 空内自罢敝:徒耗而使自己疲惫不堪。罢敝,同疲惫。
⑫ 以澹一隅:澹同赡,用以赡养一方。
⑬ 临众:破羌将军辛武贤的儿子,时任校尉。
⑭ 谕以明诏,宜皆乡风:用皇帝的诏令明白的晓告羌人。乡同向,向风,向着正确的选择靠近。
⑮ 媮得避嫌之便:媮同偷。嫌同嫌。意为自己的做法实际上偷到了躲避嫌疑的方便。
⑯ 后咎余责:后日的灾祸及未尽偿的罪责。
⑰ 久留天诛:天诛指反叛的羌人。

臣数得孰计①。愚臣伏计孰甚,不敢避斧钺之诛,昧死陈愚②,唯陛下省察。"

充国奏每上,辄下公卿议臣。初是充国计者什三③,中什五④,最后什八。有诏诘前言不便者,皆顿首服⑤。丞相魏向⑥曰:"臣愚不习兵事利害,后将军数画军册,其言常是,臣任其计⑦可必用也。"上于是报充国曰:"皇帝问后将军,上书言羌虏可胜之道,今听将军,将军计善。其上留屯田及当罢者人马数。将军强食,慎兵事,自爱!"上以破羌、强弩将军数言当击,又用充国屯田处离散,恐虏犯之,于是两从其计⑧,诏两将军与中郎将卬出击。强弩出,降四千余人,破羌斩首二千级,中郎将卬斩首降者亦二千余级,而充国所降复得五千余人。诏罢兵,独充国留屯田。

明年五月,充国奏言:"羌本可五万人军,凡斩首七千六百级,降者三万一千二百人,溺河湟饥饿死者五六千人,定计遗脱与煎巩、黄羝⑨俱亡者不过四千人。羌靡忘等自诡⑩必得,请罢屯兵。"奏可。充国振旅而还。

所善浩星赐迎说充国⑪,曰:"众人皆以破羌、强弩出击,多斩首获降,虏以破坏。然有识者以为虏势穷困,兵虽不出,必自服矣。将军即见,宜归功于二将军出击,非愚臣所及。如此,将军计未失也⑫。"充国曰:"吾年老矣,爵位已极,岂嫌伐一时事以欺明主⑬哉!兵势,国之大事,当为后法⑭。老臣不以余命一为陛下明言兵之利害,卒死,谁当复言之者?"卒以其意对⑮。上然其计,罢遣辛武贤归

---

① 数(shuò)得孰计:数,多次。"孰"同"熟","孰计"犹精熟的计谋。
② 昧死陈愚:昧死犹冒死。陈愚,陈述愚策。
③ 初是充国计者什三:最初认为正确,可以实施,表示赞成的十人中有三人。
④ 中什五:中期十人中有五人表示认可。
⑤ 诘前言不便者,皆顿首服:最初不赞同赵充国计策的大臣,一个个都叩头不语。首服,犹叩头。首服,头。
⑥ 丞相魏向:字弱翁,济阴定陶人,曾任茂陵令、河南太守、大司农、御史大夫,后代韦贤任丞相。
⑦ 臣任其计:颜师古注:"任,保也。"
⑧ 两从其计:同时接纳两种相反的军事策略。
⑨ 黄羝(dī):羌人中的一支。
⑩ 自诡:颜师古注:"诡,责也。自以为忧,责言必能得之。"意为靡忘等主动向汉军自责,认错,服输。故:"请罢屯兵"。
⑪ 所善浩星赐迎说充国:所善,犹私人关系很好的朋友。浩星赐,人名。颜师古注:"浩星,姓;赐,名也。"迎说,在欢迎赵充国归来时对他说。
⑫ 计未失也:你的计谋方略并没有失去作用。意为真正的取胜之道还是离不开赵充国一贯主张坚持的以抚循为上,以出击为下的战略方针。
⑬ 嫌伐一时事以欺明主:嫌,嫌疑,对讨伐(出击)羌人一事持嫌疑态度。一时事,这件事。来欺骗贤明的君主。意为不能因为别人对自己战略的怀疑与否定而违心地去欺骗明君。
⑭ 兵势,国之大事,当为后法:兵势,军事形势,此处引申为战事,战争。国之大事,一个国家最大的事情。后法,今后遵循的先例。
⑮ 卒以其意对:最终还是把自己要陈述的意见上奏给了宣帝。

酒泉太守官，充国复为后将军卫尉。

其秋，羌若零、离留、且种、儿库共斩先零大豪犹非、杨玉首，及诸豪弟泽、阳雕、良儿、靡忘皆帅煎巩、黄羝之属四千余人降汉。封若零、弟泽二人为帅众王，离留、且种二人为侯，儿库为君，阳雕为言兵侯，良儿为君，靡忘为献牛君。初置金城属国以处降羌①。

诏举可护羌校尉者②，时充国病，四府③举辛武贤小弟汤。充国遽起奏④："汤使酒，不可典蛮夷⑤。不如汤兄临众。"时汤已拜受节⑥，有诏更用临众⑦。后临众病免，五府⑧复举汤，汤数醉酗羌人⑨，羌人反畔，卒如充国之言。

初，破羌将军武贤在军中时与中郎将卬宴语⑩，卬道："车骑将军张安世始尝不快上⑪，上欲诛之，卬家将军⑫以为安世本持橐簪笔事孝武帝数十年⑬，见为忠谨⑭，宜全度之⑮。安世用是得免。"及充国还言兵事，武贤罢归故官⑯，深恨，上书告卬泄省中语⑰。卬坐禁止而入至充国莫府司马中乱屯兵⑱，下吏⑲自杀。

充国乞骸骨⑳，赐安车驷马、黄金六十斤，罢就第㉑。朝廷每有四夷大议，常

---

① 初置金城属国以处降羌：开始设置金城属国来安置这些归顺汉朝的羌族人。汉代设置的属国各取邻近郡名。如安置归降匈奴的张掖属国、安定属国等。
② 诏举可护羌校尉者：下诏令让诸大臣举荐可以担任护羌校尉的人选。
③ 四府：丞相府、御史大夫府、车骑将军府、前将军府。
④ 遽(jù)起奏：急起上奏。遽，急，骤然。
⑤ 汤使酒，不可典蛮夷：辛汤会因酒使性，不能胜任护羌校尉一职。使酒，因酒使性。典，执掌。蛮夷，泛指中国四边的少数民族。
⑥ 拜受节：犹接到正式任命书。节，节符，印绶等代表官员信物。
⑦ 更用临众：又有诏令护羌校尉一职改换为辛汤的兄长辛临众。更用，改用。
⑧ 五府：前四府加后将军府。
⑨ 数醉酗(xù)羌人：酗同酌，颜师古注："即酌字也，醉怒曰酌。"
⑩ 宴语：颜师古注："闲宴时共语也。"
⑪ 始尝不快上：最初曾让皇上不愉快。
⑫ 卬(áng)家将军：即卬的父亲后将军赵充国。
⑬ 持橐(tuó)簪(zān)笔事孝武数十年，见谓忠谨，宜全度之：橐，袋。簪笔，插笔。意为皇上的近侍文士，随时准备用笔墨来记录皇帝需要的文字。孝武为汉武帝刘彻。
⑭ 见为忠谨：见同现，表现。忠谨，忠诚谨慎。
⑮ 宜全度之：应当保全他的生命。
⑯ 罢归故官：还军后，辛武贤继续任酒泉太守，故"深恨"。
⑰ 泄省中语：泄漏官禁中的话，即充国替张安世求情的事情。
⑱ 坐禁止入至充国莫府司马中乱屯兵：触犯了在父亲幕府司马中乱屯兵的律令。故"下吏"。司马中：颜师古注："司马中，律所谓营军司马中也。"
⑲ 下吏：谓交给负责司法的官吏审问治置。
⑳ 乞骸骨：犹乞身，即因年老自请退休。
㉑ 罢就第：免官后回到自己的府第里。

与参兵谋①，问筹策焉。年八十六，甘露二年②薨，谥曰壮侯。传子至孙钦，钦尚敬武公主。主亡子，主教钦良人习诈有身，名它人子。钦薨，子岑嗣侯，习为太夫人。岑父母求钱财亡已，忿恨相告。岑坐非子免，国除。元始中，修功臣后，复封充国曾孙伋为营平侯。

初，充国以功德与霍光等列，画未央宫。成帝时，西羌尝有警，上思将帅之臣，追美充国，乃召黄门郎杨雄即充国图画而颂之，曰：明灵惟宣，戎有先零。先零昌狂，侵汉西疆。汉命虎臣，惟后将军，整我六师，是讨是震。既临其域，谕以威德，有守矜功，谓之弗克。请奋其旅，于罕之羌，天子命我，从之鲜阳。营平守节，屡奏封章，料敌制胜，威谋靡亢。遂克西戎，还师于京，鬼方宾服，罔有不庭。昔周之宣，有方有虎，诗人歌功，乃列于《雅》。在汉中兴，充国作武，赳赳桓桓，亦绍厥后。

充国为后将军，徙杜陵。辛武贤自羌军还后七年，复为破羌将军，征乌孙至敦煌，后不出，征未到，病卒。子庆忌至大官。

选自《汉书》卷六十九《赵充国传》

---

① 与参兵谋：犹参与军事谋划。
② 甘露二年：前52年。

辛庆忌传

辛庆忌字子真，少以父任为右校丞①，随长罗侯常惠②屯田乌孙赤谷城③，与歙侯④战，陷阵却敌⑤。惠奏其功，拜为侍郎，迁校尉，将吏士屯焉耆国⑥。还为谒者⑦，尚未知名。元帝初，补金城长史，举茂才，迁郎中车骑将，朝廷多重之者⑧。转为校尉，迁张掖太守，徙酒泉，所在著名⑨。

成帝初，征为光禄大夫，迁左曹中郎将，至执金吾。始武贤与赵充国有隙⑩，后充国家杀⑪，辛氏至庆忌为执金吾，坐子杀赵氏，左迁酒泉太守。岁余，大将军王凤⑫荐庆忌前在两郡著功迹⑬，征入，历位朝廷，莫不信乡⑭。质行正直⑮，仁勇得众心，通于兵事，明略威重⑯，任国柱石⑰。父破羌将军武贤显名前世，有威西夷。臣凤不宜久处庆忌之右。乃复征为光禄大夫、执金吾。数年，坐小法⑱左迁

---

① 以父任为右校丞：因父亲辛武贤而任右校丞之职，校丞为校尉的属吏。
② 长罗侯常惠：太原人。武帝时随苏武出使匈奴，与苏武被拘留达十余年，昭帝时返国，拜光禄大夫。两次出使乌孙，因功封长罗侯。
③ 乌孙赤谷城：《汉书·西域传》乌孙国，大昆弥治赤谷城，去长安八千九百里。位于今哈萨克斯坦境内。
④ 歙(xī)侯：颜师古注："歙侯，乌孙官名。"
⑤ 陷阵却敌：陷阵，攻陷敌人的军阵。却敌，使敌人退却。意为能征惯战。
⑥ 焉耆国：汉时西域国名，都员渠城，在今新疆焉耆县城西南四十里附近。《汉书·西域列传》云焉耆"去长安七千三百里"。
⑦ 谒者：汉官名。为郎中令的属官，掌宾赞受事及上章报问。后改属光禄勋。
⑧ 朝廷多重之者：朝廷中有较多的大臣开始重视他。
⑨ 所在著名：所任职处都很有名气。
⑩ 武贤与赵充国有隙：两人关系不睦，事见《赵充国传》。隙犹间也。
⑪ 充国家杀：赵充国子卬因辛武贤的怨恨而被罪自杀，其家族衰落。事见《赵充国传》。
⑫ 王凤：东平陵人(山东济南东)。因其妹王政君为元帝皇后，袭父爵为侯。成帝时任大司马、大将军。
⑬ 著功迹：功迹卓著。迹：行迹，经历。
⑭ 历位朝廷，莫不信乡：历位犹历次任职于朝廷。如光禄大夫，执金吾等。信乡，颜师古注："乡读曰向。"意为没有人不信任偏向他的。
⑮ 质行正直：意为庆忌行为诚实正直。
⑯ 明略威重：以明晓策略而危重四夷。
⑰ 任国柱石：保卫国家柱石之臣。柱石：喻不可或缺的人才。
⑱ 坐小法：因犯较轻的律法而受牵连。

云中太守,复征为光禄勋。

时数有灾异,丞相司直①何武上封事②曰:"虞有宫之奇,晋献不寐③;卫青在位,淮南寝谋。故贤人立朝,折冲厌难④,胜于亡形。司马法曰:'天下虽安,忘战必危。'夫将不豫设,则亡以应卒⑤;士不素厉,则难使死敌⑥。是以先帝建列将之官⑦,近戚⑧主内,异姓距外,故奸轨⑨不得萌动而破灭,诚万世之长册⑩也。光禄勋庆忌行义修正,柔毅敦厚⑪,谋虑深远。前在边郡,数破敌获虏,外夷莫不闻。乃者大异并见⑫,未有其应。加以兵革久寝。《春秋》大灾未至而豫御之⑬,庆忌宜在爪牙官以备不虞⑭。"其后拜为右将军诸吏散骑给事中,岁余徙为左将军。

庆忌居处恭俭,食饮被服尤节约,然性好舆马⑮,号为鲜明⑯,唯是为奢⑰。为国虎臣⑱,遭世承平⑲,匈奴、西域亲附⑳,敬其威信。年老卒官。长子通为护羌校尉,中子遵函谷关都尉,少子茂水衡都尉出为郡守,皆有将帅之风。宗族支属至二千石者十余人。

---

① 丞相司直:汉官名,掌佐丞相举不法。
② 封事:加密封的奏章。
③ 虞有宫之奇,晋献不寐;卫青在位,淮南寝谋:宫之奇为春秋时虞国贤大夫。晋献公早有灭虞之心。但由于宫之奇在任,使他不敢行动,以至连觉都睡不着。武帝时,淮南王刘安与儿子有反叛之谋,但由于大将军卫青的威名四著,始终未能实施。寝,停止、平息。
④ 折冲厌难:折冲为折返敌人的战车,意为能抵御敌人。厌难,压伏堵塞灾难的发生。
⑤ 夫将不豫设,则亡以应卒:豫通预,预设、预先设置,意为应及早将合适的人才选拔出来,担任要职,否则将无法应对仓促之变。卒同猝。颜师古注:"卒读曰猝,谓暴也。"意为突发的战事。
⑥ 士不素厉,则难使死敌:士,将士、吏士。素,平素。厉通励,劝勉。死敌,与敌人拼死力战。意为对将士平时不加劝勉、爱惜。到战事来临时,就很难让他们与敌人拼死力战。
⑦ 列将之官:各类官号、名位、爵禄的将军,校尉等。
⑧ 近戚:犹近亲,外戚等。
⑨ 奸轨:违法作乱的人。《左传·成公十七年》:"德刑不立,奸轨并至。"
⑩ 长册:即长远的策略。
⑪ 柔毅敦厚:颜师古注:"和柔而能沉毅也。"意为他为人和柔、沉毅、敦厚、老成。
⑫ 大异并见:大异犹各种天灾人祸。并见,一同显现。
⑬ 春秋大灾未至而豫御之:《公羊传》曰:"大其未至而豫御之也。"意为应当及早预防抵御各种大灾大难的出现。
⑭ 爪牙官以备不虞:爪牙官为将军,《汉书·李广传》:"将军者,国之爪牙也。"虞为度、斗。不虞即为不测,不防之意。意为应当让辛庆忌担任重要军职,以防突然发生的战事。
⑮ 舆马:车马。
⑯ 号为鲜明:号为标识、标记,意为在很远处就知道是他的车马。
⑰ 唯是为奢:只有在这件事(车马)上比较奢侈。是,车马。奢:奢侈。
⑱ 虎臣:喻勇武之臣。《诗·鲁颂·泮水》:"矫矫虎臣。"
⑲ 承平:相承平安。意为社会秩序比较持久平安。
⑳ 亲附:与汉室因和亲而归附。

元始①中，安汉公王莽秉政②，见庆忌本大将军凤所成③，三子皆能，欲亲厚之④。是时莽方立威柄⑤，用甄丰、甄邯⑥以自助，丰、邯新贵，威震朝廷。水衡都尉茂自见名臣子孙⑦，兄弟并列，不甚诎事⑧两甄。时平帝幼，外家卫氏⑨不得在京师，而护羌校尉通长子次兄⑩素与帝从舅卫子伯相善，两人俱游侠⑪，宾客甚盛。及吕宽事起⑫，莽诛卫氏。两甄构言⑬诸辛阴与卫子伯为心腹，有背恩不说安汉公之谋⑭。于是司直陈崇举奏其宗亲⑮陇西辛兴等侵陵百姓，威行州郡。莽遂按⑯通父子、遵茂兄弟及南郡太守辛伯等，皆诛杀之。辛氏繇是废。庆忌本狄道⑰人，为将军，徙昌陵。昌陵罢，留长安。

赞曰：秦汉已来，山东出相，山西出将。秦将军白起，郿人；王翦，频阳人。汉兴，郁郅王围、甘延寿，义渠公孙贺、傅介子，成纪李广、李蔡，杜陵苏建、苏武，上邽上官桀、赵充国，襄武廉褒，狄道辛武贤、庆忌，皆以勇武显闻。苏、辛父子著节，此其可称列者也，其余不可胜数。何则？山西天水、陇西、安定、北地处势迫近羌胡，民俗修习战备，高上勇力鞍马骑射。故《秦诗》曰："王于兴师，修我甲兵，与子皆行。"其风声气俗自古而然，今之歌谣慷慨，风流犹存耳。

选自《汉书》卷六十九《辛庆忌传》

---

① 元始：汉平帝刘衎(kàn)的年号。
② 安汉公王莽秉政：王莽（前45—后23年），字巨君，元帝后王政君的侄子。先封新都侯，后为安汉公。成帝、哀帝时，王家权倾天下。至平帝时，王莽更加肆无忌惮，最后终于以新代汉，建立了自己的王朝。王莽在位期间，对于各种国家制度都进行了很大的改革，史称王莽改制。但不久就在各种反抗势力的打击下崩溃了。汉宗室刘秀领导的武装力量在击败王莽军队以及各路反莽武装后，在二十五年建立了新政权。辛庆忌晚年时，正逢王莽独秉大权之时。
③ 所成：所举荐而成就高位。
④ 欲亲厚之：想表示亲近，并让辛家得到封赏。厚，丰厚。
⑤ 威柄：犹威势、权柄。
⑥ 甄丰、甄邯：王莽篡权的得力帮手。
⑦ 自见名臣子孙：自以为著名大臣的子孙。
⑧ 诎事：诎通屈。屈事，意为委屈自己高贵的身份去侍奉新贵。
⑨ 外家卫氏：卫氏，中山卢妇人，中山孝王妃，生平帝。哀帝崩，无子。立为平帝。但平帝年幼，王莽欲专权，不许帝母后卫氏及家人在京师。
⑩ 次兄：庆忌长子辛通长子，即庆忌长孙。
⑪ 游侠：喜好侠客的行事。
⑫ 吕宽事起：见《王莽传》。
⑬ 构言：陷害之言。
⑭ 不说安汉公之谋：说通悦。不悦犹不赞成。安汉公之谋，即王莽诛灭卫氏事。
⑮ 宗亲：宗族亲故。
⑯ 按：立案审查。
⑰ 狄道：陇西狄道为今甘肃定西市临洮县。

傅介子传

　　傅介子，北地人也，以从军为官。先是龟兹、楼兰①皆尝杀汉使者，语在《西域传》。至元凤②中，介子以骏马监③求使大宛④，因诏令责⑤楼兰、龟兹国。

　　介子至楼兰，责其王教匈奴遮杀⑥汉使："大兵方至，王苟⑦不教匈奴，匈奴使过至诸国，何为不言？"王谢服⑧，言："匈奴使属过⑨，当至乌孙，道过龟兹。"介子至龟兹，复责其王，王亦服罪。介子从大宛还到龟兹，龟兹言："匈奴使从乌孙还，在此。"介子因率其吏士共诛斩匈奴使者。还奏事，诏拜介子为中郎，迁平乐监⑩。

　　介子谓大将军霍光曰："楼兰、龟兹数反覆而不诛，无所惩艾⑪。介子过龟兹时，其王近就人，易得也⑫，愿往刺之，以威示诸国。"大将军曰："龟兹道远，且验之于楼兰⑬。"于是白遣之⑭。

　　介子与士卒俱赍金币⑮，扬言以赐外国为名。至楼兰，楼兰王意不亲介子⑯，介子阳引去⑰，至其西界，使译谓曰："汉使者持黄金锦绣行赐诸国，王不来受我，

---

① 龟兹、楼兰：西域诸国之二，龟兹在今新疆库东县附近。楼兰后改鄯善，在今新疆若羌县境。
② 元凤：汉昭帝刘弗陵年号（前80—75年）。
③ 骏马监：官名，主管天子御马饲养的官员。
④ 大宛：西域古国名，在今中亚费尔干纳盆地，乌兹别克斯坦与土库曼斯坦之间。以产良马闻名于世。
⑤ 责：指责，谴责。
⑥ 遮杀：拦截杀害。
⑦ 苟：如果，假使。
⑧ 谢服：认罪，服罪，道歉。
⑨ 使属过：颜师古注："属，近也，近始过去。"匈奴使者刚经过，去了乌孙。
⑩ 平乐监：主管天子牧马的官员。
⑪ 惩艾(yì)：艾通乂，艾安即平安。不惩罚就不会取得平安。
⑫ 近就人，易得也：国王容易接近，惩罚容易得手。
⑬ 且验之于楼兰：先试试楼兰。验，实验。
⑭ 白遣之：上奏昭帝，派遣傅介子出使楼兰、龟兹。
⑮ 赍(jī)金币：携带金币。
⑯ 意不亲介子：对傅介子不很亲近友好。
⑰ 阳引去：阳通佯，假装离开。

去之西国矣。"即出金币以示译①。译还报王,王贪汉物,来见使者。介子与坐饮,陈物示之②。饮酒皆醉,介子谓王曰:"天子使我私报王③。"王起,随介子入帐中,屏语④,壮士二人从后刺之,刃交胸,立死。其贵人⑤、左右皆散走。介子告谕以"王负汉罪,天子遣我来诛王,当更立前太子质在汉者⑥。汉兵方至,毋敢动,动,灭国矣!"遂持王首还诣阙,公卿将军议者咸嘉其功。上乃下诏曰:"楼兰王安归尝为匈奴间⑦,候遮⑧汉使者,发兵杀略卫司马安乐、光禄大夫忠、期门郎遂成等三辈⑨,及安息⑩、大宛使,盗取节印献物⑪,甚逆天理。平乐监傅介子持节使诛斩楼兰王安归首,县之北阙,以直报怨⑫,不烦师众。其封介子为义阳侯,食邑七百户。士刺王者⑬皆补侍郎。"

选自《汉书》卷七十《傅介子传》

---

① 译:译者,翻译。
② 陈物示之:把带来的金币珍宝拿来让楼兰国王观看。示,展示,观看。
③ 私报王:有私语要与你单独交谈。
④ 屏(bǐng)语:不让其他人入内听。
⑤ 贵人:楼兰王的亲贵之人。
⑥ 质在汉者:在汉朝作人质的前太子。
⑦ 为匈奴间:给匈奴人充当间谍、细作。
⑧ 候遮:候为伺候,遮为拦截。杀略:杀害并掠夺汉使所携带的财物。
⑨ 三辈:犹三人。即安乐、忠、遂成三位汉使。
⑩ 安息:西域古国名,即今之伊朗。
⑪ 节印献物:颜师古注:"节即印,汉使者所赍也。献物,大宛等使所献也。楼兰既杀汉使,又诸国使者。"故曰:"甚逆天理。"
⑫ 县之北阙,以直报怨:县通悬。北阙,皇宫北墙上的门楼。以直报怨,见孔子《论语·宪问》,意为用正直的行为来回报怨恨。
⑬ 士刺王者:刺杀楼兰国王安归的壮士。

段会宗传

段会宗字子松,天水上邽①人也。竟宁②中,以杜陵令五府举为西域都护③、骑都尉光禄大夫,西域敬其威信④。三岁,更尽还⑤,拜为沛郡⑥太守。以单于当朝,徙为雁门太守。数年,坐法免⑦。西域诸国上书愿得会宗,阳朔⑧中复为都护。

会宗为人好大节,矜功名⑨,与谷永⑩相友善。谷永闵其老复远出⑪,予书戒⑫曰:"足下以柔远之令德⑬,复典都护之重职,甚休甚休⑭!若子之材,可优游都市⑮而取卿相,何必勒功昆山之仄⑯,总领百蛮⑰,怀柔殊俗⑱?子之所长,愚无以喻⑲。虽然,朋友之言赠行,敢不略意⑳。方今汉德隆盛,远人宾服,傅、郑、甘、

---

① 天水上邽:见《赵充国传》注。
② 竟宁:西汉元帝刘奭的年号(前33年)。
③ 西域都护:官名,汉宣帝神爵二年置。治所在乌垒城,今新疆轮台县野云沟附近。护理西域三十六国,后增至五十国事务。
④ 敬其威信:对他的威信十分敬服。
⑤ 更尽还:汉制,边史三岁一更(换任)。意为任期满后回到内地。
⑥ 沛郡:郡,国名。汉高帝时置。治所在相县(今安徽淮北市相山区)。
⑦ 坐法免:因连坐之法而被免去官职。
⑧ 阳朔:汉成帝刘骜的年号(前24—20年)。
⑨ 好大节、矜功名:注重大节,顾惜功名。矜,顾惜、慎重。
⑩ 谷永:字子云,长安人。曾任郡守至大司农,博学多才,数上书言灾异。
⑪ 老复远出:年老又远行出使西域。
⑫ 戒:劝诫。
⑬ 柔远之令德:柔远为怀柔远方,指安抚西域诸国。令德:美德。
⑭ 甚休甚休:颜师古注:"休,美也。"意为太好,太好了。
⑮ 优游都市:优游:悠闲,闲暇自得。都市,即首都长安。
⑯ 勒功昆山之仄:勒功就是刻功、铭功、记功。昆山即昆仑山,位于西域。仄,通侧。意为何必要在遥远的昆仑山去立功扬名。
⑰ 总领百蛮:西域都护是汉朝设在西域的最高行政长官,故言总领。百蛮是对西域诸少数民族的蔑称。
⑱ 怀柔殊俗:怀柔为安抚。殊俗,特别的、不同的风俗。
⑲ 子之所长,愚无以喻:意为你心目中所理想的事业,像我这样愚笨的人无法理喻。
⑳ 朋友以言赠行,敢不略意:朋友之间临别时多赠以美好的祝福。略意,颜师古注:"略意,略陈本意也。"

陈①之功没齿②不可复见,愿吾子因循旧贯③,毋求奇功,终更亟还,亦足以复雁门之踦④,万里之外以身为本⑤。愿详思愚言。"

会宗既出,诸国遣子弟郊迎。小昆弥安日前为会宗所立,德之⑥,欲往谒,诸翖侯止之不听,遂至龟兹谒。城郭甚亲附。康居⑦太子保苏匿率众万余人欲降,会宗奏状,汉遣卫司马逢迎⑧。会宗发戊己校尉⑨兵随司马受降。司马畏其众,欲令降者皆自缚,保苏匿怨望⑩,举众亡去⑪。会宗更尽还⑫,以擅发戊己校尉之兵乏兴⑬,有诏赎论⑭。拜为金城太守,以病免。

岁余,小昆弥为国民所杀,诸翖侯大乱。征会宗为左曹中郎将光禄大夫,使安辑⑮乌孙,立小昆弥兄末振将,定其国而还。

明年,末振将杀大昆弥,会病死,汉恨诛不加⑯。元延⑰中,复遣会宗发戊己校尉诸国兵,即诛末振将太子番丘。会宗恐大兵入乌孙,惊番丘,亡逃不可得,即留所发兵垫娄⑱地,选精兵三十弩⑲,径至昆弥所在,召番丘,责以"末振将骨肉相杀,杀汉公主子孙⑳,未伏诛而死,使者受诏诛番丘。"即手剑㉑击杀番丘。官属以下惊恐,驰归。小昆弥乌犁靡者,末振将兄子也,勒兵㉒数千骑围会宗,会宗为言

---

① 傅、郑、甘、陈:傅,傅介子,郑,郑吉,甘,甘延寿,陈,陈汤。
② 没齿:本为牙齿全掉落。意为一生终了。如没齿不忘。
③ 因循旧贯:沿袭旧有的事例。
④ 复雁门之踦(jī):踦通奇,不偶。会宗此前在雁门时坐法免官。意为应在西域立功扬名来恢复在雁门的过失与挫折。
⑤ 以身为本:以自己的身体为最根本的要务。
⑥ 德之:颜师古注:"怀会宗之恩德也。"德,名词用如动词。
⑦ 康居:西域古国之一,位于今哈萨克斯坦巴尔哈什湖与咸海之间。
⑧ 逢迎:迎接,接待。
⑨ 戊己校尉:官名,西汉元帝时屯田车师,置戊己校尉掌西域屯田事务。属下有兵马。
⑩ 怨望:失望,怨恨。
⑪ 举众亡去:率领部下万人离汉而去。
⑫ 更尽还:任期满后回朝。
⑬ 乏兴:意为无功。
⑭ 赎论:以赎罪论处。
⑮ 安辑:辑同集。犹安抚召集因内乱而逃散的国民。
⑯ 汉恨诛不加:末振将擅杀大昆弥,罪当诛,但因其病死,故未加诛,成了汉朝的遗憾。恨,遗憾。
⑰ 元延:汉成帝刘骜年号(前12—8年)。
⑱ 垫娄:地名。
⑲ 三十弩:三十名弓箭手。
⑳ 汉公主子孙:此前,汉朝曾嫁解忧、细君公主为乌孙国王昆弥之妻,故其后之子昆弥皆为汉公主子孙。
㉑ 手剑:亲手用剑。
㉒ 勒兵:统率兵马。

来诛之意①:"今围守杀我,如取汉牛一毛耳。宛王郅支头县槀街②,乌孙所知也。"昆弥以下服,曰:"末振将负汉,诛其子可也,独不可告我,令饮食之邪③?"会宗曰:"豫告昆弥,逃匿之,为大罪。即饮食以付我,伤骨肉恩,故不先告。"昆弥以下号泣罢去。会宗还奏事,公卿议会宗权得便宜④,以轻兵深入乌孙,即诛番丘,宣明国威,宜加重赏。天子赐会宗爵关内侯,黄金百斤。

是时,小昆弥季父卑爰疐拥众欲害昆弥,汉复遣会宗使安辑,与都护孙建⑤并力。明年,会宗病死乌孙中,年七十五矣。城郭诸国⑥为发表立祠⑦焉。

选自《汉书》卷七十《段会宗传》

---

① 来诛之意:意在诛番丘。
② 宛王郅支头悬槀街:《张骞李广利传》云:"上邽骑士赵弟拔剑击斩郁成王。"所谓宛王当为郁成王。《陈汤传》:"斩郅支首及各王以下,宜县头槀街蛮夷邸间。"郅支为匈奴王单于之一,曾雄霸西域诸国,杀汉使谷吉等。槀街,槀同槁,汉代长安街名,供异族人居住。
③ 令饮食之邪:意为早给汉军准备粮草,使人马有饮食之备。
④ 权得便宜:意为会宗能权衡便宜,谨慎从事。
⑤ 孙建:时任西域都护。
⑥ 城郭诸国:凡建有城郭的国家,以别于没有固定住所的游牧诸国。
⑦ 立祠:建立祠堂用以祭祀。

卷二 东汉

卢芳传

卢芳字君期,安定三水①人也。居左谷中。王莽时,天下咸思汉德,芳由是诈自称②武帝曾孙刘文伯,曾祖母匈奴谷蠡浑邪王之姊为武帝皇后,生三子。遭江充之乱③,太子诛,皇后坐死,中子次卿亡之长陵,小子回卿逃于左谷。霍将军立次卿,迎回卿。回卿不出,因居左谷,生子孙卿,孙卿生文伯。常以是言诳惑安定间。王莽末,乃与三水属国羌胡④起兵。更始⑤至长安,征芳为骑都尉,使镇抚安定以西。

更始败,三水豪杰共计议,以芳刘氏子孙,宜承宗庙,乃共立芳为上将军西平王,使使⑥与西羌、匈奴结和亲。单于曰:"匈奴本与汉约为兄弟。后匈奴中衰,呼韩邪单于归汉⑦,汉为发兵拥护,世世称臣。今汉亦中绝,刘氏来归我,亦当立之,令尊⑧事我。"乃使句林王将数千骑迎芳,芳与兄禽、弟程俱入匈奴。单于遂

---

① 安定三水:县名,西汉置,约在今宁夏回族自治区固原市同心县境内。东汉末曾内迁至陕西境内。后废。
② 诈自称:谎称,冒充。
③ 江充之乱:江充,字次倩,邯郸人。汉武帝任为直指绣衣使者(直接接受皇帝调度的司法官),与太子刘据不和。时武帝年老,江充恐太子即位后对自己不利,遂制造事端言武帝之病是由于太子诅咒(巫蛊)而致。武帝听信蛊惑,派江充前往查办。太子害怕,杀了江充。丞相刘屈氂发兵攻打太子。太子兵败自杀,武帝后悔,皆由江充所致。史称江充之乱。
④ 三水属国羌胡:武帝初,将内地羌胡归北地属国都尉管辖。后置三水县,属安定郡,故境内居民多为羌胡族属。
⑤ 更始:更始帝名刘玄。出身地主豪门,参加了反对王莽的农民军,被立为皇帝,号更始。后为族弟刘秀所败。更始与农民军攻入长安城在二十四年。
⑥ 使使:派遣使者。前使为动词派遣,后使为名词使者。
⑦ 呼韩邪单于归汉:匈奴呼韩邪单于(?—前31年)于西汉宣帝甘露二年(前52年)归附汉朝,内迁至汉光禄塞下。
⑧ 令尊:指卢芳。

立芳汉帝。以程为中郎将,将胡骑还入安定。初,五原①人李兴、随昱,朔方②人田飒,代郡③人石鲔、闵堪,各起兵自称将军。建武四年,单于遣无楼且渠王入五原塞,与李兴等和亲,告兴欲令芳还汉地为帝。五年,李兴、闵堪引兵至单于庭迎芳,与俱入塞,都九原县④。掠有五原、朔方、云中⑤、定襄⑥、雁门⑦五郡,并置守令,与胡通兵⑧,侵苦北边。

六年,芳将军贾览将胡骑击杀代郡太守刘兴。芳后以事诛其五原太守李兴兄弟,而其朔方太守田飒、云中太守桥扈恐惧,叛芳,举郡⑨降。光武令领职如故。后大司马吴汉⑩、骠骑大将军杜茂⑪数击芳,并不克。十二年,芳与贾览共攻云中,久不下。其将随昱留守九原,欲胁芳降。芳知羽翼外附,心膂⑫内离,遂弃辎重,与十余骑亡入匈奴,其众尽归随昱。昱乃随使者程恂诣阙⑬。拜昱为五原太守,封镌胡侯,昱弟宪武进侯。

十六年,芳复入居高柳⑭,与闵堪兄林使使请降。乃立芳为代王,堪为代相,林为代太傅,赐缯⑮二万匹,因使合集匈奴。芳上疏谢曰:"臣芳过托先帝遗体,弃在边陲。社稷遭王莽废绝,以是子孙之忧,所宜共诛,故遂西连羌戎,北怀匈奴。单于不忘旧德,权⑯立救助,是时兵革并起,往往而在。臣非敢有所贪觊⑰,期于奉承宗庙,兴立社稷,是以久僭号位⑱,十有余年,罪宜万死。陛下圣德高

---

① 五原:郡名。汉元朔二年(前127年)置。辖境相当于今内蒙古河套平原西部地区,治所在九原(今包头市西北)。
② 朔方:郡名。汉元朔二年置。辖境相当于今内蒙古西部及宁夏平原北部地区。治所在今杭锦旗北。
③ 代郡:战国时期赵武灵王置。辖境相当于今河北省西北部,内蒙古中部及山西省东北一小部。秦汉时治所在今河北蔚县西南。
④ 都九原县:建都于九原县。
⑤ 云中:郡名。战国时赵武灵王置。辖境位于今内蒙古中部土默特旗以东地区。秦汉仍在,汉末废。治所在今托克托旗西北。
⑥ 定襄:郡名。西汉分云中郡置。治所在今内蒙古和林格尔西北土城子。
⑦ 雁门:郡名。战国时赵武灵王置,辖境相当于今山西省西部以及内蒙古靠近山西部分地区。秦汉时治所在今山西右玉县南。
⑧ 通兵:共同用兵,联合作战。
⑨ 举郡:率领全郡。举,全、皆。《孟子·梁惠王下》:"举欣欣然有喜色。"
⑩ 吴汉:字子颜,南阳人,随刘秀起兵,征战四方,因功进大司马,封广平侯。
⑪ 杜茂:字诸公,南阳冠军人。随刘秀起兵,征战四方,拜骠骑大将军,因功封乐乡侯。
⑫ 心膂:犹言股肱,比喻亲信之人。《书·君牙》:"今命尔予翼,作股肱心膂。"
⑬ 诣阙:前往洛阳朝见刘秀。阙指皇宫。
⑭ 高柳:古县名。西汉置。治所在今山西阳高县。西汉西部都尉、东汉代郡皆治此,为军事要地。
⑮ 缯(zēng):古代纺织品的总名,通帛。颜师古曰:"缯者,帛之总名。"
⑯ 权:姑且,暂且。
⑰ 贪觊(jì):李贤注:"觊,望也。"
⑱ 僭(jiàn)号位:僭称帝号名位。僭,超越本分。

明,躬率众贤,海内宾服,惠及殊俗①。以胏附②之故,赦臣芳罪,加以仁恩,封为代王,使备北蒲。无以报塞重责,冀必欲和辑③匈奴,不敢遗余力,负恩贷④。谨奉天子玉玺,思望阙庭。诏报芳朝。"明年正月。其冬,芳入朝,南及昌平⑤,有诏止,令更朝明岁⑥。芳自道还,忧恐⑦,乃复背叛。遂反,与闵堪、闵林相攻连月。匈奴遣数百骑迎芳及妻子出塞⑧。芳留匈奴中十余年,病死。

初,安定属国胡与芳为寇,及芳败,胡人还乡里⑨,积苦县官徭役⑩。其中有驳马少伯者,素刚壮;二十一年,遂率种人⑪反叛,与匈奴连和,屯聚青山⑫。乃遣将兵长史陈䜣,率三千骑击之,少伯乃降。徙于冀县⑬。

选自《后汉书》卷十二《卢芳传》

---

① 殊俗:不同习俗之民族,如羌胡之属。
② 胏(zǐ)附:胏,带骨的肉脯。李贤注曰:"胏附犹言肝胏相附,言亲戚也。"
③ 和辑:和睦。《国语·鲁语上》:"契为司徒而民辑。"
④ 负恩贷:背负恩宠、恩典等。
⑤ 昌平:今北京昌平县。
⑥ 令更朝明岁:命卢芳明年再来朝见。
⑦ 忧恐:忧虑与恐惧。
⑧ 出塞:离开汉地。塞,边塞。
⑨ 还乡里:返回安定三水旧地。
⑩ 积苦县官徭役:长期为地方官吏的徭役所苦害。
⑪ 种人:同种族的人。
⑫ 青山:李贤注曰:"青山在今庆州,有青山水。"唐庆州在今甘肃庆阳市。
⑬ 冀县:今甘肃天水市甘谷县。

隗嚣传

　　隗嚣①,字季孟,天水成纪人也。少仕州郡②。王莽国师刘歆引嚣为士③。歆死,嚣归乡里。季父④崔,素豪侠⑤,能得众。闻更始立而莽兵连败,于是乃与兄义⑥及上邽人杨广、冀人周宗谋起兵应汉⑦。嚣止之曰:"夫兵,凶事⑧也。宗族何辜⑨!"崔不听,遂聚众数千人。攻平襄⑩,杀镇戎大尹,崔、广等以为举事⑪宜立主以一众心⑫,咸谓嚣素有名,好经书,遂共推为上将军。嚣辞让不得已,曰:"诸父众贤不量小子⑬。必能用嚣言者⑭,乃敢从命。"众皆曰"诺"。

　　嚣既立,遣使聘请平陵⑮人方望,以为军师。望至,说嚣曰:"足下欲承天顺民,辅汉而起,今立者乃在南阳⑯,王莽尚据长安,虽欲以汉为名,其实无所受命,将何以见信于众乎?宜急立高庙⑰,称臣奉祠,所谓神道设教,求助人神者也。

---

① 隗嚣(xiāo):隗,一读 kuí,一读 wěi,同为姓。
② 少仕郡县:年少时在郡县任职。仕,旧时称做官。《论语·子张》:"学而优则仕。"
③ 国师刘歆引嚣为士:刘歆(?—23年),字子骏,与刘邦同族。西汉末古文经学的开创者、目录学家、天文学家。继承父亲刘向的志业,总校群书文献巨大。王莽末尊为"国师"。后谋诛杀王莽,事泄自杀。
④ 季父:父亲的二弟。古人兄弟排行为伯、仲、叔、季、孟等。
⑤ 豪侠:豪强任侠。《汉书·赵广汉传》:"建(杜建)素豪侠。"
⑥ 兄义:隗嚣之兄隗义。
⑦ 应汉:响应更始帝。
⑧ 凶事:危险之事。
⑨ 何辜:何罪?
⑩ 平襄:古县名,在今甘肃省定西市通渭县西北。西汉时为天水郡治所。王莽改天水郡为镇戎郡。改郡守为大尹。
⑪ 举事:犹起事,指起兵响应更始帝。
⑫ 一众心:统一众人之心。一当动词用。
⑬ 不量小子:不量,不计较。小子,谦词,对诸父众贤而言。
⑭ 必能用嚣言者:一定能听从我的领导。
⑮ 平陵:古县名。西汉五陵之一,昭帝始设陵置县,死后葬此。故址在今咸阳市西北。
⑯ 今立者乃在南阳:指光武帝刘秀。
⑰ 高庙:奉祀高祖刘邦的太庙。

且礼有损益,质文无常①。削地开兆②,茅茨土阶,以致其肃敬③。虽未备物④,神明其舍诸⑤。"嚣从其言,遂立庙邑东⑥,祀高祖、太宗、世宗。嚣等皆称臣执事,史奉璧而告⑦。祝毕,有司穿坎于庭⑧,牵马操刀⑨,奉盘错锗⑩,遂割牲而盟。曰:"凡我同盟三十一将,十有六姓,允承⑪天道,兴辅刘宗。如怀奸虑,明神殛⑫之。高祖、文皇、武皇,俾坠厥命⑬,厥宗受兵,族类灭亡。"有司奉血锗进,护军⑭举手搢诸将军曰:"锗不濡血⑮,歃⑯不入口,是欺神明也,厥罚如盟。"既而薶血加书⑰,一如古礼。

事毕,移檄⑱告郡国曰:

"汉复元年⑲七月己酉朔。己巳,上将军隗嚣、白虎将军隗崔、左将军隗义、右将军杨广、明威将军王遵、云旗将军周宗等,告州牧、部监、群卒正、连率、大尹、尹、尉队大夫、属正、属令:⑳故新都侯王莽,慢侮天地,悖道逆理。鸩杀孝平皇帝,篡夺其位。矫讬天命,伪作符书,㉑欺惑众庶,震怒上帝。反戾饰文,以为祥瑞。㉒戏弄神祇,歌颂祸殃。楚、越之竹㉓,不足以书其恶。天下昭然,所共闻见。今略

---

① 礼有损益,质文无常:礼仪有简有繁,质朴与文饰并无定数。
② 削地开兆:削地犹割地,划地。开兆犹开始,开创。
③ 茅茨土阶,以致其肃敬:用茅草为屋盖,用土做屋阶,虽简陋,但目的为了表达对神灵的肃敬之意。
④ 未备物:虽然没有现成完备的礼敬器物。
⑤ 神明舍其诸:神明难道不会享受吗?舍:不理睬,不享用。
⑥ 邑东:平襄城东。面朝长安方向,以示恭敬。
⑦ 执事史奉璧而告:李贤注:"史,祀史也。璧者,所以祀神也。"
⑧ 有司穿坎于庭:有司,专司其职之人。穿坎于庭,在庭下挖地洞。
⑨ 牵马操刀:古人盟誓,必杀马取血。
⑩ 奉盘错锗(chí):锗,饭匙。意为摆齐盘、勺,饮血而盟。
⑪ 允承:忠诚地继承天道。《论语·尧曰》:"天之历数在尔躬,允执其中。"
⑫ 殛(jí):诛戮。《尚书·舜典》:"殛鲧于羽山。"
⑬ 俾坠厥命:使后嗣失去天命的支持。
⑭ 护军:官名,秦汉时设护军都尉或中尉,以调节各将领的关系。
⑮ 濡血:粘血。
⑯ 歃(shà):不入口:古人盟誓时需饮血。倘若不饮入口即是对神明的不忠不敬。
⑰ 薶血加书:薶同埋。即把洒有血的书简(誓词)埋入土坎中。
⑱ 移檄:散发檄文,讨伐王莽。
⑲ 汉复元年:23年,隗嚣自命的年号。赤即新莽地皇四年。刘玄更始元年,一作复汉。
⑳ 州牧、部监、都卒正、连率、大尹、尹、尉队大夫、属正、属令:王莽篡汉后大肆革新,除改国号之外,以《周官·王制》之义对朝廷及地方各级官佐的名称均作变革,如改汉之大鸿胪为典乐,州牧、太守为大尹,连率等。
㉑ 鸩杀孝平皇帝,篡夺其位,矫称天命,伪作符书:王莽权倾朝野之后用药酒毒死汉平帝,诡称天命当变,伪作符书,为自己篡位制造依据。时有武功县长孟通上疏自称掘井得一白色圆石,上有丹书,文曰:"告安汉公为皇帝。"时王莽为安汉公。
㉒ 欺惑众庶,震怒上帝,反戾饰文,以为祥瑞:众庶即臣民百姓。戾,乖张暴戾。
㉓ 楚、越之竹:楚越二地位于长江中下游,多产竹木,可大量用于制作书写的载体,成语有"罄竹难书"之谓。

举大端，以喻吏民。

"盖天为父，地为母，①祸福之应，各以事降。莽明知之，而冥昧触冒，不顾大忌，诡乱天术，援引史传。②昔秦始皇毁坏谥法，③以一二数欲至万世，而莽下三万六千岁之历，言身当尽此度。④循亡秦之轨，推无穷之数。是其逆天之大罪也。

"分裂郡国，断截地络。⑤田为王田，买卖不得。⑥规锢山泽，夺民本业。⑦造起九庙，穷极土作。⑧发冢河东，攻劫丘垄。此其逆地之大罪也。

"尊任残贼，信用奸佞，诛戮忠正，覆按口语，赤车奔驰，⑨法冠晨夜，冤系无辜，⑩妄族众庶。行炮格之刑，除顺时之法，⑪灌以醇醯，裂以五毒。⑫政令日变，官名月易，⑬货币岁改，⑭吏民昏乱，不知所从，商旅穷窘。号泣市道。设为六管，⑮增重赋敛，刻剥百姓，厚自奉养，苞苴流行，财入公辅，⑯上下贪贿，莫相检考。民坐挟铜炭，没入锺官，⑰徒隶殷积，数十万人，工匠饥死，长安皆臭。既乱诸夏，狂

---

① 天为父、地为母：《尚书》曰："惟天地，万物之父母。"人为万物之一，生于天地之间，犹在父母的怀抱之中。
② 冥昧触(chù)冒，不顾大忌，诡乱天术，援引史传：王莽在位时，灾异并起，但他不顾天命，有意触犯，并且援引史传为其辩解。天术，上天的意旨与手段，如各类灾异。
③ 秦始皇毁坏谥法：谥法古已有之，如周有文、武、成、宣之谥。秦王嬴政称帝后认为谥法为子议父，臣议君，必须废除，而称自己为始皇帝，后继子孙则为二世三世，乃至千世万世。结果二世而亡。
④ 莽下三万六千岁之历，言身当尽此度：王莽变乱法度，有意篡改历法，命太史令推算出三万六千年纪历，六岁一改元，布告天下，称新朝将会万世长存。
⑤ 分裂郡国，断截地络：秦汉时分封天下郡国，以山河地势为准绳，便于管辖。而王莽则重新划分郡国疆界，不以山河走势，截断了地脉。地络犹地脉。
⑥ 田为王田，买卖不得：王莽将天下土地收归国有，意欲恢复古代的井田制。此制有抑制土地兼并之意，但仅存诏令，并未切实执行之。
⑦ 规锢山泽，夺民本业：王莽将山林湖泊收为国有，禁止百姓从中采樵、捕猎，剥夺了诸如樵夫、猎户、渔民的生存之业。本业犹原本的生存之业。
⑧ 起九庙，穷极土作：王莽大兴土木，建立了九座大庙，供奉黄帝、虞帝及王姓先祖，意谓自己继承了上古先圣的事业。土作犹土木工程。
⑨ 尊任残贼，信用奸佞，诛戮忠正，覆按口语，赤车奔驰：为取罪证口供，派遣残酷的吏使四方取证，陷害忠良。覆按犹察验。赤车，办案专使乘坐的专车，轮毂帷幕皆为红色。
⑩ 法冠晨夜，冤系无辜：法冠为办案御史所戴的帽冠。《续汉志》曰："法冠一曰柱后，高五寸，侍奉御史服之。"晨夜犹不分白天黑夜，加班加点，冤及无辜。
⑪ 行炮格之刑，除顺时之法：炮烙为商纣王所施酷刑。顺时之法为顺应时令季节的用刑制度，如死刑必在秋季等。而王莽则规定不分顺时背节，滥行无度。
⑫ 灌以醇醯(xī)，裂以五毒：对罪犯体内强行灌入浓度极高的醋汁以腐蚀内脏。外加五种酷刑撕裂罪犯的身体。五毒分别曰械，曰镣，曰棍，曰桵(zǎn)，曰夹棍。
⑬ 政令日变，官名月易：政令朝夕变易，官名月月更改。
⑭ 货币岁改：莽改汉五铢钱为大小钱，规定大钱值小钱五十。小钱直径六分，重一铢。岁改：犹年年改变，频繁更换。
⑮ 设为六管：设置六类国家专管专营制度。六类分别为盐、铁、酒、铸币、山林、水泽。
⑯ 苞苴(jū)流行，财入公辅：苞苴又称蒲包，礼品的外包装，引申为行贿。公辅犹官家府库。
⑰ 民坐挟铜炭，没入锺官：百姓犯私自铸币之罪者，一切没收，归于官家。铜炭指铸铜钱的原材及燃料。锺官为主管铸造钱币的官员。

心益悖,北攻强胡,南扰劲越,①西侵羌戎,东摘秽貊。② 使四境之外,并入为害,缘边之郡,江海之濒,涤地无类。③ 故攻战之所败,苛法之所陷,饥馑之所夭,疾疫之所及,以万万计。其死者则露尸不掩,生者则奔亡流散,幼孤妇女,流离系虏。此其逆人之大罪也。

"是故上帝哀矜,降罚于莽,妻子颠陨,还自诛刈。④ 大臣反据⑤,亡形已成。大司马董忠,国师刘歆,卫将军王涉,皆结谋内溃;司命孔仁,纳言严尤,秩宗陈茂,举众外降。山东之兵二百余万,已平齐、楚,下蜀、汉,定宛、洛,据敖仓,守函谷,威命四布,宣风中岳。⑥ 兴灭断绝,封定万国,遵高祖之旧制,修孝文之遗德。有不从命,武军平之。驰使四夷,复其爵号。⑦ 然后还师振旅,櫜弓卧鼓。⑧ 申命百姓,各安其所,庶无负子之责。"⑨

嚣乃勒兵⑩十万,击杀雍州牧陈庆。将攻安定。安定大尹王向,莽从弟平阿侯谭⑪之子也,威风独能行其邦内⑫,属县皆无叛者。嚣乃移书于向,喻以天命,反复诲示⑬,终不从。于是进兵虏之,以徇百姓⑭,然后行戮,安定悉降,而长安中亦起兵诛王莽。嚣遂分遣诸将徇⑮陇西、武都、金城、武威、张掖、酒泉、敦煌,皆下之。

更始二年⑯,遣使征嚣及崔、义等。嚣将行,方望以为更始未可知,固止之⑰,

———

① 北攻强胡,南扰劲越:新莽二年(10年)王莽遣将军孙建等十二将十道并出,北击匈奴。新莽三年,遣平蛮将军冯茂南击句町。句町为古国名,位于今云南境内,属百越之一。
② 东摘秽貊:摘,犹取也。秽貊:古时东北少数民族之一。
③ 涤地无类:四面出击,荡涤无别。涤地,侵占攻取的边境之地。
④ 妻子颠陨,还自诛刈:王莽杀儿子王宇、王临。其妻悲痛无比,涕泣失明,以致病卒。颠陨犹亡故。诛刈(yì),割杀。
⑤ 大臣反据:反据犹反叛。
⑥ 威命四布,宣风中岳:反叛王莽虐政的风潮遍布中原大地。宣风,宣传的风潮,中岳,狭意指河南嵩山附近,广意指中原大地。
⑦ 驰使四夷,复其爵号:派遣使者远至北方匈奴、西域、东南诸越各国恢复王莽削降的爵位名号。
⑧ 櫜(tuò)弓卧鼓:意指息兵。《诗·周颂》曰:"载戢干戈,载櫜弓矢。"櫜,装弓的袋子。卧,息也。鼓,战鼓。
⑨ 负子之责:百姓携儿负子,失所流离,罪在主政者。
⑩ 勒兵:犹统帅军队。
⑪ 平阿侯王谭:元帝妃王政君之弟、成帝之舅、王莽之叔。
⑫ 邦内:安定郡境内。
⑬ 喻以天命,反复诲示:以天命向汉,新朝必亡。晓谕王向,且多次劝谕。
⑭ 以徇(xùn)百姓:徇,对众宣示。《周礼·天官·小宰》:"徇以木铎"。郑玄注:"古者将有新令,必奋木铎以警众,使明听也。"
⑮ 徇:徇为略地。《史记·陈涉世家》:"陈王令魏人周市北徇魏地。"
⑯ 更始二年:24年。
⑰ 固止之:固,坚决。方望以为长安形势未明,不宜前往,坚持不让去。

嚣不听。望以书辞谢而去,曰:"足下将建伊、吕之业①,弘不世之功②,而大事草创,英雄未集。以望异域之人③,疵瑕④未露,欲先崇郭隗,想望乐毅⑤,故钦承大旨,顺风不让。将军以至德尊贤,广其谋虑,动有功,发中权⑥,基业已定,大勋方缉⑦。今俊乂并会,羽翮并肩⑧,望无耇耇之德⑨,而猥托⑩宾客之上,诚自愧也。虽怀介然之节⑪,欲洁去就之分⑫,诚终不背其本,贰其志⑬也。何则?范蠡收责句践,乘偏舟于五湖⑭;舅犯谢罪文公,亦逡巡于河上⑮。夫以二子之贤,勒铭两国⑯,犹削迹归愆⑰,请命乞身,望之无劳,盖其宜也。望闻乌氏有龙池之山⑱,微径⑲南通,与汉相属,其傍时有奇人⑳,聊及闲暇,广求其真。望将军勉之!"嚣等遂至长安,更始以为右将军,崔、义皆即旧号。其冬,崔、义谋欲叛归,嚣惧并祸,即以事告之,崔、义诛死。更始感嚣忠㉑,以为御史大夫。

明年夏,赤眉入关,三辅扰乱㉒。流闻㉓光武即位河北,嚣即说更始归政于光

---

① 伊吕之业:伊尹吕望等人所成就的大事业。
② 不世之功:李贤注:"不世者,言非代之所常有也。"少有的大事业。
③ 异域之人:李贤注:"(方)望,平陵人,以与嚣别郡,故言异域。"犹外乡人。
④ 疵瑕:比喻人的过失或缺点未露。意为自己并无缺点或过失,声望犹存,有自荐之意。
⑤ 先崇郭隗,想望乐毅:战国时,燕昭王欲求贤士辅佐,请教郭隗。郭隗告以先从自己开始,必定会有才能更大的人前往燕国。于是燕昭王为郭隗筑黄金台,尊崇无比。六国之士听说之后,纷纷前往燕国应聘。其中魏国之乐毅、齐国之邹衍、赵国之剧辛皆为燕昭王所罗致。
⑥ 中权:本指主将所在的中军。《左传·宣公十二年》:"中权,后劲。"杜预注:"中军制谋,后以精兵为殿。"引申以指政治中心,犹言中枢。
⑦ 大勋方缉:大勋,犹大功。方缉,刚开始形成。缉:连缀。西部诸郡已统一在将军旗下。
⑧ 俊乂并会,羽翮并肩:意为才德出众之人汇集,辅佐者共同努力。俊乂:贤能之人。
⑨ 耇耇(gǒu)之德:耇耇,年老。方望估计年尚青,故谓无年老之德。
⑩ 猥(wěi)托:猥,谦词。故言"自愧"。
⑪ 介然之节:介然,耿介,坚贞。《荀子·修身》:"善在身,介然必以自好也。"杨倞注:"介然,坚固貌。"
⑫ 洁去就之分:洁犹净也。去就之分,离去与就其位的本分。
⑬ 终不肯背本,贰其志:不愿背弃本来的志向。
⑭ 范蠡收责句践,乘偏舟于五湖:收责谓收其罪责。相传范蠡助句践击败吴国,书辞句践,乘扁舟游于五湖之上。
⑮ 舅犯谢罪文公,亦逡巡于河上:舅犯,又名子犯,晋文公重耳的舅父。从文公流亡在外多年。由秦归国渡黄河时,"子犯以璧授公子,曰:'臣负羁绁从君巡于天下,臣之罪甚多矣。臣犹知之,而况君乎?请由此亡。'公子曰:'所不与舅氏同心者,有如白水。'"《左传》语。逡巡,不进也。
⑯ 勒铭两国:勒铭犹刻写。意为二人的臣勋铭刻在晋、越二国。
⑰ 削迹归愆(qiān):削迹犹匿迹,指归隐。《庄子·山木》:"削迹捐势,不为功名。"愆,过失。意为二人不以有功,反以有过。
⑱ 乌氏有龙池之山:安定郡之乌氏县。龙池之山,当为陇山泾水发源之处。
⑲ 微径:犹小路。
⑳ 奇人:奇异之人。古代陇山时有隐居之奇人异士。其时,王莽乱汉,中原士人西行避难。如班彪之西行,方望亦此等之士。
㉑ 感嚣忠:为隗嚣的忠心所感动。
㉒ 明年夏,赤眉入关,三辅扰乱:见《汉书》卷九十九《王莽传》。
㉓ 流闻:犹流听。指没有十分确定的消息。

武叔父国三老良①,更始不听。诸将欲劫更始东归②,嚣亦与通谋。事发觉,更始使使者召嚣,嚣称疾不入,因会客王遵、周宗等勒兵自守。更始使执金吾③邓晔将兵围嚣。嚣闭门拒守;至昏时,遂溃围,与数十骑夜斩平城门关④,亡归天水。复招其众,据故地,自称西州上将军。

及更始亡败,三辅耆老⑤士大夫皆奔归嚣。

嚣素谦恭爱士,倾身引接⑥为布衣交⑦。以前王莽平河大尹长安谷恭为掌野大夫,平陵范逡为师友⑧,赵秉、苏衡、郑兴为祭酒⑨,申屠刚、杜林为持书⑩,杨广、王遵、周宗及平襄人行巡、阿阳⑪人王捷、长陵⑫人王元为大将军,杜陵、金丹之属为宾客。由此名震西州,闻于山东。

建武二年⑬,大司徒邓禹西击赤眉,屯云阳⑭,禹裨将⑮冯愔引兵叛禹,西向天水,嚣逆击⑯,破之于高平⑰,尽获辎重。于是禹承制⑱遣使持节命嚣为西州大将军,得专制凉州、朔方⑲事。及赤眉去长安,欲西上陇⑳,嚣遣将军杨广迎击,破之,又追败之于乌氏、泾阳㉑间。

嚣既有功于汉,又受邓禹爵,署其腹心㉒,议者多劝通使京师。三年,嚣乃上

---

① 国三老:古时掌教化的乡官。
② 东归:即归降汉光武帝。
③ 执金吾:官名。邓晔,李贤注:"《谢承书》曰:晔,南阳南乡人,以劲悍廉直为名。"
④ 斩平城门关:斩犹破开。平城门关,长安城南面西关门。
⑤ 三辅耆老:三辅为今陕西关中地区,即京兆(中)冯翊(东)扶风(西),耆老犹年老有德之人。
⑥ 倾身引接:倾身犹躬身,引接即接引。意为衷心欢迎这些人的到来。
⑦ 布衣交:指贫贱之交。《史记·廉颇蔺相如列传》:"臣以为布衣之交,尚不相欺,况大国乎!"平河:王莽改清河郡为平河郡,汉高帝置,位于今河北东南及山东西北一带。治所在清阳(今清河东南)。
⑧ 师友:官名。其地位如老师,亦为朋友。
⑨ 祭酒:官名。谓祭祀时先动酒器的长者,而非后代太学之长。
⑩ 持书:官名。李贤注:"持书即持书侍御史,秩六百石。"
⑪ 阿阳:古县名。西汉置,属天水郡。故地在今甘肃平凉市静宁境。
⑫ 长陵:古县名。汉时五陵之一,位于今陕西咸阳市东北,高帝(刘邦)葬此。
⑬ 建武二年:26年。
⑭ 云阳:古县名。秦治。治所在今陕西咸阳市淳化县西北。
⑮ 裨(pí)将:犹副将。
⑯ 逆击:犹迎面还击。
⑰ 高平:古县名。西汉置,治所在宁夏固原市。其城险固,号称"第一城"。
⑱ 承制:秉承皇帝意旨而便宜行事。
⑲ 凉州、朔方:武帝所设十三刺史州部。凉州约为今甘肃全境,朔方约为今宁夏回族自治区大部及内蒙古一带。
⑳ 西上陇:陇为陇山,即今之六盘山,位于三辅与凉州的界处。三辅在陇山之东,故曰"西上"。
㉑ 泾阳:古县名。属安定郡,位于今甘肃平凉市西北。
㉒ 腹心:犹心腹。喻最信任的部属。

书诣阙。光武素闻其风声①,报以殊礼②,言称字③,用敌国之仪,所以慰藉之良厚④。时陈仓⑤人吕鲔拥众数万,与公孙述⑥通,寇三辅。嚣复遣兵佐征西大将军冯异⑦击之,走鲔,遣使上状⑧。帝报以手书曰:"慕乐德义,思想结纳。昔文王三分,犹服事殷⑨。但驽马铅刀,不可强扶⑩。数蒙伯乐一顾之价⑪,而苍蝇之飞,不过数步,得讬骥尾,得以绝群⑫。隔于盗贼,声问不数⑬。将军操执款款⑭,扶倾救危,南距公孙述之兵,北御羌胡之乱,是以冯异西征,得以数千百人踟蹰⑮三辅。微将军之助,则咸阳以西为他人禽⑯矣。今关东寇贼,往往屯聚,志务广远,多所不暇⑰,未能观兵成都,与子阳角力⑱。如今子阳到汉中、三辅,愿因将军兵马,鼓旗相当。倘肯如言,蒙天之福,即智士计功割地之秋⑲也。管仲曰;'生我者父母,成我者鲍子⑳。'自今以后,手书相闻,勿用傍人解构之言㉑。"自是,恩礼愈笃㉒。

其后公孙述数出兵汉中,遣使以大司空扶安王印绶授嚣。嚣自以与述敌国,耻为所臣㉓,乃斩其使,出兵击之,连破述军,以故蜀兵不复北出。

---

① 风声:犹声望。
② 殊礼:特别的礼遇。
③ 言称字,用敌国之仪:言语之间称字而不称名。敌国之仪,犹平等之礼。
④ 良厚:良者,好也,厚者,不薄也。意为真诚相待。
⑤ 陈仓:古县名,秦置。治所在今陕西宝鸡市。
⑥ 公孙述:字子阳,扶风茂陵人。王莽乱汉,公孙述起兵于蜀。后拥有蜀中。建武元年四月,自立为天子,号成家。《汉书》中与隗嚣同传。吕鲔与公孙述相通好,互为盟友。
⑦ 冯异:字公孙。颍川父城人,先反王莽,后加入刘秀集团,为主要将领。号大树将军。刘秀即位后,封阳夏侯,任征西大将军。
⑧ 上状:上书陈述。状,陈述。
⑨ 文王三分,犹服事殷:商末西周文王得人得士,三分天下有其二,仍然尊商纣王为天子,自己称侯伯。服事犹遵奉。
⑩ 驽马铅刀,不可强扶:驽马即劣马,铅性软,故铅刀难割。
⑪ 伯乐一顾之价:意为遇上识货之人。
⑫ 绝群:犹超群。附骥,比喻依附于他人而成名。
⑬ 声问不数(shuò):声问犹音信。数,频繁。不数指消息不通。因为中间隔着盗贼(赤眉等)。
⑭ 操执款款:操执为拿,持。如操刀、执剑等。款款为诚恳、忠实。犹言你怀抱着恢复汉室的真诚愿望。
⑮ 踟蹰(chí chú):徘徊不进之状。
⑯ 禽:通擒,犹拿下,控制。陈仓距咸阳较近。
⑰ 不暇:没有时间与机会。暂且顾不上西部。
⑱ 角力:犹比武较量。
⑲ 秋:秋为一年中成功收获之时,故用秋指称成功之时。
⑳ 成我者鲍子:鲍子即管仲好友鲍叔牙。管仲佐齐桓公成就霸业,始于鲍叔牙的推荐。
㉑ 解构之言:犹挑拨离间的言语。
㉒ 恩礼愈笃:恩惠与礼遇更加深厚。笃,深厚。
㉓ 耻为所臣:认为臣服于公孙述是耻辱。在隗嚣心中,自己与公孙述是平等的关系。

时关中将帅数上书,言蜀可击之状。帝以示嚣①,因使讨蜀,以效其信②。嚣乃遣长史上书,盛言③三辅单弱,刘文伯在边④,未宜谋蜀。帝知嚣欲持两端⑤,不愿天下统一,于是稍黜其礼,正君臣之仪⑥。

初,嚣与来歙、马援相善⑦,故帝数使歙、援奉使往来,劝令入朝,许以重爵。嚣不欲东⑧,连遣使深持谦辞,言无功德,须四方平定,退伏闾里⑨。五年,复遣来歙说嚣遣子入侍⑩,嚣闻刘永、彭宠⑪皆已破灭,乃遣长子恂随歙诣阙。以为胡骑校尉,封镌羌侯。而嚣将王元、王捷常以为天下成败未可知,不愿专心内事⑫。元遂说嚣曰:"昔更始西都⑬,四方响应,天下喁喁⑭,谓之太平。一旦败坏,大王几无所措⑮。今南有子阳,北有文伯,江湖海岱⑯,王公十数,而欲牵儒生之说⑰,弃千乘之基⑱,羁旅危国,以求万全,此循覆车之轨,计之不可者也。今天水完富,士马最强,北收西河、上郡,东收三辅之地,案秦旧迹,表里河山⑲。元请以一丸泥⑳为大王东封函谷关,此万世一时㉑也。若计不及此㉒,且畜养士马,据隘㉓

---

① 帝以示嚣:刘秀把将帅们所上可击蜀的书信示之于隗嚣。示,展示。
② 以效其信:来展现对自己的忠信。
③ 盛言:犹极言,极力陈说。
④ 刘文伯在边:刘文伯即卢芳,在其东北边境。
⑤ 欲持两端:左右摇摆不定,观风使舵,心存贰志。
⑥ 稍黜其礼,正君臣之仪:对嚣的礼遇稍作降格,以明确君与臣之间的礼仪。对隗嚣的信任有所下降,态度有所改变。
⑦ 来歙、马援相善:来歙,字君叔,南阳新野人,刘秀部下重要将领。任太中大夫,说隗嚣归汉。隗嚣败后,又率军人蜀攻公孙述。被公孙述派人刺杀。马援,字文渊,扶风茂陵人。曾任王莽之新城大尹(汉中太守),又依隗嚣,后归刘秀,曾劝隗嚣归汉。后任伏波将军,远征南蛮,病死军中。相善,即为好友。
⑧ 欲东:东向归顺刘秀。
⑨ 退伏闾里:意为隐退乡间。伏为隐匿。闾里犹乡里。
⑩ 遣子入侍:派遣儿子入京担任侍卫,以表忠诚。
⑪ 刘永、彭宠:刘永,梁国睢阳人,梁孝王八世孙。王莽乱政,起兵反莽,割据自立,后为刘秀所败灭。彭宠,字伯通,南阳宛人。亦起反莽。更始帝刘玄拜宠偏将军行渔阳太守事。光武即位,以书招宠。然宠不从,自立为燕王,后为奴仆所杀。
⑫ 内事:意为归顺刘秀。
⑬ 更始西都:更始帝以长安为首都。而刘秀则以洛阳为都,故言西都。
⑭ 天下喁喁(yóng):形容众人向慕之状。
⑮ 无所措:无地方自立,自存。
⑯ 江湖海岱:四海之内。
⑰ 欲牵儒生之说:儒生指马援。欲牵,被牵引,为之所动。
⑱ 千乘之基:现有的基业。千乘,千辆战车,指强大的实力。
⑲ 案秦旧迹,表里河山:案为验案,考据。秦旧迹,犹战国时秦国的旧版图。表里河山,秦国外山而内河。
⑳ 一丸泥:喻一小部人马。
㉑ 万世一时:万世难逢的机遇。
㉒ 计不及此:倘若达不到这一步计划。
㉓ 据隘:据为占据,隘为险要之处。

自守,旷日持久,以待四方之变。图王不成①,其弊犹足以霸。要之,鱼不可脱于渊②,神龙失势,即还与蚯蚓同③。"嚣心然元计④,虽遣子入质,犹负其险阨,欲专方面⑤,于是游士长者⑥,稍稍去之。

六年,关东悉平。帝积苦兵间⑦,以嚣子内侍,公孙述远据边陲,乃谓诸将曰:"且当置此两子于度外⑧耳。"因数腾书陇、蜀⑨,告示祸福⑩。嚣宾客、掾史多文学生⑪,每所上书,当世士大夫皆讽诵之,故帝有所辞答,尤加意焉⑫。嚣复遣使周游诣阙,先到冯异营,游为仇家所杀。帝遣卫尉铫期⑬持珍宝缯帛赐嚣。期至郑⑭被盗,亡失财物。帝常称嚣长者⑮,务欲招之,闻而叹曰:"吾与隗嚣事欲不谐,使来见杀,得赐道亡。"

会公孙述遣兵寇南郡⑯,乃诏嚣当从天水伐蜀,因此欲以溃其心腹⑰。嚣复上言:"白水险阻,栈阁绝败⑱。"又多设支阂⑲。帝知其终不为用,亟欲讨之⑳。遂西幸长安㉑,遣建威大将军耿弇㉒等七将军从陇道伐蜀,先使来歙奉玺书喻旨。嚣疑惧,即勒兵,使王元据陇坻㉓,伐木塞道,谋欲杀歙。歙得亡归。

诸将与嚣战,大败,各引退。嚣因使王元、行巡侵三辅,征西大将军冯异、征

---

① 图王不成:谋求王业不成功。
② 鱼不可脱于渊:《老子》曰:"鱼不可脱于泉。脱失也,失泉则涸矣。"意为不可离开陇右而去京师。
③ 神龙失势,即还与蚯蚓同:与蚯蚓同,失其所乘故也。以龙蛇作喻,劝隗嚣不要前往京师洛阳。
④ 心然元计:认可王元的建议。即不去京师投靠刘秀,继续割据一方。
⑤ 欲专方面:方面即一方的军政大权。想继续称雄一方,不依刘秀。
⑥ 游士长者:即以前投奔隗嚣的三辅耆老、士大夫等,前后离开,纷纷东去依附刘秀。
⑦ 积苦兵间:长期为用兵所苦。
⑧ 置此二子于度外:暂且不考虑这二人(隗嚣与公孙述)的问题。
⑨ 数腾书陇蜀:李贤注:"腾,传也。"多次传递书信与隗嚣、公孙述。
⑩ 告示祸福:指出不同的结果。
⑪ 文学生:专习文学的士人,以善写文章为能。
⑫ 尤加意焉:特别注意文辞的修饰,以免为隗嚣属下的文士所鄙。
⑬ 铫(yáo)期:字次况,颍川郏人。从光武为将军,屡立战功。后任卫尉,封安成侯。
⑭ 郑:在今陕西华县境。
⑮ 长者:有德行,多指性情谨厚的人。
⑯ 南郡:秦昭王置。治所在郢,后迁江陵。今荆州。
⑰ 溃其心腹:使其心腹之地崩溃。心腹指公孙述的统治中心益州。
⑱ 白水险阻,栈阁绝败:李贤注:"白水,县,有关,属广汉郡。栈阁者,山路悬险,栈木为阁道。"从陇至蜀,道路十分艰难。李白尚有"蜀道难"之深叹,况更早的汉代之时。
⑲ 支阂(hé):李贤注:"支柱障阂,犹人为之障碍。阂,阻隔,阻碍。隗嚣以道路艰难为借口,实不愿出兵伐蜀,继续持两端以观风向。
⑳ 亟欲讨之:亟,遽、便。李贤注:"亟,犹遽也。"决定讨伐隗嚣。
㉑ 西幸长安:驾临长安。幸,帝王驾临。《汉书·武帝纪》:"二年冬十月,行幸雍。"
㉒ 耿弇:扶风茂陵人。更始时,率兵归刘秀,屡立战功。刘秀即帝位,官至建威大将军,封好畤侯。
㉓ 陇坻:即陇山,今名六盘山。为关中与陇西之间的天然屏障。

房将军祭遵①等击破之。嚣乃上疏谢曰："吏人闻大兵卒至②，惊恐自救，臣嚣不能禁止。兵有大利，不敢废臣子之节，亲自追还。昔舜事父，杖则走，小杖则受③。臣虽不敏，敢忘斯义。今臣之事，在于本朝④，赐死则死，加刑则刑。如遂蒙恩，再得洗心⑤，死骨不朽。"有司以嚣言慢⑥，请诛其子恂。帝不忍，复使来歙至汧⑦，赐嚣书曰："昔柴将军与韩信书云⑧：'陛下宽仁，诸侯虽有亡叛而后归，辄复位号，不诛也。'以嚣文吏，晓义理，故复赐书。深言则似不逊，略言则事不决。今若束手⑨，复遣恂弟归阙庭者，则爵禄获全，有浩大之福矣。吾年垂四十，在兵中十岁，厌浮语虚辞⑩。即不欲，勿报。"嚣知帝审其诈⑪，遂遣使称臣于公孙述。明年，述以嚣为朔宁王，遣兵往来，为之援势。秋，嚣将步骑三万侵安定，至阴槃⑫，冯异率诸将拒之。嚣又令别将下陇，攻祭遵于汧，兵并无利⑬，乃引还。

帝因令来歙以书招王遵，遵乃与家属东诣京师，拜为太中大夫，封向义侯。遵字子春，霸陵人也。父为上郡太守。遵少豪侠⑭，有才辩⑮，虽与嚣举兵，而常有归汉意。曾于天水私于来歙曰："吾所以勤力不避矢石者，岂要爵位哉！徒以人思旧主，先君蒙汉厚恩，思效万分耳。"又数劝嚣遣子入侍，前后辞谏切甚⑯，嚣不从，故去焉。

八年春，来歙从山道袭得略阳城⑰。嚣出不意，惧更有大兵，乃使王元拒陇

---

① 祭遵：字弟孙，颍川颍阳人，从刘秀转战河北，屡立战功，拜征房将军，封颍阳侯。
② 卒至：同猝，突然而至。
③ 昔舜事父，大杖则走，小杖则受：相传舜父对舜动辄用木棍(仗)击打。而舜事父至孝。打得重时就逃跑，打得轻时就一动不动受着。嚣用此喻自己对刘秀的征伐的态度。
④ 本朝：指刘秀建立的汉王朝。
⑤ 洗心：犹改悔，成语有洗心革面。
⑥ 慢：怠慢，轻慢。
⑦ 汧(qiān)：古汧邑，周末秦襄公所都。秦置县。古址在今陕西陇县南。汧水出县西陇山中。
⑧ 昔柴将军与韩信书：李贤注："柴将军，柴武也。韩信，韩王信也。信反，入匈奴，与汉战，故武与之书也。"
⑨ 束手：谓自缚。成语有"束手就擒"。
⑩ 厌浮语虚辞：不喜讲假话。
⑪ 审其诈：审，详知，明意。诈，欺骗。
⑫ 阴槃：古县名。西汉置，位于今甘肃灵台县与陕西长武县之间。
⑬ 并无利：都未取得胜利成果。
⑭ 少豪侠：年少时即有豪侠之誉。
⑮ 才辩：才干与辨识能力。
⑯ 前后辞谏切甚：多次真切郑重地劝谏隗嚣归顺刘秀。
⑰ 略阳城：汉所置县，属天水郡。治所在今天水市张家川回族自治县与秦安县之间。

坻,行巡守番须口①,王孟塞鸡头道②,牛邯军瓦亭③,嚣自悉其大众围来歙。公孙述亦遣其将李育、田弇助嚣攻略阳,连月不下。帝乃率诸将西征之,数道上陇④,使王遵持节监大司马吴汉⑤留屯于长安。

遵知嚣必败灭,而与牛邯旧故⑥,知其有归义意,以书喻之曰:"遵与隗王歃盟为汉,自经历虎口,践履⑦死地,已十数矣。于时周洛⑧以西无所统一,故为王策⑨,欲东收关中,北取上郡,进以奉天人之用⑩,退以惩外夷之乱。数年之间,冀圣汉复存⑪,当挈河陇,奉旧都⑫以归本朝。生民以来,臣人之势⑬,未有便于此时者也。而王之将吏,群居穴处之徒⑭,人人抵掌⑮,欲为不善之计⑯。遵与孺卿⑰日夜所争,害几及身者,岂一事哉!前计抑绝,后策不从⑱,所以吟啸扼腕,垂涕登车⑲。幸蒙封拜,得延论议⑳,每及西州之事,未尝敢忘孺卿之言。今车驾大众,已在道路,吴、耿骁将㉑,云集四境,而孺卿以奔离之卒㉒,拒要陉,当军冲㉓,视其形势何如哉?夫智者睹危思变㉔,贤者泥而不滓㉕,是以功名终申,策画复

---

① 番须口:陇山中段的东西孔道之一,故址在今平凉市华亭县与庄浪县之间。今有省道通东西。
② 鸡头道:又称笄头道,因附近有笄头山而名之,为沟通陇山东西的主要古道。故址在今宁夏回族自治区泾源县与隆德县之间陇山之中。
③ 军瓦亭:驻军瓦亭。瓦亭故址在今宁夏回族自治区西吉县之将台堡。
④ 数道上陇:从几条道向陇山进军。
⑤ 吴汉:字子颜,南阳宛人。早年以贩马为业,后归刘秀,为偏将军,屡立战功。刘秀称帝后,任大司马,封广平侯。
⑥ 旧故:老朋友,有旧交情。
⑦ 践履:经过。
⑧ 周洛:指洛阳。
⑨ 王策:统一天下的策略。
⑩ 天人之用:天下统一以顺应天时人心。之用,犹目的。
⑪ 冀圣汉复存:希望神圣的汉王朝重新复兴长存。
⑫ 挈(qiè)河陇,奉旧都:挈,提携,带领。河陇:黄河与陇坻,指西部地区。旧都即长安城。
⑬ 生民以来,臣人之势:自有人类以来,为人臣者所遇到的机遇。生民,即人类诞生。势,情势,引申为时运,机遇。
⑭ 群居穴处之徒:指边远地区的落后人群。
⑮ 抵掌:击掌。一说为据掌,指一人手按另一人之手。意为深入交谈。
⑯ 不善之计:反对天下归一,自立割据。
⑰ 孺卿:牛邯,字孺卿。
⑱ 前计抑绝,后策不从:自己前后多次对隗嚣所提的建议不被接受采纳,抑绝,拒绝。不从,不采纳。
⑲ 吟啸扼腕,垂涕登车:吟啸,因悲叹而发声。扼腕,用手握腕表示情绪激奋。流着眼泪登车离去。指分别之状。涕,眼泪。
⑳ 幸蒙封拜,得延论议:刘秀拜王遵为太中大夫,得以在朝中议论政事。
㉑ 吴、耿骁将:吴指吴汉,耿指耿弇。骁将,勇猛雄健的将领。
㉒ 奔离之卒:即有走心而无守心的部属。奔离,逃离。
㉓ 当军冲:即在对方军队的攻击范围之内。成语有首当其冲。
㉔ 睹危思变:看到危险则改变思路。
㉕ 泥而不滓:李贤注:"在泥滞之中而不滓污也。"意为拘泥于环境形势。

得①。故夷吾束缚而相齐②，黥布杖剑以归汉③，去愚就义④，功名并著。今孺卿当成败之际，遇严兵⑤之锋，可为怖慄⑥。宜断之心胸，参之有识⑦。"

邯得书，沉吟⑧十余日，乃谢士众⑨，归命洛阳，拜为太中大夫。于是嚣大将十三人，属县十六，众十众万皆降。

王元入蜀求救，嚣将妻子奔西城⑩，从杨广，而田弇、李育保上邽。诏告⑪嚣曰："若束手自诣，父子相见，保无佗也。高皇帝云：'横来，大者王，小者侯⑫。'若遂欲为黥布者，亦自任也⑬。"嚣终不降。于是诛其子恂⑭，使吴汉与征南大将军岑彭⑮围西城。耿弇与虎牙大将军盖延⑯围上邽。车驾东归。月余，杨广死，嚣穷困。其大将王捷别在戎丘⑰，登城呼汉军曰："为隗王城守者，皆必死无二心！愿诸军亟罢⑱，请自杀以明之。"遂自刎颈死⑲。数月，王元、行巡、周宗将蜀救兵五千余人，乘高卒至⑳，鼓噪㉑大呼曰："百万之众方至！"汉军大惊，未及成陈㉒，元等决围㉓，殊死战，遂得入城，迎嚣归冀。会吴汉等食尽退去，于是安定、北地、天水、陇西复反为嚣。

---

① 功名终申，策画复得：意为功名最终能够实现。申通伸。策画同策划，计划，打算。复得，重新实现。
② 夷吾束缚而相齐：夷吾即管仲。缚，管仲原为公子小白（齐桓公）的敌方谋士，并用箭射伤过小白。小白即齐王位后，欲求贤称霸。鲍叔举荐管仲，管仲在鲍叔的指教下自缚见桓公，桓公不记前仇，任管仲为相，终成霸业。
③ 黥布杖剑以归汉：黥布即英布，秦末起兵反对暴秦，割据一方。后来归顺汉高祖刘邦，被封为九江王。仗剑犹手持宝剑。
④ 去愚就义：抛弃愚昧的想法，奔赴正义的道路。
⑤ 严兵：犹雄兵，劲兵。
⑥ 怖慄：怖，惶惧，栗，因恐惧而发抖。
⑦ 断之心胸，参之有识：犹决断于心中，参考有识之士的建议。
⑧ 沉吟：沉思吟味，有默默探索研究之意。引申有犹疑。
⑨ 谢士众：告别属下。谢，告辞。
⑩ 西城：李贤注："县名。属汉阳郡，一名始昌，城在今秦州上邽县西南。"今陇南礼县。
⑪ 诏告：以诏书的形式告诉隗嚣。
⑫ 横来，大者王，小者侯：汉初，田横称齐王，兵败率五百士据海岛不降。高帝刘邦即告以诏书云：田横来降，封王，其他部属可封侯。
⑬ 欲为黥布者，亦自任也：黥布先降后反，为汉王所杀。自任，犹自己选择。
⑭ 诛其子恂：将在洛阳任胡骑校尉亦为人质的嚣子隗恂杀掉。
⑮ 岑彭：字君然，南阳棘阳人。新莽时，为本县长，后降绿林军，再归刘秀，屡立战功，任征南大将军，封舞阳侯。
⑯ 盖延：字巨卿，渔阳人，先属彭宠，后归刘秀，亦屡立战功，任虎牙大将军，封安平侯。
⑰ 别在戎丘：另在戎丘城上高呼。戎丘，城名，其址不详。
⑱ 亟罢：急切罢兵。
⑲ 刎颈死：以剑割颈而死。颈，脖。
⑳ 乘高卒至：驾乘高车，突然出现。
㉑ 鼓噪：擂鼓并呐喊。
㉒ 成陈：完成布阵。陈通阵。
㉓ 决围：突破守围。决，冲破，如决堤。

九年春,嚣病且饿,出城餐糗糒①,恚愤②而死。王元、周宗立嚣少子纯为王。

明年,来歙、耿弇、盖延等攻破落门③,周宗、行巡、苟宇、赵恢等将纯降。宗、恢及诸隗分徙京师以东,纯与巡、宇徙弘农④。唯王元留为蜀将。及辅威将军臧宫⑤破延岑,元举众诣宫降。

元字惠孟,初拜上蔡令⑥,迁东平相⑦,坐垦田不实⑧,下狱死。

牛邯字孺卿,狄道⑨人。有勇力才气,雄于边垂⑩。及降,大司徒司直杜林、太中大夫马援并荐之,以为护羌校尉,与来歙平陇右。

十八年,纯与宾客数十骑亡入胡,至武威,捕得,诛之。

论曰:隗嚣援旗纠族,假制明神,迹夫创图首事,有以识其风矣。终于孤立一隅,介于大国,陇坻虽隘,非有百二之势,区区两郡,以御堂堂之锋,至使穷庙策,竭征徭,身殁众解,然后定之。则知其道有足怀者,所以栖有四方之桀,士至投死绝亢而不悔者矣。夫功全则誉显,业谢则衅生,回成丧而为其议者,或未闻焉。若嚣命会符运,敌非天力,虽坐论西伯,岂多嗤乎?

选自《后汉书》卷十三《隗嚣传》

---

① 糗糒(qiǔ bèi):干粮。又糗为炒熟的小麦等干粉。犹今陇中人所食的炒面。
② 恚(huì)愤:愤怒,怨恨。
③ 落门:今天水市武山县东南之洛门镇。
④ 弘农:郡名,位于长安以东,洛阳以西之间,治所在今河南灵宝北。
⑤ 臧宫:字君翁,颍川郏人。新莽时,先从下江兵,后归光武,屡立战功,封辅威将军,封期思侯。延岑为公孙述将军。
⑥ 上蔡令:上蔡,县名,秦置,治所在今河南上蔡县西。令,县令。
⑦ 东平相:东平王的相国。
⑧ 坐垦田不实:触犯了垦田不实的罪名。坐,特指办罪的因由。
⑨ 狄道:古县名。秦置,治所在今甘肃临洮。
⑩ 边垂(chuí):犹边疆。狄道近西羌,故曰边垂。

梁 统 传

梁统字仲宁,安定乌氏①人,晋大夫梁益耳,即其先也。统高祖父子都,自河东②迁居北地,子都子桥,以资千万徙茂陵③,至哀、平之末,归安定。

统性刚毅而好法律。初仕州郡。更始二年,召补中郎将,使安集凉州④,拜酒泉太守。会更始败,赤眉⑤入长安,统与窦融⑥及诸郡守起兵保境,谋共立帅。初以位次⑦,咸共推统,统固辞曰:"昔陈婴不受王者,以有老母也⑧。今统内有尊亲⑨,又德薄能寡,诚不足以当之。"遂共推融为河西大将军,更以统为武威太守。为政严猛,威行邻郡。

建武五年,统等各遣使随窦融长史刘钧诣阙奉贡⑩,愿得诣行在所,诏加统宣德将军。八年夏,光武自征隗嚣,统与窦融等将兵会车驾⑪。及嚣败,封统为成义侯,同产兄⑫巡、从弟腾⑬并为关内侯,拜腾酒泉典农都尉⑭,悉遣还河西。十

---

① 乌氏(zhī):古县名,本乌氏戎地,战国秦惠王置县,属安定郡。治所在今甘肃省平凉市西北,北魏末废。
② 河东:今山西省西南部,汉代在此设河东郡(位于黄河以东)。与河内、河南并称"三河"。
③ 茂陵:西汉武帝葬此,设县,属右扶风郡,在今陕西咸阳市西北。
④ 安集凉州:安抚、召集凉州士民。凉州为汉代十三刺史州部之一,位于西北地区,连通西域。大体相当于今甘肃全部,宁夏东南部及青海东南一小部分地区。
⑤ 赤眉:西汉末年,王莽乱政,天下纷纷反叛。琅琊人樊崇领导的起义军用赤色染眉为标志,人称赤眉军。后攻入长安,但终为刘秀击破。
⑥ 窦融:字周公,扶风平陵人。其七世祖为文帝窦皇后弟广国。世代为贵。融后代窦固、窦宪、窦武都曾任东汉的大将军。女为皇后,为汉代最显赫的外戚之一。
⑦ 位次:权位排序。
⑧ 陈婴不受王者,以有老母也:李贤注:前书(《汉书》)曰:"陈婴故东阳令史,少年杀其令,相聚数千人,迺请立婴为王。婴母谓曰:'吾自为汝家妇,闻先故未尝贵,今暴得大名,不祥,不如有所属。'婴乃不敢为王。"
⑨ 尊亲:即父母,祖父母。
⑩ 诣阙奉贡:前往京师洛阳朝见刘秀并奉上贡品。诣,到,至。阙,宫内。
⑪ 会车驾:会见刘秀。车驾,即刘秀的随军车乘。《后汉书·窦融传》云:"八年夏,车驾西征隗嚣,融率五郡太守及羌房小月氏等步骑数万,辎重五千余两,与大军会高平第一。"梁统即为五郡太守之一。高平第一乃今宁夏固原市。
⑫ 同产兄:亲兄长梁巡。
⑬ 从弟腾:堂弟梁腾。
⑭ 典农都尉:官名,掌屯田事务。

二年,统与融等俱诣京师,以列侯奉朝请①,更封高山侯,拜太中大夫,除四子为郎②。

统在朝廷,数陈便宜③。以为法令既轻,下奸不胜④。宜重刑罚,以遵旧典,乃上疏曰:

臣窃见元、哀⑤二帝轻殊死之刑以一百二十三事,手杀人者减死一等,自是以后,著为常准⑥,故人轻犯法,吏易杀人。

臣闻立君之道,仁义为主,仁者爱人,义者政理,爱人以除残为务⑦,政理以去乱为心⑧。刑罚在衷⑨,无取于轻,是以五帝有流、殛、放、杀之诛⑩,三王有大辟、刻肌之法。故孔子称"仁者必有勇"⑪,又曰"理财正辞,禁民为非曰义"⑫。高帝受命诛暴,平荡天下,约令定律,诚得其宜。文帝宽惠柔克⑬,遭世康平,惟除省肉刑、相坐之法,它皆率由,无革旧章⑭。武帝⑮值中国隆盛,财力有余,征伐远方,军役数兴,豪杰犯禁,奸吏弄法,故重首匿之科,著知从之律⑯,以破朋党,以惩隐匿。宣帝聪明正直⑰,总御海内,臣下奉宪,无所失坠⑱,因循先典,天下称

---

① 以列侯奉朝请:以列侯的身份接受皇帝的召见。
② 除四子为郎:授予梁统四个儿子为郎官。除,授。
③ 数陈便宜:多次陈述应当遵行的法令制度。便宜,适宜,指法令。
④ 以为法令既轻,下奸不胜:认为法令一旦轻忽,下面的奸乱之事就会越来越多。不胜犹不尽。
⑤ 元、哀:西汉元帝刘奭,哀帝刘欣。
⑥ 著为常准:成为固定的准则。常,经常、固定。准,准绳、准则。
⑦ 除残为务:以除灭残暴为职务。
⑧ 去乱为心:以消除祸乱为心中要务。
⑨ 刑罚在衷,无取于轻:刑罚的要义在于一个人的内心,而不在于轻重。一个人倘能克服犯法的欲念,刑罚的作用就会成为无足轻重的陈设。衷:内心,如言不由衷。
⑩ 五帝有流、殛、放、杀之诛,三王有大辟、刻肌之法:李贤注:"唐尧时流共工,放驩兜,服三苗,殛鲧。尧为五帝之一,故举言焉。大辟,罪之大者,谓死刑也。刻肌谓墨、劓、膑、刖。"意为上古时的圣王亦有重刑。
⑪ 孔子称"仁者必有勇":李贤注:"《论语》载孔子之言也。五帝、三王皆以仁义而化,而能用肉刑以正俗,是为勇也。"意为仁君也不能废肉刑。
⑫ "理财正辞,禁民为非曰义":李贤注:"《易·系词》曰:'何以守位?曰仁。何以聚人?曰财。理财正辞,禁民为非曰义。'《系词》亦孔子作,故称'又曰'。"为非犹犯法,触刑律。如为非作歹。
⑬ 文帝宽惠柔克:文帝即汉文帝刘恒。李贤注:"克,能也。言以和柔能理俗也。《尚书》曰'高明柔克'也。"意为文帝政策宽和柔克,民生得以休息。
⑭ 除省肉刑、相坐之法,它皆率由,无革旧章:李贤注:"秦法,一人有罪,并坐其家室。文帝除肉刑并相坐律令,余则仍旧不改。"此即为文帝宽惠之一典型。
⑮ 武帝:刘彻,文帝之孙,景帝之子。在位五十余年。经文景休养生息之后,正值隆盛之年,虽有开边却敌之功,但豪杰犯禁,奸吏弄事日益严重。
⑯ 重首匿之科,著知从之律:武帝注重藏匿罪人的刑罚,让人们都知晓故意纵放罪人的刑律。李贤注:"凡首匿者,为谋首,臧匿罪人。至宣帝时,除子匿父母,妻匿夫,孙匿大父母罪。"从同纵。知从,犹明知有罪,故意纵之。
⑰ 宣帝聪明正直:汉宣帝刘询,在位二十四年,号称中兴。
⑱ 臣下奉宪,无所失坠:臣下都遵守法典,没有多大的缺失。宪,法也;失坠,犹过失、缺失。

理①。至哀、平继体，而即位日浅②，听断尚寡，丞相王嘉轻为穿凿，亏除先帝旧约成律③，数年之间，百有余事，或不便于理，或不厌民心④。谨表其尤害于体者傅奏于左。

伏惟陛下包元履德，权时拨乱⑤，功逾文武，德侔高皇⑥，诚不宜因循季末衰微之轨⑦。回神明察⑧，考量得失，宣诏有司，详择其善，定不易之典⑨，施无穷之法，天下幸甚。

事下三公、廷尉⑩，议者以为隆刑峻法，非明王急务⑪，施行日久，岂一朝所厘⑫。统今所定，不宜开可⑬。

统复上言曰："有司以臣今所言，不可施行。寻臣之所奏，非曰严刑。窃谓高帝以后，至乎孝宣，其所施行，多合经传，宜比方今事⑭，验之往古，聿遵前典⑮，事无难改，不胜至愿。愿得召见，若对尚书近臣，口陈其要。"帝令尚书问状⑯，统对曰：

闻圣帝明王，制立刑罚，故虽尧、舜之盛，犹诛四凶⑰。经曰："天讨有罪，五刑五庸哉。"⑱又曰："爰制百姓于刑之衷。"⑲孔子曰："刑罚不衷，则人无所厝手足。"⑳

---

① 理：平也。意为治理得好。
② 哀、平继体，而即位日浅：哀帝刘欣在位只有六年。平帝刘衎在位也只五年。故曰"日浅"。
③ 王嘉轻为穿凿，亏除先帝旧约成律：意为王嘉轻易穿凿附会，改变先帝制定的旧约成律。亏除犹废除。
④ 或不便于理，或不厌民心：有的不便于治理，有的不能让人们心服。理，治理。厌，心服，满意。
⑤ 包元履德，权时拨乱：包为包裹，元为百姓，履为实践，德为仁德。意为希望圣上能够爱惜百姓，实行仁政。权时，衡量时势，拨乱为拨除乱象，如拨乱反正。
⑥ 功逾文武，德侔(móu)高皇：功绩超过文帝、武帝，仁德与高帝相当。踰，超过。侔，齐等。
⑦ 季末衰微之轨：西汉末年的衰微道路。季末也称末季，末代，即完结的年代。西汉哀平之际正属季末衰微之世。
⑧ 回神明察：回，返回。意为要从西汉末季返回到神圣明察的新时代。
⑨ 不易之典：不能轻易改动的法典。法律制定得正确，得当就不需要经常改动。不易之典即最好的法典。无穷之法同于不易之典。
⑩ 事下三公、廷尉：东汉时的三公为太尉、司徒、司空。廷尉为九卿之一，掌司法。意为让三公、廷尉讨论。
⑪ 议者以为隆刑峻法，非明王急务：参与讨论的人认为严刑峻法不是圣明天子急于要实现的要务。隆，严，深。如隆冬。明王：圣明的天子。
⑫ 一朝所厘：一朝一夕所能厘正。厘，治理。《书·尧典》："允厘百工。"引申为厘正，改革。
⑬ 开可：犹开通，许可。
⑭ 比方今事：比较当今事实。
⑮ 聿遵前典：聿同律。意为遵循以往的法典。
⑯ 状：情况、状况。
⑰ 四凶：即共工、驩兜、三苗、鲧。
⑱ 经曰：天讨有罪，五刑五庸哉：李贤注："《尚书·咎繇谟》之词也。庸，用也。言天以五刑讨有罪，用五刑必当也。"
⑲ 爰制百姓于刑之衷：李贤注："《尚书·吕刑》云：'士制百姓于刑之中。'孔安国注云：'咎繇作士，制百官于刑之中。'"意为百姓与百官都要受制于刑律之中。
⑳ 孔子曰："刑罚不衷，则人无所厝手足。"语见《论语·子路》，意为刑罚不得当，老百姓就不知怎么办好。衷同中，中，得当，适当。厝手足，放置手足。

衷之为言，不轻不重之谓也。《春秋》之诛，不避亲戚①，所以防患救乱，全安众庶，岂无仁爱之恩？贵绝残贼之路也②？

自高祖之兴，至于孝宣，君明臣忠，谟谋深博③，犹因循旧章，不轻改革④，海内称理，断狱益少。至初元、建平⑤，所减刑罚百有余条，而盗贼浸多⑥，岁以万数。间者三辅从横，群辈并起，至燔烧茂陵，火见未央。其后陇西、北地、西河⑦之贼，越州度郡，万里交结，攻取库兵，劫略吏人，诏书讨捕，连年不获。是时以天下无难，百姓安平，而狂狡之势⑧，犹至于此，皆刑罚不衷，愚人易犯之所致也。

由此观之，则刑轻之作，反生大患；惠加奸轨，而害及良善也。故臣统愿陛下采择贤臣孔光、师丹等议⑨。

议上，遂寝不报⑩。

后出为九江⑪太守，定封陵乡侯。统在郡亦有治迹⑫，吏人畏爱之⑬。卒于官。子松嗣。

选自《后汉书》卷三十四《梁统传》

---

① 《春秋》之诛，不避亲戚：李贤注："《左传》曰：'大义灭亲。'又曰：'周公杀管叔，夫岂不爱，王室故也。'"
② 贵绝残贼之路也：所注重的是为了阻绝残贼的道路。贵，重视。
③ 谟谋深博：谋略深刻宏博。谟谋犹谋略。
④ 不轻改革：不轻易改革。
⑤ 初元、建平：即元帝、哀帝之时。初元为元帝年号。建平为哀帝年号。
⑥ 盗贼浸(jìn)多：盗贼更多。浸，愈益、更加。
⑦ 西河：郡名。武帝元朔四年(前135年)置。辖境相当于今内蒙古、山西、陕北相界之处。治所在东胜(今鄂尔多斯)附近。
⑧ 狂狡之势：凶狂狡诈的势态。
⑨ 孔光、师丹等议：李贤注："孔光字子夏，师丹字公仲，并哀帝时丞相。光明习汉制及法令，丹初以论议深博，征入为光禄大夫，皆有议，见前书(《汉书》)。"
⑩ 遂寝(qǐn)不报：寝，停止，平息。
⑪ 九江：郡名，秦置，治所在寿春(今安徽寿县)。辖境相当于安徽、河南淮河以南，湖北黄冈以东及江西全省。
⑫ 治迹：治理的印迹。
⑬ 畏爱之：又怕又敬重他。

梁 冀 传

梁冀①字伯卓。为人鸢肩豺目②,洞精䁂眄③,口吟舌言④,裁能书计⑤。少为贵戚,逸游自恣⑥。性嗜酒,能挽满⑦、弹棋、格五、六博⑧、蹴鞠⑨、意钱之戏,又好臂鹰走狗⑩,骋马斗鸡⑪。初为黄门侍郎⑫,转侍中⑬,虎贲中郎将⑭,越骑⑮、步兵校尉,执金吾⑯。

永和元年,拜河南尹⑰。冀居职暴恣⑱,多非法,父商所亲客洛阳令⑲吕放,颇与商言及冀之短⑳,商以让㉑冀,冀即遣人于道刺杀放。而恐商知之,乃推疑于放

---

① 梁冀:父梁商,汉顺帝时任大将军,袭父封乘氏侯。祖梁雍,官少府,封乘氏侯。曾祖梁竦,因兄长梁松之罪,流放至九真郡(今越南北方)。高祖梁统,见本书《梁统传》。
② 鸢肩豺目:李贤注:"鸢,鸱也,鸱肩上竦也。豺目,目竖也。"意为两肩上耸,眼睛直立,形象特异。
③ 洞精䁂(tǎng)眄(miǎn):李贤注:"洞,通也。"䁂为直视,眄为斜视。冀看人时一会直视,一会斜视,目光异于常人。
④ 口吟舌言:李贤注:"谓语吃不能明了。"冀有口吃之病。
⑤ 裁能书计:书写记事。裁通才,仅仅。
⑥ 逸游自恣:犹狂放,自逞,游荡无度。
⑦ 能挽满:挽满为把弓全拉开。臂力很强,能够拉开满弓。
⑧ 弹棋、格五、六博:当时流行的三种赌博方式。弹棋:李贤注:"《艺经》曰:'弹棋,两人对局,白黑棋各六枚,先列棋相当,更先弹也。其局以石为之。'"当为汉代流行的一种棋艺。格五:李贤注:"前书《汉书》吾丘寿王善格五。"也是汉代流行的一种游戏形式。六博:一种游戏形式,早在战国时就已有之。李贤注:"《楚辞》曰:'琨蔽象棋有六博。'"
⑨ 蹴鞠(cù jū):古代一种足球运动。球用皮革制成实心。
⑩ 臂鹰走狗:胳膊上架着飞鹰,乘骑前奔跑着猎犬。喜好外出行猎。
⑪ 骋马斗鸡:赛马斗鸡。骋,驰骋。
⑫ 黄门侍郎:官名。东汉始设专官,称给事黄门侍郎,其职为侍从皇帝,传达召命。
⑬ 侍中:官名。侍从皇帝左右,出入宫廷,地位显贵。
⑭ 虎贲中郎将:官名。皇宫卫戍部队的将领。秩比二千石。
⑮ 越骑、步兵校尉:官名。秩比二千石,掌宿卫兵。
⑯ 执金吾:官名。《后汉书·志第二十七·百官志》云:"执金吾一人,中二千石,本注曰:掌宫外戒司非常水火之事。月三绕行宫外,及主兵器。吾犹御也。"
⑰ 河南尹:官名。河南郡的最高长官。因京师洛阳在河南郡内,因此称尹。而其他郡长官均称守。
⑱ 居职暴恣,多非法:暴虐恣睢,不遵守法度。居职犹任职。
⑲ 洛阳令:官名。京师洛阳城的最高长官。
⑳ 短:即梁冀的不法行为。短,不足之处,缺点。
㉑ 让:犹指责,责备。《左传·僖公五年》:"公使让之。"

之怨仇①，请以放弟禹为洛阳令②，使捕之，尽灭其宗亲、宾客③百余人。

商薨④未及葬，顺帝乃拜冀为大将军⑤，弟侍中不疑⑥为河南尹。

及帝崩，冲帝始在襁褓⑦，太后临朝⑧，诏冀与太傅赵峻、太尉李固⑨参录尚书事。冀虽辞不肯当，而侈暴滋甚⑩。

冲帝又崩，冀立质帝⑪。帝少而聪慧，知冀骄横，尝朝群臣，目冀曰："此跋扈⑫将军也。"冀闻，深恶之⑬，遂令左右进鸩加煮饼⑭，帝即日崩。

复立桓帝⑮，而枉害李固及前太尉杜乔⑯，海内嗟惧⑰，语在《李固传》。建和元年⑱，益封⑲冀万三千户，增大将军府⑳举高第茂才，官属倍于三公㉑。又封不疑为颍阳侯，不疑弟蒙西平侯，冀子胤襄邑侯，各万户。和平元年㉒，重增封冀万户，并前所袭合三万户。

---

① 推疑于放之怨仇：把杀吕放的罪责推给与其有怨仇的人。疑为怀疑的对象。
② 请以放弟禹为洛阳令：请求朝廷让吕放的兄弟禹继其兄吕放任洛阳令。目的是安慰讨好吕家人。
③ 宗亲宾客：宗亲为同宗族的亲人。宾客为朋友及门客。
④ 商薨(hōng)：《礼记·曲礼下》："天子死曰崩，诸侯曰薨。"因梁商为侯爵，故曰薨。
⑤ 大将军：汉代大将军为最高军事长官，权力极大，如西汉之卫青、霍光等。
⑥ 不疑：梁不疑，梁冀之弟。
⑦ 冲帝始在襁褓：冲帝名刘炳。襁褓，包裹婴儿的布幅。意为冲帝尚为婴儿。
⑧ 太后临朝：太后即梁太后梁妠(nàn)，梁商之女，梁冀之妹，早岁入宫，为顺帝妃。临朝犹主政。凡皇帝年幼，皆由太后主政。
⑨ 太尉李固：字子坚，汉中南郑人。父李郃曾任司徒。后因废立之事与梁冀相左不让，终为梁冀所害，为后汉名臣之一。
⑩ 侈暴滋甚：侈为邪行。《孟子·梁惠王上》："放辟邪侈。"意为邪暴之行日益严重。
⑪ 质帝：名刘缵(zuǎn)。汉章帝刘炟的玄孙。曾祖父为千乘贞王刘伉，祖父为乐安夷王刘宠，父为渤海孝王刘鸿。当冲帝患病时，梁太后与梁冀就将质帝接到洛阳。待冲帝崩，即立为皇帝，号质帝。其时才八岁。
⑫ 跋扈：专横暴戾。如飞扬跋扈。
⑬ 深恶(wù)之：对质帝憎恨极深。
⑭ 进鸩加煮饼：将鸩毒加在煮饼内让质帝食用。煮饼，一种食品。
⑮ 复立桓帝：再次拥立桓帝。汉桓帝名刘志，章帝曾孙，祖父河间孝王刘开，父蠡吾侯刘翼。桓帝即位时年十五，梁太后仍临朝。
⑯ 杜乔：字叔荣，河内林虑人。曾任侍中、光禄大夫、太子太傅、大司农、太尉。后为梁冀所害，与李固同时死难，后汉名臣之一。
⑰ 海内嗟(jiē)惧：海内犹天下。嗟惧，嗟为感叹之声。惧为恐惧。意为天下人对二人的被害既叹息，又害怕。
⑱ 建和元年：汉桓帝建和元年(147年)。
⑲ 益封：加封。
⑳ 增大将军府：扩建梁冀的府邸。
㉑ 高第茂才，官属倍于三公：梁冀举荐高第茂才的名额、属官的人数比三公还多一倍。三公：太傅、太尉、司徒。
㉒ 和平元年：汉桓帝和平元年(150年)。

弘农人宰宣素性佞邪①，欲取媚于冀，乃上言大将军有周公之功，今既封诸子，则其妻宜为邑君②。诏遂封冀妻孙寿为襄城君，兼食阳翟租③，岁入五千万，加赐赤绂④，比长公主⑤。寿色美而善为妖态⑥，作愁眉，啼⑦妆，堕马髻⑧，折腰步⑨，龋齿笑⑩，以为媚惑⑪。冀亦改易舆服之制⑫，作平上軿车⑬，埤帻，狭冠⑭，折上巾⑮，拥身扇⑯，狐尾单衣⑰。寿性钳忌⑱，能制御⑲冀，冀甚宠惮之⑳。

初，父商献美人友通期㉑于顺帝，通期有微过㉒，帝以归商，商不敢留而出嫁之，冀即遣客盗还㉓通期。会商薨，冀行服㉔，于城西私与之居。寿伺冀出，多从仓头，篡取通期㉕归，截发刮面㉖，笞掠之㉗，欲上书告其事。冀大恐，顿首请于寿母，寿亦不得已而止。冀犹复与私通，生子伯玉，匿不敢出。寿寻知之，使子胤诛灭友氏。冀虑寿害伯玉，常置复壁㉘中。冀爱监奴㉙秦宫，官至太仓令㉚，得出入

---

① 佞邪：善用花言巧语取媚的行为称佞。不正为邪。
② 邑君：有封地的爵位。邑犹国也。
③ 阳翟租：阳翟地租收入。阳翟，县名，在今河南禹县。
④ 赤绂(fú)：红颜色的绶带，爵位的象征。
⑤ 比长公主：和长公主一样的待遇。长公主，皇帝的长女。
⑥ 寿色美而善为妖态：孙寿长得很美且善于作出妖冶的姿态。
⑦ 愁眉：一种细而曲折的眉妆。
⑧ 堕马髻：一种别致的发髻，仿佛从马上跌下来一般，妆，梳成。
⑨ 折腰步：行走的姿势。即腰弯来弯去，像要折断一样。
⑩ 龋(qǔ)齿笑：龋齿，牙病，即虫蛀之牙。笑起来像牙痛一样。
⑪ 以为媚惑：用以上行为媚惑当世。媚惑：取媚迷惑。
⑫ 改易舆服之制：改变所乘之车，所服之衣。
⑬ 平上軿车：制作出可以平上的軿车。軿(píng)车：古代贵妇所乘的带有帷幕的车子。
⑭ 埤(pì)帻(zé)狭冠：包头发的巾。埤帻意为加大包头巾的幅度。狭冠则为一窄狭的帽子。
⑮ 折上巾：李贤注："盖折其巾上角也。"
⑯ 拥身扇：李贤注："大扇也。"
⑰ 狐尾单衣：李贤注："后裾曳地，若狐尾也。"
⑱ 钳忌：妒忌心极强。钳，夹也。
⑲ 制御：控制驾御。
⑳ 惮之：畏惧，害怕孙寿。惮，害怕。
㉑ 友通期：人名。
㉒ 微过：小过失。
㉓ 盗还：意为强行夺回。
㉔ 行服：服丧礼。
㉕ 多从苍头篡取通期：孙寿趁梁冀外出之机，带领多名奴仆将友通期偷带回府。苍头：私家所养的奴婢。篡，夺取。
㉖ 截发刮面：剪掉头发，割破脸面。
㉗ 笞掠之：用竹片抽打。
㉘ 复壁：夹墙。
㉙ 监奴：汉代主管家务的家奴。
㉚ 太仓令：官名。大司农的属官之一，主管太仓（皇家粮库）。

寿所。寿见宫,辄屏御者①,托以言事,因与私焉②。宫内外兼宠,威权大震,刺史、二千石皆谒辞之③。

冀用寿言,多斥夺④诸梁在位者,外以谦让,而实崇⑤孙氏宗亲。冒名而为侍中、卿、校尉、郡守、长吏者十余人,皆贪叨凶淫⑥,各遣私客籍属县富人⑦,被⑧以它罪,闭狱掠拷⑨,使出钱自赎,赀物⑩少者至于死徙⑪。扶风人士孙奋居富而性吝⑫,冀因以马乘遗之⑬,从贷钱五千万,奋以三千万与之,冀大怒,乃告郡县,认奋母为其守臧婢⑭,云盗白珠十斛、紫金千斤以叛,遂收考奋兄弟,死于狱中,悉没赀财亿七千余万。

其四方调发,岁时贡献,皆先输上第⑮于冀,乘舆⑯其次焉。吏人赍货⑰求官请罪者,道路相望。冀又遣客出塞,交通外国,广求异物⑱。因行道路,发取伎女御者⑲,而使人⑳复乘势横暴,妻略妇女㉑,殴击吏卒㉒,所在怨毒㉓。

冀乃大起第舍㉔,而寿亦对街㉕为宅,殚极㉖土木,互相夸竞㉗。堂寝皆有阴

---

① 屏御者:打发掉身边的警卫。御者,犹贴身侍卫。
② 因与私焉:与秦宫私通。
③ 谒辞之:拜谒,请托巴结秦宫。
④ 斥夺:犹褫夺。原意为剥去衣裳。引申为革除,夺去。
⑤ 崇:增长。《左传·成公十八年》:"今将崇诸侯之奸。"
⑥ 贪叨(tāo)凶淫:贪婪,叨同饕,意为贪婪,凶淫,凶恶、淫乱之人。
⑦ 遣私客籍属县富人:派遣自己的门客府吏到各自属县去搜集富裕之人的财产状况。
⑧ 被:加、及。《尚书·禹贡》:"西被于流沙。"
⑨ 掠拷:拷打。
⑩ 赀物:赀同资,即财物。
⑪ 徙:流放之刑罚。
⑫ 性吝:心地贪鄙,吝啬。
⑬ 以马乘遗之:把自己乘骑的骏马送给士孙奋。
⑭ 守臧婢:为其看守钱物的婢女。
⑮ 上第:犹上等,最优等的货物。
⑯ 乘舆:皇帝的车驾,也指称皇帝,此处指桓帝。
⑰ 赍(jī)货:赠送财物。向冀行贿。
⑱ 交通外国,广求异物:交往通好,广泛寻求国内没有的好东西。异物,奇异的物品、物种等。
⑲ 发取伎女御者:征发陪侍的妇女及护送的兵丁。
⑳ 使人:派遣的使者。
㉑ 妻略妇女:掠取妇女为己妻室。略同掠,抢夺。妻当动词讲。
㉒ 殴击吏卒:殴打地方官吏与士卒。
㉓ 所在怨毒:所经之处怨声载道。毒,凶狠、酷烈。
㉔ 第舍:犹府邸与房舍。
㉕ 对街:街道对面。孙寿为娘家所建。
㉖ 殚极:竭尽全力。
㉗ 夸竞:竞相广建,一个不输一个。

阳奥室①,连房洞户②。柱壁雕镂,加以铜漆;窗牖皆有绮疏青琐③,图以云气仙灵④。台阁周通,更相临望;飞梁石蹬⑤,陵跨水道。金玉珠玑,异方珍怪,充积臧室⑥。远致汗血名马。又广开园囿,采土筑山,十里九坂⑦,以像二崤⑧,深林绝涧,有若自然,奇禽驯兽,飞走其间。冀寿共乘辇车⑨,张羽盖⑩,饰以金银,游观第内,多从倡伎,鸣钟吹管,酣讴竟路⑪。或连继日夜,以骋娱恣⑫。客到门不得通,皆请谢门者⑬,门者累千金。又多拓林苑,禁同王家⑭,西至弘农,东界荥阳⑮,南极鲁阳⑯,北达河、淇⑰,包含山薮⑱,远带丘荒⑲,周旋封域⑳,殆将千里。又起菟苑㉑于河南城西,经亘㉒数十里,发属县卒徒,缮修楼观,数年乃成。移檄所在,调发生菟,刻其毛以为识㉓,人有犯者,罪至刑死。尝有西域贾胡㉔,不知禁忌,误杀一兔,转相告言,坐死者十余人。冀二弟尝私遣人出猎上党㉕,冀闻而捕其宾客,一时杀三十余人,无生还者。冀又起别第于城西,以纳奸亡㉖。或取良人㉗,悉为奴婢,至数千人,名曰"自卖人"㉘。

---

① 堂寝皆有阴阳奥室:堂为正屋,会客之处,寝犹卧室。奥室,深屋也。
② 连房洞户:李贤注"洞,通也。"各房之间相互连通。
③ 窗牖(yǒu)皆有绮疏青琐:李贤注"牖,小窗也。"绮疏,雕刻。青锁,窗门上的一种装饰。所有的窗户均用镂刻装饰。
④ 图以云气仙灵:绘有云气仙灵的画幅。
⑤ 飞梁石蹬:飞梁,李贤注:"架虚为桥若飞也。"梁,桥。石蹬,石阶。
⑥ 充积臧室:充积犹完积,谓积累而收藏于其家中。
⑦ 坂(bǎn):同阪,山坡。《诗·秦风·东邻》:"阪有桑。"
⑧ 二崤:东西二崤山,在今河南灵宝境内。
⑨ 辇(niǎn)车:帝后所乘的由人推的车子。
⑩ 张羽盖:用鸟羽毛制成的车盖。张,张开。
⑪ 酣讴竟路:酣讴犹酣歌,竟路犹逐路,意为歌声充满道路。
⑫ 骋娱恣:骋,恣意放纵。娱恣,任意寻欢作乐。
⑬ 请谢门者:谢犹告也,请谢意为要向守门人行贿,方可通报。因此,梁府看门人富"累千金"。
⑭ 禁同王家:禁,禁地,不许他人擅入。王家犹皇家。
⑮ 荥(xíng)阳:县名,秦置,在今河南郑州西部,黄河南岸。
⑯ 鲁阳:今河南鲁山县,汉曾置鲁阳,在河南中西部、沙河上游。
⑰ 河、淇:河,黄河。淇水,在河南黄河以北,古为黄河支流,南流至今汲县东北淇门镇入黄河。
⑱ 山薮(sǒu):山陵与渊薮。薮,湖泽的通称。
⑲ 远带丘荒:远带犹远接。丘荒,无人居住的荒山野岭。
⑳ 周旋封域:绕着梁冀家的封地周行一圈,几达千里之遥。
㉑ 菟苑:苑囿名。菟通兔。梁冀在其中专养各种兔子。
㉒ 经亘:犹绵亘,绵延。
㉓ 刻其毛以为识:在兔身上打印标记。刻,印。
㉔ 西域贾胡:西域来的经商之人。
㉕ 上党:郡名,战国时韩置,在今山西东南,今长治市。
㉖ 纳奸亡:收容作奸犯科,逃亡在外的不法之徒。
㉗ 良人:平民。
㉘ 自卖人:自愿卖身梁家的人。

元嘉元年①,帝以冀有援立之功②,欲崇殊典③,乃大会公卿,共议其礼。于是有司奏冀入朝不趋④,剑履上殿⑤,谒赞不名⑥,礼仪比萧何⑦;悉以定陶⑧、成阳⑨余户增封为四县⑩,比邓禹⑪;赏赐金钱、奴婢、彩帛、车马、衣服、甲第,比霍光⑫:以殊元勋。每朝会,与三公绝席⑬。十日一人,平尚书事⑭。宣布天下,为万世法⑮。冀犹以所奏礼薄⑯,意不悦。专擅威柄⑰,凶恣日积⑱,机事⑲大小,莫不咨决之。宫卫近侍,并所亲树⑳,禁省㉑起居,纤微㉒必知。百官迁召,皆先到冀门笺檄谢恩㉓,然后敢诣尚书。下邳㉔人吴树为宛令,之官㉕辞冀,冀宾客布在县界㉖,以情托树㉗。树对曰:"小人奸蠹㉘,比屋可诛㉙。明将军以椒房之重㉚,处上将之

---

① 元嘉元年:151年。
② 援立之功:帮助自己成为皇帝的功绩。
③ 崇殊典:增加特殊的典礼仪式。
④ 入朝不趋:上朝不快步疾走。趋,疾走,快步而行。《论语·微子》:"孔子下,欲与之言,趋而辟之,不得与之言。"
⑤ 剑履上殿:犹带剑上殿。
⑥ 谒赞不名:谒赞不直呼其名。古时臣子向皇帝奏事时由谒者高声传达,某某人奏事于上。一般都直呼奏事者之名。而不名者,表示对奏事大臣的特别尊崇。
⑦ 礼仪比萧何:意为皇帝对梁冀的礼仪等同于汉初的开国元勋萧何。比,等同。
⑧ 定陶:县名,秦置。在今山东省西南部。
⑨ 成阳:县名,古有四城,均在今河南省中东部。
⑩ 四县:李贤注:"冀初封襄邑,袭封乘氏,更增定陶、成阳四县。"
⑪ 比邓禹:和邓禹的封地相当。邓禹为东汉初大功臣,任大司徒,封酂侯,后改高密侯。受封四县。
⑫ 比霍光:同于霍光。霍光,西汉名臣,武帝末,托其辅佐幼子(昭帝)。昭、宣两帝时,权倾天下,赏赐无比。
⑬ 绝席:李贤注:"绝席,别也。"意为不与三公同席,以示其位崇。
⑭ 平尚书事:李贤注:"平,议也。"意为尚书之事由冀十日一议之。
⑮ 宣布天下,为万世法:宣告天下,即对梁冀的以上尊崇万世不变,成为法则。
⑯ 礼薄:礼仪还不够尊崇,故"不悦"。
⑰ 威柄:犹权柄。
⑱ 凶恣日积:凶横恣睢的气焰与日俱增。
⑲ 机事:犹机密大事。
⑳ 亲树:树立培植起的亲信之人。
㉑ 禁省:皇宫。
㉒ 纤微:细小之事。
㉓ 笺檄谢恩:即用书信先向其表示谢恩。笺、书笺,书信。
㉔ 下邳:县名,秦置,治所在今江苏睢宁县西北。
㉕ 之官:犹赴任。
㉖ 布在县界:分布在宛县境内。
㉗ 以情托树:用自己的情面请托于吴树。
㉘ 奸蠹:邪恶不正,损公肥私的行为。蠹,害也。
㉙ 比屋可诛:家家都可杀戮,世风日下,恶人众多。
㉚ 明将军以椒房之重:明,彰显。椒房,后妃所居之殿。意为梁冀身为皇帝舅父的崇高地位。

位,宜崇贤善①,以补朝阙②。宛为大都,士之渊薮③,自侍坐④以来,未闻称一长者,而多托非人⑤,诚非敢闻⑥!"冀嘿然不悦。树到县,遂诛杀冀客为人害者数十人,由是深怨之。树后为荆州刺史,临去辞冀,冀为设酒,因鸩之,树出,死车上。又辽东⑦太守侯猛,初拜不谒⑧,冀托以它事,乃腰斩⑨之。

时郎中汝南⑩袁著,年十九,见冀凶纵,不胜其愤,乃诣阙上书曰:"臣闻仲尼叹凤鸟不至⑪,河不出图,自伤卑贱,不能致也。今陛下居得致之位,又有能致之资,而和气未应⑫,贤愚失序者⑬,势分权臣⑭,上下壅隔⑮之故也。夫四时之运,功成则退⑯,高爵厚宠,鲜不致灾。今大将军位极功成,可为至戒,宜遵悬车之礼,高枕颐神⑰。传曰:'木实繁者,披枝害心。'若不抑损权盛,将无以全其身矣。左右闻臣言,将侧目切齿⑱,臣特以童蒙见拔⑲,故敢忘忌讳。昔舜、禹相戒无若丹朱⑳,周公戒成王无如殷王纣㉑,愿除诽谤之罪,以开天下之口㉒。"书得奏御,冀闻而密遣掩捕㉓著。著乃变易姓名,后托病伪死㉔,结蒲为人,市棺殡送㉕。冀廉问㉖知其

---

① 崇贤善:尊崇贤良善行之人。
② 补朝阙:弥补朝廷的缺失。阙同缺。
③ 宛为大都,士之渊薮:宛为南阳大县,开国皇帝刘秀的老家,皇亲国戚都生活在这里,故称大都。渊薮,犹聚集的地方。
④ 侍坐:犹任职,就官。
⑤ 非人:不适当的人,如任用非人,所嫁非人等。
⑥ 诚非敢闻:的确不敢听取。非敢,不敢。
⑦ 辽东:辽东郡在今辽东半岛,属幽州。
⑧ 初拜不谒:新任郡守但未谒见梁冀。
⑨ 腰斩:腰斩为古代酷刑之一,即将人拦腰断为两截。
⑩ 汝南:郡名,属豫州,在今河南汝南县。
⑪ 臣闻仲尼叹凤鸟不至,河不出图,自伤卑贱,不能致也:李贤注:"此董仲舒对策之词,著引而略之也。"
⑫ 和气未应:中和之气未能接应。
⑬ 失序:犹颠倒了地位。
⑭ 势分权臣:势,权力。权臣指梁冀。
⑮ 壅隔:蒙蔽,阻隔。
⑯ 四时之运,功成则退:李贤注:"《易·系辞》曰:'寒往则暑来,暑往则寒来,寒暑相推而岁功成焉。'"
⑰ 悬车之礼,高枕颐神:李贤注:"薛广德为御史大夫,乞骸骨,赐安车四马,悬其安车传子孙。欲令冀遵致仕之礼也。"意为让梁冀退休。
⑱ 侧目切齿:侧目犹怒目,切齿犹咬牙。
⑲ 童蒙见拔:童蒙犹年幼无知。蒙,昧也。见拔,年十九,被任郎中。
⑳ 舜禹相戒,无若丹朱:丹朱相传为尧之子,但其傲慢荒淫,故尧传位于舜。舜未传子而传禹。相戒:犹相互以丹朱为戒。
㉑ 周公戒成王无如殷王纣:周公旦辅佐年幼的成王,常以商代的亡国之君纣王警戒成王。
㉒ 除诽谤之罪,以开天下之口:希望废除诽谤罪名,让天下人都能讲实话。除,废除,取消。
㉓ 掩捕:乘人不备进行逮捕。
㉔ 伪死:装死,假死。
㉕ 结蒲为人市棺殡送:用蒲草编成假尸体,盛入棺材。送葬时招摇过市。
㉖ 廉问:李贤注:"廉,察也。"

诈,阴求得,笞杀之①,隐蔽其事。学生桂阳刘常,当世名儒,素善于著②,冀召补令史以辱之③。时太原郝絜、胡武,皆危言高论④,与著友善。先是絜等连名奏记三府⑤,荐海内高士,而不诣冀⑥,冀追怒之,又疑为著党,敕中都官⑦移檄捕前奏记者并杀之,遂诛武家,死者六十余人。絜初逃亡,知不得免,因舆榇⑧奏书冀门。书入,仰药⑨而死,家乃得全。及冀诛,有诏以礼祀著等⑩。冀诸忍忌⑪,皆此类也。

不疑好经书,善待士,冀阴疾之,因中常侍白帝,转为光禄勋⑫。又讽⑬众人共荐其子胤为河南尹。胤一名胡狗,时年十六,容貌甚陋,不胜冠带⑭,道路见者,莫不蚩笑焉。不疑自耻兄弟有隙⑮,遂让位归第,与弟蒙闭门自守。冀不欲令与宾客交通⑯,阴使人变服⑰至门,记往来者。南郡太守马融⑱、江夏太守田明,初除⑲,过谒⑳不疑,冀讽州郡以它事陷之,皆髡笞徙朔方㉑。融自刺不殊㉒,明遂死于路。

永兴二年,封不疑子马为颍阴侯,胤子桃为城父侯。冀一门前后七封侯,三皇后,六贵人,二大将军,夫人、女食邑称君者七人,尚公主者三人,其余卿、将、尹、校五十七人。在位二十余年㉓,穷极满盛,威行内外,百僚侧目,莫敢违命,天

---

① 笞(chī)杀之:笞,鞭打,杖击,之即袁著。
② 素善于著:向来与袁著交往深厚。素,平常,向来。
③ 召补令史以辱之:召见刘常任为令史来侮辱他。令史,属下的办事人员,地位极低。而刘常为当世名儒,故称辱之。
④ 危言高论:危言犹高言。危,高耸貌,如危楼,危峰。高论犹高明的言论。
⑤ 奏记三府:向三府上奏章。
⑥ 荐海内高士而不诣冀:向三府推荐海内高士,但不走梁冀的门路。高士,志行高尚之士,多指隐士。
⑦ 中都官:汉代京师诸官署的统称,亦指京师诸官府之官吏。
⑧ 舆榇(chèn):把棺材装在车子上,表示该当死罪。榇,棺材。
⑨ 仰药:服毒自杀。
⑩ 以礼祀著等:依照相应的礼仪祭祀袁著、郝洁、胡武等死难者。
⑪ 忍忌:对待自己忌恨者的忍让程度。
⑫ 因中常侍白帝,转为光禄勋:通过中常侍让桓帝将梁不疑由河南尹转为光禄勋。
⑬ 讽:用委婉的语言暗示别人。
⑭ 不胜冠带:年幼体陋,撑不起应穿戴的衣冠。
⑮ 自耻兄弟有隙:以兄弟之间有隔阂而感到羞耻。隙,不相亲近。
⑯ 交通:往来。
⑰ 变服:改换衣着。
⑱ 马融:字季长,扶风茂陵人。著名经学家。郑玄,卢植的老师。
⑲ 初除:初次授职。除,拜官授职。
⑳ 过谒:意为拜谒梁不疑。
㉑ 髡(kūn)笞徙朔方:髡,刑罚,即剃去头发。徙朔方,发配流放到朔方。
㉒ 自刺不殊:自杀未死。
㉓ 二十余年:汉顺帝永建三年(128年),冀父商始居大将军位,至冀桓帝永兴二年(154年),其间共二十六年之久。

子恭己而不得有所亲豫①。

帝既不平之。延熹元年，太史令②陈授因小黄门徐璜，陈灾异日食之变③，咎在大将军，冀闻之，讽洛阳令收考④授，死于狱。帝由此发怒。

初，掖庭⑤人邓香妻宣生女猛，香卒，宣更适⑥梁纪。梁纪者，冀妻寿之舅也。寿引进猛入掖庭，见幸，为贵人⑦，冀因欲认猛为其女以自固⑧，乃易猛姓为梁⑨。时猛姊婿邴尊为议郎，冀恐尊沮败宣意⑩，乃结刺客于偃城，刺杀尊，而又欲杀宣。宣家在延熹里，与中常侍袁赦相比⑪。冀使刺客登赦屋，欲入宣家。赦觉之，鸣鼓会众⑫以告宣。宣驰入以白帝，帝大怒，遂与中常侍单超、具瑗、唐衡、左悺、徐璜⑬等五人成谋⑭诛冀。语在《宦者传》。

冀心疑超等，乃使中黄门张恽入省宿⑮，以防其变。具瑗敕吏收恽，以辄从外入⑯，欲图不轨。帝因是御前殿⑰，召诸尚书入，发其事⑱，使尚书令⑲尹勋持节勒丞郎以下皆操兵守省阁⑳，敛诸符节送省中㉑。使黄门令具瑗将左右厩驺、虎贲、羽林、都候剑戟士㉒，合千余人，与司隶校尉张彪共围冀第。使光禄勋袁盱持

---

① 天子恭己而不得有所亲豫：恭己，饬身克己，以恭敬自持。《论语·卫灵公》："无为而治者，其舜也与！夫何为哉？恭己正南面而已矣。"亲豫，犹亲自参与。
② 太史令：官名，属太常卿，掌天时、星历。掌奏良日及时节禁忌，凡国有瑞应灾异掌记之。
③ 陈灾异日食之变，咎在大将军：向桓帝陈述天灾日蚀的出现都是因为梁冀专权横行招致而来。咎，灾祸，灾殃。
④ 收考：逮捕，拷打。
⑤ 掖庭：皇宫中的房舍，宫嫔所居之所。
⑥ 更适：邓香死后，妻子宣再嫁梁纪。更适：适为女子嫁人。
⑦ 见幸，为贵人：邓猛被孙寿引入宫中，受到桓帝的宠幸，被封为贵人。
⑧ 自固：加固自己的地位。
⑨ 易猛姓为梁：易，改变。猛为邓香之女，犹改邓而姓梁。
⑩ 沮败宣意：李贤注："沮，坏也。恐尊坏败宣意，不从其改梁姓也。"
⑪ 相比：邻居。比，比邻相居。
⑫ 鸣鼓会众：击鼓唤起众人。
⑬ 单超：河南人。具瑗：魏郡元城人。唐衡：颍川郾城。左悺：河南平阴人。徐璜，下邳良城人。五人结盟帮助桓帝诛灭梁冀一门后，皆受封为侯。此后宦官专权，成为东汉后期又一扭曲政治现象。
⑭ 成谋：结成诛杀梁冀的密谋。
⑮ 入省宿：住在宫内。省，皇宫禁地之称，如省中。
⑯ 辄从外入：即从外入。辄，即也。
⑰ 御前殿：升前殿。召百官议事。前殿，与百官议政的殿堂。与后宫（住宅）相对。
⑱ 发其事：揭发梁冀勾结刺客欲杀邴尊及宣的不法之事。
⑲ 尚书令：官名，秦置，本为少府的属官。汉代权力渐重。东汉时，已成为对皇帝负责总揽一切政令的首脑。尹勋，字伯元，巩县人。因诛冀，"参建大谋，封都乡侯，迁汝南太守，寻征拜将作大匠，转大司农。坐窦武等事，下狱自杀"。见同书《党锢传》。
⑳ 丞郎以下皆操兵守省阁：丞郎，即属下左右丞、侍郎等。操兵，犹手执兵器。守省阁，守卫皇宫。
㉑ 敛诸符节送省中：收拾各种印玺、节符送往禁中。敛，收拾。省中犹禁中。
㉒ 左右厩驺、虎贲、羽林、都候剑戟士：卫守皇宫的警卫战士。分属光禄勋与卫尉。职责均为守卫皇宫、掖庭。

节收冀大将军印绶,徙封比景都乡侯①。冀及妻寿即日皆自杀。悉收子河南尹胤、叔父屯骑校尉让,及亲从卫尉淑、越骑校尉忠、长水校尉戟等,诸梁及孙氏中外宗亲送诏狱②,无长少皆弃市③。不疑、蒙先卒。其它所连及公卿列校刺史二千石死者数十人,故吏宾客免黜者三百余人,朝廷为空④,唯尹勋、袁盱及廷尉邯郸义在焉。是时事卒从中发⑤,使者交驰⑥,公卿失其度⑦,官府市里鼎沸⑧,数日乃定,百姓莫不称庆。

收冀财货,县官斥卖⑨,合三十余万万,以充王府用⑩,减天下税租之半。散其苑囿,以业穷民⑪。录诛冀功者,封尚书令尹勋以下数十人。

选自《后汉书》卷三十四《梁统传附梁冀传》

---

① 徙封比景都乡侯:转封为爵位较低的都乡侯。比景,县名。
② 诏狱:奉皇帝诏令拘禁犯人的监狱。
③ 弃市:在闹市执行死刑。《礼记·王制》:"刑人于市,与众弃之。"
④ 朝廷为空:与梁冀有关系的高官遍布朝廷。一旦破败,均难幸免,因此朝中几为空虚。
⑤ 事卒从中发:事情突然从内部发生。卒同猝,从中发,即从皇宫中发动。
⑥ 使者交驰:派往各地的使者,在大道上交相奔驰。
⑦ 失其度:丧失了平日的气度。
⑧ 鼎沸:犹鼎中沸水。热闹非凡。
⑨ 县官斥卖:由官府公开变卖。
⑩ 充王府用:充实王室的用度开支。王府,犹皇室。
⑪ 业穷民:用于穷苦百姓为其产业。业当动词用,即给穷民以产业。

梁 慬 传

梁慬①字伯威,北地弋居②人也。父讽,历州宰③。永元元年④,车骑将军窦宪⑤出征匈奴,除讽为军司马⑥,令先赍金帛使北单于,宣国威德,其归附者万余人。后坐失宪意⑦,髡输武威⑧,武威太守承旨⑨杀之。窦氏既灭,和帝知其为宪所诬,征慬,除为郎中。

慬有勇气,常慷慨好功名。初为车骑将军邓鸿司马,再迁,延平元年拜西域副校尉。慬行至河西,会西域诸国反叛,攻都护任尚于疏勒⑩。尚上书求救,诏慬将河西四郡羌胡五千骑驰赴之,慬未至而尚已得解。会征尚还⑪,以骑都尉段禧为都护,西域长史赵博为骑都尉。禧、博守它乾城⑫。它乾城小,慬以为不可固,乃谲说⑬龟兹王白霸,欲入共保其城,白霸许之。吏人固谏,白霸不听,慬既入,遣将急迎禧、博,合军八九千人。龟兹吏人并叛其王,而与温宿、姑墨⑭数万兵反,共围城。慬等出战,大破之。连兵数月,胡众败走,乘胜追击,凡斩首万余

---

① 慬(qín):勇气。《列子·说符》:"此而不报,无以立慬于天下。"殷敬顺释文:"慬音勤,勇也。"
② 弋居:县名。《汉书·地理志》云:"弋居,有盐官。"《后汉书·郡国志》云:"有铁。"其余不详,但均居北地郡。以有盐铁论之,当在今宁夏境内。
③ 州宰:主政一州的官员,如州刺史。
④ 永元元年:汉和帝刘肇年号,89年。
⑤ 窦宪:字伯度,扶风平陵人。功臣窦融曾孙,其妹为皇后,宪为车骑将军,后升为大将军,曾北伐匈奴,勒铭燕然山,功勋近于卫青、霍去病。
⑥ 军司马:官名,掌将军府事宜,略同于今之参谋长。
⑦ 坐失宪意:犯了违背窦宪意愿的罪状。
⑧ 髡(kūn)输武威:被剃去头发发配到武威郡。髡,古代一种被剃去头发的刑罚。《楚辞·九章》:"接舆髡首兮。"
⑨ 承旨:秉承窦宪的意旨。
⑩ 疏勒:西域古国名,在今新疆喀什市,其时属西域都护府。
⑪ 会征尚还:正逢召任尚回京师洛阳。
⑫ 它乾城:本龟兹国地。东汉永元三年(91年)置西域都护于此。在今新疆库车县东牙哈乡塔汗其。《后汉书·西域传》:班超"居龟兹它乾城"。即此。
⑬ 谲说:欺骗诱劝。
⑭ 温宿、姑墨:西域古国名。温宿在今新疆阿克苏市温宿县。姑墨在今阿克苏市附近。

级,获生口数千人,骆驼畜产数万头,龟兹乃定。而道路尚隔。檄书不通。岁余,朝廷忧之。公卿议者以为西域阻远,数有背叛,吏士屯田,其费无已。永初元年,遂罢都护,遣骑都尉王弘发关中兵迎懂、禧、博及伊吾卢①、柳中②屯田吏士。

二年春,还至敦煌。会众羌反叛,朝廷大发兵西击之,逆诏③懂留为诸军援。懂至张掖日勒④,羌诸种万余人攻亭候,杀略吏人。懂进兵击,大破之,乘胜追至昭武⑤,虏遂散走,其能脱者十二三。乃至姑臧⑥,羌大豪三百余人诣懂降,并慰譬遣还故地⑦,河西四郡复安。

懂受诏当屯金城,闻羌转寇三辅,迫近园陵,即引兵赴击之,转战武功美阳关⑧。懂临阵被创⑨,不顾,连破走之。尽还得所掠生口,获马畜财物甚众,羌遂奔散。朝廷嘉之,数玺书劳勉⑩,委以西方事,令为诸军节度⑪。

三年冬,南单于与乌桓大人俱反。以大司农何熙⑫行车骑将军事,中郎将庞雄为副,将羽林五校营士,及发缘边十郡兵二万余人,又辽东太守耿夔率将鲜卑种众⑬共击之,诏懂行度辽将军事⑭。庞雄与耿夔共击匈奴奥鞬日逐王,破之。单于乃自将围中郎将耿种于美稷⑮,连战数月,攻之转急,种移檄求救。明年正月,懂将八千余人驰往赴之,至属国故城,与匈奴左将军、乌桓大人战,破斩其渠帅,杀三千余人,虏其妻子,获财物甚众。单于复自将七八千骑迎攻,围懂。懂被甲奔击,所向皆破,虏遂引还虎泽⑯。三月,何熙军到五原曼柏⑰,暴疾⑱,不能进,

---

① 伊吾卢:古地名,西域门户,东汉永平十六年(73年)置宜禾都尉,主持屯田。故址在今新疆哈密县西四堡。
② 柳中:古地名,故址在今新疆鄯善西南克鲁沁。因地处西域孔道,土地肥美,东汉班勇曾驻此。
③ 逆诏:又发了一道与前诏相反的诏令。
④ 日勒:汉代张掖郡属县,故址在今甘肃山丹县东南。
⑤ 昭武:古县名,属张掖郡,故址在今甘肃临泽县东北。
⑥ 姑臧:今甘肃武威凉州区。
⑦ 慰譬遣还故地:抚慰晓谕使其返回到原先居住的地方。
⑧ 武功美阳关:李贤注:"美阳,县名。故城在武功县北七里,于其所置关。"
⑨ 被创:受伤。
⑩ 数(shuò)玺书劳勉:多次接到皇帝亲颁诏书的慰劳勉励。
⑪ 委以西方事,令为诸军节度:把西部边防军事都委任于他,让他节制管辖各地驻军事务。
⑫ 何熙:字孟孙,陈国人。曾任御史中丞、司隶校尉、大司农等。
⑬ 鲜卑种众:由鲜卑人组成的军队。种,种属。众,人众。
⑭ 懂行度辽将军事:让梁懂代理度辽将军的事务。汉代所谓行某某将军事,意为暂行某某事,属非正式任命。
⑮ 美稷:古县名,西汉置。治所在今内蒙古准格尔旗西北。为西河属国都尉治所。东汉建武中移南匈奴于此,为使匈奴中郎将治所。
⑯ 虎泽:在今内蒙古达拉特旗东南。
⑰ 曼柏:古县名,西汉置,故址在今内蒙古达拉特旗东南。
⑱ 暴疾:突发疾病。

遣庞雄与懂及耿种步骑万六千人攻虎泽。连营稍前,单于惶怖①,遣左奥鞬日逐王诣懂乞降,懂乃大陈兵受之。单于脱帽徒跣,面缚稽颡,纳质②。会熙卒于师,即拜懂度辽将军。庞雄还为大鸿胪。雄,巴郡③人,有勇略,称为名将。

明年,安定、北地、上郡皆被羌寇,谷贵人流,不能自立④。诏懂发边兵迎三郡太守,使将吏人徙扶风界⑤。懂即遣南单于兄子优孤涂奴将兵迎之。既还,懂以涂奴接其家属有劳,辄授以羌侯印绶⑥,坐专擅,征下狱,抵罪⑦。明年,校书郎马融上书讼懂与护羌校尉庞参,有诏原刑⑧。语在《庞参传》。

会叛羌寇三辅,关中盗贼起,拜懂谒者,将兵击之。至湖县⑨,病卒。

选自《后汉书》卷四十七《梁懂传》

---

① 惶怖:惊恐,恐怖。
② 徒跣,面缚稽颡,纳质:徒跣为光着脚,面缚为当着众人之面让人捆缚。稽颡为叩头。纳质为让儿子去朝廷充当人质。
③ 巴郡:秦治古巴国地,治所在江州(今重庆市)。
④ 谷贵人流,不能自立:粮食昂贵,人民流亡。
⑤ 三郡太守,使将吏人徙扶风界:朝廷决定将以上三郡官民内迁至关中西部扶风郡境内。
⑥ 有劳,辄授以羌侯印绶:梁懂认为优孤涂有功劳,便私自授予优孤涂羌侯的印绶。
⑦ 坐专擅,征下狱,抵罪:坐专擅意为触犯了私自封侯未征得朝廷同意之罪,被征下狱。抵罪,意为以功抵罪,但已无职。
⑧ 原刑:平反。
⑨ 湖县:湖县属弘农郡。颜师古注:"湖,县名也,即今虢州阌乡、湖城二县皆其地。"应在今河南西部与陕西相邻之处。

王 符 传

王符,字节信,安定临泾①人也。少好学,有志操②,与马融、窦章③、张衡④、崔瑗⑤等友善。安定俗鄙庶孽⑥,而符无外家,为乡人所贱⑦。自和、安⑧之后,世务游宦⑨,当涂者更相荐引⑩,而符独耿介⑪不同于俗,以此遂不得升进。志意蕴愤⑫,乃隐居著书三十余篇,以讥当时失得⑬,不欲章显其名,故号曰《潜夫论》。其指讦时短⑭,讨谪物情⑮,足以观见当时风政⑯,著其五篇云尔。……

后度辽将军皇甫规解官⑰归安定,乡人有以货得雁门太守者⑱,亦去职还家,书刺谒规⑲。规卧不迎,既入而问:"卿前在郡食雁美乎?"有顷⑳,又白王符在门。规素闻符名,乃惊遽而起,衣不及带,屣履出迎㉑,援符手㉒而还,与同坐,极欢。

---

① 临泾:古县名,西汉置,在今甘肃省平凉市泾川县北。今庆阳市镇原县有乡名临泾,故多以镇原为古临泾,但镇原离泾水尚远,疑今镇原之临泾乡在汉代属临泾县境,今存其名。犹汉代之略阳在甘肃秦安,而今之略阳已移陕西汉中一样。
② 志操:志向,节操。
③ 窦章:曾任少府。
④ 张衡(78—139):字平子,南阳西鄂人。东汉著名科学家、文学家,在世界科技史中占有重要地位。
⑤ 崔瑗(77—142):字子玉,河北涿郡人。东汉著名文学家、书法家。
⑥ 庶孽:即庶子,指妾媵所生之子。外家:犹娘家。此处当指王符母亲家没有地位与势力。
⑦ 所贱:轻视,看不起。
⑧ 和、安:和帝名刘肇,在位十七年。安帝名刘祜,在位十八年。
⑨ 游宦:外出作官。
⑩ 当涂者更相荐引:有权位的人之间相互引荐。当途者,犹当道,当权者。
⑪ 耿介:正直。
⑫ 蕴愤:积聚着愤世情思。
⑬ 讥当时失得:讥,进谏,规劝当时朝政的得与失。
⑭ 指讦时短:指责攻击当政者的不足之处。李贤注:"讦,攻也。"
⑮ 讨谪物情:探讨,谴责世态人情。李贤注:"谪,类也。"物情,犹人情。
⑯ 风政:世风,政治。
⑰ 解官:即致仕,不再外出作官。去职亦为解官。
⑱ 以货得雁门太守者:行贿而任雁门郡太守。
⑲ 书刺谒规:书写名帖来拜谒皇甫规。
⑳ 有顷:过了一会儿。
㉑ 衣不及带,屣履出迎:穿上衣服,但未来得及系衣带,趿着鞋就出来迎接王符。
㉒ 援符手:拉着王符的手。喻亲近。

时人为之语曰:"徒见二千石,不如一逢掖①。"言书生道义之为贵②也。符竟不仕③,终于家。

选自《后汉书》卷四十九《王符传》

---

① 逢掖:李贤注:《礼记·儒行》孔子曰:"丘少居鲁,衣逢掖之衣。"郑玄注曰:"逢,犹大也,大掖之衣,大袂单衣也。"意平常人穿的衣服。
② 书生道义之为贵:读书人看重道德义气,而不以势位财富为取人的标准。
③ 竟不仕:一生未曾出来做官,布衣终生。

赵 壹 传

赵壹字元叔,汉阳西县①人也。体貌魁梧,身长九尺,美须豪眉②,望之甚伟。而恃才倨傲,为乡党所摈③,乃作《解摈》。后屡抵罪,几至死,友人救得免。壹乃贻书④谢恩曰:"昔原大夫赎桑下绝气,《传》称其仁⑤;秦越人还虢,太子结胍⑥,世著⑦其神。设囊之二人⑧不遭仁遇神,则结绝之气竭矣。然而糒脯出乎车轸⑨,针石运乎手爪⑩。今所赖者,非直车轸之糒脯,手爪之针石也。乃收之于斗极,还之于司命⑪,使干皮复含血,枯骨复被肉,允所谓遭仁遇神,真所宜传而著之。余畏禁,不敢班班显言,窃为《穷鸟赋》一篇。其辞曰:'有一穷鸟,戢翼⑫原野。毕网⑬加上,机阱⑭在下,前见苍隼,后见驱者,缴弹⑮张右,羿子彀左⑯,飞丸激矢,交集于我。思飞不得,欲鸣不可,举头畏触,摇足恐堕。内独怖急,乍冰乍火⑰。

---

① 汉阳西县:古县名,秦于西犬丘置,治所在天水西南,晋废,今陇南市礼县。
② 豪眉:谓眉毛又粗又硬,如豪猪之毛。
③ 摈(bīn):排斥,弃绝。
④ 贻(yí)书:致送书信。贻,赠送。谢恩于友人。
⑤ 原大夫赎桑下绝气,《传》称其仁:李贤注:"原大夫为赵衰之子赵盾,谥曰宣。《吕氏春秋》曰:'赵宣孟将之绛,见桑下有卧饿人。宣孟予脯二胊,拜受之,不敢食。问其故,曰:"臣有母,持以遗之。"宣孟更赐之脯二束。遂去。'"赎,救也。绝气,因饥饿而待毙之人。胊(qú),屈曲的干肉。传,《左传》。
⑥ 秦越人还虢,太子结胍(guā):李贤注:"扁鹊姓秦,名越人,过虢,虢太子死,扁鹊曰:'臣能生之,若太子病,所谓尸蹶也。'乃使弟子子阳厉针砥石,以取三阳五会。有间,太子苏。"胍,胍肝,大腹貌。
⑦ 著:显著,著名。
⑧ 设囊之二人:假设路遇的这二人。二人,桑下卧饿人与虢太子。
⑨ 糒脯出乎车轸:糒脯即赵盾给卧饿人所赐予的食物。车轸,即车阑,车箱前面和左右两面横直相结的栏木。意为送给卧饿人的食物出自赵盾车上自己食用的。
⑩ 针石运乎手爪:李贤注:"古者以砭石为针,凡针之法,右手象天,左手法地,弹而怒之,搔而下之,此运手爪也。"
⑪ 司命:主管人生命的神灵。如阎王。
⑫ 戢(jí)翼:收敛翅膀停止飞翔。语出《诗经·小雅·鸳鸯》:"鸳鸯在梁,戢其左翼。"
⑬ 毕网:古时,田猎捕鸟时用的长柄网。
⑭ 机阱(jǐng):为防御或猎取野兽而设的陷坑。
⑮ 缴(zhuó)弹:缴系在箭上的生丝绳,射鸟用。弹,弹子,击鸟的石子。
⑯ 羿子彀(guò)左:羿子即后羿,古之善射者也。彀,张满弓箭。
⑰ 乍冰乍火:乍,突然,骤然。犹一会冷如寒冰,一会热如烈火。

幸赖大贤,我矜我怜,昔济我南,今振我西。鸟也虽顽,犹识密恩。内以书心,外用告天。天乎祚贤①,归贤永年,且公且侯,子子孙孙②。'"

光和元年③,举郡上计④到京师。是时司徒袁逢受计⑤,计吏数百人,皆拜伏庭中,莫敢仰视,壹独长揖⑥而已。逢望而异之⑦,令左右往让之⑧,曰:"下郡计吏而揖三公,何也?"对曰:"昔郦食其长揖汉王,今揖三公,何遽怪哉?⑨"逢则敛衽⑩下堂,执其手,延置上坐,因问西方事⑪,大悦,顾谓坐中曰:"此人汉阳赵元叔也。朝臣莫有过之者,吾请为诸君分坐⑫。"坐者皆属观⑬。既出,往造河南尹羊陟,不得见。壹以公卿中非陟无足以托名⑭者,乃日往到门,陟自强许通⑮,尚卧未起。壹径入上堂,遂前临之,曰:"窃伏西州,承高风旧矣⑯。乃今方遇而突然⑰,奈何命也⑱!"因举声哭,门下惊,皆奔入满侧。陟知其非常人⑲,乃起,延与语,大奇之⑳。谓曰:"子出矣。"陟明旦大从车骑奉谒造壹㉑。时诸计吏多盛饰车马帷幕㉒,而壹独柴车草屏㉓,露宿其傍,延陟前坐于车下,左右莫不叹愕。陟遂与言

---

① 天乎祚贤:上天福佑我的大贤之人。祚,赐福,保佑。
② 且公且侯,子子孙孙:犹言祝愿您(大贤)的子孙都能封公封侯。
③ 光和元年:173年。
④ 举郡上计:被任用为汉阳郡的上计吏。
⑤ 袁逢受计:司徒袁逢接受各郡计吏的参拜,并汇报工作。
⑥ 长揖:拱手礼。
⑦ 异之:对赵壹的这种礼节觉得奇怪。
⑧ 让之:责问赵壹。
⑨ 昔郦食其长揖汉王,今揖三公,何遽怪哉:当年郦食其初见汉王(刘邦)也是长揖不拜,今天我对三公(司徒为三公之一)长揖不拜,有什么可怪异的呢?
⑩ 敛衽:犹敛袂,整一整衣袖。《国策·楚策一》:"一国之众,见君莫不衽而拜,抚委而服。"
⑪ 西方事:西北一地的事情。因赵壹为西部凉州汉阳郡的地方官吏,作为司徒的袁逢想在他那里了解一些西部的情况。
⑫ 分坐:赵壹已被袁逢延置上坐,其余郡计都坐在堂下,故曰分坐。
⑬ 属观:瞩目。
⑭ 托名:凭借他人以显名。
⑮ 强许通:勉强同意见赵壹。因赵壹数次造访其门均未见,今又来,故勉强同意见一面。
⑯ 窃伏西州,承高风旧矣:想自己多年潜居于西部州郡,但仰慕大人的高尚风节已经很久了。
⑰ 今方遇而突然:今天刚遇到见面的机会竟然想不到会病故。
⑱ 奈何命也:有什么办法呢?只好认命了。
⑲ 非常人:不是普通人。
⑳ 奇之:以之(赵壹)为奇人。
㉑ 奉谒造壹:指名来造访你。李贤注:"奉谒,通名也。"造,访。
㉒ 盛饰车马帷幄:着力装饰自己的车马帐幕。
㉓ 柴车草屏:车马及住宿之所极为简陋。

谈,至熏夕①,极欢而去,执其手曰:"良璞不剖,必有泣血以相明者矣!"②陟乃与袁逢共称荐之。名动京师,士大夫想望其风采③。

及西还④,道经弘农,过候⑤太守皇甫规,门者不即通⑥,壹遂遁去。门吏惧以白之⑦,规闻壹名大惊,乃追书谢⑧曰:"蹉跌不面⑨,企德怀风⑩,虚心委质⑪,为日久矣。侧闻仁者悯其区区⑫,冀承清诲,以释遥悚⑬。今旦⑭外白有一尉两计吏,不道屈尊门下⑮,更启⑯乃知已去。如印绶可投,夜岂待旦⑰。惟君明睿,平其夙心⑱。宁当慢傲,加于所天⑲。事在悖惑⑳,不足具责㉑。倘可原察㉒,追修前好,则何福如之㉓! 谨遣主簿㉔奉书。下笔气结,汗流竟趾㉕。"壹报曰㉖:"君学成师

---

① 熏夕:日暮,傍晚。
② 良璞不剖,必有泣血以相明者矣:李贤注:"琴操曰:'卞和得玉璞,以献楚怀王,使乐正子占之,言非玉。以其欺谩,斩其一足。怀王死,子平王立。和复抱其璞而献之。平王复以为欺,斩其一足。平王死,和复献,恐复见断,乃抱其玉而哭荆山之中,昼夜不止,泣尽继之以血。'"相明,使对方明白。
③ 风采:亦作"丰采"。风度,神采。
④ 西还:从京师洛阳返回汉阳(天水)郡。
⑤ 过候:因路去问候。皇甫规自以为"西州豪杰",赵壹和他同属西州名士,自然会产生拜望的念头。
⑥ 门者不及通:看门的人没有及时通报。
⑦ 惧以白之:因恐惧而赶紧告诉了主人(皇甫规)。白,禀告。
⑧ 追书谢:写了一封书信让人赶送去,表示道歉。
⑨ 蹉跌不面:失足跌倒,喻失误。不面,未能晤面。
⑩ 企德怀风:企为仰慕,怀为想念;德风,道德风尚。
⑪ 委质:表示恭敬承奉之意。《左传·僖公二十三年》:"策名委质。"孔颖达疏:"质,形体也。拜则屈膝而委身于地,以明敬奉之也。"
⑫ 侧闻仁者悯其区区:侧闻,从旁边听说。司马迁《报任少卿书》:"仆虽罢驽,亦尝侧闻长者之遗风矣。"区区,喜悦自得貌。《吕氏春秋·务大》:"区区焉相乐也。"
⑬ 冀承清诲,以释遥悚(sǒng):希望能收到您清正的教诲以消解我来自远方的恐惧。清诲,清正、明晰的教诲。悚,恐惧,如毛骨悚然。
⑭ 今旦:今日早晨。
⑮ 不道屈尊门下:不料想让令人尊敬的仁者屈于门外。
⑯ 更启:让人开门迎接。
⑰ 印绶可投,夜岂待旦:印绶:为官之人的标志、象征、凭证。投:丢弃。意为如果我这个官职可以丢弃的话,那会让您在门外久等。
⑱ 惟君明睿,平其夙心:明睿,聪慧、睿智。平,李贤注:"平,恕也。"愿君以聪明智慧之心,来宽恕对您的怠慢之举。
⑲ 宁当慢傲,加于所天:李贤注:"敬壹故谓为所天。"意为宁可把门人对您的傲慢看作是加于上天这样尊贵的对象之上。慢傲同"傲慢",不敬。
⑳ 悖惑:悖为谬误,惑为迷乱。荒谬离奇,不可思议。
㉑ 具责:具通"俱"。俱责:即都责备。意为门人有眼不识泰山。
㉒ 原察:原谅,体察。
㉓ 何福如之:有什么不好呢?
㉔ 主簿:官名,郡守的主要属吏。
㉕ 竟趾:汗水从头流到脚趾。表恐惧之状。
㉖ 报曰:回复规信说。

范①,缙绅②归慕,仰高希骥,历年滋多③。旋辕兼道,渴于言侍④,沐浴晨兴,昧旦守门⑤,实望仁君,昭其悬迟⑥。以贵下贱⑦,握发垂接⑧。高可敷玩坟典⑨,起发圣意⑩;下则抗论当世⑪,消弭时突⑫。岂悟君子,自生怠倦,失恂恂善诱⑬之德,同亡国骄惰之志!盖见机而作,不俟终日⑭,是以凤退自引,畏使君劳⑮。昔人或历说而不遇,或思士而无从,皆归之于天,不尤于物⑯。今壹自遣⑰而已,岂敢有猜!仁君忽一匹夫⑱,于德何损?而远辱手笔⑲,追路相寻,诚足愧也。壹之区区,曷云量己⑳,其嗟可去,谢也可食㉑,诚则顽薄㉒,实识其趣。但关节疢动,膝炙怀溃㉓,请俟它日,乃奉其情。辄诵来贶㉔,永以自慰。"遂去不顾㉕。

----

① 师范:学习的榜样。扬雄《法言·学行》:"师者,人之模范也。"
② 缙绅:官宦的代称。缙,插也,插笏于绅。绅,官员腰间所系的宽大带子。
③ 仰高希骥,历年滋多:李贤注:"《诗》曰:'高山仰止,景行行止。'扬雄《法言》曰:'希骥之马亦骥之乘,希颜之人亦颜之徒。'"希,慕也。仰慕之情,久怀于心。
④ 旋辕兼道,渴于言侍:意为从京师返回,兼程行进,目的是为了路过弘农时,急着与你亲自交谈。渴,比喻急切。《公羊传·隐公三年》:"不及时而日,渴葬也。"何休注:"渴,急也。"言侍,在身边而言。
⑤ 沐浴晨兴,昧旦守门:早起沐浴,守在门外。
⑥ 昭其悬迟:昭,彰明、显扬。悬迟:李贤注:"悬心迟仰之。"意为希望你能让我这颗久悬的迟钝之心彰明、显扬起来。
⑦ 以贵下贱:李贤注:"《易》曰:以贵下贱,大得民也。"降低自己高贵的身份来亲近低贱的下属。
⑧ 握发垂接:李贤注:"《史记》曰:周公一沐三握发,以接天下之士。"像周公一样礼贤下士。
⑨ 敷玩坟典:敷玩犹"耽玩"。坟典:三坟五典的简称。泛指古书。
⑩ 起发圣意:探求、发挥圣贤的本意。
⑪ 抗论当世:抗通"亢",高也。抗论犹高论。当世,指权贵。
⑫ 消弭(mǐ)时突:消弭,犹消除。时突,犹人祸。
⑬ 恂恂善诱:李贤注:"《论语》曰:'老子恂恂然善诱人。'"恂恂,谦恭谨慎貌。
⑭ 见机而作,不俟终日:李贤注:"《易·系辞》曰:'君子见机而作,不俟终日。'"
⑮ 凤退自引,畏使君劳:李贤注:"《诗》曰:'大夫凤退,无使君劳。'盖断章以取义。"
⑯ 昔人或历说而不遇,或思士而无从,皆归之于天,不尤于物:李贤注:"历说,谓孔丘也。《论语》曰:'不怨天,不尤人,下学而上达,知我者其天乎!'马融注:'孔子不用于时,而不怨天,人不知己,知亦不尤人也。'思士,谓孟轲也。孟轲欲见鲁平公,臧仓谮之。孟曰:'余之不遇鲁侯,天也。臧氏之子焉能使余不遇哉!'"
⑰ 自遣:自责。
⑱ 匹夫:平民男子,自谦的称谓。
⑲ 远辱手笔:从很远的地方麻烦你写来书信。辱,谦词。司马迁《报任少卿书》:"曩者辱赐书。"手笔,手写的书信。
⑳ 壹之区区,曷云量己:李贤注:"曷,何也。言区区之心不量己而至君门。"
㉑ 其嗟可去,谢也可食:李贤注:"《礼记》曰:'齐大饥,黔敖为食于路,以待饥者。有蒙袂,辑履贸贸而来。曰:'嗟来食。曰,余唯不食嗟之食。'以至于斯。从而谢之,不食而死。'仲尼曰:'其嗟可去,其谢也可食。'"
㉒ 顽薄:顽,愚鲁,薄,轻微。
㉓ 关节疢(chèn)动,膝炙怀溃:疢,疾病。意为关节、膝盖都因病痛而行动不便,故不愿返弘农再见皇甫规。
㉔ 辄诵来贶(kuàng):贶,赐予。如厚贶。来贶指皇甫规派人送来的书信。
㉕ 不顾:不回望。据此可见赵壹的自负与狂傲。而皇甫规也真能礼贤下士,但二人之不遇,实由门人之一念。

州郡争致礼命①,十辟公府②,并不就,终于家。初袁逢使善相者相壹,云"仕不过郡吏",竟如其言③。

著赋、颂、箴、诔、书、论及杂文十六篇。

选自《后汉书》卷八十下《文苑·赵壹传》

---

① 州郡争致礼命:意为地方政要(州刺史,郡守)争着向赵壹表示礼敬和任命。
② 十辟公府:多次接到三公之府的聘任。十,泛指多次。
③ 竟如其言:最终就像善相者讲过的那样。

盖 勋 传

盖勋字元固,敦煌广至人①也。家世两千石②。初举孝廉,为汉阳长史。时武威太守倚恃权势,恣行贪横③,从事武都苏正和④案致其罪⑤。凉州刺史梁鹄⑥畏惧贵戚,欲杀正和以免其负⑦,乃访之于勋⑧。勋素与正和有仇,或劝勋可因此报隙。勋曰:"不可。谋事杀良,非忠也⑨;乘人之危,非仁也。"乃谏鹄曰:"夫绁食鹰鸢欲其鸷,鸷而烹之,将何用哉⑩?"鹄从其言。正和喜于得免,而诣勋求谢。勋不见,曰:"吾为梁使君谋,不为正和也。"怨之如初。

中平元年,北地羌胡与边章等寇乱陇右⑪,刺史左昌因军兴断盗⑫数千万。勋固谏⑬,昌怒,乃使勋别屯阿阳⑭以拒贼锋,欲因军事罪之⑮,而勋数有战功。边章等遂攻金城⑯,杀郡守陈懿,勋劝昌救之,不从。边章等进围昌于冀⑰,昌惧而

---

① 敦煌广至:敦煌郡属下之广至县。故址约在今敦煌以东,安西县南。
② 家世两千石:他的家世代有年俸两千石的高官。两千石为汉代高级官员的标志性收入,中央九卿、将军、校尉,地方郡太守等官员的俸禄均为两千石左右。
③ 倚恃权势,恣行贪横:依仗自己有权有势,毫无顾忌地贪污横暴。
④ 从事武都苏正和:从事为刺史的属吏。苏正和是武都郡人。
⑤ 案致其罪:审查而确立其罪行。
⑥ 凉州刺史梁鹄:西汉武帝时为监管地方官员的不法之行,在全国设置了十三个刺史州部,负责纠查监督,所辖郡县官吏的行为。刺史的品级虽然低于郡守,但权力很大,代表朝廷监察地方。凉州即为十三刺史州部之一。梁鹄,安定郡人,后以善书名世。
⑦ 免其负:为免除其连累,"乃访之于勋"。
⑧ 访之于勋:造访盖勋,想听听盖勋的意见。
⑨ 谋事杀良,非忠也:谋事,替别人谋划事务,良,好人。忠,忠诚。
⑩ 绁(xiè)食(sì)鹰鸢欲其鸷(zhì),鸷而烹之,将何用哉?:绁,束缚鸟兽的绳索。食,喂。鸷,凶猛的鸟。意为猎人喂养鹰鸢一类的猛禽是为了捕捉其他的鸟类与兽。可是你又把它煮了又将用什么帮你捕猎呢?
⑪ 边章等寇乱陇右:边章与羌胡为寇,祸乱凉州。陇右,指陇山以西的地方。属凉州刺史部的辖区。
⑫ 断盗:李贤注:"断犹割截也。"没收盗贼钱粮。
⑬ 固谏:极力劝谏。固,坚决坚持。
⑭ 别屯阿阳:别屯,犹分驻。阿阳,县名,属天水郡,故地位于今平凉市静宁县。
⑮ 因军事罪之:用军事上的失误使盖勋获罪。
⑯ 金城:郡名,故地在今兰州市西永靖县境内。
⑰ 冀:县名,天水郡治,在今天水市甘谷县。

召勋。勋初与从事辛曾、孔常俱屯阿阳,及昌檄到,曾等疑不肯赴。勋怒曰:"昔庄贾后期,穰苴奋剑①。今之从事,岂重于古之监军哉②!"曾等惧而从之。勋即率兵救昌。到,乃诮让章等③,责以背叛之罪。皆曰:"左使君若早从君言,以兵临我,庶可自改。今罪已重,不得降也。"乃解围而去。昌坐断盗征,以扶风④宋枭代之。枭患多寇叛,谓勋曰:"凉州寡于学术⑤,故屡致反暴,今欲多写《孝经》,令家习之,庶或⑥使人知义⑦。"勋谏曰:"昔太公封齐,崔杼杀君⑧;伯禽侯鲁,庆父篡位,此二国岂乏学者?今不急静难之术⑨,遽为非常之事⑩,既足结怨一州⑪,又当取笑朝廷,勋不知其可也。"枭不从,遂奏行之,果被诏书诘责,坐以虚慢征⑫。时叛羌围护羌校尉夏育于畜官⑬,勋与州郡合兵救育,至狐槃⑭,为羌所破。勋收余众百余人,为鱼丽之陈⑮。羌精骑夹攻之急,士卒多死。勋被三创⑯,坚不动,乃指木表⑰曰:"必尸我于此。"句就种羌滇吾⑱素为勋所厚⑲,乃以兵扞众⑳

---

① 昔庄贾后期,穰苴奋剑:秦孝公时,秦晋侵齐。孝公任司马穰为将拒之,又让宠臣贾庄为监军。穰苴与贾庄约定明日早晨会合。但贾庄恃宠不听,直到傍晚才与穰苴会合。穰苴以贾庄失期而斩贾庄。奋剑,意为毫不犹豫。
② 今之从事,岂重于古之监军哉:你们今日的地位能比古代监军更重要吗?
③ 诮让章等:诮让,责备,责问边章等人。
④ 扶风:郡名,在今陕西关中西部,今咸阳宝鸡一带。汉称三辅之一。
⑤ 寡于学术:文化教育落后。
⑥ 庶或:犹幸或。也许,差不多。
⑦ 知义:懂得忠于朝廷的大道理。
⑧ 昔太公封齐,崔杼杀君;伯禽侯鲁,庆父篡位,此二国岂乏学者:太公即吕望,姜尚。伯禽为周公之子。齐鲁两国为周初文化最开明的二国,但后来还出现了像崔杼、庆父这样的乱臣贼子。这与学术的发达落后有什么必然的关系呢?
⑨ 不急静难之求:不以静难之求为急。静难之求,使灾难(战乱)平静下来的办法和方略。难(nàn),因寇盗而带来的灾难。
⑩ 遽(jù)为非常之事:遽,急。非常之事,指让家家书写习读《孝经》。
⑪ 结怨一州:意为让凉州人家家书写,习读《孝经》这件事会给全州人带来负担,因此会结下怨恨。
⑫ 坐以虚慢征:因犯虚慢之罪而被征还。虚慢,不实际,不重视。
⑬ 畜官:地名,据李贤注,当为主管畜牧的官署,在右扶风郡内。
⑭ 狐槃:古地名,在今甘肃天水甘谷县东。
⑮ 鱼丽之陈:鱼丽阵。有两种解释,一种是称作古代战阵名,属于进攻阵形,攻击力强,防御偏弱。二是称作将步卒队形环绕战车进行疏散配置的一种阵法,杀伤力强。《左传·桓公五年》:"为鱼丽之陈。"杜预注:"《司马法》:'车战二十五乘为偏。'以车居组,以伍次之,承偏之隙而弥缝阙漏也。五人为伍,此盖鱼丽阵法。"
⑯ 被三创:身受三处创伤。被,身被,身受。创,犹伤口,创伤。
⑰ 木表:立木为标记。
⑱ 句就种羌滇吾:句就种,西羌中的一支。滇吾,头领名。
⑲ 素为勋所厚:一向为盖勋所厚爱。
⑳ 以兵扞(hàn)众:用手中武器扞开众人。兵,武器。扞,同捍。

曰:"盖长史贤人,汝曹杀之者为负天①。"勋仰骂曰:"死反虏,汝何知,促来②杀我!"众相视而惊。滇吾下马与勋③,勋不肯上,遂为贼所执。羌戎服其义勇④,不敢加害,送还汉阳。后刺史杨雍即表勋领汉阳太守⑤。时人饥,相渔食⑥。勋调谷禀之⑦,先出家粮以率众⑧,存活者千余人。

后去官,征拜讨虏校尉。灵帝召见,问:"天下何苦而反乱如此?"勋曰:"幸臣子弟扰之⑨。"时宦者上军校尉蹇硕⑩在坐,帝顾问硕,硕惧,不知所对,而以此恨勋。帝又谓勋曰:"吾已陈师于平乐观,多出中藏财物以饵士⑪,何如?"勋曰:"臣闻'先王耀德不观兵'⑫。今寇在远而设近陈,不足昭果毅,只黩武耳⑬。"帝曰:"善。恨见君晚,群臣初无是言也⑭。"

勋时与宗正刘虞⑮、佐军校尉袁绍⑯同典禁兵⑰。勋谓虞、绍曰:"吾仍见上,上甚聪明,但拥蔽于左右耳⑱。若共并力诛嬖幸⑲,然后征拔英俊,以兴汉室,功遂身退,岂不快乎!"虞、绍亦素有谋,因相连结,未及发,而司隶校尉张温⑳举勋为京兆尹㉑。帝方欲延接㉒勋,而蹇硕等心悼之,并劝从温奏,遂拜京兆尹。

---

① 负天:有负于上天。
② 促来:快来。促,急,如急促。
③ 予勋:将自己的坐骑让给盖勋。
④ 服其义勇:为盖勋的忠义与勇敢所敬服。
⑤ 表勋领汉阳太守:上表举荐盖勋任汉阳郡守。领,统领。
⑥ 相渔食:人们由于饥饿而侵夺取食。渔食,用不正当的手段夺去,谋取。《汉书·何并传》:"以气力渔食闾里。"颜师古注:"渔者,谓侵夺之。"
⑦ 调谷禀之:李贤注:"调,谓征发也。禀,同'廪'(lǐn),给予粮食。
⑧ 率众:作出表率,榜样。
⑨ 幸臣子弟扰之:宠幸大臣们的子弟招致的祸乱。幸臣,为君主所宠爱的臣子。此时特指灵帝时专权的宦官。
⑩ 蹇硕:受宠宦官之一。
⑪ 陈师于平乐观,多出中藏财物以饵士:陈师犹陈列军队。平乐观,观名,可驻扎军队。中藏,皇宫中存放钱粮之处。饵士,赏赐,饵,以钱物为诱饵,让军士为自己效命。
⑫ 先王耀德不观兵:李贤注:《国语》曰:"穆王欲征犬戎,祭公谋父谏曰:'不可,先王耀德不观兵。'"韦昭注曰:"耀,明也,观,示也。"贤明的君主以德服人而不以武力示人。
⑬ 昭果毅,只黩武耳:昭,昭示。果毅,果敢而坚强。黩武,滥用武力。意在京师观兵布陈不能宣示你有多么坚强勇敢,只是一种穷兵黩武的花架子。
⑭ 初无是言也:当初(指陈师于平乐观)没有一个大臣能讲出你这番话。
⑮ 刘虞:字伯安,东海郡人。后为公孙瓒所害。
⑯ 袁绍:字本初,汝南人。后为冀州牧,与曹操争夺天下,败亡。
⑰ 同典禁兵:一同统领禁兵。典,执掌。禁兵,皇家禁卫军。
⑱ 拥蔽于左右耳:拥蔽犹壅蔽,壅,堵,阻塞。左右,亲近的幸臣。
⑲ 嬖幸:帝王所宠爱狎昵的人。
⑳ 张温:汉末大臣,后任司空。
㉑ 京兆尹,官名。京师最高长官。
㉒ 延接:延揽,接近盖勋。

时长安令①杨党,父为中常侍,恃势贪放,勋案得其臧千余万。贵戚咸为之请②,勋不听,具以事闻③,并连党父④,有诏穷案⑤,威震京师。时小黄门京兆高望为尚药监⑥,幸于皇太子,太子因蹇硕属望子进为孝廉⑦,勋不肯用。或曰:"皇太子副主⑧,望其所爱⑨,硕帝之宠臣,而子违之,所谓三怨成府⑩者也。"勋曰:"选贤所以报国也,非贤不举,死亦何悔!"勋虽在外,每军国密事,帝常手诏⑪问之。数加赏赐,甚见亲信,在朝臣右⑫。

　　及帝崩⑬,董卓废少帝,杀何太后⑭,勋与书曰:"昔伊尹、霍光权以立功,犹可寒心⑮,足下小丑⑯,何以终此?贺者在门,吊者在庐,可不慎哉⑰!"卓得书,意甚惮之⑱。征为议郎。时左将军皇甫嵩⑲精兵三万屯扶风,勋密相要结⑳,将以讨卓。会嵩亦被征,勋以众弱不能独立㉑,遂并还京师㉒。自公卿以下,莫不卑下于卓㉓,唯勋长揖争礼㉔,见者皆为失色。卓问司徒王允㉕曰:"欲得快司隶校尉㉖,

---

① 长安令:京师长安县令,为京兆尹下属。
② 贵戚咸为之请:朝中贵戚都请托于盖勋。
③ 具以事闻:把所有相关的人与事都上奏。
④ 并连党父:连同杨党之父的贪污罪行一并上奏皇帝。
⑤ 有诏穷案:皇帝下有诏书,让盖勋追查到底。穷,寻到尽头。
⑥ 尚药监:官名。主掌皇宫医药事务。
⑦ 属望子进为孝廉:太子通过蹇硕向盖勋传言,要举高望的儿子高进为孝廉。在汉代进入仕途的主要方式是被地方举荐为孝廉。而高望父子居住在京师,盖勋任京兆尹,故请托于他。
⑧ 副主:皇太子为皇帝的接班人,故称副主。
⑨ 望其所爱:高望幸于皇太子。
⑩ 三怨成府:李贤注:"府,聚也。"意为三人的怨恨都集中在你一人身上。
⑪ 手诏:亲手写成诏书。
⑫ 甚见亲信,在朝臣右:对盖勋的信赖超过了所有的朝臣。右,为上。
⑬ 帝崩:汉灵帝刘宏死于中平元年(189 年)。
⑭ 董卓废少帝,杀何太后:见同书《董卓列传》。
⑮ 昔伊尹、霍光,权以立功,犹可寒心:像伊尹,霍光这样功勋卓著的大臣都时时处处小心谨慎地奉于王事。寒心,犹小心谨慎。
⑯ 足下小丑:足下,称董卓。小丑,卑视其人。
⑰ 贺者在门,吊者在庐,可不慎哉:李贤注:《孙卿子》曰"庆者在堂,吊者在闾,福与祸邻,莫知其门也。"意为不要看你现在权倾朝野,可不久就会死于非命,你不可以不小心啊!
⑱ 意甚惮之:心里很是惧怕盖勋。
⑲ 左将军皇甫嵩:见同书《皇甫嵩列传》。
⑳ 密相要结:私下秘密互相联名共同讨伐董卓。要,同邀。
㉑ 众弱不能独立:董卓军马众多,自己可以联合的人数又少,无法独立完成讨伐董卓的大任。
㉒ 并还京师:与皇甫嵩一起从扶风回到京师洛阳。
㉓ 莫不卑下于卓:没有不对董卓毕恭毕敬的。卑下,把自己看得很低下。
㉔ 长揖争礼:只作揖而不拜,争礼,在礼仪上与之(董卓)抗争。
㉕ 司徒王允:字,子师,太原祁人。汉末名臣。事见同书《董卓列传》。
㉖ 快司隶校尉:犹能干的司隶校尉。快,会,能。司隶校尉,官名,持节掌察举百官以下及京师近郡犯法者。

谁可作者？"允曰："唯有盖京兆耳。"卓曰："此人明智有余，然不可假以雄职①。"乃假以②为越骑校尉③。卓又不欲令久典禁兵，复出为颍川太守。未及至郡，征还京师。时河南尹朱儁④为卓陈军事⑤。卓折⑥儁曰："我百战百胜，决之于心⑦，卿勿妄说⑧，且污我刀。"勋曰："昔武丁之明，犹求箴谏，况如卿者，而欲杜人之口乎⑨？"卓曰："戏之耳⑩。"勋曰："不闻怒言可以为戏⑪？"卓乃谢儁⑫。勋虽强直不屈，而内厌于卓⑬，不得意，疽发背卒⑭，时年五十一。遗令勿受卓赙⑮。卓欲外示宽容⑯，表赐东园秘器⑰赗襚⑱，送之如礼⑲。葬于安陵⑳。

子顺，官至永阳太守。

选自《后汉书》卷五十八《盖勋传》

---

① 雄职：犹权利巨大的职务。
② 假以：犹给予。
③ 越骑校尉：官名。"秩比二千石，掌宿卫兵。"
④ 朱儁(jùn)：字公伟，会稽上虞人，曾与皇甫嵩率军镇压黄巾起义有功，封西乡侯。
⑤ 陈军事：犹陈说军事方面的问题。
⑥ 折：董卓用反攻，并带有侮辱朱儁的口气。
⑦ 决之于心：意为胸有成竹。
⑧ 卿勿妄说，且污我刀：你不要乱说，以免污染了我的佩刀。
⑨ 昔武丁之明，犹求箴(zhēn)谏，况如卿者，而欲杜人之口乎：武丁，商代明君高宗，多次求大臣傅说戒鉴自己。箴谏，规谏，劝诫。杜，堵塞，断绝。杜口犹让人闭口。
⑩ 戏之耳：意为自己在与朱儁开玩笑。戏，戏之言，之指朱儁。
⑪ 不闻怒言可以为戏：我没听过这样暴怒的话语竟可以说成是游戏之言。
⑫ 谢儁：向朱儁道歉。
⑬ 内厌于卓：被董卓所厌恶。
⑭ 疽(jū)发背卒：脊背上生了疽疮而死。疽，痈疽，多发于颈背。在古代医学不很发达的情况下，多致人死亡。
⑮ 赙(fù)赠：赙，用财物帮人办事。赙赠即接受董卓送来的葬礼。
⑯ 外示宽容：表面上装出一副宽容大度的姿态。因为盖勋生前对董卓很不为礼。
⑰ 东园秘器：汉晋时由宫中制作出的一种高级器皿，专门用于赐给有功的大臣作随葬品。东园，皇宫中制作这种器物的地方。
⑱ 赗(fèng)襚(suì)：赗，给丧家送葬之物。襚，赠给死人的衣衾。
⑲ 如礼：按照礼制的规定办事。
⑳ 安陵：古县名，在今咸阳市东北。因汉惠帝筑陵于此并设县。

皇甫规传

皇甫规字威明，安定朝那①人也。祖父棱②，度辽将军③。父旗，扶风都尉④。

永和六年⑤，西羌大寇三辅，围安定，征西将军⑥马贤将诸郡兵击之，不能克。规虽在布衣⑦，见贤不恤⑧军事，审⑨其必败，乃上书言状⑩。寻而⑪贤果为羌所没。郡将知规有兵略⑫，乃命为功曹⑬，使率甲士八百，与羌交战，斩首数级，贼遂退却。郡举规上计掾⑭。其后羌众大合，攻烧陇西，朝廷患之。规乃上疏求乞自效⑮，曰："臣比年⑯以来，数陈便宜⑰。羌戎未动，策其将反，马贤始出，颇知必败。误中之言⑱，在可考核⑲。臣每惟贤等拥众四年，未有成功，悬师⑳之费且百亿计，

---

① 朝那：古县名，西汉置，属安定郡，治所在今甘肃省平凉市西北，又说在今宁夏回族自治区固原市东南，多从平凉说。今甘肃省平凉市灵台县有朝那乡，乃西魏大统元年（535年）所置之朝那县，非汉魏时之朝那县。故皇甫规之故地应在今平凉市西北。
② 棱：读 léng，如棱角。又读 líng 凌，黑龙江省有穆棱县。
③ 度辽将军：属杂号将军。位在大将军、骠骑将军、车骑将军、卫将军之后。其名号可能与作战的对象有关。
④ 扶风都尉：西汉初年，刘邦建都关中，以京城长安为京兆。长安以东地区为冯翊郡。长安以西的地区为扶风郡，和京兆合称三辅。都尉，官名。
⑤ 永和六年：永和为东汉顺帝刘保的年号之一，六年为141年。
⑥ 征西将军：征西将军和度辽将军一样属杂号将军。
⑦ 布衣：犹平民。《史记·李斯传》："夫斯乃上蔡布衣，闾巷之黔首。"
⑧ 恤（xù）：恤为忧虑之意。《诗经·小雅·蓼莪》："出则衔恤。"
⑨ 审：详知，明意。
⑩ 状：陈述，描摹。
⑪ 寻而：不久。
⑫ 郡将知规有兵略：郡将即郡守。兵略，用兵的谋略。
⑬ 功曹：官名。汉代郡守下有功曹史，简称功曹。相当于郡守的总务长。除掌人事外，并得与闻一郡的政务。
⑭ 举规上计掾（yuàn）：举为推荐，选拔。上计掾：汉时，地方官要在年终时将本辖区的诸如户口、垦田、钱谷出入编为计簿，由手下得力属吏上报朝廷。于是人们称从事这项工作的属吏为"上计吏"。又称为"上计掾"。
⑮ 自效：自荐效力朝廷。
⑯ 比年：近年，连年。
⑰ 便（biàn）宜：方便，适宜。上陈适宜的方略。
⑱ 误中（zhòng）之言：自谦的说法。
⑲ 考核：考查，核对。
⑳ 悬师：李贤注："悬犹停也。"马贤既不进取，也不撤兵，虚耗军费。

出于平人①，回入奸吏②。故江湖之人③，群为盗贼，青、徐④荒饥，襁负⑤流散。夫羌戎溃叛，不由承平⑥，皆由边将失于绥御⑦。乘常守安，则加侵暴⑧，苟竞⑨小利，则致大害，微胜则虚张首级⑩，军败则隐匿不言。军士劳怨，困于猾吏⑪，进不得快战以徼功，退不得温饱以全命，饿死沟渠，暴骨中原⑫。徒见王师之出，不闻振旅之声⑬。酋豪泣血⑭，惊惧生变。是以安不能久，败则经年⑮。臣所以搏手叩心⑯而增叹者也。愿假臣两营二郡⑰，屯列坐食之兵⑱五千，出其不意，与护羌校尉赵冲⑲共相首尾。土地山谷，臣所晓习⑳；兵势巧便㉑，臣已更之㉒。可不烦方寸之印，尺帛之赐㉓，高可以涤患㉔，下可以纳降㉕。若谓臣年少官轻，不足用者，凡诸败将，非官爵之不高，年齿㉖之不迈。臣不胜至诚，没死㉗自陈。"时帝不能用。

---

① 平人：李贤注："平人，齐人也。"平人可理解为百姓，俗语有"平头百姓"之说。
② 回入奸吏：落入贪官污吏的手中。奸吏：狡猾贪婪的官吏。
③ 江湖之人：丧失土地家园的流民。
④ 青、徐：青州和徐州。古代九州之二，汉代十三州之二，位于今山东省南部和江苏省北部地区。
⑤ 襁(qiǎng)负：用布把人兜起，在背上。《论语·子路》："四方之民襁负其子而至矣。"
⑥ 承平：相承平安之意，指社会秩序比较持久的安定。
⑦ 绥御：治理、管理。
⑧ 乘常守安，则加侵暴：乘为坐之意，如乘车。守为坐守之意，如守业。常为平常，正常。安为安定，平稳。乘常守安意为安分守业，老老实实。侵暴，用暴力欺凌。意指汉朝的边郡将吏对于那些老实本分的羌人，时常使用暴力，欺凌和压榨，导致了羌人的不断反抗。
⑨ 竞：追逐。
⑩ 首级：头颅。古时双方作战以割下对方的头颅的多少来进行封赏。因此，有的军官往往虚报战功。更有甚者，竟将平民的头颅割下，作为他的请功的战绩。
⑪ 猾吏：狡诈的属吏。
⑫ 暴(pù)骨中原：暴，即暴露。尸体没有掩埋。
⑬ 振旅之声：凯旋胜利的消息。
⑭ 酋豪泣血：酋为酋长，豪为豪帅，均指羌人的大人首领。泣血言哀痛至极。
⑮ 经年：多年，指连年失利。
⑯ 搏手叩心：搏手即两手相搏。叩心即捶打胸口。痛心而又无奈的表现。
⑰ 两营二郡：李贤注："两营谓马贤及赵中等。二郡，安定、陇西也。"
⑱ 屯列坐食之兵：驻扎在这里食国家给养的士兵。
⑲ 护羌校尉赵冲：护羌校尉，官名。西汉时置，执掌羌人事务，秩二千石。赵冲，人名。
⑳ 晓习：知晓，熟悉。
㉑ 兵势巧便：兵势，军事形势。巧便，灵活变通。
㉒ 更之：改变过来。改变以前的作战方略。
㉓ 方寸之印，尺帛之赐：印表示职务，尺帛表示赏赐、嘉奖。
㉔ 涤患：除去边患。涤，扫荡。
㉕ 纳降：接受投降。
㉖ 年齿：年岁，年龄。
㉗ 没死：冒死。

冲、质之间①,梁太后临朝②,规举贤良方正③。对策曰:

伏惟孝顺皇帝④,初勤王政,纪纲⑤四方,几以获安。后遭奸伪,威分近习⑥,畜货聚马,戏谑是闻;又因缘嬖幸,受赂卖爵,轻使宾客,交错其间,天下扰扰,从乱如归⑦。故每有征战,鲜不挫伤,官民并竭,上下穷虚。臣在关西⑧,窃听风声,未闻国家有所先后⑨,而威福之来,咸归权幸。陛下体兼乾坤,聪哲纯茂⑩。摄政⑪之初,拔用忠贞⑫,其余维纲⑬,多所改正。远近翕然⑭,望见太平。而地震⑮之后,雾气白浊,日月不光,旱魃为虐⑯,大贼从横⑰,流血丹野,庶品⑱不安,谴诫累至⑲,殆以奸臣权重之所致也。其常侍尤无状者⑳,亟便黜遣㉑,披扫凶党㉒,收入财贿,以塞痛怨,以答天诫㉓。

---

① 冲、质之间:即汉冲帝刘炳和汉质帝刘缵两位皇帝在位之时。
② 梁太后临朝:梁太后,名妠,大将军梁商之女。临朝,主持朝政。
③ 贤良方正:汉代选拔官吏科目之一。汉文帝为询访政治得失。下诏"举贤良方正能直言极谏者",由郡推荐给朝廷。中选者则授以官职。被推举的士人必须写出论述国事的对策,朝廷除了要考察地方官举荐的个人材料,更要看所写策论的水平。因此,策论的写作十分重要。西汉文帝时,贾谊的《过秦论》就是一篇著名的策论。
④ 孝顺皇帝:即汉顺帝刘保。汉代自称以孝治天下。凡皇帝尊号之前均要加"孝"字。如汉文帝又称孝文帝。
⑤ 纪纲:同"纲纪"。犹言治理,管理。《国语·晋语四》:"此大夫管仲之所以纪纲齐国,裨辅先君,而威霸者也。"
⑥ 威分近习:国家的权威被近臣所窃取。近习:即近臣,帝王身边的亲近之人。
⑦ 天下扰扰,从乱如归:扰扰,纷乱貌。《列子·周穆王》:"存亡得失,哀乐好恶,扰扰万绪起矣。"从同"丛"。意为天下混乱丛生,皆归于权臣乱政。
⑧ 关西:函谷关以西的地方。皇甫规生活的安定郡位于今甘肃省东部,属于关中以西的地方。
⑨ 先后:李贤注:"先后谓进退也。'意为国家本能有所作为,而一切成功与祸福皆由权臣近习所为。'"
⑩ 聪哲纯茂:哲,聪明。《书·皋陶谟》:"知人则哲。"纯,善,好。《汉书·扬雄传》:"君子纯终领(令)闻。"茂通"懋",勤勉。意指皇帝聪慧贤明,勤勉美好。
⑪ 摄政:主持朝政。
⑫ 拔用忠贞:选拔,重用忠诚贞良的臣子。
⑬ 维纲:原为绳纲,后指统治国家的重要法纪。
⑭ 翕(xī)然:趋舍一致貌,引申为安定。《史记·汲郑列传》:"以此翕然称郑庄。"
⑮ 地震:《后汉书·五行志·地震》:"桓帝建和元年(147年)四月庚寅,京都地震。九月丁卯,京都地震,是时,梁太后摄政,兄冀专权。"
⑯ 旱魃(bá)为虐:《后汉书·五行志·旱》:"桓帝元嘉元年(151年)夏,旱。"魃读bá,古代传说中能造成旱灾的怪物。
⑰ 大贼纵横:《后汉书·桓帝纪》:"和平元年(150年)二月,扶风妖贼裴优自称皇帝,伏诛。"
⑱ 庶品:庶民百姓。
⑲ 谴诫累至:谴责和训诫的诏书一道接一道下发。
⑳ 常侍尤无状者:常侍,即中常侍,官名。秦始置,西汉复置,出入宫廷,侍从皇帝。常为列侯和郎中的加官。东汉时专用宦官为中常侍,以传达诏令和掌理文书,权力极大。无状:没有礼貌。《史记·项羽本纪》:"诸侯吏卒,异时故使出戍过秦中。秦中吏卒遇之多无状。"尤:尤其,尤甚。
㉑ 亟(jí)便黜(chù)遣:亟,急迫。黜,罢免。遣:遣发。应将这些人迅速罢免遣归。
㉒ 披扫凶党:披散,分解,扫除这帮恃宠弄权的奸党。
㉓ 天诫:指地震、天旱等。古人认为,地震、水灾等自然灾害都是上天的告诫。

今大将军梁冀、河南尹不疑,处周、邵之任①,为社稷之镇,加与王室世为姻族②,今日立号虽尊可也③,实宜增修谦节④,辅以儒术,省去游娱不急之务,割减庐第无益之饰。夫君者舟也,人者水也。群臣乘舟者也,将军兄弟操楫者⑤也。若能平志毕力,以度元元⑥,所谓福也。如其怠弛,将沦波涛。可不慎乎!夫德不称禄⑦,犹凿墉之趾⑧,以益其高⑨。岂量力审功安固之道⑩哉?凡诸宿猾⑪、酒徒、戏客⑫,皆耳纳邪声,口出谄言⑬,甘心逸游⑭,唱造不义⑮。亦宜贬斥,以惩不轨⑯。令冀等深思得贤之福,失人之累⑰。又在位素餐⑱,尚书怠职⑲,有司依违⑳,莫肯纠察,故使陛下专受谄谀之言,不闻户牖㉑之外。臣诚知阿谀有福,深言近祸㉒,岂敢隐心以避诛责乎!臣生长边远,希涉紫庭㉓,怖慑失守㉔,言不尽心。

梁冀忿其刺己,以规为下第㉕,拜郎中㉖。托疾免归㉗,州郡承冀旨㉘,几陷死

---

① 周、召之任:周武王去世后,继位的成王尚且年幼。朝政由武王的弟弟周公旦和召公奭二人负责。
② 与王室世为姻族:梁商女梁妠为顺帝后。
③ 可也:李贤注:"可也,宜也。"梁家的封号再尊贵也是适宜的。
④ 增修谦节:增进谦虚退让的节概、品行。
⑤ 操楫者:犹掌舵人。楫,划船用的桨。
⑥ 元元:庶民百姓。《战国策·秦策》:"制海内,子元元,臣诸侯。"
⑦ 德不称禄:德行与禄位不相称。
⑧ 凿墉之趾:凿,挖。墉,城墙。趾:脚趾。挖墙脚。
⑨ 以益其高:用这样方法来实现自己的最高目标。
⑩ 量力审功安固之道:量力,衡量自己的力量。审功:计算用去的时间。安固:安全与危险的系数。以上三句意为想用如此愚笨的方法来达到目的是可行的吗?
⑪ 宿猾:老奸巨猾之辈。
⑫ 戏客:游戏人生,不务实际之人。
⑬ 谄言:阿谀、逢迎的言语。
⑭ 逸游:放纵无度的游乐。逸,奔跑。《国语·晋语五》:"马逸不能止。"
⑮ 唱造不义:唱同"倡"倡导、提倡。造:造就、培养。不义:不道德的言行。
⑯ 不轨:不遵守法度、轨范、秩序。
⑰ 失人之累:累,带累,受害。《尚书·族獒》:"不矜细行,终累大德。"即失去人才而带来的害处。
⑱ 素餐:不劳而食。《诗经·魏风·伐檀》:"彼君子兮,不素餐兮。"
⑲ 怠职:怠忽职务。
⑳ 有司依违:有司,古代设官分职,各有专司,故称分管具体事务的官吏为"有司"。依违:犹豫不决,模棱两可。
㉑ 户牖:门窗。这里专指宫廷。
㉒ 深言近祸:深言,深切、中肯的言词会招来祸端。
㉓ 希涉紫庭:很少到朝中。紫庭,天子所居之地。又称紫宫。
㉔ 怖慑失守:怖慑,恐惧、害怕。失守,犹失措,失态。
㉕ 下第:排名最后。
㉖ 拜郎中:授官郎中。郎中,官名。始于战国,汉延置,属郎中令(后改光禄勋)负责管理车、骑、门户,并内充侍卫,外从作战之任。
㉗ 托疾免归:托病辞官以回故乡。
㉘ 州郡承冀旨,几陷死者再三:家乡的地方官秉承梁冀的旨意,多次置其于死地。几,差一点。再三,多次。

者再三。遂以《诗》《易》①教授，门徒三百余人，积十四年。后梁冀被诛，旬月之间，礼命②五至，皆不就。

时太山③贼叔孙无忌侵乱郡县，中郎将④宗资讨之未服。公车特征⑤规，拜太山太守。规到官，广设方略⑥，寇贼悉平。延熹四年⑦秋，叛羌零吾等与先零别种寇抄⑧关中，护羌校尉段颎坐征⑨。后先零诸种陆梁，覆没营坞⑩。规素悉羌事，志自奋效⑪，乃上疏曰："自臣受任，志竭愚钝⑫，实赖兖州⑬刺史牵颢之清猛⑭，中郎将宗资之信义⑮，得承节度⑯，幸无咎誉⑰。今猾贼就灭，太山略平，复闻群羌并皆反逆。臣生长邠岐⑱，年五十有九，昔为郡吏，再更叛羌，豫筹其事，有误中之言。臣素有固疾⑲，恐犬马齿穷⑳，不报大恩，愿乞冗官㉑，备单车一介之使㉒，劳来㉓三辅，宣国威泽，以所习地形兵势㉔，佐助诸军。臣穷居孤危㉕之中，坐观郡

---

① 《诗》《易》：《诗经》和《易经》。汉代重经学，《诗经》和《易经》为最重要的教学经典。
② 礼命：表示敬意的召命。
③ 太山：郡名。楚汉之际，刘邦改秦博阳郡置，因境内有泰山而名。太同"泰"。
④ 中郎将：官名。秦置中郎。西汉分主官，左右三署各置中郎将以统皇帝的侍卫，隶属光禄勋。东汉以后，领兵将领亦多用此名，加称号，如虎贲中郎将等。
⑤ 公车特征：公车为官车。用公家车马接送受征聘的人。特，特别。
⑥ 方略：策略，谋略。
⑦ 延熹四年：161年。
⑧ 寇抄：入侵，攻掠。
⑨ 坐征：坐，特指治罪的理由。征，召。事见《段颎传》。
⑩ 陆梁，覆没营坞：陆梁，跳走貌。扬雄《甘泉赋》："飞蒙茸而走陆梁。"营坞，营障。《说文》曰："坞，小障也。一曰：庳城。"意为汉军营障——落于羌人之手。
⑪ 志自奋效：自愿奋身效力。奋，振起，发扬。效，报效，效力。
⑫ 志竭愚钝：一心贡献出自己的愚昧与迟钝。属谦词。
⑬ 兖州：《禹贡》九州之一。汉十三刺史州部之一。位于今山东省南部。
⑭ 清猛：清为廉洁，猛为勇猛。言牵颢清廉尽职，作战勇猛。
⑮ 信义：守信义，重义气。言宗资能守信重义。
⑯ 得承节度：皇甫规任太山郡守时讨灭孙无忌时受牵颢、宗资二人的节制与管辖。节度，节制，统辖。
⑰ 咎誉：咎，憎怨。誉，声誉。
⑱ 邠岐：邠即古豳地，在泾水中游，今陕西省咸阳市邠县。岐即岐山，在渭水中游，今陕西省宝鸡市岐山县。皇甫规生活的安定郡在今陇东的泾水上游地区。古时多用泾渭指代这一地区，而邠岐正位于泾渭中游。
⑲ 固疾：同"痼疾"，经久难治之病。
⑳ 犬马齿穷：犹言年迈多病，不堪重任。
㉑ 冗官：古时称无官职而备临时使令的官员。又称冗员。
㉒ 单车一介之使：单车，一驷车，一个人的使者。
㉓ 劳来：烦来。
㉔ 兵势：军事形势。
㉕ 穷居孤危：困居下层又屡遭打击迫害。穷，困窘。

将,已数十年矣。自鸟鼠至于东岱,其病一也①。力求猛敌,不如清平②;勤明吴、孙,未若奉法③。前变未远,臣诚戚之④。是以越职,尽其区区⑤。"

至冬,羌遂大合⑥,朝廷为忧。三公举规为中郎将,持节监关西兵⑦,讨零吾等,破之,斩首八百级。先零诸种羌慕规威信⑧,相劝降者十余万。明年,规因发其骑共讨陇右,而道路隔绝,军中大疫,死者十三四。规亲入庵庐⑨,巡视将士,三军感悦。东羌遂遣使乞降,凉州复通。

先是安定太守孙儁受取狼籍⑩,属国都尉李翕、督军御史⑪张禀多杀降羌,凉州刺史郭闳、汉阳太守赵熹并老弱不堪任职,而皆倚恃权贵,不遵法度。规到州界,悉条奏其罪,或免或诛。羌人闻之,翕然反善⑫。沈氏大豪滇昌、饥恬等⑬十余万口,复诣规降。

规出身⑭数年,持节为将,拥众立功,还督乡里,既无它私惠⑮,而多所举奏,又恶绝⑯宦官,不与交通⑰,于是中外并怨,遂共诬规货赂群羌,令其文降⑱。天子玺书诮让相属⑲。规惧不免,上疏自讼曰:"四年之秋,戎丑蠢戾⑳,爰自西州,侵

---

① 自鸟鼠至于东岱,其病一也:鸟鼠,山名,在今甘肃省定西市渭源县境内。渭河源头。《禹贡》所称鸟鼠同穴之山,古属陇西郡。东岱即东岳泰山,泰山又称岱宗、岱岳。其病一也,意即无论东西郡将都患有同一种毛病。
② 力求猛敌,不如清平:猛敌,勇猛的将军。清平,清静平安。意为朝廷有如得到一员勇猛杀敌的将军,不如边界平安无事。
③ 勤明吴、孙,未若奉法:吴为吴起,孙为孙武,二人同为先秦时著名军事家。朝中即使拥有像吴起和孙武这样的将军,也不如各处地方官吏能奉法守土,善待羌戎与百姓。
④ 前变未远,臣诚戚之:前变,指刚刚平抚的羌人和剿灭的泰山反叛。变,变故。诚,的确,真的。戚之,忧愁,忧虑。
⑤ 越职区区:越职,超越自己的职权范围。区区,忠爱专一。
⑥ 大合:大规模地聚集在一起。
⑦ 持节监关西兵:持节,古时派使者出行,持符节以为凭证。后变为大臣或将军离开朝廷到各地执行任务时所具有的身份职务凭证。监,犹言统帅。关西兵,函谷关以西的军队。
⑧ 慕规威信:仰慕、敬慕、畏惧皇甫规的威信。
⑨ 庵庐:士兵们居住的帐篷。
⑩ 受取狼籍:狼籍的本意为纵横散乱,引申为不可收拾。此处意指孙儁大肆收受贿赂,无所顾忌,也无人过问。
⑪ 督军御史:掌督察军事,类似后来的监军。
⑫ 反善:归于友善,不再反叛。
⑬ 沈氏大豪滇昌、饥恬等:沈氏,羌族中的一支。大豪,即大豪酋,酋长。滇昌、饥恬为豪酋之名。
⑭ 出身:犹言投身,献身。
⑮ 私惠:个人的好处。
⑯ 恶绝:深恶痛绝。
⑰ 交通:交接,往还。《史记·魏其武安候列传》:"诸所与交通,无非豪杰大猾。"
⑱ 文降:李贤注:"文降,以文簿虚降,非真心也。"
⑲ 诮(qiào)让相属:诮让,犹谴责。《史记·黥布列传》:"(项王)数使使者诮让召布。"相属,一个接一个。
⑳ 戎丑蠢戾:戎丑,对戎人的蔑称。蠢戾,李贤注:"蠢,动也;戾,乖也。"意为羌人蠢蠢欲动,图谋反叛。

及泾阳①,旧都②惧骇,朝廷西顾。明诏不以臣愚驽③,急使军就道④。幸蒙威灵⑤,遂振国命,羌戎诸种,大小稽首⑥,辄移书营郡,以访诛纳⑦,所省之费,一亿以上。以为忠臣之义,不敢告劳⑧,故耻以片言自及微效⑨。然比方先事,庶免罪悔⑩。前践州界⑪,先奏郡守孙儁,次及属国都尉李翕、督军御史张禀;旋师南征⑫,又上凉州刺史郭闳、汉阳太守赵熹,陈其过恶⑬,执据大辟⑭。凡此五臣,支党半国⑮,其余墨绶⑯,下至小吏,所连及者,复有百余。吏托报将之怨,子思复父之耻⑰,载赘驰车,怀粮步走⑱,交构豪门,竟流谤诉⑲,云臣私报诸羌,谢其钱货⑳。若臣以私财,则家无担石㉑;如物出于官,则文簿易考。就臣愚惑㉒,信如言者㉓,前世尚遗匈奴以官姬㉔,镇乌孙以公主㉕。今臣但费千万,以怀叛羌。则良

---

① 泾阳:今为咸阳市泾阳县。
② 旧都:西汉首都长安。
③ 愚驽:愚顽,驽钝。自谦之词。
④ 就道:奔赴前方。
⑤ 威灵:犹神灵。
⑥ 稽首:叩头,投降归顺。
⑦ 以访诛纳:李贤注:"访,问也。"
⑧ 忠臣之义,不敢告劳:李贤注:"《诗经·小雅·十月之交》曰:黾勉从事,不敢告劳。无罪无辜,谗口嚣嚣。"意为忠义之臣不应该向君王自言劳苦。
⑨ 耻以片言自及微效:以自言微劳为羞耻。微效,小功劳。
⑩ 比方先事,庶免罪悔:李贤注:"先事谓前辈之败将也。"庶免,即幸免。《左传·桓公六年》:"君姑修政而亲兄弟之国,庶免于难。"罪悔,因获罪而悔恨。《诗经·大雅·生民》:"庶无罪悔,以迄于今。"
⑪ 前践州界:践,踏入,进入。州界,凉州境内。
⑫ 旋师南征:旋师犹回师。如旋里,凯旋。南征,指从凉州返回。
⑬ 陈其过恶:陈为陈奏,上奏。过恶,大恶。
⑭ 执据大辟:执据,掌握事实和证据。大辟即死刑。
⑮ 支党半国:党羽分布于大半个国。喻人数众多,分布极广。
⑯ 墨绶:绶为古代官员系帷幕的丝带。墨绶应指代中级官吏。
⑰ 吏托报将之怨,子思复父之耻:吏为属吏。报为报答。意为这些人的下属借报答上司的名义来发泄对我的怨恨,他们的子女一心要除去父亲的耻辱。
⑱ 载赘驰车,怀粮步走:赘,礼品,礼物。粮,粮食,口粮。这里指代路费,川资。这些人车上装着贵重的礼品,身上带着充足的路费。
⑲ 交构豪门,竟流谤诉:交构,结交构成。豪门即权贵之门。竟为争抢,流为散布。谤诉,诽谤,辱骂。意为四处结交权贵,散布流言。
⑳ 谢其钱货:意为皇甫规用钱买通羌人投降。谢即答应给钱。
㉑ 家无担石:形容米粟不多。《史记·淮阴侯列传》:"守担石之禄者,阙卿相之位。"
㉒ 愚惑:愚昧,困惑。
㉓ 信如言者:信,确实。言者,流言中所说的那样。
㉔ 尚遗匈奴以官姬:指西汉元帝嫁昭君与匈奴故事。尚,尚且,遗,赠。
㉕ 镇乌孙以公主:西汉武帝时,为了联合西域诸国打击匈奴,嫁江都王女细君公主为乌孙王妃故事。镇为安定,如镇定。

臣之才略,兵家之所贵①,将有何罪,负义违理②乎?自永初③以来,将出不少,覆军有五,动资巨亿。有旋车完封,写之权门④,而名成功立,厚加爵封。今臣还督本土,纠举诸郡,绝交离亲⑤,戮辱旧故⑥,众谤阴害⑦,固其宜也。臣虽污秽,廉洁无闻,今见覆没,耻痛实深。传称'鹿死不择音'⑧,谨冒昧略上。"

其年冬,征还拜议郎。论功当封。而中常侍徐璜⑨、左悺官欲从求货,数遣宾客就问功状⑩,规终不答。璜等忿怒,陷以前事⑪,下之于吏⑫。官属欲赋敛请谢⑬,规誓而不听⑭,遂以余寇不绝,坐系廷尉⑮,论输左校⑯。诸公及太学生⑰张凤等三百余人诣阙讼之⑱。会赦⑲,归家。

征拜度辽将军,至营数月,上书荐中郎将张奂以自代。曰:"臣闻人无常俗,而政有治乱;兵无强弱,而将有能否。伏见中郎将张奂,才略兼优,宜正元帅⑳,以从众望。若犹谓愚臣宜充军事者,愿乞冗官,以为奂副。"朝廷从之,以奂代为度辽将军,规为使匈奴中郎将㉑。及奂迁大司农㉒,规复代为度辽将军。

---

① 兵家之所贵:兵家即军事战略家,所贵在于全师。《孙子·谋攻》:"不战而屈人之兵,善知善者也。"
② 负义违理:违背义理。负义犹背义。成语中有"忘恩负义。"
③ 永初:汉安帝(刘祜)的年号,107—113年之间。
④ 旋车完封,写之权门:李贤注:"言覆军之将,旋师之日,多载珍宝,封印完全,便入权门。"言这些打了败仗的将军只要走通了权门的路子,照样立功封爵。写通"卸"。
⑤ 绝交离亲:绝为割断,断绝。离为分开,分离。交为朋友,亲为亲人。意为断绝亲友。
⑥ 戮辱旧故:因判刑而遭杀戮,使其亲人受辱。故旧犹熟人,同事、部下等。皇甫规纠举判刑的这些人都是十分相熟的故人,但为了国家的利益和法律的严明不得不如此。
⑦ 阴害:暗地里谋害。
⑧ 鹿死不择音:李贤注:"《左传》曰:'鹿死不择音。铤而走险,急何能择也。'"
⑨ 徐璜:下邳良城人。左悺,河南平阴人,著名的宦官头目,因除梁冀有功,权倾朝野,贪得无厌,公开索贿。求货,索贿。
⑩ 就问功状:就,赶去。问功状,详察细问皇甫规成功的理由,实际是寻衅找碴,意在索贿。
⑪ 前事:即不久前,凉州属吏诬告皇甫规之事。
⑫ 下之于吏:被有关部门逮捕问罪。
⑬ 官属欲赋敛请谢:赋敛原意为税收。他的属下打算凑钱去打点徐、左,以求开脱。请,请求。谢,认错,道歉。《史记·绛侯周勃世家》:"条候(周亚夫)免冠谢。"
⑭ 誓而不听:誓,立誓,发誓。不听,不从,不同意。
⑮ 坐系廷尉:囚禁于廷尉府。廷尉,官名。秦始置,掌刑狱,为九卿之一。
⑯ 论输左校:李贤注:"汉官仪曰:'左校署属将作大匠也。'"论,定罪。输左校,即入左校署服役。
⑰ 太学生:在太学中读书的生员。东汉太学大增,质帝时人数多达三万。除习读经书之外,还参与朝政的议论,至于发动请愿活动。
⑱ 诣阙讼之:到宫门请愿,要求免除对皇甫规的羁押。讼:诉求。
⑲ 会赦:赶上了大赦。会,恰巧,适逢。
⑳ 正元帅:正为正中、居中。元帅即主帅。
㉑ 使匈奴中郎将:官名。《后汉书·百官志》:"使匈奴中郎将一人,比二千石。本注曰:'主护南单于,置从事二人,有事随事增之。掾随事为员。'"
㉒ 大司农:官名。秦代置治粟内史,汉景帝改为大农令,武帝时改为大司农。掌租税钱谷盐铁和国家的财政收支,为九卿之一。

规为人多意算①，自以连在大位②，欲退身避第③，数上病④，不见听。会友人上郡太守王旻丧还，规缟素越界⑤，到下亭迎之。因令客密告并州⑥刺史胡芳，言规擅远军营，公违禁宪⑦，当急举奏。芳曰："威明欲避第仕涂，故激发我耳。吾当为朝廷爱才，何能申此子计邪！"遂无所问。及党事⑧大起，天下名贤多见染逮⑨，规虽为名将，素誉⑩不高。自以西州豪杰，耻不得豫⑪，乃先自上言："臣前荐故大司农张奂，是附党⑫也。又臣昔论输左校时，太学生张凤等上书讼臣，是为党人所附也。臣宜坐之⑬。"朝廷知而不问，时人以为规贤。

在事⑭数岁，北边威服⑮。永康元年⑯，征为尚书⑰。其夏日食⑱，诏公卿举贤良方正，下问得失⑲。规对曰："天之于王者，如君之于臣，父之于子也。诚以灾妖，使从福祥。陛下八年之中，三断大狱⑳，一除内嬖㉑，再诛外臣㉒。而灾异犹见，人情未安者，殆贤愚进退，威刑所加，有非其理㉓也。前太尉陈蕃㉔、刘矩，忠

---

① 意算：犹心计。
② 大位：高位。
③ 避第：回避于家中。第，府第，宅院。
④ 上病：上书告病。
⑤ 缟素越界：缟素即身穿孝服。越界，超越规定的界限。汉代对各级官员之间的迎送都有严格的规定。皇甫规之越界乃有意为之。
⑥ 并州：汉武帝时置十三刺史部之一。辖地以太原为中心，包括今山西省大部以及内蒙古南部，河北东部以及陕西西部一小部分。治所在晋阳（今太原市西南）。
⑦ 公违禁宪：公然违犯禁止的法令。禁宪：禁止勿行的法令。
⑧ 党事：即党锢（gù）之祸。《后汉书·孝桓帝纪》："延熹九年冬十二月，司隶校尉李膺等二百余人受诬为党人，并坐下狱，书名王府。"史称"党锢之祸"。《后汉书》有《党锢传》专记其事。
⑨ 染逮：犹牵连。
⑩ 素誉：平素的声誉。
⑪ 西州豪杰耻不得豫：皇甫规自以为是西部的豪杰之士，却因未被"党事"牵连而感到耻辱。
⑫ 附党：犹同党。
⑬ 坐之：犹治罪。
⑭ 在事：在职，任事。
⑮ 北边威服：西北的羌人因皇甫规而安然无患。
⑯ 永康元年：167年。此年十二月，桓帝崩灵帝即位。
⑰ 尚书：官名。秦置，为少府（九卿之一）属官。汉代沿置，但职掌与权力多有变化。至东汉时尚书正式成为协助皇帝处理政务的官员，地位较高。隋唐以后成为分管政府六部的首席官员，一直沿袭到清末。
⑱ 其夏日食：《后汉书·五行志》："永康元年五月壬子晦，日有蚀之。"
⑲ 下问得失：皇帝向大臣询问朝政得与失。在古代，凡遇日食、地震等，皇帝都会主动向大臣询问原因。古人认为是上天示警。
⑳ 三断大狱：李贤注："谓诛梁冀，诛邓万、邓令，诛李膺等党事也。"大狱，重大案件。《史记·酷吏列传》："（张）汤决大狱，欲傅古义，乃请博士弟子治《尚书》《春秋》。"
㉑ 一除内嬖（bì）：李贤注："无德而宠曰嬖。谓废邓皇后。"
㉒ 再诛外臣：李贤注："杀桂阳太守任胤，杀南阳太守成瑨、太原太守刘质等也。"外臣，犹地方官，别于朝臣。
㉓ 有非其理：有不合情理的地方。
㉔ 陈蕃、刘矩，忠谋高世：陈蕃，字仲举，汝南平舆人。桓、灵之际著名忠直贞亮之大臣。后与大将军窦武合谋欲诛宦官，事泄，为宦官所害。忠谋高世：忠贞与谋略高于一世。一世犹当世。

谋高世，废在里巷①；刘祐②、冯绲、赵典、尹勋③，正直多怨，流放家门；李膺④、王畅、孔翊，洁身守礼，终无宰相之阶。至于钩党之衅，事起无端⑤，虐贤伤善，哀及无辜⑥。今兴改善政，易于覆手⑦，而群臣杜口⑧，鉴畏前害，互相瞻顾，莫肯正言⑨。伏愿陛下暂留圣明，容受謇直⑩，则前责可弭⑪，后福必降。"对奏，不省⑫。

迁规弘农⑬太守，封寿成亭侯⑭，邑二百户，让封⑮不受。再转为护羌校尉。熹平三年，以疾召还，未至，卒于榖城⑯，年七十一。所著赋、铭、碑、赞、祷文、吊、章表、教令、书、檄、笺记，凡二十七篇。

论曰：孔子称"其言之不怍，则其为之也难"。察皇甫规之言，其心不怍哉！夫其审己则干禄，见贤则委位，故干禄不为贪，而委位不求让；称己不疑伐，而让人无惧情。故能功成于戎狄，身全于邦家也。

选自《后汉书》卷六十五《皇甫规传》

---

① 废在里巷：闲居家中。里巷，城邑中街区之间的小巷，指家中。
② 刘祐：字祖伯，中山安国人。灵帝初，任河南尹。窦武与陈蕃遇害后，刘祐被贬黜，一年后，死于家中。
③ 尹勋：字伯元，河南巩县人。桓帝诛梁冀时，尹勋参与大谋，封都乡候，迁汝南太守，复拜将作大匠，转大司农。因参与窦武之谋，下狱自杀。
④ 李膺：字元礼，颍川襄城人。曾任河南尹，司隶校尉，著名党人领袖。
⑤ 钩党之衅，起于无端：李贤注："钩，引也。谓李膺等事也。"衅，事端。无端：无有。《商君书·修权》"信其刑，则奸无端。"
⑥ 虐贤伤善，哀及无辜：虐，残害。哀，哀痛。意为残害众人，伤害无辜。
⑦ 覆手：翻手掌。
⑧ 杜口：闭口。
⑨ 正言：正直之言。
⑩ 謇直：忠诚，正直。
⑪ 弭(mǐ)：停止，消除。《国语·楚语》："弭其百苛。"
⑫ 对奏不省：对奏，当面上奏。不省，不明白，不觉醒。
⑬ 弘农：郡名，西汉元鼎四年(113年)置。治所在弘农(今河南灵宝西南)，辖境包括今河南西部及陕西渭河下游地区，位于旧都长安和京师洛阳之间，在当时是仅次于河南尹的最重要郡守之一。
⑭ 寿成亭侯：爵位。汉代所封之侯大部分为县侯、乡侯和亭侯。如曹操通过汉献帝封关羽为汉寿亭侯。刘备称帝后封诸葛亮为武乡侯。
⑮ 让封：让，即辞还，辞退。
⑯ 榖城：县名。东汉置，治所在今山东省平阴县西南东阿镇。

张 奂 传

张奂字然明,敦煌酒泉①人也。父惇,为汉阳太守。奂少游三辅,师事太尉朱宠,学《欧阳尚书》②。初,《牟氏章句》③浮辞繁多,有四十五万余言,奂减为九万言。后辟大将军梁冀府,乃上书桓帝,奏其《章句》,诏下东观④。以疾去官,复举贤良,对策第一,擢拜议郎。

永寿元年⑤,迁安定属国都尉⑥。初到职,而南匈奴⑦左薁鞬台耆、且渠伯德⑧等七千余人寇美稷⑨,东羌复举种⑩应之,而奂壁唯有二百许人,闻即勒兵⑪而出。军吏以为力不敌,叩头争止之。奂不听,遂进屯长城,收集兵士,遣将王卫招诱东羌⑫,因据龟兹⑬,使南匈奴不得交通⑭东羌。诸豪遂相率与奂和亲⑮,共

---

① 敦煌酒泉:李贤注:"酒泉,县名。地多泉水,故城在今永州晋昌县东北也。"北宋刘颁曰:"注在今永州。案正文永字当作瓜,永州无晋昌县也。"按,敦煌为汉武帝所置河西四郡之一。据《后汉书·郡国志》敦煌郡中并无酒泉县,却有一拼泉县,疑将拼泉误写为酒泉,否则于理不通。
② 《欧阳尚书》:西汉今文尚书学的"欧阳派"的开创者。千乘(今山东高青东)人。伏生弟子。世传尚书学。到他的曾孙高,被立为博士。
③ 《牟氏章句》:李贤注:"时牟卿受书于夏湛,为博士,故有《牟氏章句》。"章句:汉代注家以分章析句来解说古文意义的一种著作体,如王逸有《楚辞章句》。
④ 东观:汉代宫中藏书、校书的地方。李贤注《洛阳宫殿明》曰:"南宫有东观。"
⑤ 永寿元年:155年。永寿,汉桓帝年号。
⑥ 安定属国都尉:汉代将归附的原南匈奴诸部分别安置在沿边诸郡,给某某郡属国。设都尉管理。安定属国都尉即专门负责管理安置在安定郡内的少数民族的长官。
⑦ 南匈奴:匈奴人在汉武帝时遭到重创之后,分化成南北两部。漠北匈奴向西迁入中亚及东欧地区。漠南的匈奴人多内附汉朝,分布在各边郡属国。但仍有一部分游牧在北方草原地区的汉朝称之为南匈奴。
⑧ 左薁(yù)鞬台耆、且渠伯德:均为南匈奴部族名。同书《桓纪》:"永寿元年,南匈奴左薁鞬台耆、且渠伯德等叛寇美稷,安定属国都尉张奂击破,降之。事具奂传。"
⑨ 美稷:古县名,西汉置。治所在今内蒙古准格尔旗西北。为西河属国都尉治所。东汉建武中移南匈奴于此。为使匈奴中郎将治所。中平中,南移至今山西汾阳西北。东汉末废。
⑩ 举种:全族。举,全,皆。《孟子·梁惠王下》:"举欣欣然有喜色。"
⑪ 勒兵:统率军队。勒,约束,统率。《后汉书·光武帝纪上》:"亲勒云军。"
⑫ 招诱东羌:召集诱使东羌族人。
⑬ 因据龟兹:依势据守在龟兹城。龟兹:李贤注曰:"龟兹音丘慈,县名。属上郡。前书(汉书)音义曰:'龟兹国人来降之,因以名县也。'"
⑭ 交通:彼此相通,往还。
⑮ 和亲:犹和好,而非通婚。

击奠鞬等,连战破之。伯德惶恐,将其众降,郡界以宁①。

羌豪帅感奂恩德,上马②二十匹,先零酋长又遗金镶③八枚。奂并受之,而召主簿④于诸羌前,以酒酹⑤地曰:"使马如羊,不以入厩;使金如粟⑥,不以入怀。"悉以金马还之。羌性贪而贵吏清⑦,前有八都尉率⑧好财货,为所患苦,及奂正身洁己⑨,威化⑩大行。

迁使匈奴中郎将。时休屠各⑪及朔方⑫乌桓⑬并同反叛,烧度辽将军门⑭,引屯赤阬⑮,烟火相望。兵众大恐,各欲亡去。奂安坐帷中⑯,与弟子讲诵自若,军士稍安。乃潜诱乌桓阴与和通⑰,遂使斩屠各渠帅,袭破其众。诸胡悉降。

延熹元年⑱,鲜卑⑲寇边,奂率南单于⑳击之,斩首数百级。

明年,梁冀被诛,奂以故吏免官禁锢。奂与皇甫规友善,奂既被锢,凡诸交旧

---

① 以宁:得以安宁。
② 上马:进献马匹。《庄子·说剑》:"窐夫上全。"
③ 金镶(qú):李贤注曰:"郭璞注《山海经》云:'镶音渠,金食器名。'未详形制也。"估计为西亚传入的金制器皿。此处用"枚"计,可能为条状器物。
④ 主簿:官名。汉代中央及郡县官署均置此官,以典领文书,办理事务。魏晋以后,渐为统兵开府大臣幕府中重要僚属,参与机要,总领府事。唐宋以后各官署及州县仍存此名,职任渐轻。明清各卿寺亦有设主簿的。外官则设于知县之下,与县丞同为佐官之一,但亦往往省并。
⑤ 酹(lèi):洒酒于地,表示祭奠或立誓。
⑥ 粟:谷子、小米。李贤注曰:"如羊如粟,喻多也。"
⑦ 贵吏清:尊敬爱戴清廉的汉吏。贵,敬爱,《荀子·正论》:"下安则贵上。"
⑧ 率:通常。《史记·老子韩非列传》:"故共著书十万余言,大抵率寓言也。"张守节正义:"率,犹类也。"引申为概、都。
⑨ 正身洁己:为人正派,廉洁奉公。
⑩ 威化:敬畏的风尚。普遍大行于南匈奴各部。
⑪ 休屠各:匈奴休屠王一族的后代。
⑫ 朔方:郡名,西汉元狩二年(前121年)置,治所在今内蒙古杭锦旗北。
⑬ 乌桓:古族名。也叫乌丸。东胡族的一支。秦末在遭到匈奴击破后,迁居乌桓山,因以为名。以游牧射猎为生。汉初附汉。武帝以后附汉,迁至上谷、渔阳、右北平、辽西、辽东等边塞外。汉魏置护乌桓校尉。因受汉族影响,渐营农业。建安中,曹操迁乌桓万余落于中原,部分留于东北。后渐与汉及其他民族融合。
⑭ 度辽将军门:李贤注曰:"时度辽将军屯五原。"五原,今内蒙古包头市西南。
⑮ 赤阬:地名,不详,阬同坑。
⑯ 帷中:营帐中。
⑰ 阴与和通:私下与之和通。阴:背面为阴。意为背着休屠与汉军和通。
⑱ 延熹元年:158年。
⑲ 鲜卑:古族名。东胡的一支。秦汉时,游牧于今西喇木伦河与洮河之间,附匈奴。北匈奴西迁后,进入匈奴故地,并其余众,势力渐盛。桓帝时,首领檀石槐建廷立制,组成军事及行政联合体,分为东、中、西三部,各置大人率领。南北朝时,有拓跋、宇文、慕容、乞伏、秃发诸部,拓跋氏曾建立北魏政权。后亦融入汉族。
⑳ 南单于:南匈奴的首领。

莫敢为言①,唯规荐举前后七上。在家四岁,复拜武威太守。平均徭赋,率厉散败②,常为诸郡最,河西③由是而全。其俗多妖忌④,凡二月、五月产子及与父母同月生者,悉杀之。奂示以义方⑤,严加赏罚,风俗遂改,百姓生为立祠⑥。举尤异⑦,迁度辽将军。数载间,幽、并清静⑧。

九年春,征拜大司农。鲜卑闻奂去,其夏,遂招结南匈奴、乌桓数道入塞,或五六千骑,或三四千骑,寇掠缘边九郡,杀略百姓。秋,鲜卑复率八九千骑入塞,诱引东羌与共盟诅⑨。于是上郡沈氐、安定先零诸种共寇武威、张掖,缘边大被其毒⑩。朝廷以为忧,复拜奂为护匈奴中郎将,以九卿秩督幽、并、凉三州及度辽、乌桓二营⑪,兼察刺史、二千石能否⑫,赏赐甚厚。匈奴、乌桓闻奂至,因相率还降,凡二十万口。奂但诛其首恶⑬,余皆慰纳之。唯鲜卑出塞去。

永康元年春,东羌、先零五六千骑寇关中,围祋祤⑭,掠云阳⑮。夏,复攻没两营,杀千余人。冬,羌岸尾、摩螫等胁同种复钞三辅。奂遣司马⑯尹端、董卓⑰并击,大破之,斩其酋豪,首虏万余人,三州清定。论功当封,奂不事宦官⑱,故赏遂

---

① 为言:替(张奂)说话,讲情。
② 率厉散败:统率训练涣散不整的军队。厉,同砺,整顿训练之意。散败:涣散,溃败,缺乏凝聚力的军队。
③ 河西:地区名。位于今甘肃省黄河以西祁连山以北的走廊地区。汉初为匈奴地,武帝时骠骑将军霍去病率军出陇西,一直将匈奴赶至居延海(今内蒙古额济纳旗),大败之。汉朝在这片土地上建立了武威、张掖、酒泉、敦煌四个郡。以及张掖属国,张掖居延属国,是通向西方的丝绸之路、玉石之路上的重要孔道。
④ 妖忌:带有妖邪制度的忌俗。
⑤ 示以义方:旧指应遵循的规矩法度。《左传·隐公三年》:"石碏谏曰:'臣闻爱子,教之以义方,弗纳于邪。'"后因多指家教。示,示范。
⑥ 祠:即祠堂,供祭祀。凡祠主尚在世者,称之为生祠。
⑦ 举优异:被上级举荐为优秀的官吏。
⑧ 幽并清静:幽州和并州,即今河北、山西两省。因地处边境长期不宁,由于张奂的经营与治理,呈现出清平安静的局面。
⑨ 盟诅:又称诅盟,即誓约。《庄子·齐物论》:"其留如诅盟,其守胜之谓也。"
⑩ 大被其毒:深受其(鲜卑等)毒害。被,被受。
⑪ 度辽、乌桓二营:李贤注曰:"明帝永平八年,初置度辽将军,屯五原郡曼柏县。《汉官仪》曰:'乌桓校尉屯上谷郡宁县,故曰二营。'"
⑫ 兼察刺史二千石能否:并且考察州刺史以及二千石俸禄官员的任职能力。能否:能否胜任所担任的职务。
⑬ 首恶:最坏的头领。
⑭ 祋祤(yǔ):古地名。位于陕西铜川市耀州区东。
⑮ 云阳:古县名,秦置。治所在今陕西省淳化县西北。
⑯ 司马:官名。汉制,大将军营五部,部各置军司马一人。比千石。
⑰ 董卓:陇西临洮人,汉末著名奸臣。《后汉书》有传。
⑱ 不事宦官:不巴结、事奉宦官。事,事奉,服事。《易·蛊》:"不事王侯。"

不行,唯赐钱二十万,除家一人为郎①。并辞不受,而愿徙属弘农华阴②。旧制边人③不得内移,唯奂因功特听④,故始为弘农人焉。

建宁元年⑤,振旅⑥而还。时窦太后⑦临朝,大将军窦武与太傅陈蕃谋诛宦官,事泄,中常侍曹节⑧等于中作乱,以奂新征⑨,不知本谋,矫制⑩使奂与少府周靖率五营⑪士围武。武自杀,蕃因见害。奂迁少府⑫,又拜大司农,以功封侯。奂深病为节所卖,上书固让,封还印绶,卒不肯当。

明年夏,青蛇见于御坐轩⑬前,又大风雨雹,霹雳拔树,诏使百僚各言灾应。奂上疏曰:"臣闻风为号令,动物通气⑭。木生于火,相须⑮乃明。蛇能屈申,配龙腾蛰⑯。顺至为休征,逆来为殃咎⑰。阴气⑱专用,则凝精为雹。故大将军窦武、太傅陈蕃,或志宁社稷,或方直不回⑲,前以谗胜⑳,并伏诛戮,海内默默,人怀震愤。昔周公葬不如礼,天乃动威㉑。今武、蕃忠贞,未被明

---

① 除家人一人为郎:授予家人中一个郎官的职务。除,郎官授职。
② 愿徙属弘农华阴:希望能将籍贯迁移到弘农郡的华阴县。弘农,郡名,西汉元鼎四年(前113年)置。治所在弘农(今河南灵宝县西南),辖境相当于今河南西部及陕西东部,今渭南至潼关之间的地区。因地处洛阳和长安之间,属于国家的中心地区。
③ 边人:边境地区的人口。张奂的生地敦煌属汉朝最西边的郡县,故称边人。
④ 特听:特别准许。听:听从,顺从,允许。
⑤ 建宁元年:汉灵帝(刘宏)建宁元年(168年)。
⑥ 振旅:犹整军。《左传·隐公五年》:"三年治兵,入而振旅。"杜预注:"振,整也;旅,众也。"
⑦ 窦太后:大将军窦武之女,桓帝妃,延熹八年,邓皇后废,立为皇后。桓帝死后,无嗣。时任城门校尉的窦武策定解渎亭侯刘宏继位为灵帝,窦氏遂为皇太后,窦武为大将军。因灵帝年幼,窦太后遂临朝称制。
⑧ 中常侍曹节:字汉丰,南阳新野人。顺帝时即任小黄门,桓帝时迁中常侍、奉车都尉。因立灵帝有功,封长安乡侯,食六百户。权倾一时。《后汉书·宦者传》记其事。
⑨ 新征:刚从战场归来,不了解其中隐情。
⑩ 矫制:假托君命,发布诏书。《史记·汲郑列传》:"臣谨以便宜持节发河南仓粟,以振贫民。臣请归节,伏矫制之罪。"
⑪ 五营:汉代中央禁卫军,由北军中侯统领。
⑫ 少府:官名,始于战国,秦汉沿置。掌山海池泽收入和皇室手工业制造,为皇帝的私府,属九卿之一。
⑬ 轩:李贤注:"轩,殿槛柱板也。"
⑭ 风为号令,动物通气:意为大风是上天发出的警示号令,动物(青蛇)的出现是和自然突异的变化相互配合的。李贤注曰:"翼氏《风角》曰:'凡风者,天之号令,所以遣告人君者。'"
⑮ 相须:须同"需",即相互需要,相互作用。
⑯ 蛇能屈申,配龙腾蛰:李贤注曰:"《易》曰:'龙蛇之蛰,以存身也。'《慎子》曰'腾蛇游雾,飞龙乘云,云罢雾散,与蚯蚓同也'。"意为青蛇的出现预示着政局变化的前奏。
⑰ 顺至为休征,逆来为殃咎:顺至为顺应天意人心。休征,美好的征兆。殃咎,灾难,祸乱。
⑱ 阴气:此处特指严酷的政治空气。
⑲ 方直不回:犹刚正不阿,誓死不屈。
⑳ 谗胜:谗言诬陷取得胜势。
㉑ 周公葬不如礼,天乃动威:李贤注曰:"《尚书大传》周公薨,成王欲葬之成周,天乃雷电以风,禾即尽偃,大木斯拔,国人大恐。王葬周公于毕,示不敢臣也。"

宥①,妖眚②之来,皆为此也。宜急为改葬,徙还家属。其从坐禁锢,一切蠲除③。又皇太后虽居南宫,而恩礼不接④,朝臣莫言,远近失望。宜思大义顾复之报⑤。"天子深纳奂言,以问诸黄门常侍,左右皆恶之⑥,帝不得自从⑦。

转奂太常⑧,与尚书刘猛、刁韪、卫良同荐王畅、李膺可参三公之选⑨,而曹节等弥疾其言⑩,遂下诏切责⑪之。奂等皆自囚廷尉⑫,数日乃得出,并以三月奉赎罪。司隶校尉王寓,出于宦官⑬,欲借宠公卿⑭,以求荐举,百僚畏惮,莫不许诺⑮,唯奂独拒之。寓怒,因此遂陷以党罪,禁锢归田里。

奂前为度辽将军,与段颎⑯争击羌,不相平⑰。及颎为司隶校尉,欲逐奂归敦煌,将害之。奂忧惧,奏记谢颎⑱曰:"小人不明⑲,得过州将⑳,千里委命㉑,以情相归。足下仁笃㉒,照其辛苦㉓,使人㉔未反,复获邮书。恩诏分明,前以写白,而州期切促㉕,郡县惶惧㉖,屏营延企㉗,侧㉘待归命。父母朽骨,孤魂相托,若

---

① 明宥:即公开平反。
② 妖眚(shěng):眚,目疾,引申有灾异。《左传·庄公二十五年》:"非日月之眚不鼓。"杜预注:"眚,犹灾也。"妖眚,即大风和青蛇的出现。
③ 蠲(juān)除:免除。
④ 恩礼不接:恩惠礼仪都不及时周到。
⑤ 顾复之报:李贤注引:"顾,旋视也。复,反复也。《小雅》曰:'父兮生我,母兮鞠我,顾我复我,出入腹我。'"
⑥ 左右皆恶之:左右,即黄门常侍,都反对张奂的议论。
⑦ 自从:即独立行事。言受左右之人的挟制。
⑧ 转奂太常:即转任太常卿。
⑨ 王畅、李膺可参三公之选:即二人可以成为三公的候选人。参,参加,参与。
⑩ 弥疾其言:更加疾恨他的提议。弥,更加。
⑪ 切责:严词责备。《汉书·沟洫志》:"御史大夫尹忠对方略疏阔,上切责之。"
⑫ 自囚庭尉:自己主动地到庭尉署服罪。
⑬ 出于宦官:官职出于宦官的荐举。
⑭ 借宠公卿:凭借公卿对他的支持以取宠于皇帝。
⑮ 百僚畏惮,莫不许诺:百官因为怕他,没有不答应的。畏惮,恐惧,害怕。
⑯ 段颎(jiǒng):字纪明,武威姑臧人。《后汉书》有传。
⑰ 不相平:犹争相出击,互不相让。
⑱ 奏记谢颎:奏记,汉时朝官对三公,州郡百姓或僚佐对长官陈述书面意见叫"奏记"。谢,认罪。
⑲ 不明:不明白事理。
⑳ 得过州将:得罪于您。过,过错,过失,得过即得罪。州将即段颎。
㉑ 千里委命:千里之外以性命相托。委命,以性命相托付。
㉒ 仁笃:仁爱,笃厚。
㉓ 照其辛苦:明白、了解其中的艰难辛苦。照:彰明,显扬。
㉔ 使人:送书的人。
㉕ 州期切促:州里限定离开的时间,催得十分紧迫。切促,急切,紧促。
㉖ 郡县惶惧:他所居住的弘农郡华阴县的长官都十分惊慌害怕。
㉗ 屏(bǐng)营延企:屏营,惶惶貌。延企,延颈企足,意为伸颈踮脚而望。
㉘ 侧:伏。

蒙矜怜①,壹惠咳唾②,则泽流黄泉③,施及冥寞,非免生死所能报塞。夫无毛发之劳,而欲求人丘山之用④,此淳于髡所以拍髀仰天而笑者也。诚知言必见讥⑤,然犹未能无望。何者？朽骨无益于人,而文王葬之⑥;死马无所复用,而燕昭宝之⑦。党同文、昭之德⑧,岂不大哉！凡人之情,冤则呼天,穷则叩心⑨。今呼天不闻,叩心无益,诚自伤痛。俱生圣世⑩,独为匪人⑪。孤微之人,无所告诉。如不哀怜,便为鱼肉⑫。企心东望⑬,无所复言。"颎虽刚猛⑭,省书⑮哀之,卒不忍也⑯。时禁锢者多不能守静⑰,或死或徙。奂闭门不出,养徒千人,著《尚书记难》三十余万言。

奂少立志节⑱,尝与士友⑲言曰:"大丈夫处世,当为国家立功边境。"及为将帅,果有勋名⑳。董卓慕之,使其兄遗缣㉑百匹。奂恶㉒卓为人,绝㉓而不受。光

---

① 矜怜:同情,怜悯。
② 咳唾:比喻谈吐,议论。
③ 黄泉:人死后埋葬的地穴。
④ 丘山之用:比喻用处很大。
⑤ 见讥:受到别人的讥议。
⑥ 朽骨无益于人,而文王葬之:李贤注曰:"刘向《新序》曰:'文王作灵台,掘得死人骨,吏以闻。文王曰:"葬之。"吏曰:"此无主矣。"文王曰:"有天下者,天下之主也;有一国者,一国之主也,寡人固其主焉。"令吏以棺葬之。天下闻之,曰:"文王贤矣,泽及朽骨,况人乎!"'"
⑦ 死马无所复用,而燕昭王宝之:刘向《新序》曰:"燕昭王即位,卑身求贤。谓郭隗曰:'齐因孤国之乱而袭。燕欲得贤士与共国以雪先王之丑,孤之愿也。先生视可者,得身事之。'隗曰:'臣闻古人之君有以千金求千里马者,三年不得。涓人言于君,请求之。君遣焉。三月,得千里马,马已死,乃以五百金买其首以报。君大怒,曰:"所求者生马,安市死马而捐五百金乎?"对曰:"死马且市之,况生马乎! 天下必以王为能市马,马今至矣。"'于是王为隗筑宫而师之。乐毅自魏往,邹衍自齐往,剧辛自赵往,士争走燕焉。"
⑧ 党同文昭之德:党通"傥"。文为周文王,昭为燕昭王。
⑨ 穷则叩心:困窘时会用手敲击胸脯。
⑩ 圣世:圣明的时代、国家。
⑪ 匪人:原意为不是亲人。此处可理解为不受圣世隆恩的眷顾。
⑫ 鱼肉:意为将要被人宰割吞噬掉。
⑬ 企心东望:企盼的眼光看着东方。张奂在弘农华阴,段颎时在洛阳。故曰东望。
⑭ 刚猛:性格刚强勇猛。
⑮ 省书:从张奂的书信中有所内省,自省。
⑯ 卒不忍也:终于不忍心加害于张奂。
⑰ 守静:老实安静地待在家里反省思过。
⑱ 志节:志向节操。
⑲ 士友:士人中的朋友。
⑳ 勋名:功名。
㉑ 缣(jiān):双经的细绢。《玉台新咏·古诗八首》:"织缣日一匹,织素五丈余。"
㉒ 恶:憎根,讨厌。
㉓ 绝:拒绝。

和四年①卒，年七十八。遗命曰："吾前后仕进，十要银艾②，不能和光同尘③，为谗邪所忌。通塞命也④，始终常也⑤。但地底冥冥⑥，长无晓期，而复缠以纩绵⑦，牢以钉密⑧，为不喜耳。幸有前窀⑨，朝殒夕下，措尸灵床⑩，幅巾⑪而已。奢非晋文⑫，俭非王孙⑬，推情从意，庶无咎吝⑭。"诸子从之。武威多为立祠⑮，世世不绝。所著铭、颂、书、教、诫述、志、对策、章表二十四篇。

长子芝，字伯英，最知名⑯。芝及弟昶，字文舒，并善草书，至今称传之。

初，奂为武威太守，其妻怀孕，梦带奂印绶登楼而歌。讯之⑰占者⑱，曰："必将生男，复临兹邦⑲，命终此楼。"既而生子猛，以建安中为武威太守，杀刺史邯郸商⑳，州兵围之急，猛耻见擒㉑，乃登楼自烧而死，卒如占云㉒。

《后汉书》卷六十五《张奂传》

① 光和四年：181年。
② 银艾：李贤注曰："银印绿绶也。以艾草染之，故曰艾也。"
③ 和光同尘：老子曰："和其光，同其尘。"王弼注："和光而不污其体，同尘而不与渝其贞。"后谓不露锋芒，与世无争的消极处世态度。
④ 通塞命也：仕途上的顺畅与坎坷，皆为命运所致。
⑤ 始终常也：有起始，必有终了，这都正常的。
⑥ 冥冥：里暗不明。
⑦ 纩(kuàng)绵：经绵。
⑧ 钉密：将棺木钉得牢实。
⑨ 前窀(zhūn)：以前挖好的墓穴。窀，窀穸，墓穴。《左传·襄公十二年》："唯是春秋窀穸之事。"杜预注："窀，厚也；穸，夜也：厚夜，犹长夜也。"
⑩ 措尸灵床：将尸体放置在灵床上。灵床，用以停放尸体的本床。
⑪ 幅巾：用来束发的绢。
⑫ 奢非晋文：晋文公的陪葬十分奢侈。
⑬ 俭非王孙：武帝时，杨王孙遗命儿子，死后但用布裹身体，入穴后去布亲土。
⑭ 推情从意，庶无咎吝：推想服从我的情感意愿，希望不要怨恨吝惜。庶无，幸希冀之间。《诗·大雅·生民》："庶无罪悔，以迄于今。"咎，憎恨，怨恨。《庶·西伯戡黎》："殷始咎周。"吝，吝惜。
⑮ 祠：用于祭祀纪念的祠堂。为活人所建的祠称为"生祠"。
⑯ 最知名：李贤注曰："王愔《文字志》曰：'芝少持高操，以名臣子勤学，文为儒宗，武为将表。太尉辟，公车有道征，皆不至，号"张有道"。尤好草书，学崔杜之法，家之衣帛，必书而后练，临池学书，水为之黑。下笔则为楷则，号匆匆不暇。草书为世所宝，寸纸不遗。韦仲将谓之草圣也。'"
⑰ 讯之：去问占梦的人。
⑱ 占者：专门从事占卜、解梦的人。
⑲ 兹邦：这座城。
⑳ 邯郸商：凉州刺史名。
㉑ 耻见擒：耻于被擒拿。
㉒ 卒如占云：终于应了占者的预言。

段 颎 传

段颎字纪明,武威姑臧①人也。其先出郑共叔段②,西域都护会宗③之从曾孙也。颎少便习弓马,尚④游侠,轻财贿⑤。长乃折节⑥好古学⑦。初举孝廉,为宪陵园丞、阳陵令⑧,所在有能政。

迁辽东属国都尉⑨。时鲜卑犯塞,颎即率所领驰赴之。既而恐贼惊去,乃使驿骑诈赍玺书诏颎⑩,颎于道伪退⑪,潜于还路设伏。虏以为信然⑫,乃入追颎。颎因大纵兵,悉斩获之。坐诈玺书⑬伏重刑,以有功论司寇⑭。刑竟⑮,征拜议郎。

时太山琅玡⑯贼东郭窦、公孙举等聚众三万人,破坏郡县,遣兵讨之,连年不克。永寿二年⑰,桓帝诏令公卿选将有文武者,司徒⑱尹颂荐颎,乃拜为中郎将,击窦、举等,大破斩之,获首万余级,余党降散。封颎为列侯⑲,赐钱玉十万,除一子为郎中。

---

① 姑臧:古县名。汉元狩二年(前121年)置,治所在今甘肃省武威市区。东汉为武威郡治所。
② 共叔段:春秋时郑武公的儿子,郑庄公的弟弟。事见《左传·隐公元年·郑伯克段于鄢》。
③ 会宗:李贤注:"会宗,字子松,天水上邽人。元帝时为西域都护,死城郭,诸国为发表,立祠。"
④ 尚:崇尚、尊重。
⑤ 轻财贿:轻视钱物。轻,轻视,鄙薄。《老子》:"祸莫大于轻敌。"贿,读(huì),财物。
⑥ 折节:屈己下人。《史记·张仪传》:"折节而下秦。"
⑦ 古学:泛指古代一切学问。
⑧ 宪陵园丞、阳陵令:李贤注:"宪陵,顺帝陵。阳陵,景帝陵。《汉官仪》曰:'丞秩三百石,令秩六百石。'"
⑨ 辽东属国都尉:官名。管理辽东内附少数民族事务,级别同于郡尉。
⑩ 诈赍玺书诏颎:假送玺书给颎。玺书上让段颎不要出击。
⑪ 伪退:假撤退。
⑫ 信然:真的是这样。
⑬ 坐诈玺书:犯了假冒皇帝玺书的大罪。玺书,盖有皇帝专用玉玺的诏书。
⑭ 以有功论司寇:司寇为西周春秋战国时主管刑狱的长官。如孔子曾任鲁国司寇。汉代秦汉主管刑狱的长官为廷尉。后代称刑部尚书为司寇。
⑮ 刑竟:服刑结束。竟,本意为奏乐完毕,引申为完、尽,如竟日,竟夜。
⑯ 太山琅玡:太山郡,东汉时属兖州。琅玡在东汉时为国(王国),治所在开阳(今山东临沂市北)。
⑰ 永寿二年:156年。
⑱ 司徒:东汉时三公之一。
⑲ 列侯:爵位名。汉初称彻侯,因避武帝讳,改通,又改列侯。秦二十等爵的最高一级,汉沿用。

延熹二年①，迁护羌校尉。会烧当、烧何、当煎、勒姐②等八种羌寇陇西、金城塞，颎将兵及湟中义从③羌万二千骑出湟谷，击破之。追讨南度河④。使军吏田晏、夏育募先登，悬索相引⑤，复战于罗亭⑥，大破之，斩其酋豪以下二千级，获生口万余人，虏皆奔走。

明年春，余羌复与烧何大豪⑦寇张掖，攻没钜鹿坞⑧，杀属国吏民⑨，又招同种千余落，并兵⑩晨奔颎军。颎下马大战，至日中，刀折矢尽⑪，虏亦引退，颎追之，且斗且行，昼夜相攻，割肉食雪，四十余日，遂至河首积石山⑫，出塞二千余里，斩烧何大帅，首虏五千余人。又分兵击石城⑬羌，斩首溺死者千六百人。烧当种九十余口诣颎降⑭。又杂种羌屯聚白石⑮，颎复进击首虏三千余人。冬，勒姐、零吾种围允街⑯，杀略吏民。颎排营⑰救之，斩获数百人。

四年冬，上郡沈氏、陇西牢姐、乌吾诸种羌共寇并凉二州，颎将湟中义从讨之。凉州刺史郭闳⑱贪共其功，稽固⑲颎军，使不得进。义从役久，恋乡旧⑳，皆悉反叛。郭闳归罪于颎。颎坐征下狱，输作左校㉑。羌遂陆梁，覆没营坞㉒，转相招结，唐突诸郡㉓，于是吏人守阙讼颎以千数㉔。朝廷知颎为郭闳所诬。诏问其状，

---

① 延熹二年：159年。
② 烧当、烧何、当煎、勒姐：均为西羌部落名称。勒姐又称牢姐。
③ 义从：西羌一支，居湟中（今青海东部）时依附于东汉。
④ 南度河：即南渡黄河。
⑤ 悬索相引：在河南岸固定好铁索，然后顺着铁索互相接引过河。
⑥ 罗亭：地名，今址不详。
⑦ 大豪：即大酋长，大首领，而非大富豪。
⑧ 钜鹿坞：地名，今址不详。
⑨ 属国吏民：张掖属国的官吏与百姓。
⑩ 并兵：合集在一起。
⑪ 刀折矢尽：战刀折断，箭射光。矢，箭。
⑫ 河首积石山：黄河渡头附近的积石山，在今青海省境内。
⑬ 石城：地名，不详。估计在今青海境内。
⑭ 诣颎降：诣，前往，去到。
⑮ 白石：地名。李贤注："白石山在今兰州狄道县东。"位于今临夏市与夏河县之间。
⑯ 允街：县名，属金城郡。在今永登县南。
⑰ 排营：全军，整军。
⑱ 郭闳：见《皇甫规传》。
⑲ 稽固：阻止，拖延使之不得前行。
⑳ 役久，恋乡旧：服役时间太久而怀念家乡。乡旧，故乡，老家。
㉑ 坐征下狱，输作左校：被判罪下狱，在左校服役。左校，见《皇甫规传》注。
㉒ 陆梁覆没营坞：见《皇甫规传》注。
㉓ 转相招结，唐突诸郡：互相招引集结，乱闯诸郡。唐突，乱闯。
㉔ 吏人守阙讼颎以千数：吏员以及百姓守在宫门为段颎申诉的人多达上千。

颎但谢罪,不敢言枉,京师称为长者①。起于徒中②,复拜议郎,迁并州刺史。

时滇那等诸种羌五六千人寇武威、张掖、酒泉,烧人庐舍。六年,寇势转盛,凉州几亡。冬,复以颎为护羌校尉,乘驿之职③。明年春,羌封僇、良多、滇那等酋豪三百五十五人率三千落④诣颎降。当煎、勒姐种犹自屯结。冬,颎将万余人击破之,斩其酋豪,首虏四千余人。

八年春⑤,颎复击勒姐种,斩首四百余级,降者二千余人。夏,进军当煎种于湟中⑥,颎兵败,被围三日,用隐士樊志张策⑦,潜师夜去,鸣鼓还战,大破之,首虏数千人。颎遂穷追,展转山谷间。自春及秋,无日不战,虏遂饥困败散⑧,北略武威间。

颎凡破西羌,斩首二万三千级,获生口数万人,马牛羊八百万头,降者万余落。封颎都乡侯,邑五百户。

永康元年⑨,当煎诸种复反,合四千余人,欲攻武威,颎复追击于鸾鸟⑩,大破之,杀其渠帅,斩首三千余级,西羌于此弭定⑪。

而东羌先零等,自覆没征西将军马贤⑫后,朝廷不能讨,遂数寇扰三辅。其后度辽将军皇甫规、中郎将张奂招之连年,既降又叛。桓帝诏问颎曰:"先零东羌造恶反逆⑬,而皇甫规、张奂各拥强众,不时辑定⑭。欲颎移兵东讨,未识其宜,可参思术略⑮。"颎因上言曰:"臣伏见先零东羌虽数叛逆,而降于皇甫规者已二万许落,善恶既分,余寇无几。今张奂踌躇⑯久不进者,当虑外离内合⑰,兵往必惊。

---

① 长者:有德行的人。
② 起于徒中:从囚徒中起用。
③ 乘驿之职:乘着驿马去起职。之,前往,去到。
④ 落:犹户,即部落。
⑤ 八年春:延熹八年(165年)的春天。
⑥ 湟中:今青海湟中县。
⑦ 用隐士樊志张策:采用了樊志张隐士的计策。
⑧ 疲困败散:疲惫困顿,败散而去。
⑨ 永康元年:168年。
⑩ 鸾鸟:李贤注:"鸟音爵,县名,属武威郡,故城在今凉州昌松县北也。"
⑪ 弭(mǐ)定:消除,安定。弭,停止,消除,如弭患。
⑫ 覆没征西将军马贤:见《皇甫规传》。
⑬ 造恶反逆:为害叛逆。
⑭ 辑定:和睦安定。辑,和睦。
⑮ 参思术略:将自己的谋划方略讲出供朝廷决策时参考、思虑。
⑯ 踌躇:不行,驻足。
⑰ 外离内合:意为已降的羌人和未降的从外表看上去是分开的,其实内心是团结的。

且自冬践①春,屯结不散,人畜疲羸②,自亡之势,徒更招降③,坐制强敌④耳。臣以为狼子野心⑤,难以恩纳⑥,势穷虽服,兵去复动。唯当长矛挟胁,白刃加颈⑦耳。计东种⑧所余三万余落,居近塞内,路无险折⑨,非有燕、齐、秦、赵纵横之势⑩,而久乱并、凉,累侵三辅,西河、上郡,已各内徙⑪,安定、北地,复至单危⑫,自云中⑬、五原⑭,西至汉阳二千余里,匈奴、种羌,并擅其地⑮,是为痈疽伏疾,留滞胁下⑯,如不加诛,转就滋大⑰。今若以骑五千,步万人,车三千两,三冬二夏,足以破定,无虑用费为钱五十四亿。如此,则可令群羌破尽,匈奴长服,内徙郡县,得反本土。伏计永初中,诸羌反叛,十有四年,用二百四十亿;永和之末,复经七年,用八十余亿。费耗若此,犹不诛尽,余孽⑱复起,于兹⑲作害。今不暂疲⑳人,则永宁无期。臣庶竭驽劣㉑,伏待节度㉒。"帝许之,悉听如所上㉓。

---

① 践:到。
② 疲羸:疲劳困乏。
③ 徒更招降:只要改变招降的方略。
④ 坐制强敌:不劳多大的兵力就可以制服强敌。坐,守定,引申为不劳、不动。如坐以待毙。
⑤ 狼子野心:李贤注:"《左传》叔向曰:'狼子野心也。'"
⑥ 恩纳:用恩惠来招降的。
⑦ 长矛挟胁,白刃加颈:意为用武力去征服。白刃,即刀剑。颈,脖子。
⑧ 东种:即东羌。
⑨ 险折:犹险阻。
⑩ 非有燕、齐、秦、赵纵横之势:没有贯穿东北至西北的势头。燕居东北部,齐居东部,秦居西部,赵居中部。意为东羌虽害,但还未成大害。
⑪ 西河、上郡已内徙:西河,郡名。汉元朔四年(前125年)置。治所在平定(今内蒙古东胜县境),辖境相当于内蒙古伊克昭盟东部、山西吕梁山以西、石楼以北以及陕西宜川以北黄河沿岸地带。上郡,见《皇甫规传》注。《安帝纪》:"永初五年(111年)先零羌寇河东,遂至河内。三月,诏陇西徙襄武,安定徙美阳(今陕西武功县北),北地徙池阳(今陕西泾阳县北),上郡徙衙(今陕西白水县东北)。"
⑫ 单危:即单独危险。
⑬ 云中:郡名。战国时赵武灵王置,治所在云中(今内蒙古托克托县东北),辖境大约在今内蒙古中南部地区,东汉末废。
⑭ 五原:郡名,汉元朔二年(前127年)置,治所在九原(今内蒙古包头市西南)。
⑮ 擅其地:原意为种植,此处引申为生活在这里。
⑯ 痈疽伏疾,留滞胁下:痈疽,中医学病名,俗称肿块,多生于皮肤之上,日久会化脓,溃烂,时向较长,故称伏疾。胁下,即两臂之下的部分。意为内迁定居的羌人就像大汉朝身上的恶疾一样,日久总会因溃烂而损害机体的。
⑰ 滋大:滋长,增大。
⑱ 余孽:残留下来的敌人。
⑲ 于兹:于此。
⑳ 暂疲人:使人短暂的疲劳。
㉑ 庶竭驽劣:幸能竭尽自己的庸劣之才。驽劣,原指最差的马匹,此处用为谦辞。诸葛亮《出师表》中用"庶竭驽钝"意同。
㉒ 伏待节度:弯下身子等着朝廷的命令。节度,节制和法度。
㉓ 悉听如所上:完全同意段颎上奏的意见。

建宁元年①春,颎将兵万余人,赍②十五日粮,从彭阳直指高平③,与先零诸种战于逢义山④。虏兵盛,颎众恐。颎乃令军中张镞⑤利刃,长矛三重,挟以强弩,列轻骑为左右翼。激怒⑥兵将曰:"今去家⑦数千里,进则事成,走⑧必尽死,努力共功⑨名!"因大呼,众皆应声腾赴⑩,颎驰骑于傍,突而击之,虏众大溃,斩首八千余级,获牛马羊二十八万头。

时窦太后临朝⑪,下诏曰:"先零东羌历载为患,颎前陈状⑫,欲必扫灭,涉履霜雪,兼行晨夜,身当矢石⑬,感厉吏士,曾未浃日⑭,凶丑奔破⑮。连尸积存,掠获无筭。洗雪百年之逋负⑯,以慰忠将之亡魂⑰。功用显著,朕甚嘉之。须东羌尽定,当并录功勤。今且赐颎钱二十万,以家一人为郎中。"敕中藏府⑱调金钱彩物,增助军费。拜颎破羌将军。

夏,颎复追羌出桥门,至走马水⑲上。寻闻虏在奢延泽⑳,乃将轻兵㉑兼行,一日一夜二百余里,晨及贼,击破之。虏走向落川㉒,复相屯结。颎乃分遣骑司马㉓田晏将五千人出其东,假司马㉔夏育将二千人绕其西。羌分六七千人攻围晏等,

---

① 建宁元年:168 年。
② 赍(jī):旅行人携带的衣食等物。《汉书·食货志下》:"行者赍,居者送。"
③ 彭阳直指高平:李贤注:"彭阳、高平,均县名,属安定郡。彭阳县即今原州彭原县,高平今原州也。"高平即今宁夏固原市,彭阳中仍称彭阳县,固原市东,与甘肃省平凉市崆峒区、庆阳市镇原县相接。
④ 逢义山:今固原市西北之须密山。
⑤ 张镞利刃:张为拉满弓弦,镞为箭头。利刃,犹快刀。
⑥ 激怒:激励,愤怒。
⑦ 去家:离家。
⑧ 走:退却。
⑨ 共功:共同立功。
⑩ 腾赴:奔腾前赴。
⑪ 窦太后临朝:见《皇甫规传》注。
⑫ 陈状:上陈书状。
⑬ 身当矢石:用身体去阻挡敌人射来的箭、抛来的石块。
⑭ 浃日:李贤注:"浃,匝也。谓匝十二层也。"意为一连 12 个时辰也没停止战斗。
⑮ 凶丑奔破:敌人大败奔逃。凶丑,凶恶丑陋之人。
⑯ 逋负:未偿的夙愿。
⑰ 慰忠将之亡魂:李贤注:"《东观记》曰:'太后诏云:"此以慰种光、马贤之亡魂也。"'"
⑱ 中藏府:内库,国库。
⑲ 桥门、走马水:均为地名,今址不详。
⑳ 奢延泽:李贤注:"即上郡奢延县界也。"
㉑ 轻兵:轻装的士兵。
㉒ 落川:地名,今址不详。
㉓ 骑司马:掌管骑兵的将官之一。
㉔ 假司马:临时授予的职务。

晏等与战，羌溃走。颎急进，与晏等共追之于令鲜水①上。颎士卒饥渴，乃勒众推方②夺其水，虏复散走。颎遂与相连缀，且斗且引，及于灵武谷③。颎乃被甲先登，士卒无敢后者。羌遂大败，弃兵而走。追之三日三夜，士皆重茧④。既到泾阳⑤，余寇四千落，悉散入汉阳山谷间⑥。

时张奂上言："东羌虽破，余种难尽，颎性轻果，虑⑦负败难常，宜⑧且以恩降⑨，可无后悔。"诏书下颎⑩。颎复上言："臣本知东羌虽众，而软弱易制，所以比陈愚虑⑪，思为永宁之算⑫。而中郎将张奂，说虏强难破，宜用招降。圣朝明监，信纳瞽言⑬，故臣谋得行，奂计不用。事势⑭相反，遂怀猜恨⑮。信叛羌之诉，饰润⑯辞意，云臣兵累见折衄，又言羌一气所生⑰，不可诛尽，山谷广大，不可空静，血流污野，伤和致灾。臣伏念周秦之际，戎狄为害。中兴⑱以来，羌寇最盛，诛之不尽，虽降复叛。今先零杂种，累以反覆，攻没县邑，剽略人物⑲，发冢⑳露尸，祸及生死，上天震怒，假手行诛㉑。昔邢为无道，卫国伐之，师兴而雨㉒。臣勒兵涉夏，连获甘澍㉓，岁时丰稔㉔，人无疵疫㉕。上占㉖天心，不为灾伤；下察人事，众

---

① 令鲜水：李贤注："令鲜，水名。在今甘州张掖县界，名合黎水，一名羌谷水也。"
② 推方：李贤注："推方谓方头竞进也。"犹言齐头并进。
③ 灵武谷：李贤注："灵武县名，有谷在今灵州怀远县西北。"
④ 重茧：脚下生出很厚的老茧。
⑤ 泾阳：李贤注："泾阳，县名，属安定郡。"古县名，在今陕西咸阳市东北。
⑥ 汉阳山谷间：即今天水境内的山谷中。东汉时天水郡改称汉阳郡。
⑦ 性轻果：轻率，果敢，果勇。
⑧ 负败难常：失败很难长久不变。
⑨ 恩降：用恩惠去招降敌人。
⑩ 下颎：下发给段颎。书信上奏朝廷谓上，朝廷下诏给大臣、将军谓下。
⑪ 比陈愚虑：每次上陈自己的思考。比，每，连。
⑫ 永宁之算：永久安宁的计算。算，算计，谋划。
⑬ 信纳瞽言：明确的采纳了我的意见。瞽言，犹瞎说，自谦的说法。
⑭ 事势：事情趋势。
⑮ 猜恨：猜忌怨恨。
⑯ 饰润：犹润饰。为叛羌的诉言增添润饰的词意。意为替叛羌讲情。
⑰ 一气所生：李贤注："言羌亦禀天之一气所生，不可尽也。"
⑱ 中兴：即东汉代新莽复兴，史称光武中兴。
⑲ 剽(piāo)略人物：抢劫。人物，人口和财物。
⑳ 发冢：挖掘坟墓。发，揭露，暴露。冢，坟墓。
㉑ 假手行诛：李贤注："假，借也。《尚书》曰：'皇天降灾，假手于我有命也。'意为自己的进击行为是得命于上天的。"
㉒ 邢为无道，卫国伐之，师兴而雨：李贤注："《左传》曰：'卫大旱，有事于山川，不吉。宁庄子曰："周饥克殷而年丰。今邢方无道，天欲卫伐邢乎！从之，师兴而雨也。""'邢，春秋时小国。姬姓，在今河北邢台。
㉓ 甘澍：甘雨。刘子单《新凉》诗："喜兹甘澍足，普润无遗墟。"
㉔ 丰稔(rěn)：丰年，谷物大熟。
㉕ 疵疫：小病。疵，很小的毛病，如吹毛求疵。
㉖ 上占：李贤注："占，候也。"意为观察。

和师克①。自桥门以西，落川以东，故宫②县邑，更相通属③，非为深险绝域之地，车骑安行，无应折衄。案④奂为汉吏，身当武职，驻军二年，不能平寇，虚欲修文戢戈⑤，招降犷敌⑥，诞辞⑦空说，僭而无征。何以言之？昔先零作寇，赵充国徙令居内⑧；煎当乱边，马援迁之三辅⑨，始服终叛，至今为鲠⑩。故远识之士⑪以为深忧。今傍郡⑫户口单少，数为羌所创毒⑬，而欲令降徒与之杂居，是犹种枳棘⑭于良田，养虺⑮蛇于室内也。故臣奉大汉之威。建长久之策，欲绝⑯其本根，不使蚀殖⑰。本规三岁之费，用五十四亿，今适期年⑱，所耗未半，而余寇残尽，将向殄灭⑲。臣每奉诏书，军不内御⑳，愿卒斯言㉑，一以任臣，临时量宜㉒，不失权便㉓。"

二年㉔，诏遣谒者冯禅说降汉阳散羌。颎以春农，百姓布野，羌虽暂降，而县官无廪㉕，必当复为盗贼，不如乘虚放兵，势必殄灭。夏，颎自进营，去㉖羌所屯凡亭山㉗四五十里，遣田晏、夏育将五千人据其山上。羌悉众㉘攻之，厉声㉙问曰：

---

① 众和师克：李贤注："克，胜也。"《左传》曰："师克在和，不在众也。"意为人心和，则军队一定会取胜。
② 故宫：刘攽曰："案文宫当作官。旧屯营壁皆是故宫也。"意为旧营垒。
③ 更相通属：互相连接。
④ 案：考察，查究。
⑤ 修文戢(jí)戈：注重文化浸染，反对武力镇压。戢，收敛。戈，指代军事手段。
⑥ 犷敌：凶猛的敌人。李贤注："犷，恶貌也。"
⑦ 诞辞：虚妄的说词。
⑧ 赵充国徙令居内：李贤注："宣帝时，赵充国击西羌，徙之令金城郡也。"
⑨ 马援迁之三辅：李贤注："迁置天水、陇西、扶风。见《西羌传》也。"
⑩ 鲠(gěng)：害，祸患。《国语·晋语六》："除鲠而避强，不可谓刑。"
⑪ 远识之士：有深远见识的人。
⑫ 傍郡：犹边郡，即近边境的郡。
⑬ 创毒：破坏十分严重。
⑭ 枳棘(zhǐ jí)：多刺的树，恶木。
⑮ 虺(huǐ)：毒蛇。《楚辞·天问》："雄虺九首。"
⑯ 绝：断绝，根除。
⑰ 殖：繁殖，孳生。《国语·晋语四》："同姓不婚，恶不殖也。"
⑱ 今适期(jī)年：现在正好过了一整年的时间。期年，一整年。
⑲ 殄(tiǎn)灭：绝尽。
⑳ 内御：李贤注："御，制御也。"《淮南子》曰："国不可从外理，军不可从中御也。"意为军队的指挥权不能由朝内控制。
㉑ 卒斯言：完成我说过的这些话。
㉒ 量宜：酌量处理。
㉓ 权便：犹机宜。
㉔ 二年：建宁二年(169年)。
㉕ 无廪(lǐn)：廪，粮食。无廪，意为官府没有粮食。
㉖ 去：距离。
㉗ 凡亭山：地名，约在今平凉西北。
㉘ 悉众：全体，全部。
㉙ 厉声：凶恶暴怒的声音。

"田晏、夏育在此不？湟中义从羌悉在何面？今日欲决死生。"军中恐，晏等劝激①兵士，殊死大战，遂破之。羌众溃，东奔，复聚射虎谷②，分兵守诸谷上下门。颎规一举灭之，不欲复令散走，乃遣千人于西县③结木为栅，广二十步，长四十里，遮之。分遣晏、育等将七千人，衔枚④夜上西山，结营穿堑⑤，去虏一里许。又遣司马张恺等将三千人上东山。虏乃觉之，遂攻晏等，分遮汲水道⑥。颎自率步骑进击水上，羌却走⑦，因与恺等挟东西山，纵兵击破之，羌复败散。颎追至谷上下门穷山深谷之中，处处破之，斩其渠帅以下万九千级，获牛马驴骡毡裘庐帐什物⑧，不可胜数。冯禅等所招降四千人，分置安定、汉阳、陇西三郡，于是东羌悉平。

凡百八十战，斩三万八千六百余级，获牛马羊骡驴骆驼四十二万七千五百余头，费用四十四亿，军士死者四百余人。更封新丰县⑨侯，邑万户。颎行军仁爱，士卒疾病者，亲自瞻省⑩，手为裹创⑪。在边十余年，未尝一日蓐寝⑫。与将士同苦，故皆乐为死战⑬。

三年春，征还京师，将秦胡步骑⑭五万余人，及汗血千里马⑮，生口万余人。诏遣大鸿胪⑯持节慰劳于镐⑰。军至，拜侍中。转执金吾⑱河南尹⑲。有盗发冯

---

① 劝激：劝导，激励。
② 射虎谷：地名，约在今天水境内。
③ 西县：李贤注："西县属天水郡，故城在今上邽县西南也。"今甘肃礼县。
④ 衔枚：士兵口中咬着一枚状如筷子的小木棍，以防前进途中喧哗出声。
⑤ 穿堑：穿过壕沟。堑，壕沟。
⑥ 遮汲水道：挡住取水的道路。遮，阻遏、拦挡。
⑦ 却走：退走。
⑧ 什物：犹常用器物、杂物等。
⑨ 新丰县：古县名。汉初置，治所在今陕西省西安市临潼区东北。汉高祖刘邦定都关中长安，其父思归故里，于是在秦骊邑仿老家丰地营造城巷，以安太公。前167年完成，取名新丰，为县治。
⑩ 瞻省：探视，看望。
⑪ 手为裹创：亲手为受伤的士卒包扎伤口。
⑫ 蓐寝：李贤注："郭璞曰：'蓐，席也。'言身不自安。"
⑬ 死战：拼死而战。
⑭ 秦胡步骑：犹言汉族与少数民族共同组成的步兵与骑兵。
⑮ 汗血千里马：西域大宛国所产名马。汉武帝为得到汗血宝马，派贰师将军李广利率数万士兵，转战万里。
⑯ 大鸿胪：官名。汉武帝时改典客为大鸿胪，原掌管接待少数民族事宜，为九卿之一，后渐变为赞襄礼仪之官。
⑰ 镐（hào）：李贤注："镐，水名，在长安县西也。"西周都镐京。
⑱ 执金吾：官名。西汉武帝时改中尉为执金吾，为督巡三辅治安的长官。
⑲ 河南尹：东汉时河南郡的长官。因为京城洛阳属河南郡，故称尹而不称太守，以有别于其他郡。相当于今北京市市长之职。

贵人冢，坐左①转谏议大夫②，再迁司隶校尉。

颎曲意宦官③，故得保其富贵，遂党中常侍王甫④，枉诛⑤中常侍郑飒、董腾等，增封四千户，并前万四千户。

明年，代李咸为太尉，其冬病罢，复为司隶校尉。数岁，转颍川太守，征拜太中大夫⑥。

光和二年⑦，复代桥玄⑧为太尉，在位月余，会日食自劾，有司举奏⑨，诏收印绶，诣廷尉⑩。时司隶校尉阳球⑪奏诛王甫，并及颎，就狱中诘责之⑫，遂饮鸩死⑬，家属徙边⑭。后中常侍吕强⑮上疏，追讼颎功⑯，灵帝诏颎妻子还本郡⑰。

初，颎与皇甫威明、张然明并知名显达京师⑱，称为"凉州三明"⑲云。

《后汉书》卷六十五《段颎传》

---

① 坐左：因罪降职。
② 谏议大夫：官名。西汉置谏大夫，掌议论，属光禄勋，无定员。东汉时改称谏议大夫，秩六百石，低于执金吾与河南尹。
③ 曲意宦官：曲折隐微地巴结宦官。
④ 党中常侍王甫：与中常侍王甫结党。党，用作动词，中常侍王甫为宾语。
⑤ 枉诛：错杀。
⑥ 太中大夫：秦置，属郎中令，汉改属光禄勋，掌议论，秩比千石。
⑦ 光和二年：179年。
⑧ 桥玄：字公祖，洛阳人，汉末名臣。
⑨ 有司举奏：有关部门揭发罪行。
⑩ 诏收印绶，诣廷尉：朝廷下诏书收缴了他的印绶并将其送交廷尉府。
⑪ 时司隶校尉阳球：当时的司隶校尉阳球。阳球，字方正，渔阳泉州人。汉末著名酷吏。
⑫ 就狱中诘责之：随即在狱中责问他。
⑬ 引鸩(zhèn)死：饮了毒酒而死。鸩，毒酒。相传鸩鸟的羽毛放在酒中能毒死人。
⑭ 徙边：迁徙到边远的地方。
⑮ 吕强：字汉盛，河南成皋人，汉末著名宦者。
⑯ 追讼颎功：追念段颎在平定羌人时所建立的功勋。
⑰ 还本郡：从边远的地方返回原来居住的地方。
⑱ 显达京师：名扬京城。显达，显赫闻达。
⑲ 凉州三明：皇甫规为安定郡人，张奂为敦煌郡人，段颎为武威郡人，这三郡在当时同属凉州节度，且三人字中都有一明字，故称凉州三明。

皇甫嵩传

皇甫嵩字义真,安定朝那①人,度辽将军规之兄子也。父节,雁门太守。嵩少有文武志介②,好《诗》《书》,习弓马。初举孝廉、茂才③。太尉陈蕃④、大将军窦武⑤连辟⑥,并不到。灵帝公车征为议郎⑦,迁北地太守。

初,钜鹿⑧张角自称"大贤良师",奉事黄老道⑨,畜养⑩弟子,跪拜首过⑪,符水咒说⑫以疗病,病者颇愈,百姓信向之⑬。角因遣弟子八人使于四方,以善道教化天下,转相诳惑⑭。十余年间,众徒数十万,连结郡国,自青、徐、幽、冀、荆、扬、兖、豫八州⑮之人,莫不毕应。遂置三十六方。方犹将军号也。大方万余人,小方六七千,各立渠帅⑯。讹言⑰"苍天已死,黄天当立,岁在甲子,天下大吉"。以

---

① 安定朝那:见《皇甫规传》注。
② 志介:志,志向。介,节操独特之行。《孟子·尽心上》:"柳下惠不以三公易其介。"
③ 举孝廉、茂才:李贤注曰:"《续汉书》曰:'举孝廉为郎中,迁霸陵、临汾令。以父丧遂去官。'"
④ 陈蕃:见《皇甫规传》注。
⑤ 窦武:扶风平陵人。东汉初名臣窦融的玄孙。因其长女入宫后先为贵人,后被桓帝立为皇后。武先为郎中,后累升为越骑校尉、城门校尉,直至大将军。后与太尉陈蕃合谋诛灭宦官,不意被宦官所害。
⑥ 连辟:共同征召。
⑦ 议郎:见《皇甫规传》注。
⑧ 钜鹿:古县名。秦置。治所在河北平乡县西南,北魏时改为平乡。
⑨ 奉事黄老道:信奉黄老之道,信仰崇奉黄老之学。黄老之道:先秦、汉初的道家学派,又称黄老学派,以传说中的黄帝和老子同尊为创始人。
⑩ 畜养:收容,收养。
⑪ 首过:交代过失。
⑫ 符水咒说:道士在作法时焚符箓于水,将符水喷洒在病人的身上。咒说即口中所念的咒语。
⑬ 信向之:因信任而向往、投靠他。
⑭ 转相诳惑:转相,一个传一个。诳惑:欺骗,迷惑。
⑮ 八州:当时全国共有十三州,此八州均在中原及长江中下游地区。是当时全国人口最密集,经济最发达的地区。
⑯ 渠帅:即首领。
⑰ 讹言:诈伪的话,谣言。《诗·小雅·沔水》:"民之讹言,宁莫之惩。"

白土书京城寺门①及州郡官府,皆作"甲子②"字。中平元年③,大方马元义等先收荆、杨数万人,期会发于邺④。元义数往来京师,以中常侍封谞、徐奉等为内应,约以三月五日内外俱起。未及作乱,而张角弟子济南唐周上书告之,于是车裂⑤元义于洛阳。灵帝以周章⑥下三公、司隶,使钩盾令⑦周斌将三府掾属,案验⑧宫省直卫及百姓有事角道者,诛杀千余人,推考冀州,逐捕角等。角等知事已露,晨夜驰敕⑨诸方,一时俱起。皆著黄巾为标帜⑩,时人谓之"黄巾",亦名"蛾贼⑪"。杀人以祠天⑫。角称"天公将军",角弟宝称"地公将军",宝弟梁称"人公将军"。所在燔⑬烧官府,劫略聚邑⑭,州郡失据,长吏多逃亡。旬日之间,天下响应,京师震动。

诏敕⑮州郡修理攻守,简练⑯器械,自函谷、大谷、广城、伊阙、轘辕、旋门、孟津、小平津诸关,并置都尉。召群臣会议。嵩以为宜解党禁⑰,益出中藏⑱钱、西园厩马⑲,以班⑳军士。帝从之。于是发天下精兵,博选将帅,以嵩为左中郎将,持节,与右中郎将朱儁㉑,共发五校、三河㉒骑士及募精勇,合四万余人,嵩、儁各统一军,共讨颍川㉓黄巾。

---

① 寺门:古代官署的大门。古代有的官署称寺,如大理寺、太常寺、太仆寺等。
② 甲子:甲子年,即184年。
③ 中平元年:184年。
④ 期会发于邺:约定在邺郡秘密集合,发动起义。
⑤ 车裂:一种酷刑。把犯人的头和四肢分别拴在五辆马车上。然后从五个方向赶马,最后将犯人身体分解成五部分。
⑥ 周章:周游流览。
⑦ 钩盾令:官名。由宦者担任,掌"诸近池苑囿,游观之处。"
⑧ 案验:犹察验。
⑨ 驰敕:飞马传命。
⑩ 标帜:犹标记。
⑪ 蛾贼:比喻人数众多如天上飞蛾。
⑫ 祠天:即祭天。
⑬ 燔(fán):焚烧。《韩非子·和氏》:"燔诗书而明法命。"
⑭ 聚邑:人口聚集的城镇。
⑮ 诏敕:下达诏书敕命。
⑯ 简练:选择训练。
⑰ 解党禁:解除对党人的禁锢。
⑱ 中藏:即内库。
⑲ 西园厩马:皇家马厩中所属的马匹。
⑳ 班:同颁。分赐。
㉑ 朱儁:字公伟,会稽上虞人。时任中郎将。《后汉书》有传。
㉒ 五校、三河:五校即屯骑校尉、越骑校尉、步兵校尉、长水校尉和射声校尉。三河即河南、河内、河东三郡。
㉓ 颍川:郡名。秦置,以颍水得名。治所在阳翟(今河南禹县)。

儁前与贼波才战,战败,嵩因进保长社①。波才②引大众围城,嵩兵少,军中皆恐,乃召军吏谓曰:"兵有奇变③,不在众寡。今贼依草结营,易为风火。若因夜纵烧,必大惊乱。吾出兵击之,四面俱合,田单之功④可成也。"其夕遂大风,嵩乃约敕军士皆束苣⑤乘城,使锐士⑥间出围外,纵火大呼,城上举燎⑦应之,嵩因鼓而奔其阵,贼惊乱奔走。会帝遣骑都尉曹操⑧将兵适至,嵩、操与朱儁合兵更战,大破之,斩首数万级。封嵩都乡侯。嵩、儁乘胜进讨汝南、陈国黄巾,追波才于阳翟⑨,击彭脱⑩于西华,并破之。余贼降散,三郡⑪悉平。

又进击东郡⑫黄巾卜己于仓亭,生禽卜己⑬,斩首七千余级。时北中郎将卢植⑭及东中郎将董卓⑮讨张角,并无功而还,乃诏嵩进兵讨之。嵩与角弟梁战于广宗⑯。梁众精勇,嵩不能克。明日,乃闭营休士,以观其变。知贼意稍懈,乃潜⑰夜勒兵,鸡鸣驰赴其阵,战至晡时,大破之,斩梁,获首三万级,赴河⑱死者五万许人,焚烧车重⑲三万余两,悉虏其妇子⑳,系获甚众。角先已病死,乃剖棺戮尸㉑,传首京师㉒。

嵩复与钜鹿太守冯翊郭典攻角弟宝于下曲阳㉓,又斩之。首获十余万人,筑

---

① 长社:古县名。西汉置。在今河南长葛县西。
② 波才:黄巾军主要将领。
③ 兵有奇变:军队在作战时,会发生意想不到的变化与结果。
④ 田单之功:战国时燕名将乐毅率军攻下齐七十余城,唯即墨、莒两城未下。齐将田单在坚守数月之后,用火牛阵法大败燕军。
⑤ 束苣(shù jù):李贤注:"苣音巨,《说文》云:'束苇烧之。'"意为让士兵将成捆的芦苇运抵城上,用以燃火。
⑥ 锐士:精锐勇猛的士兵。
⑦ 燎(liáo):火炬。《诗·小雅·庭燎》:"庭燎之光。"《毛传》:"庭燎,火烛。"
⑧ 骑都尉曹操:即后来的魏武帝,时任骑都尉。
⑨ 阳翟:颍川郡治所,在今河南禹县。
⑩ 彭脱:黄巾军另一将领。西华:李贤注:"西华县,属汝南郡。"
⑪ 三郡:即颍川、弘农、汝南三郡。
⑫ 东郡:郡名。秦置。治所在濮阳(今河南濮阳西南)。
⑬ 卜己:黄巾军将领。仓亭:地名。其地不详。但有仓亭津,在今山东寿张县西北。
⑭ 卢植:字子干,河北涿郡人。汉末著名学者,时任北中郎将。《后汉书》有传。
⑮ 董卓:字仲颖,陇西临洮人。汉末大奸。时任东中郎将。《后汉书》有传。
⑯ 广宗:古县名。东汉置。治所在今河北南宫县南。
⑰ 潜:暗中。《左传·哀公十七年》:"越子以三军潜涉。"
⑱ 河:黄河。
⑲ 车重:辎重车。
⑳ 妇子:妇女和儿童。
㉑ 剖棺戮尸:将坟墓挖开,打开棺材,用刀乱砍尸体。
㉒ 传首京师:把张角的头颅割下送到京师洛阳。
㉓ 下曲阳:古地名。在今河北曲阳西沙河以东。

京观①于城南。即拜嵩为左车骑将军,领冀州牧,封槐里侯,食槐里②、美阳③两县,合八千户。

以黄巾既平,故改年为中平。嵩奏请冀州一年田租,以赡饥民④,帝从之。百姓歌曰:"天下大乱兮市为墟⑤,母不保子兮妻失夫,赖得皇甫兮复安居。"嵩温恤⑥士卒,其得众情,每军行顿止,须营幔修立⑦,然后就舍帐。军士皆食,己乃尝饭。吏有因事受赂者,嵩更⑧以钱物赐之,吏怀惭⑨,或至自杀。

嵩既破黄巾,威震天下,而朝政日乱,海内虚困。故信都令汉阳阎忠干说⑩嵩曰:"难得而易失者,时⑪也;时至不旋踵⑫者,几⑬也。故圣人⑭顺时而动,智者⑮因几以发。今将军遭难得之运,蹈易骇之机⑯,而践运不抚⑰,临机不发⑱,将何以保大名⑲乎?"嵩曰:"何谓也⑳?"忠曰:"天道无亲,百姓与能㉑。今将军受钺㉒于暮春,收功于末冬。兵动若神,谋不再计,摧强易于折枯,消坚甚于汤雪,旬月之间,神兵电扫,封尸刻石㉓,南向以报㉔,威德㉕震本朝,风声㉖驰海外,虽汤

---

① 京观:李贤注:"杜元凯(杜预)注《左传》曰:'积尸封土于其上谓之京观。'"
② 槐里:古县名。汉高帝改秦丘县置。治所在今陕西兴平县东南,属右扶风郡。
③ 美阳:古县名。战国时秦置。治所在今陕西武功县西北,属右扶风郡。
④ 赡饥民:赡养,使饥民能活下来。
⑤ 市为墟:街市变为废墟。
⑥ 温恤:爱护关心体恤。
⑦ 营幔修立:营帐安顿好。
⑧ 更:再。
⑨ 怀惭:心怀惭愧。怀,心胸。
⑩ 故信都令汉阳阎忠干说:故,原任。信都:古县名,汉置。治所在今河北冀县。汉阳阎忠:即天水人阎忠。天水郡在东汉时曾改名为汉阳郡。干说:冒险游说。李贤注:"干谓冒进。"
⑪ 时:时势,时运。
⑫ 旋踵:转脚后跟。喻迅疾。踵,脚后跟。
⑬ 几:机会,机遇。
⑭ 圣人:道德品性极高的人。《易·乾·文言》:"圣人作而万物者见。"
⑮ 智者:聪明智慧的人。
⑯ 蹈易骇之机:蹈,踏上,遇上。易骇,容易失去的机会。骇,散也。
⑰ 践运不抚:践,到,临。抚,按,摸。
⑱ 发:兴起,奋起。
⑲ 大名:大位。
⑳ 何谓也:即谓何也。怎么讲?
㉑ 天道无亲,百姓与能:李贤注:"《老子》曰:'天道无亲,常与善人。'《易》曰:'人谋鬼谋,百姓与能。'"意为上天是公平的,老百姓永远会支持有能力的人。
㉒ 受钺:犹受权。钺和符节一起作为加重将帅权力的标志。
㉓ 刻石:记录战功。秦始皇曾在泰山等处刻石以记其功。
㉔ 南向以报:古代以面南为尊,故帝王位向南。《易·说卦》:"圣人南向而听天下。"
㉕ 威德:威势与德泽。
㉖ 风声:犹名声。

武之举①,未有高②将军者也。今身建不赏之功③,体兼高人之德④,而北面庸主,何以求安乎?"曰:"夙夜在公,心不忘忠,何故不安?"忠曰:"不然。昔韩信不忍一餐之遇,而弃三分之业,利剑已揣其喉,方发悔毒之叹者,机失而谋乖⑤也。今主上势弱于刘、项⑥,将军权重于淮阴⑦,指㧑足⑧以振风云,叱咤⑨可以兴雷电。赫然⑩奋发,因危抵颓⑪,崇恩以绥先附⑫,振武以临后服⑬,征冀方之士,动七州之众,羽檄先驰于前,大军响振于后,蹈流漳河⑭,饮马孟津⑮,诛阉官之罪,除群凶之积,虽僮儿⑯可使奋拳以致力,女子可使褰裳⑰以用命,况厉熊罴之卒⑱,因迅风之势⑲哉!功业已就,天下已顺,然后请呼上帝,示以天命⑳,混齐六合㉑,南面称制㉒,移宝器㉓于将兴,推亡汉于已坠,实神机㉔之至会,风发㉕之良时也。夫既朽不雕,衰世难佐。若欲辅难佐之朝,雕朽败之木,是犹逆坂走丸㉖,迎风纵棹㉗,岂

---

① 汤武之举:商汤、周武一样的举动。
② 高:超过,超越,形容词用作动词。高于将军的意思。
③ 不赏之功:因功勋太高而无法封赏。
④ 高人之德:高人犹高士,不愿主动谋取禄位的人。
⑤ 谋乖:谋划的错误与背谬。乖,违背。
⑥ 刘、项:汉初的刘邦与项羽。
⑦ 淮阴:淮阴侯韩信。
⑧ 指㧑(huī):指挥。
⑨ 叱(chì)咤(zhà):怒斥,呼喝。《韩非子·外储说右下》:"使琅操左革而叱咤之。"
⑩ 赫然:犹勃然发怒状。
⑪ 因危抵颓:危,危险。抵,李贤注:"抵,击也。"颓,衰败。意为趁着国势的衰危而抨击之。
⑫ 崇恩以绥先附:推崇恩泽,绥抚首先依附的人。
⑬ 振武以临后服:用武力征服不愿降附的人。
⑭ 漳河:源自太行山,流入河北与卫河会合,长421公里。蹈流即跨越。
⑮ 孟津:黄河古渡,在今河南孟津县。相传武王伐纣时,在此与八百诸侯会师盟誓,故又称盟津。饮马,意为拿下。
⑯ 僮儿:犹儿童。
⑰ 褰(qiān)裳:褰,揭起。裳为下身的衣服,如裙裾。
⑱ 厉熊罴(pí)之卒:厉的本字为砺,磨刀石。引申为磨砺,如厉兵秣马。熊罴,两种凶猛的野兽。
⑲ 因迅风之势:凭借着疾风一样迅猛的气势。因,依仗,凭借。迅风之势,喻进军速度之迅猛。
⑳ 请呼上帝,以示天命:请求上天显示出支持的征兆来。上帝,上天,天帝,上苍。天命,上天的意图,命意。
㉑ 混齐六合:犹一统天下。六合,即天地四方。《庄子·齐物论》:"六合之外,圣人存而不论。"成玄英疏:"六合,天地四方。"亦泛指天下。
㉒ 称制:行皇帝职权。
㉓ 宝器:李贤注:"宝神犹神器,谓天位也。"
㉔ 神机:神赐的机运。
㉕ 风发:形容迅速猛烈。如意气风发。
㉖ 逆坂走丸:坂,山坡。走丸,滚圆球。意为从山坡向上推滚圆球状的土块。
㉗ 迎风纵棹(zhuō):逆风行舟。棹,划船的工具。

云易哉?且今竖宦①群居,同恶如市②,上命不行,权归近习③,昏主之下,难以久居④,不赏之功,谗人侧目⑤,如不早图⑥,后悔无及。"嵩惧曰:"非常之谋,不施于有常之势。创图大功,岂庸才所致。黄巾细孽⑦,敌非秦、项,新结易散,难以济业⑧。且人未忘主,天不佑逆。若虚造不冀之功⑨,以速朝夕之祸⑩,孰与委忠本朝⑪,守其臣节⑫。虽云多谗⑬,不过放废⑭,犹有令名⑮,死且不朽。反常之论,所不敢闻。"忠知计不用,因亡去⑯。

会边章、韩遂⑰作乱陇右,明年春,诏嵩回镇长安,以卫园陵。章等遂复入寇三辅,使嵩因讨之。

初,嵩讨张角,路由邺⑱,见中常侍赵忠⑲舍宅逾制⑳,乃奏没入之㉑。又中常侍张让㉒私求钱五千万,嵩不与,二人由此为憾㉓,奏嵩连战无功,所费者多。其秋征还,收左车骑将军印绶,削户六千,更㉔封都乡侯,二千户。

五年,凉州贼王国围陈仓,复拜嵩为左将军,督前将军董卓,各率二万人拒

---

① 竖宦:即宦官;竖为小僮仆。如竖子。
② 同恶如市:李贤注:"《左氏传》:'韩宣子曰:"同恶相求,如市贾焉。"'"
③ 近习:犹近臣,帝王的亲信。《礼记·月令》:"(仲冬之月)虽有贵戚近习,毋有不禁。"
④ 久居:待的时间长。李贤注《史记》范蠡曰:"大名之下,难以久居。"
⑤ 谗人侧目:馋人,专进谗言的小人。侧目,怒目而视。形容怒恨。
⑥ 图:谋划。《国策·秦策》:"韩魏从而天下可图也。"
⑦ 细孽:细小的妖孽。
⑧ 新结易散,难以济业:意为自己统率的军队集结的时间较短,思想难以一统,很难实现大事业。济:实现,完成。
⑨ 不冀之功:没有希望,没有可能的功业。
⑩ 速朝夕之祸:加快带来杀身之祸。
⑪ 委忠本朝:效忠于原来的朝廷。委,托付。
⑫ 臣节:作臣子的大节。
⑬ 多谗:多方面的讥讽和谗毁。
⑭ 放废:贬斥,放逐。
⑮ 令名:好名声。
⑯ 亡去:逃亡,隐匿了起来。
⑰ 边章、韩遂:《献帝春秋》云:边章原名边允,曾任新安令。韩遂原名韩约。两人在凉州任职。梁州义纵(羌人一族名)宋建、王国反叛。边、韩二人出使王国营时,被拘为人质,后又放出,传言二人已降。朝廷视二人为叛贼,二人无法自白,遂加入叛军阵营。边允改名边章,韩约改名韩遂。
⑱ 由邺:经过邺郡。
⑲ 赵忠:安平人。桓帝时为小黄门,因参与诛梁冀有功,封都乡侯。至灵帝时,权力更大。逾制:超越规定的规模与形制。
⑳ 逾制:超越规定的规模与形制。
㉑ 没入之:被国家没收。
㉒ 张让:颍川人。和赵忠齐名的大宦官。
㉓ 为憾:结下了怨恨。憾,恨。
㉔ 更:改。

之。卓欲速进赴陈仓,嵩不听①。卓曰:"智者不后时②,勇者不留决③。速救则城全,不救则城灭,全、灭之势④,在于此也。"嵩曰:"不然,百战百胜,不如不战而屈人之兵。是以先为不可胜,以待敌之可胜⑤。不可胜在我,可胜在彼。彼守不足,我攻有余。有余者动于九天之上,不足者陷于九地之下⑥。今陈仓虽小,城守固备,非九地之陷也。王国虽强,而攻我之所不救,非九天之势也。夫势非九天,攻者受害;陷非九地,守者不拔。国今已陷受害之地,而陈仓保不拔之城,我可不烦兵动众,而取全胜之功,将何救焉!"遂不听。王国围陈仓,自冬迄春,八十余日,城坚守固,竟不能拔⑦。贼众疲敝,果自解去。嵩进兵击之。卓曰:"不可。兵法,穷寇勿追,归众勿迫⑧。今我追国,是迫归众,追穷寇也。困兽犹斗,蜂虿有毒⑨,况大众⑩乎!"嵩曰:"不然。前吾不击,避其锐⑪也。今而击之,待其衰也。所击疲师,非归众也。国众且走,莫有斗志。以整击乱,非穷寇也。"遂独进击⑫之,使卓为后拒。连战大破之,斩首万余级,国走而死⑬。卓大惭恨⑭,由是忌嵩。

明年⑮,卓拜为并州牧,诏使以兵委嵩⑯,卓不从⑰。嵩从子郦⑱时在军中,说嵩曰:"本朝失政,天下倒悬⑲,能安危定倾⑳者,唯大人与董卓耳。今怨隙㉑已结,

---

① 不听:不予采纳。
② 不后时:不晚于恰当的时机。
③ 不留决:不留给敌人逃脱的缺口。决同缺。
④ 全、灭之势:保全或灭亡的形势,
⑤ 是以先为不可胜,以待敌之可胜:先使我们不可胜,来等待敌人的可胜之机。
⑥ 有余者动于九天之上,不足者陷于九地之下:有余的一方可以凌驾于一切之上,不足的一方则陷于万劫不复的深渊之中。李贤注:"《孙子兵法》曰:'善守者,藏于九地之下,善攻者动于九天之上。'《玄女三宫战法》曰:'行兵之道,天地之宝。九天九地,各有表里。九天之上,六甲子也。九地之下,六癸酉也。子能顺之,万全可得。'"
⑦ 竟不能拔:最终还是未能攻克。竟,终于。拔,攻克。
⑧ 归众勿迫:因战败而欲归家的敌军不要靠近。迫,逼近。
⑨ 蜂虿(chài)有毒:虿,蝎类毒虫。《左传·僖公二十一年》:"蜂虿有毒。"
⑩ 大众:大股敌人。
⑪ 锐:锋锐。指敌军旺盛的士气。
⑫ 独进击:因董卓不愿,故皇甫嵩独自率军进击。
⑬ 国走而死:王国败逃而死之。走,意为疾走,跑。《释名·释姿容》:"徐行曰步,疾行曰趋,疾趋曰走。"
⑭ 惭恨:董卓由于误断而无功,由于无功而惭愧,由于惭愧而心怀疾恨。
⑮ 明年:汉灵帝中平六年,汉献帝初平元年(189年)。
⑯ 诏使以兵委嵩:诏令董卓将军队交由皇甫嵩统帅。委,托付。
⑰ 不从:不听诏令。
⑱ 从子郦(lì):皇甫嵩的侄儿皇甫郦。
⑲ 倒悬:喻处境的痛苦与危急。像一个人倒吊起来一样。
⑳ 安危定倾:使国家安定,使百姓脱离危险。倾,倒也。
㉑ 怨隙:怨恨的事实,局面。

势不俱存①。卓被诏②委兵，而上书自请③，此逆命④也。又以京师昏乱，踌躇不进，此怀奸⑤也。且其凶戾无亲⑥，将士不附。大人今为元帅⑦，杖国威以讨之，上显忠义，下除凶害，此桓、文之事⑧也。"嵩曰："专命虽罪⑨，专诛亦有责也。不如显奏⑩其事，使朝廷裁之。"于是上书以闻。帝让卓⑪，卓又增怨于嵩。及后秉政⑫，初平元年，乃征嵩为城门校尉⑬，因欲杀之。嵩将行，长史梁衍说曰："汉室微弱，阉竖⑭乱朝，董卓虽诛之，而不能尽忠于国，遂复寇掠京邑⑮，废立从意。今征将军，大则危祸⑯，小则困辱⑰。今卓在洛阳，天子来西，以将军之众，精兵三万，迎接至尊⑱，奉令讨逆，发命海内，征兵群帅，袁氏⑲逼其东，将军迫其西，此成禽⑳也。"嵩不从，遂就征㉑。有司承旨㉒，奏嵩下吏㉓，将遂诛之。

嵩子坚寿与卓素善㉔，自长安亡走㉕洛阳，归投于卓。卓方置酒欢会，坚寿直

---

① 俱存：并存，同时存在。
② 被诏：接到诏令。
③ 自请：自己请求。实为强求。
④ 逆命：犹抗命。
⑤ 怀奸：心怀奸诈。
⑥ 凶戾无亲：凶残暴戾，六亲不认。
⑦ 元帅：犹主帅。
⑧ 桓、文之事：齐桓、晋文一样的行为。即尊王攘夷。
⑨ 专命虽罪，专诛亦有责也：专命指董卓的抗命行为。专诛指皇甫嵩自作主张除掉董卓。两种行为都有罪责。
⑩ 显奏：特别显明地奏明朝廷。
⑪ 帝让卓：皇帝责备了董卓。让，责备。
⑫ 及后秉政：待到董卓后来执掌了朝政。
⑬ 城门校尉：官名。西汉始置，掌京师城门的屯兵，隶南军。
⑭ 阉竖：宦官。
⑮ 寇掠京邑，废立从意：董卓放纵部下在洛阳附近大肆杀戮，掠抢百姓。废少帝为陈留王，立刘协为汉献帝。从意，按自己的意愿去废立皇帝。
⑯ 危祸：性命之危。
⑰ 困辱：被困受辱。
⑱ 至尊：皇帝。
⑲ 袁氏：袁绍、袁术兄弟。
⑳ 成禽：成就擒拿董卓之功。
㉑ 就征：去洛阳就职。
㉒ 承旨：秉承董卓的旨意。
㉓ 下吏：解除职务，交给属吏治其罪。
㉔ 素善：一直具有较好的私人关系。
㉕ 亡走：逃奔。

前质让①,责以大义②,叩头流涕。坐者③感动,皆离席请之。卓乃起,牵④与共坐。使免⑤嵩囚,复拜嵩议郎,迁御史中丞。及卓还长安,公卿百官迎谒道次⑥。卓讽令⑦御史中丞已下皆拜以屈嵩⑧,既而抵手⑨言曰:"义真犕未乎⑩?"嵩笑而谢之,卓乃解释⑪。

及卓被诛,以嵩为征西将军,又迁车骑将军。其年秋,拜太尉,冬,以流星策免⑫。复拜光禄大夫,迁太常。寻李傕⑬作乱,嵩亦病卒,赠骠骑将军印绶,拜家一人为郎。

嵩为人爱慎尽勤⑭,前后上表陈谏有补益⑮者五百余事,皆手书毁草,不宣于外。又折节下士⑯,门无留客⑰。时人皆称而附之⑱。坚寿亦显名,后为侍中,
辞不拜,病卒。

选自《后汉书》卷七十一《皇甫嵩传》

---

① 质让:质问责备。
② 责以大义:用大义责备董卓。大义,大道理。如深明大义。
③ 坐者:陪董卓欢会的百官。
④ 牵:用手拉着。
⑤ 使免:使得免于囚牢之困。
⑥ 迎谒道次:迎接道旁。次,依次排成行。
⑦ 讽令:用委婉的语言暗示,劝告为讽。令,命令。
⑧ 屈嵩:使皇甫嵩屈从于己。屈,使动用法。
⑨ 既尔抵手:之后又拉住皇甫嵩的手。抵手,两手相握。
⑩ 犕(bèi)未乎?:犕,李贤注:"古服字。"意为:服气了吗?
⑪ 解释:本意为解去缚在身上的绳索。
⑫ 流星策免:因天空出现流星被罢免。策,同册。
⑬ 李傕(jué):傕,董卓部将,与郭汜、张济、范稠等借为董卓报仇,劫持献帝,杀戮百官,祸乱天下多年。事见《董卓传》。
⑭ 爱慎尽勤:爱为仁爱,慎为谨慎,尽勤,尽心勤勉。
⑮ 补益:有助于、有益于、有帮助的。
⑯ 折节下士:屈己下人。士,士人。
⑰ 门无留客:李贤注:"言汲引之速。"
⑱ 称而附之:称颂,称扬,依附于他。

董 卓 传

　　董卓字仲颖，陇西临洮人①也。性粗猛②有谋。少尝游羌中③，尽与豪帅相结。后归耕于野，诸豪帅④有来从之者，卓为杀耕牛，与共宴乐，豪帅感其意⑤，归相敛⑥得杂畜千余头以遗之，由是以健侠知名。为州兵马掾⑦，常徼守塞下⑧。卓膂力过人，双带两鞬⑨，左右驰射，为羌胡所畏。

　　桓帝末，以六郡良家子为羽林郎，从中郎将张奂为军司马，共击汉阳叛羌，破之，拜郎中，赐缣⑩九千匹。卓曰："为者则己，有者则士⑪。"乃悉分与吏兵，无所留。稍迁西域戊己校尉⑫，坐事免。后为并州刺史，河东太守。

　　中平元年⑬，拜东中郎将，持节，代卢植击张角于下曲阳⑭，军败抵罪。其冬，北地先零羌及枹罕河关⑮群盗反叛，遂共立湟中⑯义从胡北宫伯玉、李文侯为将军，杀护羌校尉泠征。伯玉等乃劫致金城人边章、韩遂⑰，使专任军政⑱，共杀金

---

① 陇西临洮：古县名，秦置，治所在今甘肃岷县。秦长城西起临洮，东至辽东，即此。因属陇西郡，故曰陇西临洮。
② 粗猛：粗野勇猛。
③ 羌中：羌人居住之地，约于今甘南藏族自治州。
④ 豪帅：羌人中的头领、酋长等。豪者，大也。
⑤ 感其意：为董卓的好客义气所感动。
⑥ 相敛：相互聚集。敛，聚也。
⑦ 州兵马掾：州里带领兵马的属吏。陇西郡属凉州刺史部。掾（yuán），汉代高级官员的属吏。分掌各曹。兵马掾，掌兵马。
⑧ 徼(jiǎo)守塞下：徼，巡查缉捕盗贼为徼。塞下，临洮地处长城边塞。
⑨ 鞬(jiān)：马上的盛弓器。
⑩ 缣(jiān)：双丝的细绢。《淮南子·齐俗训》："缣之性黄，染之以丹则赤。"
⑪ 为者则己，有者则士：李贤注："为功者虽己，共有者乃士。"以为自己虽然立了功劳，但赏赐应大家共有。
⑫ 西域戊己校尉：官名。西汉元帝时置，掌屯田事务，汉代在西域屯田的最高长官，属下有兵。
⑬ 中平元年：184年。
⑭ 下曲阳：古地名，在今河北曲阳西沙河以东。
⑮ 枹(fú)罕河关：古县名，秦置。位于今甘肃临夏县东北。河关、枹罕境内有大夏河及秦长城关口。
⑯ 湟中：地区名。在青海省东部湟水流域。秦汉时为月氏羌汉各族共居之地。
⑰ 劫致金城人边章、韩遂：见《皇甫嵩传》注。
⑱ 使专任军政：让边章与韩遂专门主持军政大事。

城太守陈懿，攻烧州郡。明年春，将数万骑入寇三辅①，侵逼园陵②，托诛宦官为名。诏以卓为中郎将，副左车骑将军皇甫嵩③征之。嵩以无功免归，而边章、韩遂等大盛。朝廷复以司空张温为车骑将军，假节，执金吾袁滂为副。拜卓破虏将军，与荡寇将军周慎并统于温。并诸郡兵步骑合十余万，屯美阳④，以卫园陵。章、遂亦进兵美阳。温、卓与战，辄不利。十一月，夜有流星如火，光长十余丈，照章、遂营中，驴马尽鸣。贼以为不祥，欲归金城。卓闻之喜，明日，乃与右扶风鲍鸿等并兵俱攻，大破之，斩首数千级。章、遂败走榆中⑤，温乃遣周慎将三万人追讨之。温参军事孙坚⑥说慎⑦曰："贼城中无谷，当外转粮食。坚愿得万人断其运道，将军以大兵继后，贼必困乏而不敢战。若走入羌中，并力讨之，则凉州可定也。"慎不从，引军围榆中城。而章、遂分屯葵园狭⑧，反断慎运道。慎惧，乃弃车重而退。温时亦使卓将兵三万讨先零羌，卓于望垣北⑨为羌胡所围，粮食乏绝，进退逼急。乃于所度水中伪立隄⑩，以为捕鱼，而潜从隄下过军⑪。比贼追之，决水⑫已深，不得度。时众军败退，唯卓全师而还，屯于扶风，封斄乡侯，邑千户。

三年春，遣使者持节就长安拜张温为太尉。三公在外，始之于温⑬。其冬，征温还京师，韩遂乃杀边章及伯玉、文侯，拥兵十余万，进围陇西。太守李相如反，与遂连和，共杀凉州刺史耿鄙。而鄙司马扶风马腾⑭，亦拥兵反叛，又汉阳王国⑮，自号"合众将军"，皆与韩遂合。共推王国为主，悉令领其众，寇掠三辅。五年，围陈仓⑯。乃拜卓前将军，与左将军皇甫嵩击破之。韩遂等复共废王国，而

---

① 三辅：三辅为京兆尹、左冯翊、右扶风，合称三辅。即今陕西关中地区。
② 园陵：西汉诸皇帝的陵墓都在长安咸阳附近，如长陵、平陵、阳陵、霸陵、茂陵等。
③ 副左车骑将军皇甫嵩：担任皇甫嵩的副将。
④ 美阳：古县名，战国时秦置。治所在今陕西武功县西北，属右扶风郡。
⑤ 榆中：县名，汉置，属金城郡，位于今兰州市榆中县。
⑥ 孙坚：字文台，吴郡富春人。三国时吴国开创者孙策、吴王孙权的父亲。时任张温的参军。
⑦ 说慎：劝说周慎。
⑧ 葵园狭：地名。狭，通峡。
⑨ 望垣北：地名，李贤注："望垣县属天水郡。"
⑩ 伪立隄：假装堵河为堰，以为要在堰中捕鱼。隄同堰。
⑪ 潜从隄下过军：暗地里从堰下偷渡过河。
⑫ 决水：即破堰，让河水如前，则深不可渡。
⑬ 三公在外始之于温：三公（司徒，太尉，太傅）必在京师。此时张温尚在长安即拜太尉，故曰：三公在外始之于温。
⑭ 马腾：李贤注："马腾，字寿城，扶风茂陵人，马援后也。长八尺余，身体宏大，面鼻雄异，而性贤厚，人多敬之。"
⑮ 王国：人名。
⑯ 陈仓：古县名，秦置，时属扶风郡，故置在今陕西宝鸡市。自古为关中通汉中、川蜀的咽喉之地。

劫故信都令汉阳阎忠①，使督统诸部。忠耻为众所胁②，感恚③病死。遂等稍争权利④，更相杀害，其诸部曲并各分乖⑤。

六年，征卓为少府，不肯就，上书言："所将湟中义从及秦胡兵⑥皆诣臣曰：'牢直不毕，禀赐断绝⑦，妻子饥冻。'牵挽臣车⑧，使不得行。羌胡敝肠狗态⑨，臣不能禁止，辄将顺安慰。增异复上⑩。"朝廷不能制，颇以为虑。及灵帝寝疾⑪，玺书拜卓为并州牧，令以兵属皇甫嵩。卓复上书言曰："臣既无老谋，又无壮事，天恩⑫误加，掌戎十年。士卒大小相狎弥久⑬，恋臣畜养⑭之恩，为臣奋一旦之命。乞将之北州，效力边垂⑮。"于是驻兵河东⑯，以观时变。

及帝崩，大将军何进⑰、司隶校尉袁绍⑱谋诛阉宦，而太后不许，乃私呼卓将兵入朝，以胁太后。卓得召，即时就道。并上书曰："中常侍张让等窃幸承宠，浊乱海内。臣闻扬汤止沸，莫若去薪⑲；溃痈虽痛，胜于内食⑳。昔赵鞅兴晋阳之甲，以逐君侧之恶人㉑。今臣辄鸣钟鼓㉒如洛阳，请收让等，以清奸秽㉓。"卓未至

---

① 故信都令汉阳阎忠：见《皇甫嵩传》注。
② 耻为众所胁：因被挟持为首领而感到耻辱。
③ 感恚：愤怒，怨恨。
④ 稍争权利：逐渐开始争权夺利。
⑤ 分乖：犹分离，分散。乖，违背，不和谐，如乖背，乖违。
⑥ 秦胡兵：秦地内附胡人从军者。
⑦ 牢直不毕，禀赐断绝：李贤注："牢，廪食也。"古者名廪为牢，军食不给，军士处于饥饿状态。禀赐即应由官府拨付的军粮。
⑧ 牵挽臣车：军士的家属拖住我的车子。
⑨ 敝肠狗态：李贤注："言羌胡心肠敝恶，情态如狗也。"
⑩ 增异复上：李贤注："如其更增异志，当复闻上。"犹言如果有变，当即时上报朝廷。
⑪ 寝疾：卧病在床。《礼记·檀弓上》："成子高寝疾，庆遗人请曰：'子之疾革矣。'"
⑫ 天恩：犹皇恩。
⑬ 相狎(xiá)弥久：相互亲近，彼此熟悉很长久。狎，亲近，亲热。《礼记·曲礼上》："贤者狎而敬之。"
⑭ 恋臣畜养：部下依恋于自己的栽培与爱护。
⑮ 将之北州，效力边垂：并州位于北方，邻近匈奴，乌桓等。
⑯ 河东：河东郡。在今山西西南部，属于邻近京师洛阳的三河（河南，河中，河东）地区。
⑰ 何进：字遂高，南阳宛人。因其异母妹入宫先为美人，后立为皇后，有宠于汉灵帝。何进遂由郎中、虎贲中郎将、颍川太守、侍中、大将作、河南尹直至大将军。
⑱ 袁绍：字本初，汝南汝阳人。司徒袁汤之孙。曾为何进掾属，后升为司隶校尉。为汉末政坛主要人物之一。
⑲ 扬汤止沸，莫若去薪：今言扬汤止沸莫如釜底抽薪。认为从根本上解决问题。
⑳ 内食：谓从中侵蚀肌肉。
㉑ 赵鞅兴晋阳之甲，以逐君侧之恶人：李贤注：《公羊传》曰："晋赵鞅取晋阳之甲，以逐荀寅与士吉射。"意谓兴军是为了清除君主近侧的恶人。
㉒ 鸣钟鼓：李贤注："鸣钟鼓者，声其罪也。《论语》：'好鸣钟鼓而击之。'"
㉓ 奸秽：指诸宦官。

而何进败,虎贲中郎将袁术①乃烧南宫,欲讨宦官,而中常侍段珪等劫少帝及陈留王夜走小平津②。卓远见火起,引兵急进,未明到城西,闻少帝③在北芒④,因往奉迎。帝见卓将兵卒至⑤,恐怖涕泣。卓与言,不能辞对;与陈留王语,遂及祸乱之事。卓以王为贤⑥,且为董太后所养,卓自以与太后同族,有废立意⑦。

初,卓之入也,步骑不过三千,自嫌兵少,恐不为远近所服,率四五日⑧辄夜潜出军近营,明旦乃大陈旌鼓而还⑨,以为西兵⑩复至,洛中无知者。寻而何进及弟苗先所领部曲皆归于卓,卓又使吕布杀执金吾丁原⑪而并其众,卓兵士大盛。乃讽⑫朝廷策免司空刘弘而自代之。因集议废立。百僚⑬大会,卓乃奋首⑭而言曰:"大者天地,其次君臣,所以为政。皇帝暗弱,不可以奉宗庙,为天下主。今欲依伊尹、霍光故事,更立陈留王⑮,何如?"公卿⑯以下莫敢对。卓又抗言⑰曰:"昔霍光定策,延年按剑。有敢沮大议,皆以军法从之⑱。"坐者震动。尚书卢植独曰:"昔太甲既立不明,昌邑罪过千余,故有废立之事。今上富于春秋,行无失德,非前事之比也⑲。"卓大怒,罢坐⑳。明日复集群僚于崇德前殿,遂胁太后,策废少

---

① 袁术:字公路,袁绍的堂兄弟,时任虎贲中郎将,亦为汉末群雄争斗中一重要人物。
② 小平津:在今河南巩县。
③ 少帝:名刘辩,即位时年十七。陈留王为刘辩之弟刘协。
④ 北芒:又称邙山,在洛阳西北黄河南岸,上覆黄土。自东周起,多帝王将相富豪之人的陵墓。
⑤ 卒至:卒同猝。突然出现。
⑥ 以王为贤:董卓以为陈留王刘协要比少帝贤能。
⑦ 有废立意:废掉少帝立刘协为帝的想法。
⑧ 率四五日:通常隔四五天时间。
⑨ 大陈旌鼓而还:犹大张旗鼓开进洛阳北城内。
⑩ 西兵:董卓所部多为凉州兵。凉州居西方,故称西兵。
⑪ 吕布杀执金吾丁原:吕布,字奉先,五原郡九原人。丁原,字建阳,先为并州刺史,吕布为丁原属下之骑都尉。后何进召丁原入京授执金吾,吕布亦随之入京。何进死后,董卓见吕布勇武,诱吕布杀了丁原,进吕布为中郎将,封都亭侯,甚见亲爱,引为近身侍卫。
⑫ 讽:为用委婉的语言暗示。
⑬ 百僚:百官。
⑭ 奋首:带头,抢先。奋,振作。首,头。
⑮ 欲依伊尹、霍光故事,更立陈留王:想依照历史上伊尹放逐太甲,霍光废昌邑王立宣帝的先例而废少帝立陈留王为帝。
⑯ 公卿:三公九卿。
⑰ 抗言:李贤注:"抗,高也。"抗同亢,即高声。
⑱ 霍光定策,延年按剑。有敢沮大议,皆以军法从之:霍光决定废昌邑王时召群臣议。当霍光讲出要废掉即位不满一月的皇帝时,"群臣皆惊愕失色,莫敢发言,但唯唯而已。田延年前,离席按剑曰:'……今日之议,不得旋踵,群臣后应者,臣请剑斩之。'"语见《汉书·霍光传》。沮大议,阻止破坏废立大计。
⑲ 今上富于春秋,行无失德,非前世之比也:少帝年轻,没有干出失德之事,不能和太甲、昌邑王相类比。失德,不道德的事情。
⑳ 罢坐:解散会议。

帝。曰："皇帝在丧,无人子之心,威仪不类人君①,今废为弘农王。"乃立陈留王,是为献帝。又议太后蹴迫永乐太后②,至令忧死,逆妇姑之礼③,无孝顺之节,迁于永安宫,遂以弑崩④。

卓迁太尉,领前将军事,加节传斧钺虎贲⑤,更封郿侯。卓乃与司徒黄琬⑥、司空杨彪⑦,俱带铁锧⑧诣阙上书,追理陈蕃、窦武及诸党人⑨,以从人望⑩。于是悉复蕃等爵位,擢用子孙⑪。

寻进卓为相国,入朝不趋,剑履上殿。封母为池阳君,置令丞。

是时洛中贵戚室第相望,金帛财产,家家殷积。卓纵放兵士,突其庐舍⑫,淫略妇女,剽房⑬资物,谓之"搜牢"。人情崩恐,不保朝夕。及何后葬,开文陵⑭,卓悉取藏中珍物。又奸乱公主,妻略宫人⑮,虐刑滥罚,睚眦⑯必死,群僚内外莫能自固。卓尝遣军至阳城⑰,时人会于社下⑱,悉令就斩之,驾其车重,载其妇女,以头系车辕,歌呼而还。又坏五铢钱⑲,更铸小钱,悉收洛阳及长安铜人、钟虡⑳、飞廉、铜马㉑之属,以充铸焉。故货贱物贵㉒,谷石数万。又钱无轮郭文章㉓,不便人

---

① 威仪不类人君:意为表现得不像个皇帝的样子。威仪,庄重严肃的容止。类,似,象。
② 蹴(cù)迫永乐太后:蹴,迫,犹逼迫使其早死。永乐太后,李贤注:"孝仁董皇后,灵帝之母。"
③ 逆妇姑之礼:违背了婆媳之间的礼教。逆,背也。
④ 弑(shì)崩:弑杀而死。臣杀君,子杀父母为弑。崩,帝后死曰崩。
⑤ 斧钺虎贲:斧钺,象征专征专杀之权;虎贲,宿卫皇宫的亲兵。
⑥ 黄琬:字子琰,江夏安陆人。太尉黄琼之孙。曾祖黄香为汉名臣。
⑦ 杨彪:字文先,弘农华阴人。名臣杨震曾孙。
⑧ 铁锧:古代腰斩用的垫座。犹言做好被腰斩的准备。
⑨ 追理陈蕃、窦武及诸党人:为被宦官集团迫害至死的诸位党人平反。
⑩ 从人望:顺应众人的意愿。人望,众人所属望。如人望所归。
⑪ 擢用子孙:提拔、任用被害党人的子孙。
⑫ 突其庐舍:犹打家劫舍。突,为冲撞,如突破。庐舍,宅地,房舍。
⑬ 剽房:抢劫,掳掠。
⑭ 文陵:灵帝陵寝。
⑮ 妻略宫人:强娶宫女为妻。
⑯ 睚眦(yá zī):瞪着眼睛,怒目相视。如成语"睚眦必报"。
⑰ 阳城:古县名,秦置。治所在今河南登封告成镇
⑱ 会于社下:在社下聚会。社下,祀土地神的庙宇为社。
⑲ 坏五铢钱:废除取消五铢钱。五铢钱为汉代流通极广的货币。
⑳ 钟虡(jù):即钟架。
㉑ 飞廉、铜马:李贤注:"武帝置飞廉馆。《音义》云:'飞廉神禽,身似鹿,头如爵,有角,蛇尾,文如豹文。明帝永平五年,长安迎取飞廉及铜马,置上西门外,名平乐馆。铜马则东门京所作,置于金马门外者也。'"
㉒ 货贱物贵:货币不值钱,物价飞涨。
㉓ 无轮郭文章:没有边饰及花纹。郭同廓。文章,花纹。

用。时人以为秦始皇见长人于临洮,乃铸铜人①。卓,临洮人也,而今毁之。虽成毁不同,凶暴相类②焉。

卓素闻天下同疾阉官诛杀忠良,及其在事③,虽行无道,而犹忍性矫情④,擢用群士。乃任吏部尚书汉阳周珌、侍中汝南伍琼、尚书郑公业、长史何颙等。以处士⑤荀爽为司空。其染党锢者⑥陈纪、韩融之徒,皆为列卿。幽滞之士,多所显拔⑦。以尚书韩馥为冀州刺史,侍中刘岱为兖州刺史,陈留孔伷为豫州刺史,颍川张咨为南阳太守。卓所亲爱,并不处显职,但将校而已⑧。初平元年⑨,馥等到官,与袁绍之徒十余人,各兴义兵,同盟讨卓⑩,而伍琼、周珌阴为内主。

初,灵帝末,黄巾余党郭太等复起西河白波谷⑪,转寇太原,遂破河东,百姓流转三辅,号为"白波贼",众十余万。卓遣中郎将牛辅击之,不能却⑫。及闻东方兵起,惧,乃鸩杀弘农王,欲徙都长安。会公卿议,太尉黄琬、司徒杨彪廷争不能得⑬,而伍琼、周珌又固谏之。卓因大怒曰:"卓初入朝,二子劝用善士,故相从,而诸君到官,举兵相图。此二君卖卓⑭,卓有以相负!"遂斩琼、珌。而彪、琬恐惧,诣卓谢曰:"小人恋旧,非欲沮国事也⑮,请以不及为罪。"卓既杀琼、珌,旋⑯亦悔之,故表彪、琬为光禄大夫。于是迁天子西都。

初,长安遭赤眉之乱,宫室营寺焚灭无余,是时唯有高庙、京兆府舍,遂便时

---

① 秦始皇见长人于临洮,乃铸铜人:李贤注:"《三辅旧事》曰:'秦王立二十六年,初定天下,称皇帝,大人见临洮,身长五丈,迹长六尺,作铜人以厌。立在阿房宫殿前,汉徙长乐宫中大夏殿前。'《史记》曰:'始皇铸天下兵器为十二金人。'"
② 凶暴相类:秦皇铸成,董卓毁坏,结果虽不相同,但两人的凶暴这方面十分类似。
③ 在事:犹掌权用事。
④ 虽行无道而犹忍性矫情:董卓的行为虽属无道,却能忍住自己的性情,故意做出谦让下士的姿态来。矫情,故意克制自己的感情。
⑤ 处士:有才德而隐居不仕的人。
⑥ 染党锢者:曾被宦官集团打击迫害遭到禁锢的人。
⑦ 幽滞之士,多所显拔:被埋没的士人大都提拔到显要的位置上。
⑧ 亲爱不处显职,但将校而已:他的亲信部下并未担任显要职务,只处于将军或校尉的地位。
⑨ 初平元年:190年。
⑩ 兴义兵,同盟讨卓:发动义兵,结为同盟,共同讨伐董卓。
⑪ 西河白波谷:地名。
⑫ 却:退敌。
⑬ 庭争不能得:当庭争辩(反对迁都)不能得到董卓的同意。
⑭ 卖卓:出卖董卓。
⑮ 小人恋旧,非欲沮国事也:小人物依恋旧土,并非要破坏迁都大计。
⑯ 旋:随后,不久。

幸焉①。后移未央宫。于是尽徙洛阳人数百万口于长安，步骑驱蹙②，更相蹈藉③，饥饿寇掠，积尸盈路。卓自屯留毕圭苑④中，悉烧宫庙官府居家，二百里内无复孑遗。又使吕布发诸帝陵，及公卿已下冢墓，收其珍宝。

时长沙太守孙坚亦率豫州诸郡兵讨卓。卓先遣将徐荣、李蒙四出虏掠。荣遇坚于梁，与战，破坚，生禽颍川太守李旻，亨之⑤。卓所得义兵士卒，皆以布缠裹，倒立于地，热膏灌杀之。

时河内太守王匡⑥屯兵河阳津，将以图卓⑦。卓遣疑兵挑战，而潜使锐卒从小平津过津北，破之，死者略尽。明年，孙坚收合散卒，进屯梁县之阳人⑧。卓遣将胡轸、吕布攻之。布与轸不相能⑨，军中自惊恐，士卒散乱。坚追击之，轸、布败走。卓遣将李傕诣坚求和，坚拒绝不受，进军大谷⑩，距洛九十里。卓自出与坚战于诸陵墓间，卓败走，却屯黾池，聚兵于陕。坚进洛阳宣阳城门，更击吕布，布复破走。坚乃埽除宗庙，平塞诸陵，分兵出函谷关，至新安、黾池间，以戳卓后。卓谓长史刘艾曰："关东诸将数败矣，无能为也。唯孙坚小戆⑪，诸将军宜慎之。"乃使东中郎将董越屯黾池，中郎将段煨屯华阴，中郎将牛辅屯安邑，其余中郎将、校尉布在诸县，以御山东。

卓讽朝廷使光禄勋宣持节拜卓为太师，位在诸侯王上。乃引还长安。百官迎路拜揖，卓遂僭拟车服⑫，乘金华青盖，爪画两辐，时人号"竿摩车"，言其服饰近天子也。以弟旻为左将军，封鄠侯，兄子璜为侍中、中军校尉，皆典兵事⑬。于是宗族内外，并居列位。其子孙虽在髫龀⑭，男皆封侯，女为邑君。

数与百官置酒宴会，淫乐纵恣。乃结垒于长安城东以自居。又筑坞⑮于郿，

---

① 便时：便时犹暂时。
② 驱蹙：驱赶，促迫。
③ 更相蹈藉：互相践踏。
④ 毕圭苑：苑囿名，当在洛阳城西。
⑤ 亨之：将李旻放在沸水中煮。亨，同烹。
⑥ 王匡：李贤注：《英雄记》曰："匡字公节，泰山人，轻财好施，以任侠闻。"
⑦ 图卓：图谋董卓。
⑧ 梁县之阳人：李贤注："梁县属河南郡，今汝州县也。阳人聚故城在梁县西。"
⑨ 不相能：不相亲善。相能，亲善。《左传·襄公二十一年》："范鞅与栾盈为公族大夫而不相能。"
⑩ 大谷：李贤注："大谷口在故嵩阳西北八十五里，此出对洛阳故城。"
⑪ 戆（gàng）：愚而刚直。《史记·汲郑列传》："甚矣，汲黯之戆也。"
⑫ 僭拟车服：董卓的车辆与服饰都超越了自己的官职与身份。
⑬ 典兵事：执掌军队。
⑭ 髫龀（tiáo chèn）：古时小孩子的头发下垂为髫，换牙为龀。合指童年。
⑮ 坞（wū）：防御用的小型堡垒。

高厚七丈，号曰"万岁坞"。积谷为三十年储。自云："事成，雄据天下；不成，守此足以毕老。"尝至郿行坞，公卿已下祖道①于横门外。卓施帐幔饮设，诱降北地反者数百人，于坐中杀之。先断其舌，次斩手足，次凿其眼目，以镬煮之。未及得死，偃转杯案间②。会者战慄③，亡失匕箸④，而卓饮食自若。诸将有言语蹉跌，便戮于前。又稍诛关中旧族，陷以叛逆。

时太史望气⑤，言当有大臣戮死者。卓乃使人诬卫尉张温与袁术交通⑥，遂笞温于市⑦，杀之，以塞天变⑧。前温出屯美阳，令卓与边章等战无功，温召又不时应命，既到而辞对不逊。时孙坚为温参军，劝温陈兵斩之。温曰："卓有威名，方倚以西行⑨。"坚曰："明公亲帅王师，威振天下，何恃于卓而赖之乎？坚闻古之名将，杖钺临众，未有不断斩以示威武者⑩也。故穰苴斩庄贾，魏绛戮杨干⑪。今若纵之，自亏威重，后悔何及！"温不能从，而卓犹怀忌恨，故及于难⑫。

温字伯慎，少有名誉，累登公卿，亦阴与司徒王允共谋诛卓，事未及发而见害。越骑校尉汝南伍孚忿卓凶毒，志手刃之⑬，乃朝服怀佩刀以见卓。孚语毕辞去，卓起送至阁，以手抚其背，孚因出刀刺之，不中。卓自奋得免⑭，急呼左右执杀之，而大诟曰："虏欲反耶！"孚大言曰："恨不得磔裂⑮奸贼于都市，以谢天地！"言未毕而毙。

时王允与吕布及仆射士孙瑞谋诛卓。有人书"吕"字于布上，负而行于市⑯，歌曰："布乎！"有告卓者，卓不悟。三年四月，帝疾新愈，大会未央殿。卓朝服升

---

① 祖道：旧时为出行者祭祀路神，并设宴送行。
② 偃转杯案间：仰卧转动与杯案之间。杯，同杯。
③ 会者战慄：与会的人都吓到浑身发抖。
④ 亡失匕箸：因为恐惧，连手中的勺筷都掉在了地上。匕，匙，勺。
⑤ 太史望气：观测天文气象的官员。望气，古代方士的一种占侯术，望云气以测吉凶征兆。
⑥ 交通：交接，往还。
⑦ 笞温于市：在街市上用竹板击人犯的脊背、腿等，故意侮辱张温。
⑧ 以塞天变：用杀张温来堵塞所谓的天变（望气者之言）之象。
⑨ 方倚以西行：正要依仗他来对付西方的叛军。
⑩ 不断斩以示威武者：没有不断然斩杀抗命者，以显示自己威武的。
⑪ 故穰苴斩庄贾，魏绛戮杨干：李贤注："齐景公时，晋燕伐齐，齐以司马穰苴为将军，又以宠臣庄贾为监军。贾期后至。穰苴斩庄贾，以训三军。魏绛，晋大夫，杨干，晋公弟。会诸侯于曲梁，杨干乱行，魏绛戮其仆，事在《左传》。"
⑫ 故及于难：因此至于死难。及，至。难，死亡，如遇难。
⑬ 忿卓凶毒，志手刃之：忿恨于董卓的凶狠毒辣，决心亲手杀掉董卓。志，立志。手刃，亲手用利刃刺杀。
⑭ 自奋得免：自己奋力挣脱，得以免死。奋，振作。
⑮ 磔（zhé）裂：车裂人体。后亦指凌迟。
⑯ 负而行于市：背在身后行走在长安街市上。

车，既而马惊堕泥①，还入更衣。其少妻止之，卓不从，遂行。乃陈兵夹道，自垒及宫②，左步右骑，屯卫周匝，令吕布等扞卫③前后。王允乃与士孙瑞密表其事，使瑞自书诏④以授布，令骑都尉李肃与布同心勇士十余人，伪著卫士服于北掖门内以待卓。卓将至，马惊不行，怪惧欲还。吕布劝令进，遂入门。肃以戟刺之，卓衷甲不入，伤臂堕车，顾大呼曰⑤："吕布何在？"布曰："有诏讨贼臣。"卓大骂曰："庸狗⑥敢如是邪！"布应声持矛刺卓，趣兵斩之⑦。主簿田仪及卓仓头⑧前赴其尸，布又杀之。驰赍赦书⑨，以令宫陛内外。士卒皆称万岁，百姓歌舞于道。长安中士女卖其珠玉衣装市酒肉⑩相庆者，填满衢肆。使皇甫嵩攻卓弟旻于郿坞，杀其母妻男女，尽灭其族。乃尸卓于市。天时始热，卓素充肥，脂流于地。守尸吏然火置卓脐中，光明达曙，如是积日。诸袁门生⑪又聚董氏之尸，焚灰扬之于路。坞中珍藏有金二三万斤，银八九万斤，锦绮缯縠纨素奇玩，积如丘山。

初，卓以牛辅子婿，素所亲信，使以兵屯陕。辅分遣其校尉李傕、郭汜、张济将步骑数万，击破河南尹朱儁于中牟。因掠陈留、颍川诸县，杀略男女，所过无复遗类⑫。吕布乃使李肃以诏命至陕讨辅等，辅等逆⑬与肃战，肃败走弘农，布诛杀之。其后牛辅营中无故大惊，辅惧，乃赍金宝逾城走。左右利其货⑭，斩辅，送首长安。

傕、汜等以王允、吕布杀董卓，故忿怒并州人⑮，并州人其在军者男女数百人，皆诛杀之。牛辅既败，众无所依，欲各散去。傕等恐，乃先遣使诣长安，求乞赦免。王允以为一岁不可再赦⑯，不许之。傕等益怀忧惧，不知所为。武威人贾

---

① 堕泥：马倒在泥地上。
② 自垒及宫：从自己的军垒到宫廷。垒，军营四周所筑起的堡寨。
③ 扞围：捍卫。扞，同捍。
④ 自书诏：自己书写皇帝的诏书。即伪造诏书。
⑤ 顾大呼曰：回头大声叫道。
⑥ 庸狗：骂人话语。
⑦ 趣兵斩之：趣同促，督促，催促。
⑧ 仓头：同"苍头"，即跟随的仆人。
⑨ 驰赍赦书：骑士抱着皇帝的赦书。赍，怀抱，抱着。赦书，免罪的文书。
⑩ 市酒肉：买酒肉。市，购买。《论语·乡党》："沽酒市脯。"
⑪ 诸袁门生：袁绍，袁氏家族的门客。
⑫ 无复遗类：没有剩余的同类。全部杀掠一空。
⑬ 逆：迎，接。
⑭ 左右利其货：牛辅的属下眼红他手中的珍宝。利，利益，当动词解。
⑮ 忿怒并州人：王允为太原人，属并州，吕布亦属并州人。故傕、汜等仇恨并州人。
⑯ 一岁不可再赦：一年中只能赦免一次。

诩①时在傕军,说之曰:"闻长安中议欲尽诛凉州人,诸君若弃军单行,则一亭长能束君矣。不如相率而西,以攻长安,为董公报仇。事济②,奉国家以正天下;若其不合③,走未后也。"傕等然之,各相谓曰:"京师不赦我,我当以死决之。若攻长安克,则得天下矣;不克,则抄三辅妇女财物,西归乡里,尚可延命。"众以为然,于是共结盟,率军数千,晨夜西行。王允闻之,乃遣卓故将胡轸、徐荣击之于新丰。荣战死,轸以众降。傕随道收兵,比至④长安,已十余万,与卓故部曲樊稠、李蒙等合,围长安。城峻不可攻,守之八日,吕布军有叟兵⑤内反,引众得入。城溃,放兵虏掠,死者万余人。杀卫尉种拂等。吕布战败出奔。王允奉天子保宣平城门楼上⑥。于是大赦天下。李傕、郭汜、樊稠等皆为将军。遂围门楼,共表请司徒王允出,问:"太师何罪?"允穷蹙⑦乃下,后数日见杀。傕等葬董卓于郿,并收董氏所焚尸之灰,合敛一棺而葬之。葬日,大风雨,霆震⑧卓墓,流水入藏,漂其棺木。

傕又迁车骑将军,开府,领司隶校尉,假节。汜后将军,稠右将军,张济为镇东将军,并封列侯。傕、汜、稠共秉朝政。济出屯弘农。以贾诩为左冯翊,欲侯之。诩曰:"此救命之计,何功之有!"固辞乃止。更以为尚书典选⑨。

明年夏,大雨昼夜二十余日,漂没人庶⑩,又风如冬时。帝使御史裴茂讯诏狱⑪,原系者二百余人。其中有为傕所枉系者,傕恐茂赦之,乃表奏茂擅出囚徒,疑有奸故,请收之。诏曰:"灾异屡降,阴雨为害,使者衔命⑫宣布恩泽,原解轻微,庶合天心。欲释冤结而复罪之乎!一切勿问。"

初,卓之入关,要韩遂、马腾共谋山东⑬。遂、腾见天下方乱,亦欲倚卓起兵。

---

① 武威人贾诩:字文和,后为曹操主要谋士之一。《三国志·魏书》有其传,详见其专注。
② 事济:事情成功。济,成功。
③ 不合:不符合计划。
④ 比至:及到。
⑤ 叟兵:李贤注:"叟兵即蜀兵也。汉代谓蜀为叟也。"
⑥ 宣平城门楼上:李贤注:《三辅黄图》曰:"长安城东面北头门号宣平门。"
⑦ 穷蹙:困窘,促迫。
⑧ 霆震:雷霆震怒,击卓墓。霆,霹雷。《尔雅·释天》:"疾雷为霆霓。"
⑨ 典选:执掌选举。
⑩ 人庶:人民,百姓。
⑪ 讯诏狱:调查因受诏令入系狱中者。
⑫ 使者衔命:裴茂秉承皇帝的诏令。
⑬ 要韩遂、马腾共谋山东:要同邀。山东,崤山以东的广大地区。

兴平元年①,马腾从陇右来朝,进屯霸桥②。时腾私有求于傕,不获而怒,遂与侍中马宇、右中郎将刘范、前凉州刺史种劭、中郎将杜禀合兵攻傕,连日不决。韩遂闻之,乃率众来欲和腾、傕,既而复与腾合。傕使兄子利共郭汜、樊稠与腾等战于长平观③下。遂、腾败,斩首万余级,种劭、刘范等皆死。遂、腾走还凉州,稠等又追。韩遂使人语稠曰:"天下反覆未可知,相与州里④,今虽小违,要当大同,欲共一言。"乃骈马交臂相加⑤,笑语良久。军还,利告傕曰:"樊、韩骈马笑语,不知其辞,而意爱甚密。"于是傕、稠始相猜疑。犹加稠及郭汜开府⑥,与三公合为六府,皆参选举⑦。

时长安中盗贼不禁,白日虏掠。傕、汜、稠乃参分城内,各备其界,犹不能制,而其子弟纵横,侵暴百姓。是时谷一斛五十万,豆麦二十万,人相食啖⑧,白骨委积,臭秽满路。帝使侍御史侯汶出太仓米豆为饥人作糜⑨,经日而死者无降。帝疑赋恤有虚⑩,乃亲于御前自加临检。既知不实,使侍中刘艾出让有司⑪。于是尚书令以下皆诣省阁谢,奏收侯汶考实。诏曰:"未忍致汶于理,可杖五十。"自是后多得全济。

明年春,傕因会刺杀樊稠于坐,由是诸将各相疑异,傕、汜遂复理兵相攻⑫。安西将军杨定者,故卓部曲将也。惧傕忍害⑬,乃与汜合谋迎天子幸其营⑭。傕知其计,即使兄子暹将数千人围宫。以车三乘迎天子、皇后。太尉杨彪谓暹曰:"古今帝王,无在人臣家者。诸君举事⑮,当上顺天心,奈何如是!"暹曰:"将军计

---

① 兴平元年:194年。
② 霸桥:在长安的东灞水之上。
③ 长平观:李贤注:"长平,坂名,在池阳南,有长平观,去长安五十里。"
④ 相与州里:都是(凉州)同乡之人。相与,相交往。
⑤ 骈马交臂相加:两人所骑的马并排一起,两人手臂相交。
⑥ 开府:成立府署,自选僚属。原来只有三公和大将军可以开府,共四府。
⑦ 皆参选举:三人都参与选举(可以举荐官吏)。
⑧ 人相食啖(dàn):人民因饥饿而相食。啖,吃。
⑨ 作糜:煮成了粥以救济饥民。糜,粥。《释名·释饮食》:"糜,煮,未使糜烂也。"
⑩ 赋恤有虚:李贤注:"赋,布也。恤,忧也。"布施饥民的过程中有弄虚作假的情况。
⑪ 让有司:责问有关部门的官员。
⑫ 傕汜遂复理兵相攻:理兵犹整训兵马,相互攻击。李贤注:"袁宏《纪》曰:'李傕数设酒请汜,或留汜止宿。汜妻惧与汜婢妾私而夺己爱,思有以离间之。会傕送馈,妻乃以豉为药。汜将食,妻曰:"食从外来,倘或有故!"遂摘药示之,曰:"一栖不两雄,我固疑将军之信李公也。"他日傕请汜,大醉。汜疑傕药之,绞粪汁饮之乃解。于是遂相猜疑也。'"
⑬ 忍害:忍心害己。
⑭ 幸其营:住在自己的营寨里。
⑮ 举事:犹作事,干事。

决矣。"帝于是遂幸傕营，彪等皆徒从①。乱兵入殿。掠宫人什物，傕又徙御府金帛乘舆器服，而放火烧宫殿官府居人悉尽。帝使杨彪与司空张喜等十余人和傕、汜②，汜不从，遂质留公卿③。彪谓汜曰："将军达人间事④，奈何君臣分争，一人劫天子，一人质公卿，此可行邪？"汜怒，欲手刃彪。彪曰："卿尚不奉⑤国家，吾岂求生邪！"左右多谏，汜乃止。遂引兵攻傕，矢及帝前⑥，又贯傕耳⑦。傕将杨奉本白波贼帅，乃将兵救傕，于是汜众乃退。

是日，傕复移帝幸其北坞，唯皇后、宋贵人俱。傕使校尉监门，隔绝内外。寻复欲徙帝于池阳黄白城⑧，君臣惶惧。司徒赵温深解譬之⑨，乃止。诏遣谒者仆射皇甫郦和傕、汜。郦先譬汜，汜即从命。又诣傕，傕不听。曰："郭多，盗马虏耳⑩，何敢欲与我同邪！必诛之。君观我方略士众，足办郭多不？多又劫质公卿。所为如是，而君苟欲左右之邪⑪！"汜一名多。郦曰："今汜质公卿，而将军胁主，谁轻重乎？"傕怒，呵遣郦⑫，因令虎贲王昌追杀之。昌伪不及⑬，郦得以免。傕乃自为大司马。与郭汜相攻连月，死者以万数。

张济自陕来和解二人，仍欲迁帝权幸弘农⑭。帝亦思旧京⑮，因遣使敦请傕求东归，十反乃许⑯。车驾即日发迈⑰。李傕出屯曹阳。以张济为骠骑将军，复还屯陕。迁郭汜车骑将军，杨定后将军，杨奉兴义将军。又以故牛辅部曲董承为安集将军。汜等并侍送乘舆。汜遂复欲胁帝幸郿，定、奉、承不听。汜恐变生，乃弃军还就李傕。车驾进至华阴。宁辑将军段煨乃具服御及公卿以下资储⑱，请

---

① 徒从：徒步跟随天子去了李傕的军营。
② 和傕、汜：调和两人的矛盾。
③ 质留公卿：把杨彪等公卿大臣留在自己军营中做人质。
④ 达人间事：明白世间事理。达，明达，明白，通晓。人间犹世间。
⑤ 不奉：不敬奉。
⑥ 矢及帝前：箭射到皇帝的跟前。
⑦ 贯傕弓：箭穿李傕耳朵。贯，穿也。
⑧ 池阳黄白城：李贤注："池阳县故城在今泾阳县西北。"
⑨ 深解譬之：深切地解劝譬喻李傕不要这样做。
⑩ 郭多，盗马虏耳：郭汜这个盗马贼虏。
⑪ 左右之邪：李贤注："左右，助也。"
⑫ 呵遣郦：呵斥，让皇甫郦出去。
⑬ 昌伪不及：王昌假装没有追上。
⑭ 权幸弘农：暂且驾临弘农。权，姑且，暂且。
⑮ 旧京：洛阳。
⑯ 十反乃许：使者往返十次才同意东返洛阳。
⑰ 发迈：犹出发远行。迈，远行，前进。
⑱ 资储：犹生活用品。

帝幸其营。初，杨定与煨有隙，遂诬煨欲反，乃攻其营，十余日不下。而煨犹奉给御膳，禀赡百官①，终无二意。

李傕、郭汜既悔令天子东，乃来救段煨，因欲劫帝而西。杨定为汜所遮，亡奔荆州。而张济与杨奉、董承不相平②，乃反合傕、汜，共追乘舆，大战于弘农东涧。承、奉军败，百官士卒死者不可胜数，皆弃其妇女辎重，御物符策典籍，略无所遗。射声校尉沮儁被创坠马。李傕谓左右曰："尚可活不？"儁骂之曰："汝等凶逆，逼迫天子，乱臣贼子，未有如汝者！"傕使杀之。天子遂露次③曹阳。承、奉乃谲傕等与连和④，而密遣间使⑤至河东，招故白波帅李乐、韩暹、胡才及南匈奴右贤王去卑，并率其众数千骑来，与承、奉共击傕等，大破之，斩首数千级，乘舆乃得进。董承、李乐拥卫左右，胡才、杨奉、韩暹、去卑为后距。傕等复来战，奉等大败，死者甚于东涧。自东涧兵相连缀四十里中，方得至陕，乃结营自守。时残破之余，虎贲羽林不满百人，皆有离心。承、奉等夜乃潜议过河⑥，使李乐先度具舟舡⑦，举火为应。帝步出营，临河欲济，岸高十余丈，乃以绢缒而下⑧。余人或匍匐岸侧，或从上自投，死亡伤残，不复相知。争赴舡者，不可禁制，董承以戈击披⑨之，断手指于舟中者可掬⑩。同济唯皇后、宋贵人、杨彪、董承及后父执金吾伏完等数十人。其宫女皆为傕兵所掠夺，冻溺死者甚众。既到大阳，止于人家⑪，然后幸李乐营。百官饥饿，河内太守张杨使数千人负米贡饷。帝乃御牛车，因都安邑⑫。河东太守王邑奉献绵帛，悉赋公卿以下。封邑为列侯，拜胡才征东将军，张杨为安国将军，皆假节、开府。其垒壁⑬群竖，竞求拜职，刻印不给，至乃以锥

---

① 禀赡百官：供百官食用。
② 不相平：不能平等相处。
③ 露次：犹露宿。
④ 谲(jué)傕等与连和：谲，欺诈。假意与李傕等人联合。
⑤ 间使：密使。
⑥ 潜议过河：秘密商议渡黄河事宜。
⑦ 舟舡(chuán)：船。
⑧ 以绢缒(zhuì)而下：用绢捆缚身体自高崖往下放。缒，系在绳子上放下去。
⑨ 披：同劈。
⑩ 掬(jū)：双手捧取。
　　垒壁：营垒中的群小之辈。
⑪ 到大阳，止于人家：到了大阳县，住在百姓家中。李贤注："大阳，县，属河东郡，即今陕州河北县是也。"
⑫ 因都安邑：于是将国都暂时定在安邑。安邑，在今山西夏县西北。
⑬ 垒壁：营垒中。

画之①。或赍酒肉就天子燕饮②。又遣太仆韩融至弘农,与傕、汜等连和。傕乃放遣公卿百官,颇归宫人妇女,及乘舆器服。

初,帝入关,三辅户口尚数十万,自傕汜相攻,天子东归后,长安城空四十余日,强者四散,羸者③相食,二三年间,关中无复人迹。建安元年春,诸将争权,韩暹遂攻董承,承奔张杨,杨乃使承先缮修洛宫。七月,帝还至洛阳,幸杨安殿。张杨以为己功,故因以"杨"名殿。乃谓诸将曰:"天子当与天下共之,朝廷自有公卿大臣,杨当出扞外难,何事京师?"遂还野王④。杨奉亦出屯梁。乃以张杨为大司马,杨奉为车骑将军,韩暹为大将军,领司隶校尉,皆假节钺。暹与董承并留宿卫。

暹矜功恣睢⑤,干乱政事,董承患之,潜召兖州牧曹操。操乃诣阙贡献,禀公卿以下,因奏韩暹、张杨之罪。暹惧诛,单骑奔杨奉。帝以暹、杨有翼车驾之功⑥,诏一切勿问。于是封卫将军董承、辅国将军伏完等十余人为列侯,赠沮儁为弘农太守。曹操以洛阳残荒,遂移帝幸许。杨奉、韩暹欲要遮车驾,不及,曹操击之,奉、暹奔袁术,遂纵暴杨、徐间⑦。明年,左将军刘备诱奉斩之。暹惧,走还并州,道为人所杀。胡才、李乐留河东,才为怨家所害,乐自病死。张济饥饿,出至南阳,攻穰⑧,战死。郭汜为其将伍习所杀。

三年,使谒者仆射裴茂诏关中诸将段煨等讨李傕,夷三族。以段煨为安南将军,封閺乡侯。

四年,张杨为其将杨丑所杀。以董承为车骑将军,开府。

自都许⑨之后,权归曹氏,天子总己,百官备员而已⑩。帝忌操专逼⑪,乃密诏董承,使结天下义士共诛之。承遂与刘备同谋,未发,会备出征,承更与偏将军王服、长水校尉种辑、议郎吴硕结谋。事泄,承、服、辑、硕皆为操所诛。

---

① 以锥画之:汉代官印用铜铸成。因铸造需要条件,此等群小又等待不及,只好用锥刻画而成。
② 赍酒肉就天子燕饮:有些人带来酒肉要与天子在一起共同享用。
③ 羸(léi)者:瘦弱者。
④ 野王:古县名,西汉置,治所在今河南沁阳。
⑤ 矜功恣睢:居功自傲,任意因事。李贤注:"恣睢,自任用之貌。"
⑥ 翼车驾之功:保护车驾(乘舆)的功劳。翼,遮护。
⑦ 纵暴杨徐间:纵恣暴虐于扬州、徐州一带。
⑧ 穰(ráng):古县名。战国时楚邑,后属韩,秦置县。治所在今河南邓县。
⑨ 都许:建都许昌。
⑩ 天子总己,百官备员而已:天子只能总摄己职,百官不过是充数备员而已。
⑪ 专逼:专权,威逼。

韩遂与马腾自还凉州,更相战争①,乃下陇据关中。操方事河北②,虑其乘间为乱,七年,乃拜腾征南将军,遂征西将军,并开府。后征段煨为大鸿胪,病卒。复征马腾为卫尉,封槐里侯。腾乃应召,而留子超领其部典。十六年,超与韩遂举关中背曹操③,操击破之,遂、超败走,腾坐夷三族。超攻杀凉州刺史韦康④,复据陇右。十九年,天水人杨阜破超,超奔汉中,降刘备。韩遂走金城羌中,为其帐下所杀。初,陇西人宋建在枹罕,自称"河首平汉王"⑤,署置百官三十许年。曹操因遣夏侯渊⑥击建,斩之,凉州悉平。

选自《后汉书》卷七十二《董卓传》

---

① 更相战争:相互之间争斗不已。
② 方事河北:正在与冀州牧袁绍对垒。事,战事。
③ 背曹操:反叛曹操。
④ 韦康:李贤注:"太仆端之子也。弟诞,魏光禄大夫。"
⑤ 河首平汉王:李贤注:"建以居河上流,故称河首也。"
⑥ 夏侯渊:李贤注:"《魏志》曰:'"渊字妙才,沛国人也。为征西护军。魏太祖使帅诸将讨建,拔之。"'"

卷三 三国

张 绣 传

　　张绣，武威祖厉①人，骠骑将军济②族子也。边章、韩遂为乱凉州③，金城麹胜袭杀祖厉长刘隽。绣为县吏，间伺杀胜④，郡内义之⑤。遂招合少年，为邑中豪杰⑥。董卓败，济与李傕等击吕布，为卓报仇。语在《卓传》。绣随济，以军功稍迁至建忠将军，封宣威侯。济屯弘农⑦，士卒饥饿，南攻穰，为流矢所中死。绣领其众，屯宛⑧，与刘表合。太祖南征，军淯水⑨，绣等举众降。太祖纳济妻⑩，绣恨之。太祖闻其不悦，密有杀绣之计。计漏，绣掩袭⑪太祖。太祖军败，二子没⑫。绣还保穰，太祖比年⑬攻之，不克⑭。太祖拒袁绍于官渡⑮，绣从贾诩计⑯，复以众

---

① 祖厉：县名。西汉时属安定郡，东汉改属武威郡。故址位于今甘肃省靖远县祖厉河入黄河处。
② 济：张济，原为董卓女婿将军牛辅部下的校尉。卓死后与同为校尉的凉州人李傕、郭汜、樊稠四人依贾诩计，以为董卓报仇为名，率军攻入长安，劫持献帝百官，祸乱天下数年。济先为镇东将军，后转为骠骑将军。
③ 边章、韩遂为乱凉州：边、韩同为金城郡人。边章曾任督军从事，韩遂字文约，与边章著名于西部。凉州人宋扬、北宫玉等人反叛朝廷，举二人为首领。不久边章病亡。韩遂为宋扬等劫持共反，乱凉达三十余年。
④ 间伺杀胜：寻机杀掉麹胜。间，缝隙，空隙。伺，伺机。
⑤ 义之：以张绣的举动为主持正义。义，用作动词，以之为义。
⑥ 豪杰：才能出众之人。
⑦ 弘农：见《张奂传注》。
⑧ 宛：古县名。秦置，在今南阳市南。
⑨ 淯(yù)水：古水名。今汉江支流白河。
⑩ 纳济妻：曹操将张济的妻子据为己有。
⑪ 掩袭：乘曹操不备进行突袭。
⑫ 二子没：长子曹昂、弟子安民亡没。
⑬ 比年：连年。
⑭ 不克：未能取胜。
⑮ 官渡：古地名。在河南省中牟县东北。
⑯ 从贾诩计：语见《贾诩传》。

降。语在《诩传》。绣至，太祖执其手，与欢宴①，为子均取绣女②，拜扬武将军。官渡之役，绣力战有功，迁破羌将军。从破袁谭③于南皮④，复增邑凡二千户。是时天下户口减耗，十裁一在⑤，诸将封未有满千户者，而绣特多。从征乌丸于柳城⑥，未至，薨⑦，谥曰定侯。子泉嗣，坐与魏讽谋反诛⑧，国除。

选自《三国志》卷八《魏书·张绣传》

---

① 欢宴：设宴款待，相与甚欢。
② 为子均取绣女：给儿子均娶张绣女儿为妻。
③ 袁谭：袁绍长子，字显忠。
④ 南皮：县名。秦置，在今河北省东南部沧州市。
⑤ 十裁一在：十户之中只存一户。
⑥ 从征乌丸于柳城：跟从曹操征讨乌丸于柳城。乌丸，古族名。多称乌桓，东胡一种。居住于辽宁省南部，内蒙古中南部。建安十二年，曹操率军北征乌丸，大破之。柳城，古县名。西汉置，位于今辽宁省朝阳市南，为西郡西部都尉治所。
⑦ 薨(hōng)：古代天子死曰崩，诸侯死曰薨。
⑧ 坐与魏讽谋反诛：触犯与魏讽谋反的罪行被杀。裴松之引《世语》云：魏讽字子京，沛县人，有惑众之才，名动邺都。相国钟繇引为西曹掾属。时曹操北征未返。魏讽勾结长乐卫尉陈祎等人袭取邺都。陈祎因惧怕而告于太子曹丕。曹丕遂诛杀魏讽，连坐者数十人。其中包括张绣之子张泉。

贾诩传

贾诩字文和,武威姑臧人也。少时人莫知,唯汉阳阎忠异之①,谓贾诩有良、平之奇②。察孝廉为郎,疾病去官③,西还至汧④,道遇叛氐⑤,同行数十人皆为所执。诩曰:"我段公外孙⑥也,汝别埋我,我家必厚赎之⑦。"时太尉段颎,昔久为边将,威震西土,故诩假以惧氐。氐果不敢害,与盟⑧而送之,其余悉死。诩实非段甥,权以济事⑨,咸此类⑩也。

董卓之入洛阳,诩以太尉掾为平津都尉,迁讨虏校尉。卓婿中郎将牛辅屯陕,诩在辅军。卓败,辅又死,众恐惧,校尉李傕、郭汜、张济等欲解散,间行归乡里⑪。诩曰:"闻长安中议欲尽诛凉州人,而诸君弃众单行,即一亭长能束君矣。不如率众而西,所在收兵⑫,以攻长安,为董公报仇,幸而事济,奉国家以征天下,若不济,走未后也。"众以为然。傕乃西攻长安。语在《卓传》。后诩为左冯翊,傕等欲以功侯之⑬,诩曰:"此救命之计,何功之有!"固辞不受。又以为尚书仆射,诩曰:"尚书仆射,官之师长⑭,天下所望,诩名不素重,非所以服人也。纵诩昧于

---

① 汉阳阎忠异之:天水人阎忠,曾任信都令。劝皇甫嵩翦除当政的宦官,肃清朝野,但不为嵩所纳。后被反叛朝廷的王国劫持为谋主。阎忠忠于汉室,不与合作,后发病而死。异之:以贾诩为特异之才。
② 良、平之奇:汉初名臣张良、陈平一样的奇异之才。
③ 疾病去官:因患病而辞官。去,离开。
④ 汧(qiān):汧山,陇山南段,位于今陕西省宝鸡市千阳县南。
⑤ 叛氐:反叛朝廷的氐族人。
⑥ 段公外孙:故太尉凉州名将段颎的外孙。
⑦ 厚赎之:出高价来赎回我,意为留我一条活命有好处。
⑧ 与盟:与贾诩互为盟誓,结为友朋。
⑨ 权以济事:为了活命,临机编造谎言,欺骗氐人。权,变通。
⑩ 咸此类:意为贾诩的聪明才智大多与此类似。
⑪ 间行归乡里:潜行,抄小路走。归乡里,返回凉州故里。
⑫ 所在收兵:沿途各处都可以收集到兵马。
⑬ 以功侯之:以为贾诩有功劳于自己,欲以侯爵之位报答。
⑭ 官之师长:众官之长。师,众也。《诗·大雅·韩奕》:"燕师所完。"毛传:"师,众也。"

荣利①,奈国朝何!"乃更拜诩尚书,典选举,多所匡济②,傕等亲而惮之③。会母丧去官,拜光禄大夫。傕、汜等斗长安中,傕复请诩为宣义将军。傕等和④,出天子⑤,祐护大臣,诩有力焉。天子既出,诩上还印绶。是时将军段煨⑥屯华阴,与诩同郡,遂去傕讬煨。诩素知名,为煨军所望⑦。煨内恐其见夺⑧,而外奉诩礼甚备,诩愈不自安。

张绣在南阳,诩阴结绣⑨,绣遣人迎诩。诩将行,或谓诩曰:"煨待君厚矣,君安去之⑩?"诩曰:"煨性多疑,有忌诩意,礼虽厚,不可恃,久将为所图⑪。我去必喜,又望吾结大援于外,必厚吾妻子⑫。绣无谋主,亦愿得诩,则家与身必俱全矣。"诩遂往,绣执子孙礼⑬,煨果善视其家。诩说绣与刘表连和。太祖比征之⑭,一朝引军退,绣自追之。诩谓绣曰:"不可追也,追必败。"绣不从,进兵交战,大败而还。诩谓绣曰:"促更追之,更战必胜⑮。"绣谢曰:"不用公言,以至于此。今已败,奈何复追?"诩曰:"兵势有变,亟往必利⑯。"绣信之,遂收散卒赴追,大战,果以胜还。问诩曰:"绣以精兵追退军,而公曰必败;退以败卒击胜兵,而公曰必剋。悉如公言,何其反而皆验也⑰?"诩曰:"此易知耳。将军虽善用兵,非曹公敌也。军虽新退,曹公必自断后;追兵虽精,将既不敌,彼士亦锐,故知必败。曹公攻将军无失策,力未尽而退,必国内有故;已破将军,必轻军速进,纵留诸将断后,诸将虽勇,亦非将军敌,故虽用败兵而战必胜也。"绣乃服。是后,太祖拒袁绍于官渡,

---

① 昧于荣利:昧,愚昧无知,荣利,荣名利禄。
② 典选举,多所匡济:主掌官员选举。匡济:匡时济世。匡:救助。
③ 亲而惮之:既亲近又怕他。惮,畏惧。
④ 傕等和:李傕与郭汜变争斗为和解。
⑤ 出天子:同意让汉献帝出长安,东还洛阳。
⑥ 段煨:武威人,故太尉段颎之后。
⑦ 所望:所盼望。如众望所归。
⑧ 见夺:被夺取。见,被。
⑨ 阴结绣:私下与张绣相结识。阴,私自,背着段煨。
⑩ 安去之:怎么离他而去? 安,怎么,如何。
⑪ 所图:所谋取。意为所谋,加害。
⑫ 厚吾妻子:对我的妻子儿女厚加爱护。厚,优待,重视。
⑬ 执子孙礼:用子孙对长辈一样的礼节对待贾诩,绣父张济与诩同辈。
⑭ 太祖比征之:曹操多次征讨张绣。比,每,连。
⑮ 促更追之,更战必胜:急促之际再追击,再战必然会取胜。促,急促,匆促。更,再。
⑯ 亟往必利:急迫追击必定有利。亟,急迫。
⑰ 何其反而皆验也:为什么相反建议,但验证都是正确的。

绍遣人招绣,并与诩书结援①。绣欲许之,诩显②于绣坐上谓绍使曰:"归谢袁本初,兄弟不能相容③,而能容天下国士④乎?"绣惊惧曰:"何至于此!"窃谓诩曰:"若此,当何归⑤?"诩曰:"不如从曹公。"绣曰:"袁强曹弱,又与曹为仇,从之如何?"诩曰:"此乃所以宜从⑥也。夫曹公奉天子以令天下,其宜从一也。绍强盛,我以少众从之,必不以我为重。曹公众弱,其得我必喜,其宜从二也。夫有霸王之志⑦者,固将释私怨,以明德于四海⑧,其宜从三也。愿将军无疑!"绣从之,率众归太祖。太祖见之,喜,执诩手曰:"使我信重于天下⑨者,子也。"表诩为执金吾⑩,封都亭侯,迁冀州牧。冀州未平,留参司空军事。袁绍围太祖于官渡,太祖粮方尽,问诩计焉出,诩曰:"公明胜绍,勇胜绍,用人胜绍,决机胜绍⑪,有此四胜而半年不定者,但顾万全故⑫也。必决其机⑬,须臾可定也。"太祖曰:"善。"乃并兵出,围击绍三十余里营,破之。绍军大溃,河北平。太祖领冀州牧,徙诩为太中大夫。建安十三年,太祖破荆州,欲顺江东下。诩谏曰:"明公昔破袁氏,今收汉南⑭,威名远著,军势既大;若乘旧楚之饶⑮,以飨吏士⑯,抚安百姓,使安土乐业,则可不劳众而江东稽服⑰矣。"太祖不从,军遂无利。太祖后与韩遂、马超战于渭南,超等索割地以和,并求任子⑱。诩以为可伪许之⑲。又问诩计策,诩曰:"离之而已⑳。"太祖

---

① 结援:结成同盟之势共同对付曹操。
② 显:公开、显明。
③ 兄弟不能相容:指袁术与绍异途相左。
④ 国士:一国杰出之士。《史记·淮阴侯列传》:"诸将易得耳,至如信者,国士无双。"
⑤ 若此,当何归:如果这样,我们将归于何人?
⑥ 宜从:适合跟从,宜,合适,相称。
⑦ 霸王之志:一统天下,成王霸之业的志向。
⑧ 明德于四海:让德望彰明于天下。四海即天下。
⑨ 信重于天下:信义为天下所重。
⑩ 表诩为执金吾:官拜执金吾。表为上表。
⑪ 公明胜绍,勇胜绍,用人胜绍,决机胜绍:您明白事理胜过袁绍,勇略过人胜过袁绍,知人善任胜过袁绍,决断当机胜过袁绍。
⑫ 但顾万全故:只是为了有一个万全之策而"半年不定"。
⑬ 必决其机:一定要当机立断。
⑭ 汉南:汉江以南的长江中游地区。
⑮ 旧楚之饶:汉南为春秋时的楚国旧地,其地富饶。
⑯ 以飨吏士:用汉南之饶来犒赏吏士。飨,用食物款待。
⑰ 稽(qǐ)服:稽,叩头至地,表示臣服。
⑱ 任子:质子。
⑲ 伪许之:假意允许他。
⑳ 离之而已:离间韩遂与马超之间的友谊。

曰："解。"①一承用诩谋。语在《武纪》。卒破遂、超,诩本谋也②。

是时,文帝为五官将,而临菑侯植③才名方盛,各有党与④,有夺宗之议⑤。文帝使人问诩自固之术⑥,诩曰："愿将军恢崇德度⑦,躬素士之业⑧,朝夕孜孜⑨,不违子道。如此而已。"文帝从之,深自砥砺⑩。太祖又尝屏除左右⑪问诩,诩嘿然⑫不对。太祖曰："与卿言而不答,何也?"诩曰："属适有所思⑬,故不即对耳。"太祖曰："何思?"诩曰："思袁本初、刘景升父子⑭也。"太祖大笑,于是太子遂定。诩自以非太祖旧臣,而策谋深长⑮,惧见猜嫌,阖⑯门自守,退无私交,男女嫁娶,不结高门,天下之论智计者归之⑰。

文帝即位,以诩为太尉,进爵魏寿乡侯,增邑三百,并前八百户。又分邑二百,封小子访为列侯。以长子穆为驸马都尉。帝问诩曰："吾欲伐不从命以一天下,吴、蜀何先?"对曰："攻取者先兵权⑱,建本者尚德化⑲。陛下应期受禅⑳,抚临率土㉑,若绥之以文德㉒而俟其变,则平之不难矣。吴、蜀虽蕞㉓尔小国,依阻山水,刘备有雄才,诸葛亮善治国,孙权识虚实,陆议见兵势㉔,据险守要,泛舟江

---

① 解:明白、知道。
② 诩本谋也:贾诩的主谋。
③ 临菑侯植:曹操儿子曹植,字子建。初封临菑侯,后为陈思王。
④ 党与:朋党。
⑤ 夺宗之议:夺取帝位继承权的权谋。宗,宗子,有继承权的儿子。
⑥ 自固之术:保持自己宗子地位的方略。
⑦ 恢崇德度:发扬崇尚道德度量,恢,扩大,发扬。
⑧ 躬素士之业:亲身修养士人的质朴之业。素士,不求闻达之士。
⑨ 朝夕孜孜:早晚孜孜以求,不加更改。
⑩ 深自砥砺:深刻地磨砺自己。砥砺,磨刀石,引申为磨砺个性。
⑪ 屏除左右:隔离身边的人,单独与语。
⑫ 嘿(mò)然:嘿同默。
⑬ 属适有所思:适值有所思考。属,适值。
⑭ 袁本初、刘景升父子:袁绍与刘表废长立幼的故事。
⑮ 策谋深长:计策谋略深远高明。
⑯ 阖(hé):阖,关闭。
⑰ 论智计者归之:评论智慧与计谋的人都深服于他。
⑱ 攻取者先兵权:攻伐奇取依靠军事实力。
⑲ 建本者尚德化:建立根本之业依靠道德教化的力量。
⑳ 应期受禅:顺应天时,接受汉献帝的禅让之位。
㉑ 抚临率土:君临天下臣民。率土,《诗经·小雅·北山》:"率土之滨,莫非王臣。"犹言天下所有士民。
㉒ 绥之以文德:用文化与道德安抚他们。绥,安,安抚。《诗经·小雅·鸳鸯》:"福禄绥之"。
㉓ 蕞(zuì)尔:蕞,小貌。
㉔ 陆议见兵势:陆议即陆逊,本名议。见兵势,预见兵势。兵势,军事形势。卒(cù)谋:卒同"猝"。突然,急促。

湖，皆难卒谋也。用兵之道，先胜后战①，量敌论将②，故举无遗策③。臣窃料群臣，无备、权对④，虽以天威⑤临之，未见万全之势也。昔舜舞干戚而有苗服⑥，臣以为当今宜先文后武。"文帝不纳。后兴江陵之役⑦，士卒多死。诩年七十七，薨，谥曰肃侯，子穆嗣，历位郡守。穆薨，子模嗣。

选自《三国志》卷十《魏书·贾诩传》

---

① 先胜后战：先从实力上胜过再作战争之议。
② 量敌论将：考量对方的军事状况之后再选择最佳的领兵将帅。
③ 举无遗策：行动起来没有考虑不到的正确策略。举，行动。
④ 无备、权对：没有一个是刘备与孙权的对手。
⑤ 天威：上天的威灵。《尚书·泰誓上》："肃将天威。"引申指帝王的威严。
⑥ 舜舞干戚而有苗服：皇甫谧《帝王世纪》云："执干戚而舞之，有苗请服。"干戚：古代两种兵器。干为盾，戚为斧。苗服，意谓舜帝德化泽被，苗人即表臣服，毋需大动干戈，攻城略地。
⑦ 江陵之役：魏文帝黄初三年（222年），曹丕发动对吴的征讨。《三国志》卷二《魏书·文帝纪第二》："是月（冬十月），孙权复叛。复郢州为荆州。帝（文帝）自许昌南征，诸军兵并进，权临江拒守。"未载战况。《三国志》卷四十七《吴书·吴主传第二》："（黄武三年）九月，魏文帝出广陵，望大江，曰：'彼有人焉，未可图也'乃还。"却在《贾诩传》中有"士卒多死"之语，显系为文帝讳言其败，亦贾诩先见之明。

庞 德 传

庞德字令明,南安狟道人①也。少为郡吏州从事。初平②中,从马腾③击反羌叛氐,数有功,稍迁至校尉。建安④中,太祖讨袁谭、尚于黎阳⑤,谭遣郭援、高干等略取河东⑥,太祖使钟繇率关中诸将讨之。德随腾子超拒援、干于平阳,德为军锋⑦,进攻援、干,大破之,亲斩援首。拜中郎将,封都亭侯。后张白骑叛于弘农,德复随腾征之,破白骑于两殽⑧间。每战,常陷陈却敌,勇冠腾军。后腾征为卫尉,德留属超。太祖破超于渭南,德随超亡入汉阳⑨,保冀城。后复随超奔汉中⑩,从张鲁⑪。太祖定汉中,德随众降。太祖素闻其骁勇,拜立义将军,封关门亭侯,邑三户。

侯音、卫开等以宛叛,德将所领与曹仁⑫共攻拔宛,斩音、开,遂南屯樊,讨关羽。樊⑬下诸将以德兄在汉中⑭,颇疑之。德常曰:"我受国恩,义在效死。我欲

---

① 南安狟(huán)道:南安,郡名。东汉中平五年(188年)分汉阳郡置。置所在狟道(今甘肃陇西东南文峰镇)。
② 初平:汉献帝年号(190—193年)。
③ 马腾:扶风茂陵马援之后,生于凉州,名将马超之父。初平中,曾任镇西将军。
④ 建安:汉献帝年号(196—220年)。
⑤ 黎阳:古津渡名。位于今河南浚县东南黄河北岸,与南岸的白马津相对。曹操与袁绍之间的战事多在附近。
⑥ 河东:古地区名。位于今山西临汾市西南。
⑦ 军锋:军队前锋、先锋。
⑧ 两殽:即东西殽山。位于今河南新安与陕西潼关之间,因与函谷关紧邻,故殽函并称。贾谊《过秦论》:"秦孝公据殽函之固。"
⑨ 汉阳:郡名,即天水。东汉永平十七年(74年)改天水郡为汉阳郡。置所在冀县(今甘谷东南)。三国魏复名天水。
⑩ 汉中:郡名。秦惠文王置,治所在南郑(今陕西汉中市东)。
⑪ 张鲁:字公祺,沛国丰县(今江苏丰县)人。天师道创立者张道陵之孙。初为益州牧刘焉的督军司马,率众攻下汉中,称君师。在汉中割据的三十年,用天师道理论治理境内。外地人多归附,相对安定,后败降于曹操。
⑫ 曹仁:字子孝,曹操从弟。随操起兵,屡经征战,曾任征南将军。曹丕称帝后,任大将军。
⑬ 樊:樊城,今湖北襄阳市。
⑭ 德兄在汉中:裴松之注:"《魏略》曰:'德从兄名柔,时在蜀。'"

身自击羽。今年我不杀羽。羽当杀我。"后亲与羽交战,射羽中额。时德常乘白马,羽军谓之白马将军,皆惮之。仁使德屯樊北十里,会天霖雨十余日,汉水暴溢,樊下平地五六丈,德与诸将避水上堤。羽乘船攻之,以大船四面射堤上。德被甲持弓,箭不虚发。将军董衡、部典将董超等欲降,德皆收斩之。自平旦力战至日过中,羽攻益急,矢尽,短兵接战。德谓督将成何曰:"吾闻良将不怯死以苟免①,烈士不毁节以求生。今日,我死日也。"战益怒,气愈壮,而水浸盛,吏士皆降。德与麾下将一人,五伯②二人,弯弓傅矢③,乘小船欲还仁营。水盛船覆,失弓矢,独抱船覆水中,为羽所得,立而不跪。羽谓曰:"卿兄在汉中,我欲以卿为将,不早降何为?"德骂羽曰:"竖子④,何谓降也!魏王带甲百万,威振天下。汝刘备庸才耳,岂能敌邪!我宁为国家鬼,不为贼将也。"遂为羽所杀。太祖闻而悲之,为之流涕,封其二子为列侯。文帝即王位,乃遣使就德墓赐谥,策曰:"昔先轸丧元,王蠋绝脰⑤,陨身徇节,前代美之。惟侯式昭果毅⑥,蹈难⑦成名,声溢⑧当时,义高在昔,寡人愍焉,谥曰壮侯。"又赐子会等四人爵关内侯,邑各百户。会勇烈有父风⑨,官至中尉将军,封列侯。

选自《三国志》卷十八《魏书·庞德传》

---

① 苟免:侥幸免去一死。
② 五伯:古代衙中的役卒。此指亲随下属部卒。
③ 傅矢:傅通附,即弯弓带箭。矢,箭。
④ 竖子:鄙视的称谓,犹言小子。
⑤ 先轸丧元,王蠋绝脰:先轸又名原轸,春秋时晋国执政。初为下军之佐,后升中军元帅,掌握国政。城濮之战,率军大破楚军,又于崤山击败秦军,俘秦军三将。后与狄人作战时战死。《左传·僖公三十三年》:"先轸曰:'匹夫逞志于君而无讨,敢不自讨乎?'免胄入狄师,死焉。狄人归其元,面如生。"元即头颅。王蠋,战国时齐画邑人。《史记·田单列传》:"燕之初入齐,闻画邑人王蠋贤,令军中曰'环画邑三十里无入',以王蠋之故。已而使人谓蠋曰:'齐人多高子之义,吾以子为将,封子万家。'蠋固谢。燕人曰:'子不听,吾引三军而屠画邑。'王蠋曰:'忠臣不事二君,贞女不更二夫。齐王不听吾谏,故退而耕于野。国既破亡,吾不能存。今又劫之以兵为君将,是助桀为暴也。与其生而无义,固不如烹!'遂经其颈于树枝,自奋绝脰而死。齐亡大夫闻之,曰:'王蠋,布衣也,义不北面于燕,况在位食禄者乎!'"何休云:"脰,颈,齐语也。"音豆。
⑥ 式昭果毅:式,榜样。昭,彰明、显扬。果毅,果敢坚毅。
⑦ 蹈难:赴难、就死。
⑧ 声溢:名声满扬。溢,满。
⑨ 父风:父亲(庞德)的遗风(勇烈)。

姜 维 传

  姜维字伯约，天水冀人也。少孤，与母居。好郑氏学①。仕郡上计掾，州辟为从事。以父冏昔为郡功曹，值羌、戎叛乱，身卫郡将，没于战场，赐维官中郎，参本郡军事②。建兴六年，丞相诸葛亮军向祁山③，时天水太守适出案行④。维及功曹梁绪、主簿尹赏、主记梁虔等从行。太守闻蜀军垂至⑤，而诸县响应，疑维等皆有异心，于是夜亡保上邽⑥。维等觉太守去，追迟，至城门，城门已闭，不纳。维等相率还冀，冀亦不入维。维等乃俱诣诸葛亮。会马谡败于街亭⑦，亮拔将西县千余家及维等还，故维遂与母相失⑧。亮辟维为仓曹掾，加奉义将军，封当阳亭侯，时年二十七。亮与留府长史张裔、参军蒋琬书曰："姜伯约忠勤时事⑨，思虑精密，考其所有，允南⑩、季常⑪诸人不如也。其人，凉州上士⑫也。"又曰："须先教中虎步兵五六千人。姜伯约甚敏于军事⑬，既有胆义⑭，深解兵意⑮。此人心存汉室，而才兼于人，毕教军事，当遣诣宫，觐见主上⑯。"后迁中监军征西将军。

  十二年，亮卒，维还成都，为右监军辅汉将军，统诸军，进封平襄侯。延熙元

---

① 郑氏学：汉末名儒郑玄所传授的经学。
② 赐维官中郎，参本郡军事：朝廷以其父殉职于战场而赐姜维军职，任天水郡参军。
③ 祁山：位于今甘肃礼县东，当时重要军事据点。
④ 出案行：外出办案。
⑤ 垂至：将要到达。垂，将近。
⑥ 亡保上邽：太守先逃回上邽自保。
⑦ 马谡败于街亭：马谡，字幼常，襄阳宜城人，时任诸葛亮参军。街亭之败使亮出兵伐魏大计告破。街亭位于今甘肃秦安县东北。
⑧ 与母相失：姜维入蜀，与其母分离。
⑨ 忠勤时事：对自己的事业忠诚勤恳。
⑩ 允南：允南为谯周的字。《三国志·蜀书》："谯周字允南，巴西西充国人也。"
⑪ 季常：马良字季常，襄阳宜城人也。
⑫ 上士：道德品性高尚之士。《老子》："上士闻道，勤而行之。"
⑬ 敏于军事：精通军事。
⑭ 胆义：胆量、义气。
⑮ 深解兵意：对兵法有深刻的理解。
⑯ 觐见主上：朝见后主刘禅。觐，朝见君主曰觐。

年,随大将军蒋琬①住汉中。琬既迁大司马,以维为司马,数率偏军②西入。六年,迁镇西大将军,领凉州刺史。十年,迁卫将军,与大将军费祎③共录尚书事。是岁,汶山平康夷反④,维率众讨定之。又出陇西、南安、金城界,与魏大将军郭淮⑤、夏侯霸⑥等战于洮西⑦。胡王⑧治无戴等举部落降,维将还安处之。十二年,假维节,复出西平,不克⑨而还。维自以练西方风俗⑩,兼负其才武,欲诱诸羌、胡以为羽翼⑪,谓自陇以西可断而有也⑫。每欲兴军大举,费祎常裁制不从,与其兵不过万人。

十六年春,祎卒。夏,维率数万人出石营,经董亭⑬,围南安⑭。魏雍州刺史陈泰⑮解围至洛门⑯,维粮尽退还。明年,加督中外军事。复出陇西,守狄道⑰长李简举城降。进围襄武⑱,与魏将徐质交锋,斩首破敌,魏军败退。维乘胜多所降下,拔河关⑲、狄道、临洮三县民还。后十八年,复与车骑将军夏侯霸等俱出狄道,大破魏雍州刺史王经于洮西,经众死者数万人。经退保狄道城,维围之。魏征西将军陈泰进兵解围,维却住钟题⑳。

十九年春,就迁维为大将军。更整勒戎马,与镇西大将军胡济期会上邽。济

---

① 蒋琬:字公琰,零陵湘乡(今湖南湘乡)人。始为丞相府东曹掾、长史。诸葛亮病卒后"以琬为尚书令,俄而加行都护,假节,领益州刺史,迁大将军,录尚书事,封安阳亭侯"。后加大司马。
② 偏军:偏师,非主力军。
③ 费祎:字文伟,江夏(今湖北应城与孝感之间)人。任蜀侍中、参军、中护军、司马。亮卒,代蒋琬为尚书令,迁大将军录尚书事。
④ 汶山平康夷反:汶山地方的夷人反叛。汶山,今四川汶山县。
⑤ 郭淮:字伯济,太原阳曲人。时任魏雍州刺史,转扬武将军,迁左将军,转拜前将军,迁征西将军、车骑将军、大将军。
⑥ 夏侯霸:字仲叔,夏侯渊中子。时任魏讨蜀护军、右将军。因与曹爽亲近,疑心司马懿加害于己,投蜀。
⑦ 洮西:今甘肃洮河以西之地。
⑧ 胡王:羌人部落首领。
⑨ 不克:未能取得战果。
⑩ 练西方风俗:熟悉西部羌人的风俗习惯。练:熟悉。《汉书·薛宣传》:"(翟方进)荐宣明习文法,练国制度。"
⑪ 羽翼:本为鸟类翅膀,引申为辅助力量。
⑫ 断而有也:截断魏国,为蜀所有。
⑬ 石营、董亭:地名,在今甘肃武山县南。
⑭ 南安:郡名,见《庞德传》注。
⑮ 陈泰:字玄伯,陈群子,时任雍州刺史加奋威将军。
⑯ 洛门:地名,位于今甘肃武山县东洛门镇,有温泉。
⑰ 狄道:古县名。位于今甘肃临洮县。
⑱ 襄武:古县名。位于今甘肃陇西县南。
⑲ 河关:地名。位于今甘肃临夏市西北黄河岸大河家。
⑳ 钟题:地名,又名钟提,位于今临洮县南洮河西岸。

失誓①不至,故维为魏大将邓艾②所破于段谷③,星散流离,死者甚众。众庶由是怨讟④,而陇已西亦骚动不宁。维谢过引负⑤,求自贬削。为后将军,行大将军事。

二十年,魏征东大将军诸葛诞反于淮南⑥,分关中兵东下。维欲乘虚向秦川,复率数万人出骆谷⑦,径至沈岭⑧。时长城⑨积谷甚多而守兵乃少,闻维方到,众皆惶惧。魏大将军司马望拒之,邓艾亦自陇右,皆军于长城。维前住芒水⑩,皆倚山为营。望、艾傍渭坚围⑪,维数下挑战,望、艾不应。景耀元年,维闻诞破败,乃还成都。复拜大将军。

初,先主留魏延⑫镇汉中,皆实兵诸围以御外敌。敌若来攻,使不得入。及兴势之役,王平捍拒曹爽,皆承此制⑬。维建议,以为错守诸围⑭,虽合《周易》"重门"之义⑮,然适可御敌,不获大利。不若使闻敌至,诸围皆敛兵聚谷,退就汉、乐二城⑯。使敌不得入平,且重关镇守以捍之。有事之日,令游军⑰并进以伺其虚。敌攻关不克,野无散谷,千里县粮⑱,自然疲乏。引退之日,然后诸城并出,与游军并力搏之,此殄敌之术也。于是令督汉中胡济却住汉寿⑲,监军王含守乐城,护军蒋斌守汉城,又于西安、建威、武卫、石门、武城、建昌、临远皆立围守⑳。

---

① 失誓:失信。誓,誓约。
② 邓艾:字士载,义阳(今河南南阳市西北)人。后破蜀有大功,为钟会所害。
③ 段谷:地名。位于今天水市东南。
④ 怨讟(dú):抱怨,怨恨。
⑤ 谢过引负:主动承担失败责任。谢,认错,如谢罪。
⑥ 诸葛诞反于淮南:诸葛诞,字公休,琅琊阳都人,诸葛丰之子。正始初,出为扬州刺史,加昭武将军。后为镇东大将军都督扬州,转为征东大将军。甘露二年反于淮南,后被司马懿率军击败,被诛。
⑦ 骆谷:地名,位于陕西周至县西南,谷长数百里,为关中通往汉中的主要通道。
⑧ 沈岭:地名,秦岭中的一段,位于周至县西南骆谷中。
⑨ 长城:周至附近一城堡,而非边塞之长城。
⑩ 芒水:出周至县西南骆谷中。
⑪ 傍渭坚围:依傍渭河坚守固围。
⑫ 魏延:字文长,义阳人,蜀大将,后为杨仪所杀。
⑬ 兴势之役,王平捍拒曹爽,皆承此制:王平,字子均,巴西宕渠(今四川渠县东北)人。蜀汉大将之一。兴势之战,王平坚持固守待援的作战方针,使曹爽退还,汉中得全。兴势,地名,位于今陕西洋县东北。捍拒,固守保全,如捍卫。
⑭ 错守诸围:交错固守沿边要塞。
⑮ 《周易》"重门"之义:《周易》中有多重门户的说辞。
⑯ 汉、乐二城:今陕西勉县与城固二城。
⑰ 游军:非固守诸围的流动军队。
⑱ 千里县粮:军粮供应十分遥远。如悬空中,不得到口而食。县通悬。
⑲ 却住汉寿:堵住汉寿方向的魏军。
⑳ 西安、建威、武卫、石门、武城、建昌、临远皆立围守:在以上之处设立围障,派兵把守。

五年，维率众出汉、侯和①，为邓艾所破，还住沓中②。维本羁旅讬国③，累年攻战，功绩不立，而宦官黄皓④等弄权于内，右大将军阎宇与皓协比⑤，而皓阴欲废维树宇⑥。维亦疑之，故自危惧，不复还成都。六年，维表后主："闻钟会⑦治兵关中，欲规进取，宜并遣张翼⑧、廖化⑨督诸军分护阳安关口⑩、阴平⑪桥头以防未然。"皓征信鬼巫，谓敌终不自致，启后主寝其事⑫，而群臣不知。及钟会将向骆谷，邓艾将入沓中，然后乃遣右车骑廖化诣沓中为维援，左车骑张翼、辅国大将军董厥等诣阳安关口以为诸围外助。比至阴平，闻魏将诸葛绪向建威，故住待之⑬。月余，维为邓艾所摧，还住阴平。钟会攻围汉、乐二城，遣别将进攻关口⑭，蒋舒开城出降⑮，傅佥格斗而死。会攻乐城，不能克。闻关口已下，长驱而前，翼、厥甫至汉寿，维、化亦舍阴平而退，适与翼、厥合，皆退保剑阁以拒会。会与维书曰："公侯以文武之德，怀迈世之略⑯，功济巴、汉，声畅华夏，远近莫不归名。每惟畴昔，尝同大化⑰，吴札、郑乔⑱，能喻斯好。"维不答书，列营守险。会不能克，粮运县远，将议还归⑲。

　　而邓艾自阴平由景谷道⑳傍入，遂破诸葛瞻于绵竹。后主请降于艾，艾前据

---

① 侯和：古地名，位于今甘肃临潭县东北。
② 沓中：古地名，位于今甘肃岷县以南舟曲西北。
③ 羁旅讬国：漂泊他乡，寄寓他国。
④ 黄皓："从黄门令为中常侍、奉车都尉，操弄权柄，终至覆国。"如秦末赵高之辈。
⑤ 协比：协同合污，沆瀣一气。
⑥ 阴欲废维树宇：暗地打算废除姜维，让阎宇代大将军之位。
⑦ 钟会：字士季，颍川长社人。魏太傅钟繇小儿子，司马懿的腹心。景元三年，魏以钟会为征西大将军，都督关中诸军事，准备伐蜀。
⑧ 张翼：字伯恭，犍为武阳人。时任镇南大将军。后与姜维同降钟会，在成都被乱兵所杀。
⑨ 廖化：字元俭，本名淳，襄阳人。曾为关羽主簿、宜都太守、丞相参军，迁右车骑大将军。
⑩ 阳安关口：地名，位于今陕西阳平关附近。
⑪ 阴平：地名，位于今甘肃文县东南碧口附近。
⑫ 启后主寝其事：建议后主刘禅不要听从姜维的安排。寝，停止。
⑬ 住待之：停驻阴平未行。
⑭ 钟会攻围汉、乐二城，遣别将进攻关口：《魏书·钟会传》："会使护军荀恺、前将军李辅各统万人，恺围汉城，辅围乐城。会径过，西出阳安口，遣人祭诸葛亮之墓。使护军胡烈等节前，攻破关城，得库藏积谷。"
⑮ 蒋舒开城出降：裴松之引《蜀记》曰："蒋舒为武兴督，在事无称。蜀命人代之，因留舒助汉中守。舒恨，开城出降。"
⑯ 迈世之略：超越世人的才略。迈，超越。
⑰ 同大化：同生死。
⑱ 吴札、郑乔：古代知名善识音之士。
⑲ 将议还归：将士们计议返回关中。
⑳ 景谷道：在今甘肃文县东南与四川江油之间。《魏书·邓艾传》："冬十月，艾自阴平道行无人之地七百余里，凿山通道，造作桥阁。山高谷深，至为艰险，又粮运将匮，频于危殆。艾以毡自裹，推转而下。将士皆攀木缘崖，鱼贯而进。"

成都。维等初闻瞻破①，或闻后主欲固守成都，或闻欲东入吴，或闻欲南入建宁②，于是引军由广汉③、郪④道以审虚实。寻被后主敕令，乃投戈放甲⑤，诣会于涪军前，将士咸怒，拔刀斫石。

会厚待维等，皆权还其印号节盖。会与维出则同舆，坐则同席，谓长史杜预⑥曰："以伯约比中土名士，公休、太初⑦不能胜也。"会既构邓艾⑧，艾槛车征，因将维等诣成都，自称益州牧以叛。欲授维兵五万人，使为前驱。魏将士愤怒，杀会及维，维妻子皆伏诛⑨。

选自《三国志》卷四十四《蜀书·姜维传》

---

① 瞻破：诸葛瞻之军被邓艾击破。
② 建宁：郡名，位于今云南省中部，郡治建宁即今云南曲靖市。
③ 广汉：郡名，即今四川之广汉市。
④ 郪(qī)：古县名，因郪水而名，位于今四川中江与射洪之间。
⑤ 投戈放甲：自动解除军队武装。
⑥ 杜预：字元凯，京兆杜陵人，祖杜畿、父杜恕均为魏名臣。预入晋后名更显，其所著《春秋左氏经传集解》为名著。时任钟会长史。
⑦ 公休、太初：魏名臣诸葛诞和夏侯玄二人之字。
⑧ 会既构邓艾：钟会构陷邓艾。《魏书·钟会传》："会内有异志，因邓艾承制专事，密白艾有反状，于是诏书槛车征艾。司马文王惧艾或不从命，敕会并进军成都，监军卫瓘在会前行，以文王手笔令宣喻艾军，艾军皆释仗，遂收艾入槛车。"
⑨ 魏将士愤怒，杀会及维，维妻子皆伏诛：《魏书·钟会传》："会所惮惟艾，艾既擒而会寻至，独统大众，威震西土。自谓功名盖世，不可复为人下，加猛将锐卒皆在己手，遂谋反。"钟会与姜维同被魏兵所杀害。

卷四 两晋

皇甫谧传

皇甫谧字士安,幼名静,安定朝那①人,汉太尉嵩②之曾孙也。出③后叔父,徙居新安④。年二十,不好学,游荡无度,或以为痴。尝得瓜果,辄进所后叔母任氏。任氏曰:"《孝经》⑤云:'三牲⑥之养,犹为不孝。'汝今年余二十,目不存教,心不入道,无以慰我。"因叹曰:"昔孟母三徙⑦以成仁,曾父烹豕⑧以存教,岂我居不卜邻,教有所阙,何尔鲁钝⑨之甚也!修身笃学,自汝得之,于我何有!"因对之流涕。谧乃感激,就乡人席坦受书,勤力不怠。居贫,躬自稼穑⑩,带经而农,遂博综典籍百家之言。沈静寡欲,始有高尚之志,以著述为务,自号玄晏先生。著《礼乐》《圣真》之论。后得风痹⑪疾,犹手不辍卷。

或劝谧修名广交,谧以为"非圣人孰能兼存出处⑫,居田里之中亦可以乐尧

---

① 朝那:古县名。西汉置,属安定郡,治所在今甘肃省平凉市西北。一说在今宁夏回族自治区固原县东南。多从平凉说。
② 皇甫嵩:见前书《皇甫嵩传》。
③ 出:过继。
④ 新安:县名,在今河南洛阳市西。
⑤ 孝经:儒家经典之一,共十八章。论述封建孝道,宣传宗法思想。汉代被列为七经之一。
⑥ 三牲:古代用于祭祀的猪、羊、牛。《礼记·祭统》:"三牲之俎。"
⑦ 孟母三徙:孟子幼年时因住地靠近墓地,嬉好时"为墓间事"。孟母遂迁至街市附近,又学"为贾人街卖事"。再迁至学官旁,乃设俎豆揖让进退。孟母曰:"真可居吾子矣。遂居之。"见《列女传·母仪》。意为使孩子生活在一个较好的环境中,不嫌麻烦,三次搬家。
⑧ 曾父烹豕:相传曾子的父亲从外边一回来,就要杀掉尚未长大的小猪。曾母不解地问他:"这是为什么?"曾子的父亲回答道:"前几日,我督促儿子好好学习,可他想吃猪肉。我便对他说:'只要你把这本书读熟,能讲出大意,我一定让你有肉吃。'昨天下午,儿子在我面前把书背的滚瓜烂熟,讲的头头是道。那我们也不能失约,所以才决定杀猪。"曾子长大后,随孔子学习,成了一代宗圣。
⑨ 鲁钝:鲁通"卤",鲁钝即鲁莽、愚钝。
⑩ 稼穑:播种和收获,泛指农业劳动。
⑪ 风痹:痹同痹(bì)病名。因风、寒、湿气侵袭而致,状类今风湿病。
⑫ 出处:出,出仕;处,隐退。

舜之道①,何必崇接世利,事官鞅掌②,然后为名乎"。作《玄守论》以答之,曰:

或谓谧曰:"富贵人之所欲,贫贱人之所恶,何故委形待于穷而不变乎?且道之所贵者,理世也;人之所美者,及时也。先生年迈齿变,饥寒不赡,转死沟壑,其谁知乎?"

谧曰:"人之所至惜者,命也;道之所必全者,形也;性形所不可犯者,疾病也。若扰全道以损性命,安得去贫贱存所欲哉?吾闻食人之禄者怀人之忧,形强犹不堪,况吾之弱疾乎!且贫者士之常,贱者道之实,处常得实,没齿不忧,孰与富贵扰神耗精者乎!又生为人所不知,死为人所不惜,至矣!喑聋之徒,天下之有道者也。夫一人死而天下号者,以为损也;一人生而四海笑者,以为益也。然则号笑非益死损生也。是以至道不损,至德不益。何哉?体足也。如回天下之念以追损生之祸,运四海之心以广非益之病,岂道德之至乎!夫唯无损,则至坚矣;夫唯无益,则至厚矣。坚故终不损,厚故终不薄。苟能体坚厚之实,居不薄之真,立乎损益之外,游乎形骸之表,则我道全矣。"

遂不仕。耽玩③典籍,忘寝与食,时人谓之"书淫"④。或有箴⑤其过笃,将损耗精神。谧曰:"朝闻道⑥,夕死可矣,况命之修短分定悬天乎!"

叔父有子既冠⑦,谧年四十丧所生后母,遂还本宗。

城阳太守梁柳,谧从姑子也,当之官,人劝谧饯⑧之。谧曰:"柳为布衣时过吾,吾送迎不出门,食不过盐菜,贫者不以酒肉为礼。今作郡而送之,是贵城阳太守而贱梁柳,岂中⑨古人之道,是非吾心所安也。"

时魏郡⑩召上计掾,举孝廉;景元初,相国辟⑪,皆不行。其后乡亲劝令应命,谧为《释劝论》以通志焉。其辞曰:

---

① 尧舜之道:上古时的太平盛世。
② 鞅掌:《诗·小雅·北山》:"或栖迟偃仰,或王事鞅掌。"《毛传》:"鞅掌,失容也。"言公事多而无暇整理仪容。引申为公事忙碌。
③ 耽玩:深切地爱好,玩味其中。
④ 书淫:旧时称嗜书成瘾,好学不倦的人。
⑤ 箴(zhēn):劝告,劝诫。
⑥ 朝闻道:《论语·里仁》:"朝闻道,夕死可矣。"
⑦ 冠(guàn):古代的一种礼仪,男子二十岁举行冠礼,表示已经成人。《礼记·曲礼上》:"男子二十冠而取字。"
⑧ 饯(jiàn):用酒食送行。如饯别,饯行等。
⑨ 中(zhòng):合,恰好对上。如中肯,中意等。
⑩ 魏郡:郡名。汉置。治所在邺县(今河北临漳西南)。东汉曾为冀州治所。
⑪ 辟(pì):征召。

相国晋王辟余等三十七人，及泰始登禅①，同命之士莫不毕至，皆拜骑都尉，或赐爵关内侯，进奉朝请，礼如侍臣。唯余疾困，不及国宠。宗人父兄及我僚类②，咸以为天下大庆，万姓赖之，虽未成礼，不宜安寝，纵其疾笃，犹当致身③余唯古今明王之制，事无巨细，断之以情，实力不堪，岂慢也哉！乃伏枕而叹曰："夫进者，身之荣也；退者，命之实也。设余不疾，执高箕山④，尚当容之，况余实笃！故尧舜之世，士或收迹林泽，或过门不敢入。咎繇⑤之徒两遂其愿者，遇时也。故朝贵致功之臣，野⑥美全志之士。彼独何人哉！今圣帝龙兴⑦，配名前哲，仁道不远，斯亦然乎！客或以常言见逼，或以逆世为虑。余谓上有宽明之主，下必有听意之人，天网恢恢⑧，至否一也，何尤于出处哉！"遂究宾主之论，以解难者，名曰《释劝》。

客曰："盖闻天以悬象致明，地以含通吐灵。故黄钟⑨次序，律吕⑩分形。是以春华发萼，夏繁其实，秋风逐暑，冬冰乃结。人道以之，应机乃发。三材⑪连利，明若符契。故士或同升于唐朝⑫，或先觉于有莘⑬，或通梦以感主⑭，或释钓于渭滨⑮，

---

① 泰始登禅：265年，晋王司马炎逼魏元帝曹奂禅让帝位于己。建号为晋朝，取泰始为年号，即晋武帝。
② 僚类：即同辈，旧有同僚之说。僚通"僚"。
③ 致身：献身。
④ 箕山：在今河南省登封市。《孟子·万章》云："禹荐益于天，七年，禹崩，三年丧毕，益避禹之子（启）于箕山之阴。"后世以箕山为避世隐居的地方。
⑤ 咎繇（jiù yáo）：即皋陶（gāo táo），传说中东夷族的首领。舜时被任为掌刑法的"士"，禹继舜后，以他为贤士，有让他为继承人之意，但因早死，未继。
⑥ 野：朝廷之外，民间，与朝相对。
⑦ 龙兴：旧时比喻王业的创立。
⑧ 天网恢恢：见《老子·七十二章》："天网恢恢，疏而不漏。"意为天道是公平的。
⑨ 黄钟：中国古代音乐术语，十二律中的第一律。
⑩ 律吕：中国古代音乐术语。即"六律""六吕"的合称，即"十二律"。
⑪ 三材：又称"三才"，古指天、地、人。
⑫ 唐朝：唐即陶唐氏，远古部落，其首领为尧。是古代传说中最开明的君主之一，和舜齐名，有唐尧虞舜之称。
⑬ 有莘：古国名。在今山东曹县西北。商汤曾娶有莘国君之女。
⑭ 通梦以感主：相传伊尹原为有莘国的一名奴隶。汤到处求贤，梦见有一个人一手拿着鼎，一手执着俎（zǔ）对他在笑。醒后，求人解梦。云："鼎为合味。俎为割截，天下岂有为吾宰者哉！"意为其人必是能治国的贤人。汤遂依梦中的印迹在有莘国找到了伊尹，但有莘国君不放伊尹。于是汤便向有莘国君求婚，同时要求伊尹为媵臣（陪嫁的奴隶）。伊尹随汤到了商之后被任为宰相，商遂大治，伊尹也成了历史上最著名的贤相之一。
⑮ 释钓于渭滨：相传姜子牙，又名姜尚、吕尚、太公望，在商纣王治下极不得志。来到周文王治下的西岐，整天坐在渭河边的磻溪上垂钓。这时文王求贤若渴，急于求到治国大才。一天晚上，他梦见一只飞熊扑到自己身上。吓醒之后以求解，云有大贤在等待迎取。文王遂依梦寻到磻溪，见有一老人在垂钓，一谈投机，欣喜若狂，遂同车而归，拜为相国。姜子牙后来佐文王大治西岐，助武王大败商纣，建立了周朝，同伊尹一样被世所敬仰。

或叩角以干齐①，或解褐以相秦②，或冒谤以安郑③，或乘驷以救屯④，或班荆以求友⑤，或借术于黄神⑥。故能电飞景拔，超次迈伦，腾高声以奋远，抗宇宙之清音。由此观之，进德贵乎及时，何故屈此而不伸？今子以英茂之才，游精于六艺⑦之府，散意于众妙之门⑧者有年矣。既遭皇禅之朝，又投禄利之际，委圣明之主，偶知己之会，时清道真，可以冲迈，此真吾生濯发云汉⑨、鸿渐⑩之秋也。韬光逐薮，含章未曜，龙潜九泉，硻焉执高，弃通道之远由，守介人之局操，无乃乖于道之趣乎？

且吾闻招摇⑪昏回则天位正，五教⑫班叙则人理定。如今王命切至，委虑有司，上招迕主之累，下致骇众之疑。达者贵同，何必独异？群贤可从，何必守意？方今同命并臻，饥不待餐，振藻皇涂，咸秩天官⑬。子独栖迟衡门⑭，放形世表⑮，逊遁⑯丘园，不睨⑰华好，惠不加人，行不合道，身婴大疢⑱，性命难保。若其

---

① 叩角以干齐：叩角即敲击牛角。《吕氏春秋·举难》："宁戚饭牛居车下，望齐桓公而悲，击牛角疾歌。桓公闻之，抚其仆之手曰：'异哉！斯歌者非常人也。'命后车载之。"后用以为语言投合君王而为显官的典故。
② 解褐以相秦：春秋时有一位名叫百里奚的虞国大夫，虞亡之后被晋国俘去，作为陪嫁之臣被送入秦国，后来又为楚人所执。秦穆公得知此人的才德后，用了五张黑羖羊皮把他赎了回来，用为大夫。他与蹇叔、由余等人帮助秦穆公建立了霸业。褐指用粗毛织成的衣服，多为劳苦人所穿。解褐相秦意为脱下粗毛衣就当上了秦国的宰相。
③ 冒谤以安郑：冒着别人的诽谤而去安定郑国。
④ 乘驷以救屯：乘着驷马去救人于围城之中。
⑤ 班荆以求友：又云："班荆道故。"意为朋友在途中相遇，共话旧情。语出《左传·襄公二十六年》："伍举奔郑，将遂奔晋。声子将如晋，遇之于郑郊，班荆与食，而言复故。"杜预注："班：布也。布荆坐地，共议归楚，事朋友世亲。"
⑥ 借术于黄神：术为占梦术，黄神为黄帝。皇甫谧《帝王世纪·卷一》："黄帝梦大风吹天下尘垢皆去，又梦人执千钧之弩驱羊万群。帝寤而叹曰：'风为号令执政者也。垢去土后在也。天下岂有姓风名后者哉？夫千钧之弩，异力也。驱羊数万群，能牧民为善者也，天下岂有姓力名牧者哉！'于是依二占而求之，得风后于海隅，登以为相。得力牧于大泽，进以为将。黄帝因著《占梦经》十一卷。"按《占梦经》实为后人所著，托名黄帝焉。
⑦ 六艺：即"六经"。泛指儒家经典。《史记·滑稽列传》："六艺于治一也。《礼》以节人，《乐》以发和，《书》以道事，《诗》以达意，《易》以神化，《春秋》以道义。"
⑧ 众妙之门：除儒家之外的百家学说。见《老子》："玄而又玄，众妙之门。"
⑨ 云汉：银河。
⑩ 鸿渐：用来比喻仕途的升迁。渐，进，干，水涯。即岸。谓鸿雁从水中上到岸上。
⑪ 招摇：古星名。《礼记·曲礼上》："招摇在上。"孔颖达疏："《春秋运斗枢》云：'北斗七星……第七摇光，第一至第四为魁，第五至第七为标。案此摇光，则招摇也'。"
⑫ 五教：五常之教。《左传·文公十八年》："举八元，使布五教于四方。五教即父义，母慈，兄友，弟恭、子孝。"
⑬ 天官：天官冢宰的简称。《周礼》六官称冢宰为天官，为百官之长。隋唐行六部制，以吏部为天官。
⑭ 衡门：横木为门，指简陋的房屋。
⑮ 世表：世外。
⑯ 逊遁：退避，退隐。
⑰ 睨（nì）：斜视。
⑱ 身婴大疢（chèn）：婴：缠绕，羁绊。引申为加。疢，热病。《诗·小雅·小弁》："疢如疾首。"郑玄笺："疢，犹病也。"意为身患大病。

羲和①促辔,大火西颓②,临川恨晚③,将复何阶!夫贵阴贱璧,圣所约④也;颠倒衣裳,明所箴也。子其鉴先哲之洪范⑤,副⑥圣朝之虚心,冲灵翼于云路,浴天池以濯鳞,排阊阖⑦,步玉岑,登紫闼,侍北辰⑧,翻然景曜,杂沓⑨英尘。辅唐虞之主,化尧舜之人,宣刑错之政⑩,配殷周之臣,铭功景钟⑪,参叙彝伦⑫,存则鼎食,亡为贵臣,不亦茂哉!而忽金白之辉曜,忘青紫⑬之班瞵,辞容服之光粲,抱弊褐之终年,无乃勤乎!"

主人笑而应之曰:"吁!若宾可谓习外观之晖晖,未睹幽人⑭之仿佛也;见俗人之不容,未喻圣皇之兼爱也;循方圆于规矩,未知大形之无外也。故曰,天玄而清,地静而宁,含罗万类,旁薄⑮群生,寄身圣世,托道之灵⑯。若夫春以阳散,冬以阴凝,泰液⑰含光,元气⑱混蒸,众品仰化,诞制殊征。故进者享天禄⑲,处者安丘陵。是以寒暑相推,四宿代中,阴阳不治,运化无穷,自然分定,两克厥中⑳。二物㉑俱灵,是谓大同;彼此无怨,是谓至通。

"若乃衰周之末,贵诈贱诚,牵㉒于权力,以利要荣。故苏子㉓出而六主合,

---

① 羲和:古代神话中驾驰日车的神。
② 大火西颓(tuí):太阳落下。大火为太阳。
③ 临川恨晚:孔子曾对着流去的河水叹息道:"逝者如斯,不舍昼夜。"以慨叹岁月易逝,人生短促。
④ 约:以语言或文字互相共守的行为。如契约、盟约等。
⑤ 洪范:《尚书》篇名。洪,大也;范,法,规范。旧传为商末箕子向周武王陈述的"天地之大法",近人疑为战国时的作品。
⑥ 副:辅助。
⑦ 阊阖(chāng hé):传说中的天门。
⑧ 北辰:北极星。《论语·为政》:"为政以德,譬如北辰,居其所而众星拱之。"《尔雅·释天》:"北极谓之北辰。"以上阊阖、玉岑、紫闼、北辰,均泛指皇帝居住的地方。
⑨ 杂沓:众多杂乱貌。
⑩ 刑错之政:错同措,搁置。谓没有人犯法,刑法遂搁置不用。
⑪ 景钟:大钟。景,大。
⑫ 彝(yí)伦:犹言伦常。古代指人与人之间的道德关系。
⑬ 青紫:古代公卿的服饰,借指高官显爵。
⑭ 幽人:幽居之人,指隐士。
⑮ 旁薄:广被。
⑯ 灵:好。
⑰ 泰液:同太液,即太液池。始建于汉代,隋唐具在长安城内皇宫周围。元明清之太液池即今北京故宫西华门外之北海、中海、南海三海。这里的太液泛指大地上的一切水域。
⑱ 元气:指产生和构成天地万物的原始物质,或指阴阳二气混沌未分的实体。
⑲ 天禄:上天赐予的禄位。
⑳ 两克厥中:克,约定或限定的时间。意为在限定的两次时间内就会符合。
㉑ 二物:指天与地,进者与处者。
㉒ 牵:拘束,拘泥。
㉓ 苏子:即苏秦,战国时著名的外交家。主张"合纵"之说,曾联合山东六国以抗强秦。

张仪①入而横势成，廉颇②存而赵重，乐毅③去而燕轻，公叔④没而魏败，孙膑⑤刖而齐宁，蠡种⑥亲而越霸，屈子⑦疏而楚倾。是以君无常籍，臣无定名，损义放诚，一虚一盈。故冯以弹剑感主⑧，女有反赐之说，项奋拔山之力⑨，蒯陈鼎足之势⑩，东郭劫于田荣⑪，颜阖耻于见逼⑫。斯皆弃礼丧真，苟荣朝夕之急者也，岂道化之本与！

"若乃圣帝之创化也，参德乎二皇，齐风乎虞夏，欲温温⑬而和畅，不欲察察⑭而明切也；欲混混⑮若玄流，不欲荡荡⑯而名发也；欲索索⑰而条解，不欲契契⑱而绳结也；欲芒芒⑲而无垠际，不欲区区⑳而分别也；欲暗然而日章㉑，不欲示白若冰雪也；欲醇醇㉒而任德，不欲琐琐㉓而执法也。是以见机者以动成，好遁者无所迫。故

---

① 张仪：战国时著名的外交家。主张"连横"之说，曾帮助秦国对付山东六国。
② 廉颇：战国时赵国名将。功勋卓著，名震诸侯，后遭奸臣排挤，以年老而不用，去了魏国。
③ 乐毅：战国时燕国名将。曾率燕军下齐七十余城，后遭离间，离燕去了赵国。
④ 公叔：即公叔痤：战国时魏国名臣，曾连任魏武侯、魏惠王的相国，率军大败赵韩联军于浍水北岸，且不受魏王赏田百万。
⑤ 孙膑：战国时著名的军事家。齐人，被同学庞涓骗至魏国。涓忌其能，处其膑刑（割去膝盖骨）。后被齐使救出，齐威王任为军师，率军大败魏军，杀庞涓于马陵道。有兵法行世。
⑥ 蠡（lǐ）种：蠡即范蠡，春秋末著名的政治家。曾帮助越王勾践振兴国家，称霸诸侯。后弃政从商致富，世称"陶朱公"。种即文种，越国大夫，曾助越王勾践大败吴国。后勾践听信谗言，赐文种死。
⑦ 屈子：即屈原，战国时楚国大夫，我国古代伟大的文学家，爱国诗人。早年曾为楚怀王所信任，屡建功业，后遭奸臣排挤，流放僻远，自投汨罗江。楚怀王宠幸奸佞，排斥忠贤。屈原死后，国势日衰。
⑧ 冯以弹剑感主：冯即冯煖（xuān），战国时齐人。为孟尝君门客，不满自己的待遇。于是一边弹着宝剑一边唱道："长剑啊，咱们离开吧，这里的饭菜没有鱼，出门没有车。"孟尝君听到后，改变了对他的待遇，后来他果然帮助孟尝君办了不少大事。
⑨ 项奋拔山之力：项羽力大无比，武功盖世，但由于为人狂傲自大，不善用人而导致失败。被汉军围在垓下时，已遭四面楚歌。于是发出了无奈的叹唱："力拔山兮气盖世，时不利兮骓不逝。骓不逝兮可奈何，虞兮虞兮奈若何？"
⑩ 蒯（kuǎi）陈鼎足之势：蒯通，又名彻，汉初纵横家。韩信率汉军攻下齐地后举足轻重。蒯通劝韩信背叛刘邦，自称齐王，与刘、项三分天下。
⑪ 东郭劫于田荣：秦末大乱，楚人项羽力胜群雄，大封六国叛秦贵族，自称西楚霸王。齐王田荣不服谋叛，劫持士人东郭先生、梁石君。二人隐匿不从。后田荣败亡。
⑫ 颜阖耻于见逼：《淮南子·齐俗训》："颜阖，鲁君欲相之，而不肯。使人以币先焉，（颜阖）凿培（扒开屋子后墙）而遁之。"《庄子·让王》《吕氏春秋·贵生》亦记此事。
⑬ 温温：柔和貌。《诗·小雅·宾之初宴》："温温其恭。"
⑭ 察察：分析明辨的意思。
⑮ 混混：亦作"浑浑"。浑厚质朴。
⑯ 荡荡：广大貌。
⑰ 索索：碎杂的声音。
⑱ 契契：愁苦貌。
⑲ 芒芒：辽阔，深远。
⑳ 区区：小，少。
㉑ 闇章：闇同暗。暗然，即隐蔽，不显露。章：同"彰"，显明之意。
㉒ 醇醇：通"淳淳"，即淳朴笃厚。
㉓ 琐琐：卑微细小貌。

曰，一明一昧，得道之概；一弛一张，合礼之方；一浮一沈，兼得其真。故上有劳谦①之爱，下有不名之臣；朝有聘贤之礼，野有遁窜之人。是以支伯②以幽疾距唐，李老③寄迹于西邻，颜氏④安陋以成名，原思⑤娱道于至贫，荣期以三乐感尼父⑥，黔娄⑦定谥于布衾，干木⑧偃息以存魏，荆莱⑨志迈于江岑，君平⑩因蓍以道著，四皓⑪潜德于洛滨，郑真⑫躬耕以致誉，幼安⑬发令乎今人。皆持难夺之节，执不回之意，遭拔俗⑭之主，全彼人之志。故有独定之计者，不借谋于众人；守不动之安者，不假虑于群宾。故能弃外亲之华，通内道之真，去显显之明路，入昧昧之埃尘，宛转万情之形表，排托虚寂以寄身，居无事之宅，交释利之人。轻若鸿毛，重若泥沈，损之不得，测之愈深。真吾徒之师表，余迫疾而不能及者也。子议吾失宿而骇众，吾亦怪子较论而不折中也。

"夫才不周用，众所斥也；寝疾弥年，朝所弃也。是以胥克之废，丘明

---

① 劳谦：勤苦谦恭。语出《易·谦》："劳谦，君子有终。"
② 支伯：即岐伯，黄帝时的臣子。相传黄帝使他"尝味草木，典主医病。经方本草，《素问》之书咸出焉。"后世称中医学为"岐黄之术"。
③ 李老：即老子，又名李耳。楚国苦县（今河南鹿邑县东）人。做过周朝的"守藏室之史"。孔子曾向他问礼。后退隐，骑青牛，出函谷关而西去。
④ 颜氏：即颜渊，又名颜回，孔子的学生。他贫居陋巷，箪食瓢饮，不改其乐。多次受到孔子的称赞，后被儒家奉为"复圣"。
⑤ 原思：亦称原宪，仲宪，孔子的学生。孔子死后，他隐居卫国。
⑥ 荣期以三乐感尼父：孔子游于泰山，见荣启（期）行乎郕（chéng）之野，鹿裘带索，鼓琴而歌。孔子问曰："先生所以乐，何也？"对曰："吾乐甚多：天生万物，唯人为贵，而吾得为人，是一乐也。男女之别，男尊女卑，故以男为贵，吾既得为男矣，是二乐也。人生有不见日月，不免襁褓者，吾既已行年九十矣，是三乐也。贫者士之常也，死者人之终也，处常以得终，当何忧哉？"尼父即孔子。
⑦ 黔娄（qián lóu）：战国时齐国隐士。齐、鲁二国君都曾请他去做官，他总不肯。家甚贫，死时衣不蔽体。他的妻子和他一样"乐贫行道"。
⑧ 干木：即段干木，魏文侯时的贤者。《高士传》云："段干木少贫贱，心志不遂，乃师事卜子夏与田子方。李克、翟璜、吴起等居于魏，皆为将，惟段干木守道不仕。"
⑨ 荆莱：即老莱子。春秋末楚国隐士。相传居于蒙山之阴，自耕而食。有孝行，年七十，常穿五彩衣为婴儿状，以娱父母。楚王召出仕，不就，偕妻迁居江南。
⑩ 君平：即严君平。西汉隐士，名遵，蜀人。成帝时，卜筮于成都市，日得百钱即闭门读《老子》，著书十万余言。一生不愿做官，为著名文学家扬雄所敬重。
⑪ 四皓：秦末汉初的四位隐士，东园公、甪里先生、绮里季、夏黄公。他们四人同隐于商山之中，年皆在八十以上，时人称之为"商山四皓"。
⑫ 郑真：东汉时隐士。据王琦引皇甫谧《高士传》云："郑朴，字子真，谷口人也。修道静默，世服其清高。成帝时，大将军王凤以礼聘之，遂不屈。"扬雄盛称其德曰："谷口郑子真，耕于岩石之下，名镇京师。"
⑬ 幼安：即管宁。《三国志·魏书》中有："管宁，字幼安，北海朱虚人也。"他隐居不仕，多次谢绝了朝廷的礼聘。《世说新语》中有关于管宁与华歆人品的生动描述。
⑭ 拔俗：不同凡俗，不庸俗。《后汉书·仲长统传》："至人能变，达士拔俗。"

列焉；伯牛有疾，孔子斯叹①。若黄帝创制于九经②，岐伯剖腹以蠲肠③，扁鹊造虢而尸起④，文挚徇命于齐王⑤，医和⑥显术于秦、晋，仓公⑦发秘于汉皇，华佗⑧存精于独识，仲景⑨垂妙于定方。徒恨生不逢乎若人，故乞命诉乎明王。求绝编于天录⑩，亮⑪我躬之辛苦，冀微诚之降霜⑫，故俟⑬罪而穷处。"

其后武帝频下诏敦逼不已，谧上疏自称草莽⑭臣曰："臣以尫⑮弊，迷于道趣，因疾抽簪⑯，散发林阜，人纲不闲，鸟兽为群。陛下披榛采兰，并收蒿艾。是以皋陶振褐⑰，不仁者远。臣惟顽蒙，备食晋粟，犹识唐人击壤⑱之乐，宜赴京城，称寿

---

① 伯牛有疾，孔子斯叹：孔子的学生冉伯牛得了重病。孔子从窗户里握住他的手叹息道："恐怕活不成了，这是命呀！这样的人竟有这样的病，这样的人会有这样的病！"见《论语·雍也》。
② 黄帝创判九经：即《黄帝内经》。相传为黄帝所创，据现代人研究，其成书的年代约在战国时期。是我国现存最早的一部中医学文献。
③ 岐伯剖腹以蠲（juān）肠：岐伯，黄帝的臣子，精于医术。蠲同"涓"。清洁之意。蠲肠即清除肠内的腐烂之物。
④ 扁鹊造虢而尸起：扁鹊，战国时著名的医学家。姓秦，名越人，渤海郑（今河北任丘）人。相传他学医术于神人长桑君。他一次路过虢国时，听说太子刚死未殓，他要求医治。别人都以为他在开玩笑，经他一番诊断与治疗，太子竟然复活了（其实并没有死）。于是，扁鹊的名气传遍了天下。
⑤ 文挚徇命于齐王：文挚为战国时一代名医。齐湣王得了严重的头痛病（抑郁症），延请文挚医疗。文挚认为只有让齐王产生暴怒的行为，其病自然会好。可是齐王一旦病好定会杀掉激怒他的人而不愿冒死。可他经不起太子的一再央求决定医治。当他激怒了齐王让他发泄了郁积的怒气之后。齐王果然用鼎镬烹杀了文挚。殉：为有所为而牺牲自己的生命。如殉国、殉节等。
⑥ 医和：春秋时秦国人，医学家。据《左传·昭公元年》记载，他曾借论阴、阳、风、雨、晦、明为"云气"，认为云气太过，可以引起各种不同的疾病，反映了当时朴素的唯物的病因说。
⑦ 仓公：汉初医学家。姓淳于，名意，齐临淄人。曾任齐太仓令，故称仓公。《史记·扁鹊仓公列传》说他从公孙光学医，并从公乘阳庆学黄帝、扁鹊脉书，辨证审脉，治病多验。后因罪当刑，其女缇萦上书文帝，愿以身代，获免。
⑧ 华佗：汉末著名医学家。沛国谯（今安徽亳县）人。精于内、外、妇、儿、针灸各科，外科尤为擅长。并创用"麻沸散"用于外科手术。又创"五禽戏"，强调体育锻炼，以增强体质。后因不从曹操征召，遂为所杀。
⑨ 仲景：名张机，字仲景，汉末著名医学家。河南南阳人。学医于同郡张伯祖。相传曾任长沙太守，当时伤寒流行，病死者很多。他钻研了《内经》《难经》《胎胪药录》等古代医书，并广泛收集有效方剂，著《伤寒论》，对祖国的医学发展有重大贡献。
⑩ 天禄：即天禄阁，汉宫中藏书的阁名。汉高祖时创建，在未央宫内，收藏有从全国各地所献的书。成帝、哀帝时，著名学者刘向、刘歆父子曾在阁内校书。
⑪ 亮：明鉴。如亮察，亮照。
⑫ 降霜：原意指空气中的水分因变冷而凝结成极微小的白色固体。这里借喻为皇帝能借书给自己就像天上降下一点薄霜一样。
⑬ 俟（sì）：等待。
⑭ 草莽：杂草。引申为草野，与"朝廷""廊庙"相对。《孟子·万章》："在野曰草莽之臣。"
⑮ 尫（wāng）：同尪，瘠病之人。《左传·僖公二十一年》："夏大旱，公欲焚巫尪。"杜预注："瘠病之人。其面上仰，俗谓天哀其人，恐雨入其鼻，故为之旱。"
⑯ 抽簪：谓弃官归隐。簪，发具，可用于连冠于发。古代人须束发整冠，故归隐为抽簪、散发。
⑰ 振褐：振，赈的本字，救济之意。《礼记·月令》："季春之月发仓廪。赐贫穷，振乏绝。"褐：兽毛或粗麻制成的短衣。古时贫贱人所服。
⑱ 击壤：古代的一种游戏。相传唐尧时有老人击壤而歌曰："日出而作，日入而息。凿井而饮，耕田而食。帝力何有于我哉？"

阙外。而小人无良,致灾速祸,久婴笃疾,躯半不仁,右脚偏小,十有九载。又服寒食药,违错节度,辛苦荼毒,于今七年。隆冬裸袒食冰,当暑烦闷,加以咳逆,或若温虐,或类伤寒,浮气流肿,四肢酸重。于今困劣,救命呼噏,父兄见出,妻息长诀。仰迫天威,扶舆就道,所苦加焉,不任进路,委身待罪,伏枕叹息。臣闻《韶》《卫》①不并奏,《雅》《郑》②不兼御,故郤子③入周,祸延王叔;虞丘④称贤,樊姬⑤掩口。君子小人,礼不同器,况臣糠麱,粺之雕胡⑥?庸夫锦衣,不称其服也。窃闻同命之士,咸以毕到,唯臣疾疢,抱衅⑦床蓐,虽贪明时,惧毙命路隅。设臣不疾,已遭尧舜之世,执志箕山,犹当容之。臣闻上有明圣之主,下有输实之臣;上有在宽之政,下有委情之人。唯陛下留神垂恕,更旌瑰俊⑧,索隐于傅岩⑨,收钓于渭滨,无令泥滓,久浊清流。"谥辞切言至,遂见听许。

岁余,又举贤良方正⑩,并不起。自表就帝借书,帝送一车书与之。谧虽羸疾,而披阅不息。初服寒食散,而性与之忤,每委顿⑪不伦,尝悲恚,叩刃欲自杀,叔母谏之而止。

济阴太守蜀人文立⑫,表以命士有贽⑬为烦,请绝其礼币,诏从之。谧闻而叹曰:"亡国之大夫不可与图存,而以革历代之制,其可乎!夫'束帛戋戋⑭',《易》

---

① 《韶》《卫》:《韶》指韶乐,相传为虞舜时的乐名,雅乐也。《卫》,卫国民间的音乐。
② 雅郑:雅指雅乐,古代宫廷的音乐。雅韶指官方的宫廷正统音乐。卫指春秋战国时卫国的民间音乐。郑指郑国的民间音乐。郑卫之音也指乱世之音,后来也将郑卫之声用作淫靡之乐的代称,与雅韶之乐相对。
③ 郤子:郤锜,又称郤子、驹伯,郤克之子。晋厉公时为上将军。
④ 虞丘:复姓。本周代邑名,后因楚大夫封于此,以邑为姓。这里的虞丘,指楚庄王时的令尹,贤相也,曾任令尹十数年。后向楚庄王举荐孙叔敖。
⑤ 樊姬:春秋楚庄王之姬。樊姬曾谏止楚庄王狩猎,使勤于政事,又激楚相虞丘辞位而进贤相孙叔敖,楚庄王赖以称霸。事见汉刘向《列女传·楚樊姬》。
⑥ 雕胡:即菰米。《广雅·释草》:"菰,蒋也。其米谓之雕胡。"
⑦ 衅(xìn):原为间隙,破绽之意。这里引申为疾病。
⑧ 瑰俊:奇伟,卓异,才智过人之辈。
⑨ 傅岩:古地名。一作傅俭。在今山西省平陆县东。相传是商代名臣傅说为奴隶版筑之地。
⑩ 贤良方正:汉代选拔人才的科目之一。汉文帝为了询问政治得失,始诏"举贤良方正能言极谏者",中选者则授以官职,和孝廉同为汉魏时读书人步入仕途的主要途径。
⑪ 委顿:极度疲困。
⑫ 文立:《华阳国志》:"文立,字广休,少治《毛诗》《三礼》,兼通群书。刺史费祎命为从事,入为尚书郎,稍迁尚书。蜀并于魏,梁州建,首为别驾从事,举秀才。晋泰始二年,拜济阴太守。"
⑬ 命士以有贽(zhì):命士,古代帝王以仪物或爵位赐给士人叫命士。贽,旧时初次拜见尊长时所送的礼物叫贽。
⑭ 束帛戋戋(jiān jiān):戋戋,浅小貌。《易·贲》:"贲于丘园,束帛戋戋。"朱熹《周易本义·贲》"束帛,薄物;戋戋,浅小貌。"

之明义,玄纁①之贽,自古之旧也。故孔子称夙夜强学以待问,席上之珍以待聘。士于是乎三揖②乃进,明致之难也;一让③而退,明去之易也。若殷汤之于伊尹,文王之于太公,或身即莘野,或就载以归,唯恐礼之不重,岂吝其烦费哉!且一礼不备,贞女④耻之,况命士乎!孔子曰:'赐也⑤,尔爱其羊,我爱其礼。'弃之如何?政之失贤,于此乎在矣。"

咸宁⑥初,又诏曰:"男子皇甫谧沈静履素,守学好古,与流俗异趣,其以谧为太子中庶子⑦。"谧固辞笃疾。帝初虽不夺其志,寻复发诏征为议郎,又召补著作郎⑧。司隶校尉刘毅⑨请为功曹,并不应。著论为葬送之制,名曰《笃终》,曰:

玄晏先生以为存亡天地之定制,人理之必至也。故礼六十而制寿,至于九十,各有等差,防终以素,岂流俗之多忌者哉!吾年虽未制寿,然婴疢弥纪,仍遭丧难,神气损劣,困顿数矣。常惧夭陨不期,虑终无素,是以略陈至怀。

夫人之所贪者,生也;所恶者,死也。虽贪,不得越期;虽恶,不可逃遁。人之死也,精歇形散,魂无不之,故气属于天;寄命终尽,穷体反真,故尸藏于地。是以神不存体,则与气升降;尸不久寄,与地合形。形神不隔,天地之性也;尸与土并,反真之理也。今生不能保七尺之躯,死何故隔一棺之土?然则衣衾所以秽尸,棺椁所以隔真,故桓司马石椁不如速朽;季孙玙璠⑩比之暴骸;文公厚葬,《春秋》以为华元⑪不臣;杨王孙⑫亲土,《汉书》以为贤于秦始皇。如今魂必有知,则人鬼异制,黄泉之亲,死多于生,必将备其器物,用待亡者。今若以存况终,非即灵之意也。如其无知,则空夺生用,损之无益,而启奸心,是招露形之祸,增亡者

---

① 玄纁(xūn):玄,黑色。纁,绛色。《尔雅·释器》:"三染谓之纁。"郭璞注:"纁,绛也。"这里泛指有颜色的丝织品。
② 揖:谦让。
③ 让:退让,谦让,辞让。《贾子·道术》:"厚人自薄谓之让。"
④ 贞女:旧时指从一而终的女子。此处指有身价的女子。
⑤ 赐也,尔爱其羊:见《论语·八佾》。
⑥ 咸宁:晋武帝司马炎的年号,275—282年。
⑦ 中庶子:古代国君、太子、相国的侍从之臣。
⑧ 著作郎:官名。三国魏始置,属中书省,掌编纂国史。晋代改属秘书省,号大著作。
⑨ 刘毅:西晋东莱(今山东掖县)人,字仲雄。官司隶校尉、尚书左仆射。曾压制世族豪强的势力,批评晋武帝卖官鬻爵的行为,主张废除九品中正制度。
⑩ 玙璠(yú fán):亦作"璠玙",两种美玉。《左传·定公五年》:"季平子行东野,还,未至,丙申,卒于房。阳虎将以与璠敛。"杜预注:"玙璠,美玉,君所佩。"
⑪ 华元:春秋时期宋国的大夫。
⑫ 杨王孙:西汉无神论者。他认为人的生死是事物的变化,人死后"其尸块然独处",毫无知觉。著有《裸葬论》,反对当时流行的厚葬之风。临终遗嘱子女,死后以"布囊盛尸",倾埋土中。

之毒也。

夫葬者,藏也;藏也者,欲人之不得见也。而大为棺椁,备赠存物,无异于埋金路隅而书表于上也。虽甚愚之人,必将笑之。丰财厚葬以启奸心,或剖破棺椁,或牵曳形骸,或剥臂捋金环,或扪肠求珠玉。焚如之形,不痛于是?自古及今,未有不死之人,又无不发之墓也。故张释之①曰:"使其中有欲,虽固南山犹有隙;使其中无欲,虽无石椁,又何戚焉!"斯言达矣,吾之师也。夫赠终②加厚,非厚死也,生者自为也。遂生意于无益,弃死者之所属,知者所不行也。《易》称"古之葬者,衣之以薪,葬之中野,不封不树"。是以死得归真,亡不损生。

故吾欲朝死夕葬,夕死朝葬,不设棺椁,不加缠敛,不修沐浴,不造新服,殡唅之物,一皆绝之。吾本欲露形入坑,以身亲土,或恐人情染俗来久,顿革理难,今故粗为之制,奢不石椁,俭不露形。气绝之后,便即时服,幅巾故衣,以蘧除裹尸,麻约二头,置尸床上。择不毛之地,穿坑深十尺,长一丈五尺,广六尺,坑讫,举床就坑,去床下尸。平生之物,皆无自随,唯赍《孝经》一卷,示不忘孝道。蘧除之外③,便以亲土。土与地平,还其故草,使生其上,无种树木、削除,使生迹无处,自求不知。不见可欲,则奸不生心,终始无怵惕,千载不虑患。形骸与后土同体,魂爽与元气合灵,真笃爱之至也。若亡有前后,不得移袝④。袝葬自周公来,非古制也。舜葬苍梧,二妃不从,以为一定,何必周礼。无问师工,无信卜筮,无拘俗言,无张神坐,无十五日朝夕上食。礼不墓祭,但月朔于家设席以祭,百日而止。临⑤必昏明,不得以夜。制服⑥常居,不得墓次。夫古不崇墓,智也。今之封树,愚也。若不从此,是戮尸地下,死而重伤。魂而有灵,则冤悲没世,长为恨鬼。王孙之子,可以为诚。死誓难违,幸无改焉!

而竟不仕。太康三年卒,时年六十八。子童灵、方回等遵其遗命。

---

① 张释之:西汉文帝时人,初为郎,后为公车令、中郎将。有一次随文帝及慎夫人行至霸陵,文帝指着霸陵对群臣道:"嗟乎!以北山石为椁,用纻絮错陈,絮陈其间,岂其动哉!"左右皆曰:"善。"释之前进曰:"使其中有可欲者,虽锢南山犹有隙;使其中无可欲者,虽亡石椁又,又何有戚焉?"
② 赠终:旧时对死去的人所追赠的爵位。
③ 蘧除(qù chú):即粗席。《淮南子·本经训》:"若箪蘧除。"高诱注:"蘧除,苇席。"
④ 袝(fù):合葬。《礼记·檀弓上》:"周公盖袝。"孔颖达疏:"周公以来,盖袝葬。袝即合也,言将后表合前表。"
⑤ 临:哭吊死者。
⑥ 制服:即丧服。

谧所著诗赋诔颂论难①甚多，又撰《帝王世纪》《年历》《高士》《逸士》《列女》等传、《玄晏春秋》，并重于世。门人挚虞②、张轨③、牛综、席纯，皆为晋名臣。

选自《晋书》卷五十一《皇甫谧传》

---

① 论难：辩论发难。
② 挚虞：西晋文学家。字仲洽，长安人。晋武帝泰始中举贤良，累官至太常卿。后遇洛阳饥荒，饿死。撰有《三辅决录注》，又分类编辑古代文章，名《文章流别集》，并撰有《文章流别论》，今仅存佚文。明人辑有《晋挚太常集》，《晋书》有其传。
③ 张轨：西晋安定乌氏人，历任散骑常侍、征西将军、凉州刺史等职。前凉政权的奠基者。

胡奋传

　　胡奋字玄威，安定临泾①人也，魏车骑将军阴密侯遵②之子也。奋性开朗，有筹略③，少好武事。宣帝之伐辽东④也，以白衣⑤侍从左右，甚见接待⑥。迁为校尉，稍迁徐州刺史，封夏阳子⑦。匈奴中部帅刘猛叛，使骁骑路蕃讨之。以奋为监军、假节，顿军硙北⑧，为蕃后继。击猛，破之。猛帐下将李恪斩猛而降。以功累迁征南将军、假节、都督荆州诸军事，迁护军，加散骑常侍。奋家世将门⑨，晚乃好学，有刀笔之用⑩，所在有声绩⑪，居边特有威惠⑫。

　　泰始末，武帝怠政事而耽于色⑬，大采择公卿女以充六宫⑭，奋女选入为贵人。奋唯有一子，为南阳王友，早亡。及闻女为贵人⑮，哭曰："老奴不死，唯有二儿，男入九地之下，女上九天之上⑯。"奋既旧臣，兼有椒房⑰之助，甚见宠待。迁

---

① 安定临泾：见《王符传》注。
② 胡遵：《三国志·魏志·钟会传》裴松之引《晋诸公赞》曰："（胡）遵，安定人，以才兼文武，累居藩镇，至车骑将军。"
③ 筹略：犹谋略。筹，计谋，谋划。如一筹莫展。
④ 宣帝之伐辽东：《晋书·宣帝纪》："景初三年，帅牛金胡遵等步骑四万发自京师。"其时"辽东太守公孙文懿反"。故派时任太尉的司马懿率兵出征辽东。
⑤ 白衣：没有功名的平民。
⑥ 接待：犹器重。
⑦ 夏阳子：爵位名。夏阳，古县名，在今陕西韩城南。
⑧ 硙北：地名。不详。
⑨ 家世将门：世代出将军的家庭。如将门之子。
⑩ 刀笔之用：能书写文书的本事。用，才用。
⑪ 声绩：声望与功绩。
⑫ 居边特有威惠：任职边郡时特别具有威望与惠政。
⑬ 怠政事而耽（dān）于声色：怠于政事，沉溺于声色享乐之中。耽，过乐，酷嗜。《书·无逸》："惟耽乐之从。"孔传："过乐谓之耽。"声色，歌舞与女色。《淮南子·时则训》："去声色，禁嗜欲。"
⑭ 六宫：泛指帝王妃嫔居住的后宫。白居易《长恨歌》："六宫粉黛无颜色。"
⑮ 贵人：妃嫔的称号，仅次于皇后。东汉光武帝始置。胡奋女名芳，入选后被册封为贵妃。《晋书·后妃传·胡贵嫔传》云："芳最蒙受幸，殆有专房之宠焉。侍御服饰亚于皇后。"
⑯ 九天之上：意指位极高且受宠。
⑰ 椒房：汉代后妃居住的宫室，用椒和泥涂墙，取其温暖，有香气，兼多子之意。后用椒房代称后妃。

左仆射,加镇军大将军、开府仪同三司。时杨骏①以后父骄傲自得,奋谓骏曰:"卿恃女更益豪邪?历观前代,与天家②婚,未有不灭门者,但早晚事耳。观卿举措③,适所以速祸④。"骏曰:"卿女不在天家乎?"奋曰:"我女与卿女作婢耳,何能损益。"时人皆为之惧,骏虽衔之⑤,而不能害。后卒于官,赠车骑将军,谥曰壮。奋兄弟六人,兄广,弟烈,并知名。

广字宣祖,位至散骑常侍、少府。广子喜,字林甫,亦以开济⑥为称,仕至凉州刺史、建武将军、假节、护羌校尉。

烈字武玄,为将伐蜀。钟会之反也,烈与诸将皆被闭。烈子世元⑦,时年十八,为士卒先,攻杀会,名驰远近。烈为秦州刺史,及凉州叛,烈屯于万斛堆⑧,为虏所围,无援,遇害。

选自《晋书》卷五十七《胡奋传》

---

① 杨骏:字文长,弘农华阳人,女为武帝皇后。后又居重任。武帝死后,为惠帝贾后所杀。
② 天家:皇帝之家。
③ 举措:举动,指向。犹一举一动。
④ 适所以速祸:正是早日招致灭门之灾的样子。适,正好。
⑤ 衔之:怀恨于胡奋。
⑥ 开济:开创大业,匡济危时。
⑦ 烈子世元:名渊,字世元,小字鹞鸱。其事见《三国志·魏志·钟会传》。
⑧ 万斛堆:古地名,在今甘肃皋兰县东北黄河北岸。

索 靖 传

　　索靖字幼安,敦煌人也。累世官族①,父湛,北地太守。靖少有逸群之量②,与乡人泛衷、张甝③、索紾、索永俱诣太学④,驰名海内,号称"敦煌五龙"。四人并早亡,唯靖该博⑤经史,兼通内纬⑥。州辟别驾,郡举贤良方正,对策高第⑦。傅玄⑧、张华与靖一面,皆厚与之相结。

　　拜驸马都尉⑨,出为西域戊己校尉长史。太子仆⑩同郡张勃特表,以靖才艺绝人⑪,宜在台阁⑫,不宜远出边塞。武帝纳之,擢为尚书郎。与襄阳罗尚⑬、河南潘岳⑭、吴郡顾荣⑮同官,咸器服⑯焉。

---

① 官族：家族中多有做官者。
② 逸群之量：超越同辈的器量。
③ 甝(hán)：兽名。《尔雅·释兽》："甝,白虎。"
④ 太学：中国古代的大学,西周已有之。西汉武帝元朔五年(前124年)设五经博士,弟子五十二人,为西汉太学之始。东汉太学大为发展。灵帝时,太学生多达三万余人,为中国古代太学之最。
⑤ 该博：该通"赅"。学问见闻广博。
⑥ 内纬：谶纬。
⑦ 对策高第：对策,汉代应荐举、科举的人对答皇帝的有关政治、经义的策问叫"对策"。高第：第,等第。旧称考试或官吏考绩列入优等者。
⑧ 傅玄：西晋哲学家、文学家。字休奕,北地泥阳(今陕西耀县西南)人。曾任司隶校尉、散骑常侍,封鹑觚男。学问渊博,精通音律,于诗擅长乐府。有《傅子》《傅玄集》,俱佚。明人辑有《傅鹑觚集》。
⑨ 拜驸马都尉：汉武帝时设置驸马都尉,谓掌副车之马。原为近侍官之一种。魏晋以后,皇帝的女婿照例加此称号,简称驸马。
⑩ 太子仆：官名。《后汉书·百官志》："太子仆一人,千石。本注曰：主车马,职如太仆。"
⑪ 绝人：犹过人、超人。
⑫ 台阁：东汉以尚书辅佐皇帝,直接处理政务,三公之权渐轻。因尚书台在宫廷建筑之内,因有此称。台阁往往与公府对举。
⑬ 罗尚：襄阳人,晋武帝太康末年,曾任梁州刺史,《晋书》有传。
⑭ 潘岳：西晋文学家,字安仁,荥阳中牟(今河南郑州中牟)人。曾任河阳令、著作郎以及黄门侍郎之职。后为赵王司马伦及孙秀所杀。长于诗赋,与陆机齐名,文辞华靡。《悼亡诗》较有名。原有集,已佚散,明人辑有《潘黄门集》。
⑮ 顾荣：西晋吴郡吴江(今苏州)人。字彦先,吴丞相顾雍孙。吴亡,与陆机、陆云一同到洛阳,被称为"洛阳三俊"。历任尚书郎、太子中舍人、廷尉正等职。因见晋王室纷争,常醉酒不肯问事。永嘉元年(307年),琅邪王司马睿(晋元帝)移镇建康,他任军司、加散骑常侍,为支持司马睿的江南士族领袖。
⑯ 器服：为其人的才气、度量所服膺。

靖与尚书令①卫瓘②俱以善草书知名，帝爱之。瓘笔胜靖，然有楷法，远不能及靖。靖在台积年，除雁门太守，迁鲁相③，又拜酒泉太守。惠帝④即位，赐爵关内侯。靖有先识远量，知天下将乱，指洛阳宫门铜驼⑤，叹曰："会见汝在荆棘中耳！"元康中，西戎反叛，拜靖大将军梁王肜⑥左司马，加荡寇将军，屯兵粟邑⑦，击贼，败之。迁始平⑧内史。及赵王伦篡位⑨，靖应三王义举⑩，以左卫将军讨孙秀⑪有功，加散骑常侍，迁后将军。太安末，河间王颙举兵向洛阳，拜靖使持节、监洛城诸军事、游击将军，领雍、秦、凉义兵，与贼战，大破之，靖亦被伤而卒，追赠太常，时年六十五。后又赠司空，进封安乐亭侯，谥曰庄。

先时，靖行见姑臧城南石地，曰："此后当起宫殿。"至张骏⑫，于其地立南城，起宗庙，建宫殿焉。

靖有五子：鲠、绻、璆、聿、綝，皆举秀才。聿，安昌乡侯，卒。少子綝⑬最知名。

选自《晋书》卷六十《索靖传》

---

① 尚书令：官名。始于秦，西汉沿置。本为少府的属官，掌章奏文书。汉武帝以后职权渐重。东汉政务归尚书，尚书令成为直接对君主负责包揽一切政令的首脑。至魏晋以后，事实上即为宰相。
② 卫瓘（guàn）（220—291年）：西晋河东安邑（今山西夏县北）人，字伯玉。魏末任廷尉，监邓艾。钟会军反叛，他集结诸将平定之，并杀邓艾。晋武帝时，官至司空。惠帝初，进位太保，不久为贾后所杀。工草书，长于张芝而参酌父觊之法。时人把他与索靖并称为"二妙"，评之为："（瓘）放手流便过索（靖)，而法则不如之。"在书法史上颇有影响，但作品佚失。
③ 鲁相：鲁国的相。
④ 惠帝：西晋第二位皇帝司马衷，在位十七年。
⑤ 铜驼：铜铸的骆驼，古代置于官门之外的道路两旁。如秦始皇铸造的十二铜人。
⑥ 梁王肜（róng）：梁孝王司马肜。曾任征西将军，代替秦王司马柬都督关中军及领护西戎校尉加任侍中，进督梁州。
⑦ 粟邑：西汉置。治今陕西白水县西北。属左冯翊。
⑧ 始平：郡名。晋泰始二年置（前265年）分扶风郡置。治所在槐里（今陕西兴平东南）。
⑨ 赵王伦篡位：西晋元康元年（300年）赵司马伦起兵杀惠帝妻贾后，废惠帝自立。
⑩ 三王义举：赵王司马伦篡位后，齐王司马冏、成都王司马颖、河间司马颙举兵反对赵王篡位。
⑪ 孙秀：赵司马伦的心腹谋臣，帮助司马伦成功篡位，独揽大权，滥杀无辜，倒行逆施，后为三王之师所杀。《晋书·赵王伦传》："秀亦以狡黠小才，贪淫昧利。"
⑫ 张骏：西晋末，凉州刺史，张轨之孙，张寔之子。中原大乱之后，张骏继其叔张茂之位，于345年建都姑臧，成为割据政权，史称前凉。
⑬ 索綝：索靖最小的儿子，才气过人。后举秀才，除郎中，任好畤令，入为黄门侍郎，拜鹰扬将军，封弋居伯，又迁前将军等，后被刘聪所杀。《晋书》有传。

张 轨 传

张轨字士彦,安定乌氏人,汉常山景王耳①十七代孙也。家世孝廉,以儒学显。父温,为太官令②。轨少明敏好学,有器望③,姿仪典则④,与同郡皇甫谧善,隐于宜阳女几山⑤。泰始⑥初,受叔父锡官五品。中书监张华⑦与轨论经义及政事损益,甚器之,谓安定中正⑧为蔽善抑才,乃美为之谈,以为二品之精。卫将军杨珧⑨辟为掾,除太子舍人,累迁散骑常侍、征西军司。

轨以时方多难,阴图据河西,筮之⑩,遇《泰》之《观》⑪,乃投筴⑫喜曰:"霸者兆也⑬。"于是求为凉州。公卿亦举轨才堪御远⑭。永宁⑮初,出为护羌校尉、凉州刺史。于时鲜卑反叛,寇盗从横,轨到官,即讨破之,斩首万余级,遂威著西州,化行

---

① 常山景王耳:即张耳。汉初诸侯王,大梁王。秦末随武臣北定赵地。武臣自立为赵王,以耳为相。后项羽分封诸侯时被封为常山王。刘邦得天下,改封赵王。
② 太官令:官名,一作大官令。汉置大官令一人,秩六百石,掌御饮食。
③ 器望:同器用,比喻有才具可以重用的人。《汉书·王褒传》"夫贤者,国家之器用也。"
④ 姿仪典则:姿态仪容,堪称典范。
⑤ 宜阳女几山:宜阳,县名,在洛阳西南。境内有女几山,景色幽绝。
⑥ 泰始:晋武帝司马炎的年号。
⑦ 张华(232—300年):西晋大臣,文学家,字茂先,范阳方城(今河北固安南)人。晋初任中书令、散骑常侍。惠帝时,历任侍中、中书监、司空。后被赵王司马伦和孙秀所杀。
⑧ 中正:魏晋时期,选拔官吏时,先推选各郡有声望的人出任"中正"之职。然后由中正将当地士人按才能分别评定为九等,供政府选用,即"九品官人法"。张华以为安定郡的中正,埋没了张轨这样的人才。
⑨ 杨珧(yáo):字文琚,历任尚书令、卫将军,弘农华阴(今陕西省华阴市)人。因其兄杨骏之女为帝后,故显。
⑩ 筮之:请人占卜,以问前途。古人每临大事,需请巫为之占卜,犹今之卜卦、算命,以问吉凶祸福。
⑪ 遇《泰》之《观》:泰,六十四卦之一,乾下坤也。《易·泰》"象曰:'天地交,泰。'"王弼注:"泰者,物大通之时也。"遇《泰》之《观》,即好运之兆。
⑫ 筴:同策。即写有卦文的竹签。
⑬ 霸者兆也:独立称霸的兆头。
⑭ 才堪御远:才能可以胜任边远地区的治理任务。凉州地处西北边远之地。为西域诸国进入中原的通道。故称边远之地。
⑮ 永宁:晋惠帝司马衷的年号。

河右①。以宋配、阴充、氾瑗、阴澹为股肱②谋主③，征九郡胄子④五百人，立学校，始置崇文祭酒⑤，位视别驾⑥，春秋行乡射之礼⑦。秘书监缪世征、少府挚虞夜观星象，相与言曰："天下方乱，避难之国唯凉土耳。张凉州德量不恒，殆其人乎！"及河间、成都二王⑧之难，遣兵三千，东赴京师。初，汉末金城人阳成远杀太守以叛，郡人冯忠赴尸号哭，呕血而死。张掖人吴咏为护羌校尉马贤所辟，后为太尉庞参掾，参、贤相诬，罪应死，各引咏为证，咏计理无两直⑨，遂自刎而死。参、贤惭悔，自相和释⑩。轨皆祭其墓而旌⑪其子孙。永兴⑫中，鲜卑若罗拔能皆为寇，轨遣司马宋配击之，斩拔能，俘十余万口，威名大震。惠帝遣加安西将军，封安乐乡侯，邑千户。于是大城⑬姑臧。其城本匈奴所筑也，南北七里，东西三里，地有龙形，故名卧龙城。初，汉末博士敦煌侯瑾谓其门人曰："后城西泉水当竭，有双阙⑭起其上，与东门相望。中有霸者出焉。"至魏嘉平⑮中，郡官果起学馆，筑双阙于泉上，与东门正相望矣。至是，张氏遂霸河西。

永嘉⑯初，会东羌校尉韩稚杀秦州刺史张辅，轨少府司马杨胤言于轨曰："今

---

① 化行河右：威化大行。河右指凉州。
② 股肱：比喻帝王左右辅助得力的臣子。《尚书·益稷》："臣作朕股肱耳目。"
③ 谋主：帮助张轨出谋划策的人物。
④ 胄子：即国子。古代称贵族子弟为国子。《周礼·地官·师氏》："以三德教国子。"郑玄注："国子，公卿大夫之子弟。"
⑤ 崇文祭酒：崇文，即崇文馆。魏明帝时置崇文馆学士，掌经籍图书，教授生徒。置校书郎，掌校理典籍。祭酒，古代职掌教育的官名，如今之大学校长。
⑥ 位视别驾：位视，职位相当于别驾。视，待遇。别驾，官名。汉置别驾从事史，为刺史的佐吏。刺史巡视辖境时别驾乘驿车随行，故名。魏晋承汉制，诸州置别驾，总理众务，职权甚重，当时论者称其职居刺史之半。
⑦ 春秋行乡射之礼：古代的射礼。州郡长官在每年的春秋两季，以礼会民，习射于州序（学校）。见《仪礼·乡射记》。
⑧ 河间、成都二王：即河间王司马颙、成都王司马颖，皆为晋宗室亲王。
⑨ 无两直：即两人都无法面对。
⑩ 和释：犹和解。
⑪ 旌：表彰。
⑫ 永兴：晋惠帝司马衷的年号。
⑬ 大城：扩大增修城池。大用作动词。
⑭ 双阙：古代宫殿，祠庙和陵墓前的高大建筑。通常左右各一，建成高台，台上起楼观，以两阙之间有空缺，故名阙或双阙。
⑮ 嘉平：魏齐王曹芳的年号。
⑯ 永嘉：西晋怀帝司马炽的年号。此前西晋发生内乱，诸王相争，北方少数民族趁机入侵。是年，匈奴人刘耀率兵破洛阳，俘怀帝，纵兵烧掠，史称"永嘉之乱"。

稚逆命，擅杀张辅，明公杖钺①一方，宜惩不恪②，此亦《春秋》之义③。诸侯相灭亡，桓公不能救，则桓公耻之。"轨从焉，遣中督护④氾瑷率众二万讨之，先遗稚书曰："今王纲⑤纷挠，牧守⑥宜勠力勤王⑦。适得雍州檄，云卿称兵内侮⑧。吾董任⑨一方，义在伐叛，武旅三万，骆驿继发，伐木之感⑩，心岂可言！古之行师，全国为上⑪，卿若单马军门者，当与卿共平世难也。"稚得书而降。遣主簿令狐亚聘⑫南阳王模⑬，模甚悦，遗⑭轨以帝所赐剑，谓轨曰："自陇以西，征伐断割悉以相委，如此剑矣。"俄而王弥⑮寇洛阳，轨遣北宫纯、张纂、马鲂、阴浚等率州军击破之，又败刘聪⑯于河东，京师歌之曰："凉州大马，横行天下。凉州鸱苕⑰，寇贼消；鸱苕翩翩，怖杀人。"帝嘉其忠，进封西平郡公，不受。张掖临松山⑱石有"金马"字，磨灭粗可识，而"张"字分明，又有文曰："初祚天下，西方安万年。"姑臧又有玄石，白点成二十八宿。于时天下既乱，所在使命⑲莫有至者，轨遣使贡献，岁时不替⑳。朝廷嘉之，屡降玺书慰劳。

轨后患风㉑，口不能言，使子茂摄州事。酒泉太守张镇潜引秦州刺史贾龛以

---

① 仗钺（yuè）：钺，古代兵器之一，象斧，常用于君王的仪仗。故"仗钺"象征着权力。
② 不恪：不恭敬。
③ 《春秋》之义：孔子在《春秋》一书中，对齐桓公尊王攘夷大加称赞。
④ 中督护：同"中护军""中领军"。汉末始置，为重要军事长官。
⑤ 王纲：王朝的纲纪。
⑥ 牧守：地方官的代称。汉代州长官称刺史，亦称牧。郡长官称太守。"守牧"即地方行政首脑。
⑦ 勤王：尽力于王事。
⑧ 内侮：内部讨伐，指擅杀张辅。
⑨ 董任：董有督责，监察之意。
⑩ 伐木之感：伐木，《诗经·小雅》篇名。贵族宴请朋友，故旧时的乐歌。诗中以"鸟鸣嘤嘤"来比拟求友。
⑪ 全国为上：使敌人举国降服为上策。语出《孙子·谋攻》："凡用兵之法，全国为上。"
⑫ 聘：访问。
⑬ 南阳王模：即司马模，字元表，晋宗室。初封昌平公，累迁太子庶子、员外散骑常侍。永嘉初，转征西大将军、开府、都督秦雍梁益诸州军事。代河间王司马颙镇关中，与张轨友善。
⑭ 遗（wèi）：赠予。
⑮ 王弥：东莱人（今山东掖县）人。晋惠帝末年，从刘伯根起兵反叛朝廷。后与匈奴人刘曜相勾结，大掠京师洛阳，杀皇室、贵族百官及百姓三万余人。
⑯ 刘聪：十六国时汉国国君。310—318年在位。匈奴族，刘渊子。刘渊死后，杀兄刘和夺取帝位。后派刘曜攻破长安、洛阳，俘晋怀、愍二帝。在位时穷兵黩武，广建宫殿，浪费民力，沉湎酒色，激起各族人民的反抗。河东，今山西一带。
⑰ 鸱苕：即鸱鸮（chī xiāo），一种凶猛的鸟，像猫头鹰。
⑱ 临松山：在今张掖以南的祁连山中。
⑲ 所在使命：各地使者。
⑳ 替：止歇、断绝。
㉑ 风：中风。

代轨,密使诣京师,请尚书侍郎曹袪为西平太守,图为辅车之势①。轨别驾麹晁欲专威福,又遣使诣长安,告南阳王模,称轨废疾,以请贾龛,而龛将受之。其兄让②龛曰:"张凉州一时名士③,威著西州,汝何德以代之!"龛乃止。更以侍中④爰瑜为凉州刺史。治中⑤杨澹驰诣长安,割耳盘上⑥,诉轨之被诬,模乃表停之。

晋昌⑦张越,凉州大族,谶言⑧张氏霸凉,自以才力应之。从陇西内史⑨迁梁州刺史。越志在凉州,遂托病归河西,阴图代轨,乃遣兄镇及曹袪、麹佩移檄废轨,以军司⑩杜耽摄⑪州事,使耽表越为刺史。轨令曰:"吾在州八年,不能绥靖⑫区域,又值中州⑬兵乱,秦陇倒悬⑭,加以寝患委笃,实思敛迹避贤。但负荷任重,未便辄遂。不图诸人横兴此变,是不明吾心也。吾视去贵州如腕屣耳⑮!"欲遣主簿尉髦奉表诣阙,便速脂辖,将归老宜阳。长史王融、参军孟畅蹹⑯折镇檄,排阁⑰谏曰:"晋室多故,人神涂炭,实赖明公抚宁西夏⑱。张镇兄弟敢肆凶逆,宜声⑲其罪而戮之,不可成其志也。"轨嘿然。融等出而戒严。武威太守张琠遣子坦驰诣京,表曰:"魏尚安边⑳而获戾,充国尽忠而被谴,皆前史之所讥,今日之明

---

① 辅车之势:辅为颊骨,车为齿床,两者互相依从,缺一不可。语出《左传·僖公五年》:"谚所谓'辅车相依,唇亡齿寒'者。"
② 让:责备。
③ 名士:具有雄才大略的知名人物。
④ 侍中:官名。秦始置,两汉沿之。侍从皇帝左右,出入宫廷。初仅伺应杂务,由于接近皇帝,地位渐为贵重,然犹为近亲之职。
⑤ 治中:官名。汉代置治中从事史,简称治中,为州刺史的助理。
⑥ 割耳盘上:割掉自己的耳朵,用盘子乘上。意为坚决反对由其人代张轨为凉州刺史。割耳为一极端行为,示意决心。
⑦ 晋昌:郡名。晋元康五年(295年)分敦煌郡置。治所在冥安(今安西东南)辖境相当于今甘肃省安西至玉门以西的疏勒河中游和踏实河流域一带。
⑧ 谶言:迷信的预言。汉代流行谶纬之说,故谶言大行,人多信之。
⑨ 内史:官名。西汉初,诸侯王国内置内史,掌民政,历代沿置,隋始废。
⑩ 军司:同"军师"。晋时避景帝司马师之讳,改师为司,司监军事。
⑪ 摄:代理。
⑫ 绥靖:安抚平定。
⑬ 中州:中原地区。
⑭ 倒悬:比喻处境的痛苦与危急。
⑮ 视去贵州如腕屣耳:在我看离开贵州(凉州)就像脱掉鞋子一样。
⑯ 蹹(tà):同"蹋",踏。
⑰ 阁:同"阁",内阁的简称。这里特指张轨的内室。
⑱ 西夏:指当时中国的西北地区。
⑲ 声:声扬、声张。
⑳ 魏尚安边:魏尚,西汉文帝时人,任云中郡太守。他善于用兵,爱惜士卒,故匈奴远避。在一次对匈奴的战役之后,他上报的俘虏数与实际有一点出入,被主管文吏上奏朝廷致罪、削爵、判刑。中郎署长冯唐在文帝面前为其辩诬。文帝当即让冯唐手持符节到云中释放了魏尚,重任云中太守。

鉴也。顺阳之思刘陶，守阙者千人。刺史之莅①臣州，若慈母之于赤子，百姓之爱臣轨，若旱苗之得膏雨。伏闻信惑流言，当有迁代②，民情嗷嗷③，如失父母。今戎夷猾④夏，不宜骚动一方。"寻以子寔为中督护，率兵讨镇。遣镇外甥太府主簿令狐亚前喻⑤镇曰："舅何不审安危，明成败？主公西河著德，兵马如云，此犹烈火已焚，待江汉之水，溺于洪流，望越人⑥之助，其何及哉！今数万之军已临近境，今唯全老亲⑦，存门户，输诚⑧归官，必保万全之福。"镇流涕曰："人误我也！"乃委罪⑨功曹鲁连而斩之，诣⑩寔归罪。南讨曹祛，走之。张坦至自京师，帝优诏劳轨，依模所表，命诛曹祛。轨大悦，赦州内殊死已下。命寔率尹员、宋配步骑三万讨祛，别遣从事田迥、王丰率骑八百自姑臧西南出石驴，据长宁。祛遣麹晁距战于黄阪。寔诡道⑪出浩亹，战于破羌。轨斩祛及牙门田嚣。

遣治中张阆送义兵五千及郡国秀孝贡计、器甲方物⑫归于京师。令有司可推详立州已来清贞德素，嘉遁遗荣；高才硕学，著述经史；临危殉义，杀身为君；忠谏而婴⑬祸，专对⑭而释患；权智雄勇，为时除难；佞谄误主，伤陷忠贤；具状⑮以闻。州中父老莫不相庆。光禄傅祗⑯、太常挚虞遗轨书，告京师饥匮，轨即遣参军杜勋献马五百匹、毯⑰布三万匹。帝遣使者进拜镇西将军、都督陇右诸军事，封霸城侯，进车骑将军、开府辟召、仪同三司⑱。策未至，而王弥遂逼洛阳，轨遣将军张斐、北宫纯、郭敷等率精骑五千来卫京都。及京都陷，斐等皆没于贼。中

---

① 莅(lì)：到，临。
② 迁代：改朝换代。
③ 嗷嗷(áo áo)：哀号声。如"嗷嗷待哺"。
④ 猾：扰乱。《广雅·释诂三》："猾，乱也。"
⑤ 喻：晓喻，开导。
⑥ 越人：居住在南方的人。多会水。
⑦ 全老亲：保全父老、亲人。"全"用作动词，即保全之意。
⑧ 输诚：献纳诚心，也谓投降。
⑨ 委罪：推卸责任。
⑩ 诣：前往，去到。
⑪ 诡道：奇路。
⑫ 秀孝贡计、器甲方物：秀，秀才。孝，孝廉。贡计，贡赋。器甲，兵器铠甲。方物，地方特产。
⑬ 婴：招致。
⑭ 专对：奉使它国，独自随机应答。
⑮ 状：陈述。
⑯ 傅祗：字子庄，北地泥阳人。
⑰ 毯：同毡，即毛毡。
⑱ 开府辟召、仪同三司：开府辟召，指成立府署，自选僚属。汉代仅三公及大将军、将军可以开府。晋代诸州刺史多以将军开府，都督军事。

州避难来者日月相继,分武威置武兴郡以居之。太府主簿马鲂言于轨曰:"四海倾覆,乘舆①未反,明公以全州之力径造平阳②,必当万里风披③,有征无战。未审何惮不为此举?"轨曰:"是孤心也。"又闻秦王④入关,乃驰檄关中曰:"主上遭危,迁幸非所,普天分崩,率土丧气。秦王天挺圣德,神武应期。世祖之孙,王今为长。凡我晋人,食土之类,龟筮克从,幽明同款。宜简令辰,奉登皇位。今遣前锋督护宋配步骑二万,径至长安,翼卫乘舆,折冲⑤左右。西中郎寔中军三万,武威太守张琠胡骑二万,骆驿继发,仲秋中旬会于临晋⑥。"

俄而秦王为皇太子,遣使拜轨为骠骑大将军⑦、仪同三司,固辞。秦州刺史裴苞、东羌校尉贯与据险断使,命宋配讨之。西平王叔与曹祛余党麴儒等劫前福禄令麴恪为主,执太守赵彝,东应裴苞。寔回师讨之,斩儒等,左督护阴预与苞战狭西,大败之,苞奔桑凶坞。是岁,北宫纯降刘聪。皇太子遣使重申前授,固辞。左司马窦涛言于轨曰:"曲阜周旦弗辞,营丘齐望承命⑧,所以明国宪,厉殊勋。天下崩乱,皇舆迁幸,州虽僻远,不忘匡卫,故朝廷倾怀,嘉命屡集。宜从朝旨,以副群心。"轨不从。

初,寔平麴儒,徙元恶⑨六百余家。治中令狐浏曰:"夫除恶人,犹农夫之去草,令绝其本,勿使能滋。今宜悉徙,以绝后患。"寔不纳。儒党果叛,寔进平之。

愍帝即位,进位司空,固让。太府参军索辅言于轨曰:"古以金贝皮币为货,息谷帛量度之耗。二汉制五铢钱,通易不滞。泰始中,河西荒废,遂不用钱,裂匹以为段数⑩。缣布既坏,市易又难,徒坏女工,不任衣用,弊之甚也。今中州虽

---

① 乘舆:指帝王所用的车仗。这里指晋怀、愍二帝。
② 平阳:郡名。三国魏正始八年(247年)分河东郡置,治所在平阳(今山西省临汾市西南)。刘曜、王弥、石勒同寇洛阳,怀帝蒙尘平阳。
③ 风披:同"风靡",犹倾倒。
④ 秦王:晋愍帝司马邺。
⑤ 折冲:折还敌人的战车,意为抵御敌人。《诗经·大雅·绵》:"予曰有御侮。"毛传:"武臣折冲曰御侮。"
⑥ 临晋:古县名。战国魏邑,秦置县。治所在今陕西省大荔县的朝邑旧县。东汉末移今大荔。
⑦ 骠骑大将军:汉代将军名号。始以霍去病为骠骑将军,位同三司,品秩如同大将军。魏晋至明,亦设有"骠骑大将军"的名号。
⑧ 曲阜周旦弗辞,营丘齐望承命:周初,武王封周公旦建鲁国。都曲阜。但周公需在京摄朝政,便让儿子伯离赴曲阜就国,并未辞封。武王封太公望建齐国,都营丘。太公望接受了任命,来到边远的滨海之地创建齐国。
⑨ 元恶:犹元凶。
⑩ 裂匹以段数:将一匹布帛分割成好几段。因无钱(五铢),只能用布帛当货币。如果交易值不够一匹布帛,只好将一匹分裂成几段。

乱,此方安全,宜复五铢以济通变之会。"轨纳之,立制准布用钱,钱遂大行,人赖其利。是时刘曜寇北地,轨又遣参军麹陶领三千人卫长安。帝遣大鸿胪[1]辛攀拜轨侍中、太尉、凉州牧、西平公,轨又固辞。

在州十三年,寝疾,遗令曰:"吾无德于人,今疾病弥留,殆将命也。文武将佐咸当弘尽忠规,务安百姓,上思报国,下以宁家。素棺薄葬,无藏金玉。善相安逊,以听朝旨。"表立子寔为世子[2]。卒年六十。谥曰武公。

选自《晋书》卷八十六《张轨传》

---

[1] 大鸿胪:官名。汉武帝时改典客为大鸿胪,原掌管接待少数民族等事。为九卿之一,后渐变为赞襄礼仪之官。
[2] 世子:古代天子、诸侯的嫡长子。

李暠传

　　武昭王讳暠,字玄盛,小字长生,陇西成纪人,姓李氏,汉前将军广之十六世孙也。广曾祖仲翔,汉初为将军,讨叛羌于素昌,素昌即狄道也,众寡不敌,死之。仲翔子伯考奔丧,因葬于狄道之东川,遂家焉。世为西州右姓①。高祖雍,曾祖柔,仕晋并历位郡守。祖弇,仕张轨为武卫将军、安世亭侯。父昶,幼有令名,早卒,遗腹生玄盛②。少而好学,性沈敏宽和,美器度③,通涉经史,尤善文义。及长,颇习武艺,诵孙吴兵法④。尝与吕光太史令郭黁及其同母弟⑤宋繇同宿,黁起谓繇曰:"君当位极人臣⑥,李君有国土之分⑦,家有騧草马生白额驹⑧,此其时也。"

　　吕光末,京兆段业自称凉州牧,以敦煌太守赵郡孟敏为沙州刺史,署玄盛效谷令⑨。敏寻卒,敦煌护军冯翊郭谦、沙州⑩治中敦煌索仙等以玄盛温毅⑪有惠政,推为宁朔将军、敦煌太守。玄盛初难之⑫,会宋繇仕于业,告归敦煌,言于玄盛曰:"兄忘郭黁之言邪?白额驹今已生矣。"玄盛乃从之。寻进号冠军,称藩于业⑬。业以玄盛为安西将军、敦煌太守,领护西胡校尉。

---

① 右姓:高姓、大姓。
② 遗腹生玄盛:玄盛生时其父已亡故。
③ 美器度:即器度美。器宇度量为人所称好。美,好。
④ 孙吴兵法:孙武与吴起所著之兵家著作。
⑤ 同母弟:同母异父之弟。
⑥ 位极人臣:将来的地位高于所有的臣子。极,极顶。人臣,为人臣子。
⑦ 国土之分:指分疆裂土。
⑧ 騧(guā)草马生白额驹:騧,黑嘴黄马。《诗·秦风·小戎》:"騧骊是骖。"毛注:"黄马黑嘴曰騧。"白额驹:前额为白色的马驹。
⑨ 效谷令:效谷位于敦煌郡的东北。令,县令。汉制:县人口过一万户者曰令。不足一万户者曰长。
⑩ 沙州:前凉张茂置。《晋书·地理志》:"张茂以校尉、玉门、大护军三郡三营为沙州。"
⑪ 温毅:温和刚毅。
⑫ 初难之:起初感到为难,不愿接受。
⑬ 称藩于业:承认自己为段业的藩属。

及业僭称凉王，其右卫将军索嗣构玄盛于业①，乃以嗣为敦煌太守，率骑五百而西，未至二十里，移玄盛使迎己②。玄盛惊疑，将出迎之，效谷令张邈及宋繇止之曰："吕氏政衰，段业暗弱，正是英豪有为之日。将军处一国成资③，奈何束手于人！索嗣自以本邦④，谓人情附己，不虞⑤将军卒能距之，可一战而擒矣。"宋繇亦曰："大丈夫已为世所推，今日便授首⑥于嗣，岂不为天下笑乎！大兄英姿挺杰，有雄霸之风，张王之业⑦不足继也。"玄盛曰："吾少无风云之志⑧，因官至此，不图此郡士人忽尔见推⑨。向言出迎者，未知士大夫之意故也。"因遣繇觇嗣⑩。繇见嗣，啖以甘言⑪，还谓玄盛曰："嗣志骄兵弱，易擒耳。"于是遣其二子士业、让与邈、繇及以司马尹建兴等逆战⑫，破之，嗣奔还张掖。玄盛素与嗣善，结为刎颈交⑬，反为所构，故深恨之，乃罪状⑭嗣于段业。业将且渠男又恶嗣，至是，因劝除之。业乃杀嗣，遣使谢玄盛，分敦煌之凉兴、乌泽、晋昌之宜禾三县为凉兴郡，进玄盛持节、都督凉兴已西诸军事、镇西将军，领护西夷校尉。时有赤气起于玄盛后园，龙迹⑮见于小城。

隆安四年⑯，晋昌太守唐瑶移檄六郡，推玄盛为大都督、大将军、凉公、领秦凉二州牧、护羌校尉。玄盛乃赦其境内，建年为庚子，追尊祖弇曰凉景公，父昶凉简公。以唐瑶为征东将军，郭谦为军咨祭酒，索仙为左长史，张邈为右长史，尹建兴为左司马，张体顺为右司马，张条为牧府左长史，令狐溢为右长史，张林为太府主簿，宋繇、张谡为从事中郎，繇加折冲将军，谡加扬武将军，索承明为牧府右司马，令狐迁为武卫将军、晋兴太守，汜德瑜为宁远将军、西郡太守，张靖为折冲将

---

① 构玄盛于业：在段业前构陷玄盛，企图代玄盛之位。
② 移玄盛使迎己：派人通知玄盛，让其出城来迎接自己。移文，派人送出书信。
③ 一国成资：可以建成一国的资本。
④ 本邦：索嗣为敦煌本地人氏。
⑤ 不虞：不料。
⑥ 授首：意为甘心投降。
⑦ 张王之业：前凉张轨的王业。
⑧ 风云之志：经国济世的大志向。风云，指天地大变化，喻事物变迁。
⑨ 推见：犹推戴，拥立。
⑩ 觇（chān）嗣：窥探索嗣的动静虚实。
⑪ 啖（dàn）以甘言：讲好听的话。啖，同啗，即吃。
⑫ 逆战：迎战。
⑬ 刎颈之交：同生死共患难的朋友。刎颈，用刀剑割脖颈，即自刎。
⑭ 罪状：将索嗣的罪行写成书状上报段业。
⑮ 赤气、龙迹：均为成王征兆。
⑯ 隆安四年：400年。

军、河湟太守，索训为威远将军、西平太守，赵开为骈马护军、大夏太守，索慈为广武太守，阴亮为西安太守，令狐赫为武威太守，索术为武兴太守，以招怀东夏。又遣宋繇东伐凉兴，并击玉门已西诸城，皆下之，遂屯玉门、阳关，广田积谷①，为东伐之资。

初，吕光之称王也，遣使市六玺玉于于阗②，至是，玉至敦煌，纳之郡府。仍于南门外临水起堂③，名曰靖恭之堂，以议朝政，阅武事。图赞④自古圣帝明王、忠臣孝子、烈士贞女，玄盛亲为序颂⑤，以明鉴戒之义，当时文武群僚亦皆图焉。有白雀翔于靖恭堂，玄盛观之大悦。又立泮宫⑥，增高门⑦学生五百人。起嘉纳堂于后园，以图赞所志⑧。

臣闻历数相推，归余于终⑨，帝王之兴，必有闰位⑩。是以共工乱象于黄农之间⑪，秦项篡窃于周汉之际⑫，皆机不转踵⑬，覆悚成凶⑭。自戎狄陵华，已涉百龄⑮，五胡僭袭，期运将杪⑯，四海颙颙⑰，悬心象魏⑱。故师次东关，赵魏莫不企踵⑲；淮南大捷，三方欣然引领⑳。伏惟陛下道协少康㉑，德侔光武㉒，继天统位，

---

① 广田积谷：开垦扩充耕田面积，发展农业生产，储存粮草军资。广，扩大。
② 市六玺玉于于阗：吕光曾派人到于阗国购买六块用于制玺的玉石。市，购买。于阗，国名，即今日新疆南部之和田县。
③ 起堂：建起明堂。
④ 图赞：绘制画像，题写赞语。
⑤ 序颂：序言与赞颂之语。
⑥ 泮(pàn)宫：周代诸侯建的学宫，犹大学。
⑦ 高门：门第高贵的家庭。
⑧ 图赞所志：用图画赞语表达自己的志向。
⑨ 历数相推，归余于终：历数指帝王即位的次第犹计数一样往前相推。每一在位者终有下台的一天，如日出日落一样。终，终结。
⑩ 闰位：旧称非正统的帝位。《汉书·王莽传赞》："紫色蛙声，余分闰位。"颜师古引服虔曰："言王莽不得正王之命，如岁月之余分为闰也。"
⑪ 共工乱象于黄农之间：共工氏与颛顼争帝位。乱象，扰乱象数。黄农即黄帝与神农氏。
⑫ 秦项篡窃于周汉之际：秦即嬴秦，项即项羽。篡窃：盗取帝位。周汉之际：周朝与汉朝之间。
⑬ 机不转踵：喻时运之短促。转踵：转脚跟。
⑭ 覆悚成凶：覆悚为鼎足之折，鼎中食倒出。喻共工氏、秦项窃取的天下犹如折足的覆鼎一样成为凶兆的典型。
⑮ 百龄：一百余年。自西晋惠帝元康九年(299年)至李暠上此书表之时，已一百余年。
⑯ 杪：末尾。
⑰ 颙颙(yóng yóng)：景仰貌。《后汉书·朱儁传》："凡百君子，靡不颙颙。"
⑱ 悬心象魏：悬心犹挂在心上。象魏，指北方中原地区。
⑲ 赵魏莫不企踵：北方人民没有不翘首期盼的。赵魏，指黄河以北广大地区。企踵，踮起脚跟盼望北伐之师。
⑳ 三方欣然引领：三方指南方东晋、北方汉族人民、西方凉州士众。引领，伸长脖子殷切企盼。
㉑ 道协少康：少康为夏朝的中兴之王。道协犹道同。意谓晋帝北伐同于少康中兴之道。
㉒ 德侔(móu)光武：道德同于汉朝中兴的光武帝刘秀。侔，齐等。

志清函夏①。至如此州,世笃忠义②,臣之群僚以臣高祖东莞太守雍、曾祖北地太守柔荷宠前朝,参忝时务,伯祖龙骧将军、广晋太守、长宁侯卓,亡祖武卫将军、天水太守、安世亭侯弇毗佐凉州,著功秦陇,殊宠之隆,勒于天府③,妄臣无庸,辄依窦融故事④,迫臣以义,上臣大都督、大将军、凉公、领秦凉二州牧、护羌校尉。臣以为荆楚替贡⑤,齐桓兴召陵之师⑥,诸侯不恭,晋文起城濮之役⑦,用能勋光践土,业隆⑧一匡,九域⑨赖其弘獮,《春秋》恕其专命⑩。功冠当时,美垂千祀。况今帝居未复⑪,诸夏昏垫⑫,大禹所经,奄为戎墟⑬,五岳神山,狄污其三⑭,九州名都⑮,夷秽其七,辛有所言,于兹而验。微臣所以叩心绝气⑯,忘寝与食,雕肝焦虑⑰,不遑宁息者也。江凉虽辽,义诚密迩⑱,风云苟通,实如唇齿⑲。臣虽名未结

---

① 函夏:包涵全中国。《汉书·扬雄传上》:"以函夏之大汉兮,彼曾何足与比功?"颜师古注:"服虔曰:'函夏,函诸夏也。'"函,包。
② 世笃忠义:世代笃行忠义之道。笃,专心、忠实。
③ 勒于天府:勒,铭刻。天府,皇家的府库。特指存放典藏之库。
④ 窦融故事:王莽末,更始帝(刘玄)入关中,其大司马赵萌荐窦融为钜鹿太守。但融以中原扰乱,要求出使河西(凉州),后改授为张掖属国都尉。融前几代都曾在河西为官,深得当地人民及羌胡敬重,有声望。其后,更始帝败,河东纷乱,河西数郡英豪共推融为盟主以保境安民。以谓自己称王西凉本非己愿,"如窦融故事"。
⑤ 荆楚替贡:荆楚指春秋时楚国。替贡:停止向周王室纳贡。
⑥ 齐桓兴召陵之师:北方霸王齐桓公兴师进攻召陵问罪于楚。召陵,在今河南郾城东,事见《左转·僖公四年》。
⑦ 诸侯不恭,晋文起城濮之役:晋文公(重耳)在流亡期间,卫、曹、郑三国君对他很不友好。后经秦穆公帮助返晋即位,强国称霸,南方楚国兴师北上,宋、郑、曹、卫诸侯倾向楚国。晋文公于是率师南下,大败楚军于城濮。城濮,在今山东鄄城西南。
⑧ 践土业隆:《左传·僖公二十八年》:"(鲁)公会晋侯、齐侯、宋公、蔡侯、郑伯、卫子、莒子盟于践土。"盟主为战败楚师的晋文公。践土在今河南原阳县西南、武陟县东南。业隆,功业盛大。
⑨ 一匡九域:犹一匡天下。《论语·宪问》:"管仲相桓公,霸诸侯,一匡天下,民到今受其赐。"匡,帮助,救助。
⑩ 《春秋》恕其专命:《春秋》即史书,宽恕二人(齐桓公、晋文公)的称霸之行。因为二人都以尊王攘夷为号。专命,犹擅命。
⑪ 帝居未复:帝居即西晋京城洛阳,尚为夷狄所据。
⑫ 诸夏昏垫:诸夏犹中国。昏垫,迷惘沉溺。意谓北方人民尚且沉溺在水深火热中。
⑬ 奄为戎墟:长久以来为戎族聚居之区。奄同淹,久。墟,村落。
⑭ 五岳神山,狄污其三:五岳中有三座已被夷狄所污。其实当时除南岳衡山之外,北方四岳(泰山、恒山、华山、嵩山)均陷于夷狄之中。
⑮ 九州名都:天下有名的大都市如长安、洛阳、邺、许、临淄、邯郸、晋阳等都在外族统治之下。江陵、建康除外。
⑯ 叩心绝气:喻痛心至极,几乎断气。
⑰ 雕肝焦虑:因焦虑过度致肝脏萎缩。雕,萎谢,如花之凋零,萎缩。
⑱ 江凉虽辽,义诚密迩:江指江南晋室,凉指自己所据之凉州。二地虽然相距千山万水,但诚义之心近在一体。
⑲ 风云苟通,实如唇齿:风云指形势变化。苟通,若能想通,实如一家。唇齿,喻亲近,相互依存,如唇亡齿寒。

于天台①，量未著于海内，然凭赖累祖宠光余烈②，义不细辞③，以稽大务④，辄顺群议，亡身即事⑤。辕弱任重⑥，惧忝威命。昔在春秋，诸侯宗周，国皆称元，以布时令⑦。今天台邈远，正朔未加，发号旋令，无以纪数。辄年冠建初，以崇国宪。冀杖宠灵，全制一方，使义诚著于所天⑧，玄风扇于九壤⑨，殉命灰身，陨越慷慨⑩。

玄盛谓群僚曰："昔河右分崩，群豪竞起，吾以寡德为众贤所推，何尝不忘寝与食，思济黎庶。故前遣母弟繇董率云骑，东殄不庭⑪，军之所至，莫不宾下。今惟蒙逊鸱跱一城。自张掖已东，晋之遗黎虽为戎虏所制，至于向义思风，过于殷人之望西伯⑫。大业须定，不可安寝，吾将迁都酒泉，渐逼寇穴，诸君以为何如？"张邈赞成其议，玄盛大悦曰："二人同心，其利断金⑬。张长史与孤同矣，夫复何疑！"乃以张体顺为宁远将军、建康太守，镇乐涫，征宋繇为右将军，领敦煌护军，与其子敦煌太守让镇敦煌，遂迁居于酒泉。手令⑭诫其诸子曰：吾自立身，不营世利⑮；经涉累朝，通否任时⑯；初不役智⑰，有所要求，今日之举，非本愿也。然事会相驱，遂荷州土⑱，忧责不轻，门户事重⑲。虽详人事，未知天心⑳，登车理辔，百虑填胸。后事付汝等，粗举旦夕近事数条，遭意便言，不能次比。至于杜渐防萌，深识情变，此当任汝所见深浅，非吾敕诫所益也。汝等虽年未至大，若能克己纂

---

① 天台：指朝堂。其后有"天台邈远"之句。
② 累祖宠光余烈：几代先祖遗留的荣宠。宠光犹言荣宠。特加恩宠而得到的荣耀。
③ 细辞：细说，犹言啰唆。
④ 稽大务：计较大事。大务，大事务。对应"细辞"。
⑤ 亡身即事：亡通忘，忘身犹舍身。即事，承担大任、大务。
⑥ 辕弱任重：意谓自己才能浅薄，而所任重大。
⑦ 诸侯宗周，国皆称元，以布时令：周初，大封诸侯国于天下，共宗周王为天子，是为宗周。而诸侯国君即位以元年为始，如鲁隐公元年，以便于发布时令。
⑧ 所天：所依靠的人，指君主。
⑨ 玄风扇于九壤：玄风为帝王的教化。扇，犹拂被。九壤，普天之下。
⑩ 殉命灰身，陨越慷慨：意谓即使身死灰灭，精神依旧慷慨激越。陨越，颠坠。后比喻失败。如幸免陨越。
⑪ 云骑东殄(tiǎn)不庭：云骑犹众多兵马。殄，消灭。不庭，不臣，不服之人。
⑫ 向义思风，过于殷人之望西伯：意谓盼望晋军来解放自己的人民胜于殷商之民盼望西伯(周文王)。
⑬ 二人同心，其利断金：见《易·系辞上》，意为同心同德。
⑭ 手令：亲笔手书的戒令。
⑮ 不营世利：不追求世俗的名与利。
⑯ 经涉累朝，通否任时：经历了几朝，命运好坏、仕途升降都要等待时机。
⑰ 役智：运用智慧。役，使用。
⑱ 事会相驱，遂荷州土：事情与运会遇到一起，驱使我不得不肩负起领导本州的责任。
⑲ 忧责不轻，门户事重：忧责，让人忧心的重责。门户犹家门。
⑳ 天心：犹天意。

修①,比之古人,亦可以当事业矣。苟其不然,虽至白首,亦复何成!汝等其戒之慎之。

节酒慎言,喜怒必思,爱而知恶,憎而知善,动念宽恕,审而后举。众之所恶,勿轻承信,详审人,核真伪,远佞谀,近忠正。蠲刑狱,忍烦扰,存高年②,恤丧病,勤省案③,听讼诉。刑法所应,和颜任理,慎勿以情轻加声色④。赏勿漏疏,罚勿容亲⑤。耳目人间⑥,知外患苦;禁御左右,无作威福。勿伐善施劳⑦,逆诈亿必⑧,以示己明。广加咨询,无自专用,从善如顺流,去恶如探汤。富贵而不骄者至难也,念此贯心⑨,勿忘须臾。僚佐邑宿⑩,尽礼承敬,宴飨馈食,事事留怀。古今成败,不可不知,退朝之暇,念观典籍,面墙而立,不成人也。

此郡世笃忠厚,人物敦雅⑪,天下全盛时,海内犹称之,况复今日,实是名邦⑫,正为五百年乡党⑬婚亲相连,至于公理,时有小小颇回,为当随宜斟酌。吾临莅五年,兵难骚动,未得休众息役⑭,惠康士庶。至于掩瑕藏疾⑮,涤除疵垢,朝为寇仇⑯,夕委心膂,虽未足希准古人,粗亦无负于新旧。事任公平,坦然无类,初不容怀,有所损益,计近便为少,经远如有余⑰,亦无愧于前志也。

初,玄盛之西也,留女敬爱⑱养于外祖尹文。文既东迁,玄盛从姑梁褒之母养之。其后秃发傉檀假道于北山。鲜卑遣褒送敬爱于酒泉,并通和好。玄盛遣

---

① 克己纂修:克己为克制自己的欲望。纂修为继承修治。
② 存高年:优待老年人。
③ 省(xǐng)案:犹省察,详省按察。
④ 声色:说话的声音与脸色。如不露声色。意为不要让对方从你的说话声音和脸色中觉察到你对案情的态度。
⑤ 罚勿容亲:惩罚过错不要宽恕自己的亲近之人。
⑥ 耳目人间:意为要观听民间的一切。耳目用作动词,观听。
⑦ 伐善施劳:夸耀自己的长处,显摆自己的功劳。
⑧ 逆诈亿必:意为事未见而先疑别人有不良之心。诈谓人欺己。亿必,揣测必然,意谓主观臆断。亿通臆,臆度,揣测。
⑨ 贯心:一心,不变。
⑩ 邑宿:乡里有宿望的人。
⑪ 敦雅:敦厚雅正。
⑫ 名邦:名城。特指文教隆盛,根基深厚,人才辈出之地。
⑬ 五百年乡党:敦煌自汉武帝置郡,已历五百余年。人口多从关中、中原移入。因地处边远,大多安居少迁,故多为同乡同里。乡党,同乡之人。
⑭ 未得休众息役,惠康士庶:未能让民众休养生息,减轻负担,带来实惠。
⑮ 掩瑕藏疾:掩藏某些人的缺陷与恶疾。瑕,本为玉上的疵病,引申为人的缺点毛病。
⑯ 寇仇:仇敌。
⑰ 初不容怀,有所损益,计近便为少,经远如有余:意谓最初不留心在意,既有所失,也有所得;当时以为失多得少,时间一久,总计还是少失多得。
⑱ 敬爱:女名。

使报聘,赠以方物。玄盛亲率骑二万,略地至于建东①,鄯善前部王遣使贡其方物。且渠蒙逊来侵,至于建康,掠三千余户而归。玄盛大怒,率骑追之,及于弥安②,大败之,尽收所掠之户。

初,苻坚建元之末,徙江汉之人③万余户于敦煌,中州之人④有田畴不辟者,亦徙七千余户。郭黁之寇武威,武威、张掖已东人西奔敦煌、晋昌者数千户。及玄盛东迁,皆徙之于酒泉,分南人⑤五千户置会稽郡,中州人五千户置广夏郡,余万三千户分置武威、武兴、张掖三郡,筑城于敦煌南子亭,以威南虏⑥。又以前表未报,复遣沙门法泉⑦间行奉表,曰:江山悠隔,朝宗无阶⑧,延首云极⑨,翘企遐方。伏惟陛下应期践位,景福自天⑩。臣去乙巳岁⑪顺从群议,假统方城⑫,时遣舍人黄始奉表通诚,遥途险旷,未知达不? 吴凉悬邈,蜂虿充衢⑬,方珍贡使,无由展御,谨副写前章,或希简达⑭。

臣以其岁进师酒泉,戒戎广平,庶攘茨秽⑮,而黠虏恣睢,未率威教,⑯凭守巢穴,阻臣前路。窃以诸事草创,仓帛未盈⑰,故息兵按甲,务农养士。时移节迈,荏苒三年,抚剑叹愤,以日成岁⑱。今资储已足,器械已充,西招城郭之兵,北引丁零之众,冀凭国威,席卷河陇,扬旌秦川,承望诏旨⑲,尽节竭诚,陨越为效。

---

① 建东:古地名,当在今新疆东部。
② 弥安:或当为"安弥"。《晋书·地理志》作"宜安",《中国历史地图集·凉册》作"冥安",疑是一地。均位于今甘肃敦煌东部。
③ 江汉之人:今湖北江汉平原一带的人。
④ 中州之人:中原之人。
⑤ 南人:江汉之人。
⑥ 以威南虏:以防南山之游牧族人。威,用作动词,防卫。
⑦ 沙门法泉:名为法泉的僧人。
⑧ 朝宗无阶:想面见陛下,但无路可行。朝宗,诸侯朝见天子。《周礼·春官·大宗伯》:"春见曰朝,夏见曰宗。"
⑨ 延首云极:意谓渴望回到朝廷。延首,伸长脖子。云极,云层最高处。
⑩ 应期践位,景福自天:意谓晋安帝司马德宗的即位是上应天心,顺应时势,大福来自天意。践位,即皇帝之位。景福,大福。
⑪ 乙巳岁:李暠建初元年,晋安帝义熙元年,405年。
⑫ 假统方城:意为自己暂借代理统治一方之城。尚未得到朝廷的正式任命。方城,即西凉国。
⑬ 吴凉悬邈,蜂虿充衢:东晋与西凉相悬万里,中间毒蛇猛兽横行,一路充满了危险。蜂即蜜蜂,尾中有毒。虿,蝎类毒虫。衢为道路。
⑭ 简达:书信送达。
⑮ 戒戎广平,庶攘茨秽:意谓对四周的戎族进行剿讨安抚,使境内广阔平静。茨秽,杂草污秽。喻时来侵扰的戎狄。
⑯ 黠虏恣睢,未率威教:狡诈奸猾的虏属放纵暴戾,从未接受过教化的威力。
⑰ 仓帛未盈:物资储备尚不完备。仓,粮草。帛,用作衣服的布帛。
⑱ 以日成岁:犹度日如年。喻急于抚平四境。
⑲ 承望诏旨:希望得到朝廷的诏书圣旨。

又臣州界回远,勍寇①未除,当顺镇副为行留部分,辄假臣世子士业监前锋诸军事、抚军将军、护羌校尉,督摄前军,为臣先驱。又敦煌郡大众殷,制御西域,管辖万里,为军国之本,辄以次子让为宁朔将军、西夷校尉、敦煌太守,统摄昆裔,辑宁殊方。自余诸子,皆在戎间,率先士伍,臣总督大纲,毕在输力,临机制命,动靖绩闻②。

玄盛既迁酒泉,乃敦劝稼穑。郡僚以年谷频登,百姓乐业,请勒铭酒泉,玄盛许之。于是使儒林祭酒刘彦明为文,刻石颂德。既而蒙逊每年侵寇不止,玄盛志在以德抚其境内,但与通和立盟,弗之校③也。是时白狼、白兔、白雀、白雉、白鸠皆栖其园囿,其群下以为白祥④金精所诞⑤,皆应时邕⑥而至,又有神光、甘露、连理、嘉禾众瑞,请史官记其事,玄盛从之。寻而蒙逊背盟来侵,玄盛遣世子士业要击败之,获其将且渠百年。

玄盛上巳日⑦宴于曲水,命群僚赋诗。而亲为之序。于是写诸葛亮训诫以勖⑧诸子曰:"吾负荷艰难,宁济之勋⑨未建,虽外总良能,凭股肱之力,而戎务孔殷⑩,坐而待旦。以维城之固,宜兼亲贤,故使汝等未及师保之训⑪,皆弱年受任。常惧弗克,以贻咎悔⑫。古今之事不可以不知,苟近而可师,何必远也。览诸葛亮训励,应璩⑬奏谏,寻其终始,周孔之教⑭尽在中矣。为国足以致安,立身足以成名,质略易通,寓目则了,虽言发往人,道师于此。且经史道德如采菽中原⑮,勤之者则功多,汝等可不勉哉!"玄盛乃修敦煌旧塞东西二围,以防北虏之患,筑敦煌旧塞西南二围,以威南虏。

玄盛以纬世之量,当吕氏之末,为群雄所奉,遂启霸图,兵无血刃,坐定千里,

---

① 勍(qíng)寇:犹强寇。勍,强而有力。
② 动靖绩闻:各处一动一静,都要知闻。绩,同"辑""缉"汇合。
③ 弗之校:不与蒙逊计较。之,代指沮渠蒙逊。
④ 白祥:白色祥瑞。
⑤ 金精所诞:西方的精气所生。
⑥ 时邕:犹合善。《书·尧典》:"黎明于时变邕。"孔传:"时,是。邕,和也。"后指天下太平。
⑦ 上巳日:古历三月三日。
⑧ 勖(xù):勉励。
⑨ 宁济之勋:济世安民的勋业。
⑩ 戎务孔殷:言战事繁多。孔,甚。殷,众多。
⑪ 师保之训:老师的训诫。古代皇帝的老师称太师、太保、太傅等。师保即老师之谓。
⑫ 咎悔:内疚与后悔。
⑬ 应璩(qú):诸葛亮属下。
⑭ 周孔之教:周公、孔子的教育。泛指儒家礼教。
⑮ 如采菽中原:像在地里收获庄稼一样。采集于中原故土。

谓张氏之业①指期而成,河西十郡岁月而一。既而秃发傉檀入据姑臧,且渠蒙逊基宇稍广,于是慨然著《述志赋》焉,其辞曰:

玄盛寝疾,顾命宋繇曰:"吾少离荼毒②,百艰备尝,于丧乱之际,遂为此方所推,才弱智浅,不能一同河右③。今气力惙然④,当不复起矣。死者大理,吾不悲之,所恨志不申⑤耳。居元首之位者,宜深诫危殆之机⑥。吾终之后,世子犹卿子也,善相辅导,述吾平生,勿令居人之上,专骄自任。军国之宜,委之于卿,无使筹略乖衷⑦,失成败之要。"十三年,薨,时年六十七。国人上谥曰武昭王,墓曰建世陵,庙号太祖。

先是,河右不生楸、槐、柏、漆⑧,张骏之世,取于秦陇而植之,终于皆死,而酒泉宫之西北隅有槐树生焉,玄盛又著《槐树赋》以寄情,盖叹僻陋遐方,立功非所⑨也。亦命主簿梁中庸及刘彦明等并作文。感兵难繁兴,时俗諠竞⑩,乃著《大酒容赋》以表恬豁之怀⑪。与辛景、辛恭靖同志友善⑫,景等归晋,遇害江南,玄盛闻而吊之。玄盛前妻,同郡辛纳女,贞顺有妇仪⑬,先卒,玄盛亲为之诔。自余诗赋数十篇。世子谭早卒,第二子士业嗣。

选自《晋书》卷八十七《凉武昭王传》

---

① 张氏之业:前凉张轨数代的功业。
② 少离荼毒:离通罹,犹遭遇不幸。荼毒,毒害,残害。
③ 一同河右:犹言统一河西地区。
④ 惙(chuò)然:疲乏无力的样子。
⑤ 志不申:壮志未能实现。申同伸,展开,引申为实现。
⑥ 深诫危殆之机:犹言居安思危之意。殆,危险。
⑦ 乖衷:违背我的心意。乖,违背。衷,内心。
⑧ 楸、槐、柏、漆:均为黄河中下游地区寻常树木。
⑨ 立功非所:不是建功立业的地方。以树木之难存喻人之存亡,故有此叹。
⑩ 时俗諠竞:諠同喧,吵闹,不安静。竞,争。意指河西地区,群雄竞起,你方唱罢我登场的混乱嘈杂局面。时俗,时代风气,特指政权更迭。
⑪ 恬豁之怀:恬淡豁达的胸怀。
⑫ 同志友善:志同道合,关系密切。
⑬ 贞顺有妇仪:品德忠贞柔顺,可称妇女的法式表率。

王 嘉 传

王嘉字子年,陇西安阳人①也。轻举止②,丑形貌,外若不足,而聪睿内明③。滑稽好语笑,不食五谷,不衣美丽④,清虚服气⑤,不与世人交游。隐于东阳谷⑥,凿崖穴居,弟子受业者数百人,亦皆穴处。

石季龙之末,弃其徒众,至长安,潜隐于终南山⑦,结庵庐而止。门人闻而复随之,乃迁于倒兽山⑧。苻坚累征不起,公侯已下咸躬往参诣,好尚之士无不师宗之。问其当世事者,皆随问而对。好为譬喻,状如戏调;言未然之事⑨,辞如谶记⑩,当时鲜能晓之,事过皆验。

坚将南征,遣使者问之。嘉曰:"金刚火强。"乃乘使者马,正衣冠,徐徐东行数百步,而策马驰反,脱衣服,弃冠履而归,下马踞床,一无所言。使者还告,坚不悟,复遣问之,曰:"吾世祚⑪云何?"嘉曰:"未央。"咸以为吉⑫。明年癸未⑬,败于淮南,所谓未年而有殃也。人候⑭之者,至心⑮则见之,不至心则隐形不见。衣服在架,履杖⑯犹存,

---

① 陇西安阳:即魏晋时陇西郡首阳县,今甘肃渭源。
② 轻举止:举止轻浮,不稳重。
③ 外若不足而聪睿内明:外表不中看,但内在聪明睿智。
④ 不衣美丽:不穿华丽的衣服,美丽当华服讲。
⑤ 服气:亦作"食气"。古代道家的一种养生方法。认为通过呼吸服食所谓的"日精月华"为修仙的方法之一。
⑥ 东阳谷:地名,不详。
⑦ 终南山:秦岭中段,位于西安市南,风景优美,自古即有异人隐居出没其中。成语"终南捷径"即指此山。
⑧ 倒兽山:见《苻坚传注》。
⑨ 未然之事:未能肯定或尚未发生的事情。
⑩ 谶记:谶语,预言之类。
⑪ 世祚:犹世运。意谓自己的帝位能保持多少年之类。
⑫ 咸以为吉:都以为吉利。吉,利,祥,美好,与凶相对。
⑬ 癸未:晋孝武帝太元八年(383年)。
⑭ 候:占验。《列子·周穆王》:"觉有八征,梦有六候。"
⑮ 至心:诚心。
⑯ 履杖:鞋与兵杖。

或欲取其衣者,终不及,企①而取之,衣架逾高,而屋亦不大,履杖诸物亦如之。

姚苌之入长安,礼嘉如苻坚故事,逼以自随,每事咨之。苌既与苻登相持,问嘉曰:"吾得杀苻登定天下不?"嘉曰:"略得之。"苌怒曰:"得当云得,何略之有!"遂斩之。先此,释道安谓嘉曰:"世故②方殷,可以行矣。"嘉答曰:"卿其先行,吾负债未果③去。"俄而道安亡,至是而嘉戮死,所谓"负债"者也。苻登闻嘉死,设坛哭之,赠太师,谥曰文。及苌死,苌子兴字子略方杀登,"略得"之谓也。嘉之死日,人有陇上见之。其所造《牵三歌谶》,事过皆验,累世犹传之。又著《拾遗录》十卷,其记事多诡怪④,今行于世。

选自《晋书》卷九十五《王嘉传》

---

① 企:踮起脚尖。
② 世故方殷:世故,即世间一切事务。殷,众多。
③ 负债未果:身负重债,尚未了结。果,结果,完成。
④ 诡怪:怪异,奇特。

苻 坚 传

　　苻坚字永固,一名文玉,雄之子①也。祖洪②,从石季龙徙邺,家于永贵里。其母苟氏尝游漳水③,祈子于西门豹祠④,其夜梦与神交⑤,因而有孕,十二月而生坚焉。有神光自天烛其庭⑥。背有赤文,隐起成字,曰"草付臣又土王咸阳"。臂垂过膝,目有紫光。洪奇而爱之,名曰坚头。

　　年七岁,聪敏好施⑦,举止不逾规矩。每侍洪侧,辄量洪举措⑧,取与不失机候⑨。洪每曰:"此儿姿貌瑰伟,质性过人,非常相也。"高平⑩徐统有知人之鉴⑪,遇坚于路,异之,执其手曰:"苻郎,此官之御街,小儿敢戏于此,不畏司隶缚邪?"坚曰:"司隶缚⑫罪人,不缚小儿戏也。"统谓左右曰:"此儿有霸王之相。"左右怪之,统曰:"非尔所及也。"后又遇之,统下车屏人,密谓之曰:"苻郎骨相不恒⑬,后当大贵,但仆不见,如何!"坚曰:"诚如公言,不敢忘德。"八岁,请师就家学。洪曰:"汝戎狄异类,世知饮酒⑭,今乃求学邪!"欣而许之。健之入关⑮也,梦天神遣使者朱衣赤冠,命拜坚为龙骧将军,健翌日为坛于曲沃⑯以授之。健泣谓坚曰:

---

① 雄之子:苻坚父名雄,字元才,苻洪第四子。
② 祖洪:苻坚的祖父,字广世,略阳临渭(今甘肃清水县南)人。为后赵石虎部将,遂移家邺都,故坚生于河北邺城永贵里。
③ 漳水:源出山西东南,穿太行山,入河北平原,流入卫河。
④ 西门豹祠:战国时魏文侯派西门豹治邺有绩,后人为之立祠纪念。
⑤ 与神交:和神性交。
⑥ 烛其庭:神光照亮庭院。烛,照耀。
⑦ 好施:喜欢施与别人财物,意慷慨大方。施,给予。如施舍。
⑧ 举措:擢用和废弃。语见《论语・为政》:"举直错诸枉,则民服。"
⑨ 机候:机会,时机。
⑩ 高平:古城邑,即今宁夏固原市原州区。
⑪ 知人之鉴:识别人才的能力。
⑫ 缚:用绳索捆绑。
⑬ 骨相不恒:骨相不同于平常之人。骨相即人的骨骼相貌。恒,常。
⑭ 戎狄异类,世知饮酒:苻氏世为氐人,被汉族视为戎狄,世代只知饮食生育,不识文化礼数。
⑮ 健之入关:苻洪去世后,苻坚的伯父苻健嗣父爵,率部众入关中,图谋发展。
⑯ 为坛于曲沃:在曲沃设坛授苻坚龙骧将军。曲沃,古邑名。在今山西闻喜县东北。为坛犹筑坛。

"汝祖昔受此号①,今汝复为神明所命,可不勉之!"坚挥剑捶②马,志气感厉,士卒莫不惮服焉。性至孝,博学多才艺,有经济③大志,要结英豪,以图纬世之宜④。王猛⑤、吕婆楼、强汪、梁平老等并有王佐之才,为其羽翼⑥。太原薛讃、略阳权翼见而惊曰:"非常人也!"

及苻生⑦嗣伪位,讃、翼说坚曰:"今主上昏虐,天下离心。有德者昌,无德受殃,天之道也。神器⑧业重,不可令他人取之,愿君王行汤武之事⑨,以顺天人之心。"坚深然之,纳为谋主。生既残虐无度,梁平老等极以为言,坚遂弑生,以伪位让其兄法⑩。法自以庶孽⑪,不敢当。坚及母苟氏并虑众心未服,难居大位,群僚固请,乃从之。以升平元年⑫僭称大秦天王⑬,诛生佞幸臣董龙、赵韶⑭等二十余人,赦其境内,改元曰永兴⑮。追赠父雄为文桓皇帝,尊母苟氏为皇太后,妻苟氏为皇后,子宏为皇太子。兄法为使持节、侍中、都督中外诸军事、丞相、录尚书,从祖侯⑯为太尉,从兄柳为车骑大将军、尚书令,封弟融为阳平公,双河南公,子丕长乐公,晖平原公,熙广平公,叡钜鹿公。李威为卫将军、尚书左仆射;梁平老为右仆射;强汪为领军将军;仇腾为尚书,领选;席宝为丞相长史、行太子詹事;吕婆楼为司隶校尉;王猛、薛讃为中书侍郎;权翼为给事黄门侍郎,与猛、讃并掌机密。追复鱼遵、雷弱儿、毛贵、王堕、梁楞、梁安、段纯、辛牢等本官⑰,以礼改葬之,其子孙皆随才擢授。初,坚母以法长而贤,又得众心,惧终为变,至此,遣杀之。坚

---

① 祖昔受此号:苻洪曾受石虎龙骧将军号。
② 捶(chuí):鞭子。
③ 经济:经世济民。
④ 纬世之宜:纬世犹经世。宜:事宜,事业。
⑤ 王猛:字景略,北海剧(今山东寿光南)人。著名政治家。佐苻坚统一北方,被后世目为管仲、孔明一流人物。
⑥ 羽翼:指辅佐之人。
⑦ 苻生:字长生,苻健第三子。健死后即位,在位三年,荒淫暴虐,大失人心。
⑧ 神器:即帝位、政权。
⑨ 汤、武之事:指商汤代夏桀,周武代殷纣的事业,意为劝苻坚除去苻生。
⑩ 以伪位让其兄法:让兄长苻法继任王位。伪位,《晋书》作者以南渡之东晋政权为正朔,凡北方之后汉(刘渊)、后赵(石勒)、前后秦(苻坚、姚苌)等胡人建立的政权均称伪位。
⑪ 法自以庶孽:苻法以为自己非正室所生。庶孽,见本书《王苻传》注。
⑫ 升平元年:东晋穆帝司马聃的年号,即357年。
⑬ 僭(jiàn)称大秦天王:因为苻坚称王号并未得到东晋王朝的承认,故称僭,僭,超越本分,如僭越。
⑭ 佞幸臣董龙、赵韶:苻生在位时宠幸重用的奸佞之辈。
⑮ 永兴:苻坚称王后所用的纪年之号,永兴元年即东晋升平元年。
⑯ 从祖侯:祖父苻洪的兄弟苻侯。
⑰ 追复本官:追认原来担任的官职。

性仁友,与法诀于东堂,恸哭呕血,赠以本官,谥曰哀,封其子阳为东海公,敷为清河公。于是修废职①,继绝世②,礼神祇③,课农桑④,立学校,鳏寡孤独高年不自存者⑤,赐谷帛有差,其殊才异行⑥、孝友忠义、德业可称者,令在所以闻⑦。

其将张平以并州叛,坚率众讨之,以其建节将军邓羌为前锋,率骑五千据汾上⑧。坚至铜壁⑨,平尽众拒战,为羌所败,获其养子蚝,送之,平惧,乃降于坚。坚赦其罪,署为右将军,蚝武贲中郎将,加广武将军,徙其所部三千余户于长安。

坚自临晋登龙门⑩,顾谓其群臣曰:"美哉山河之固!娄敬有言⑪,'关中四塞之国',真不虚也。"权翼、薛讚对曰:"臣闻夏殷之都非不险也,周秦之众非不多也,终于身窜南巢⑫,首悬白旗⑬,躯残于犬戎⑭,国分于项籍⑮者何也?德之不修故耳。吴起有言⑯:'在德不在险。'深愿陛下追踪唐虞⑰,怀远以德,山河之固不足恃也。"坚大悦,乃还长安。赐为父后者⑱爵一级,鳏寡高年谷帛有差,丐所过田租之半⑲。是秋,大旱,坚减膳撤悬⑳,金玉绮绣皆散之戎士,后宫悉去罗纨,衣

---

① 修废职:重建废除的职务。
② 继绝世:恢复失去的爵禄。
③ 礼神祇(qí):礼敬神灵。祇,地神。
④ 课农桑:规定每个农夫必需达到的种植任务。农为种植谷物。桑为养蚕取丝织帛之业。
⑤ 鳏寡孤独高年不自存者:老而无妻或丧妻者为鳏夫,丧夫之女为寡妇,幼儿无父母者为孤儿,年老无子女者为独,年长无生活能力的人。
⑥ 殊才异行:具有特别才能,异于常人品性的人。
⑦ 令在所以闻:让以上各种人所居住之地的官吏举荐他们。
⑧ 汾上:汾水中游。
⑨ 铜壁:古地名,在今山西太原市西南。
⑩ 自临晋登龙门:临晋在黄河东岸山西境内,龙门位于黄河西岸陕西韩城境内,是从山西回长安便捷之途。
⑪ 娄敬有言:汉初,刘邦欲建都洛阳,娄敬建言关中更为险固,可长治久安。刘邦从其言,遂都长安,赐娄敬姓刘。
⑫ 身窜南巢:皇甫谧《帝王世纪》:"(商)汤追至大涉,遂禽桀于焦,放之历山,乃与妹喜及诸嬖妾同舟浮海,奔于南巢之山而死。"南巢在今安徽巢县。
⑬ 首悬白旗:皇甫谧《帝王世纪》:"纣败于牧野,首悬白旗。"后两军对阵,一方如表投降即举白旗源于此。
⑭ 躯残于犬戎:西周末年幽王宫涅因宠褒姒,终为犬戎所杀。
⑮ 国分于项籍:秦末,项羽入关中,杀秦王子婴,瓜分天下。
⑯ 吴起有言:吴起为战国时魏文侯将。文侯没,又为其子武侯将。武侯曾与吴起等大臣泛舟黄河,至中流,对吴起等讲:"多么壮美险固的山河,这是魏国的宝贝。"吴起回答道:"在德不在险,若君不修德,舟中人尽为敌国也。"
⑰ 追踪唐虞:效法学习唐尧虞舜这样贤明的君主。
⑱ 为父后者:作为父亲继承人者。
⑲ 丐所过田租之半:施与所经过之地人民当年田租一半。犹减免当年一半田租,以示恩惠。
⑳ 减膳撤悬:减少每日的膳食,撤去宫廷里悬挂的帷幕等。

不曳地①。开山泽之利,公私共之②,偃甲息兵,与境内休息。

王猛亲宠愈密,朝政莫不由之。特进樊世,氐豪③也,有大勋于苻氏,负气倨傲,众辱猛曰:"吾辈与先帝共兴事业,而不预时权④;君无汗马之劳,何敢专管大任? 是为我耕稼⑤而君食之乎!"猛曰:"方当使君为宰夫⑥,安直耕稼而已。"世大怒曰:"要当悬汝头于长安城门,不尔者,终不处于世也。"猛言之于坚,坚怒曰:"必须杀此老氐,然后百僚可整⑦。"俄而世入言事,坚谓猛曰:"吾欲以杨璧尚主⑧,璧何如人也?"世勃然曰:"杨璧,臣之婿也,婚已久定,陛下安得令之尚主乎!"猛让世曰:"陛下帝有海内,而君敢竞婚⑨,是为二天子,安有上下⑩!"世怒起,将击猛,左右止之。世遂丑言大骂,坚由此发怒,命斩之于西厩⑪。诸氐纷纭,竞陈猛短,坚恚甚⑫,慢骂⑬,或有鞭挞于殿庭者。权翼进曰:"陛下宏达大度,善驭英豪,神武卓荦,录功舍过,有汉祖之风。然慢易之言,所宜除之。"坚笑曰:"朕之过也。"自是公卿以下无不惮猛焉。

坚起明堂⑭,缮南北郊,郊祀⑮其祖洪以配天,宗祀⑯其伯健于明堂以配上帝。亲耕藉田⑰,其妻苟氏亲蚕于近郊⑱。

---

① 衣不曳(yè)地:为节省布帛,宫中后妃都着短衣,不再长裙拖地。
② 开山泽之利,公私共之:开发山中林业矿业,湖泊中的水产,官府与私人共同得其利。
③ 氐豪:氐人中的豪帅、酋长之类。
④ 不预时权:不得参与时政,意为没有实权。
⑤ 耕稼:原意为耕田种地,此处喻为打天下。
⑥ 宰夫:以屠宰牲畜为营生的人。
⑦ 百僚可整:百官可以有序。百僚即百官。整,齐整有序。
⑧ 尚主:娶公主为妻。
⑨ 竞婚:争婚。
⑩ 上下:指上君下臣之分。
⑪ 西厩:西边的马棚。
⑫ 恚(huì)甚:极其愤怒。恚,愤怒、怨恨。
⑬ 慢骂:疏忽、轻侮。
⑭ 起明堂:建造明堂,明堂为古代天子宣明政教的地方,凡朝会、祭祀、庆赏、选士、养老、教学之大典均在其中进行。起,建造。
⑮ 郊祀:古代重要祭礼,祭天地都在郊外,故称郊祀。如北京之天坛为明清帝王祭天之所。而苻坚在郊外祭其祖父苻洪,与祭天一同进行。配,祭祀配享。
⑯ 宗祀:在宗庙里祭祖先。
⑰ 藉田:古代天子、诸侯亲自耕种的田地。相传天子千亩,诸侯百亩。每年春耕时,天子诸侯亲自去藉田里执犁前行数步,以表示对农业的重视。但并非所有天子诸侯都坚持这样做,有时托人代耕,有时废弃。
⑱ 亲蚕于近郊:与天子亲耕藉田一样,有些后妃也去郊外采桑叶喂蚕,表示自己以身作则,重视农桑,体谅人民的疾苦。

坚南游霸陵①，顾谓群臣曰："汉祖起自布衣，廓平四海，佐命功臣孰为首②乎？"权翼进曰："《汉书》以萧曹③为功臣之冠。"坚曰："汉祖与项籍争天下，困于京索之间④，身被七十余创，通中六七⑤，父母妻子为楚所囚⑥。平城之下，七日不火食，赖陈平之谋，太上、妻子克全⑦，免匈奴之祸。二相何得独高也！虽有人狗之喻⑧，岂黄中之言乎⑨！"于是酣饮极欢，命群臣赋诗。大赦，复改元曰甘露。以王猛为侍中、中书令、京兆尹。

其特进强德，健妻之弟也，昏酒豪横⑩，为百姓之患。猛捕而杀之，陈尸于市。其中丞邓羌，性鲠直不挠，与猛协规齐志，数旬之间，贵戚强豪诛死者二十有余人。于是百僚震肃，豪右屏气⑪，路不拾遗，风化大行⑫。坚叹曰："吾今始知天下之有法也，天子之为尊也！"于是遣使巡察四方及戎夷种落，州郡有高年孤寡，不能自存，长吏刑罚失中、为百姓所苦，清修疾恶、劝课农桑、有便于俗，笃学至孝、义烈力田者⑬，皆令具条⑭以闻。

时匈奴左贤王卫辰遣使降于坚，遂请田内地⑮，坚许之。云中护军贾雍遣其司马徐斌率骑袭之，因纵兵掠夺。坚怒曰："朕方修魏绛和戎之术⑯，不可以小利

---

① 霸陵：西汉文帝的陵寝，在西安市南之白鹿塬上，因临灞水，故称霸陵。
② 孰为首：谁为首功，意即谁的功绩最大。
③ 萧曹：萧何与曹参。两人先后为相，有"萧规曹随"之称。
④ 京索之间：京、索为两处古地名，位于河南荥阳附近。
⑤ 通中六七：贯通伤也有六七处。
⑥ 父母妻子为楚所囚：《汉书·高帝纪第一》："审食其从太公、吕后间行，反遇楚军。（羽）常置军中以为质。"
⑦ 平城之下，七日不火食，赖陈平之谋，太上、妻子克全：《汉书·陈平传》："其明年，（陈）平从击韩王信于代。至平城，为匈奴围，七日不得食。高帝用平奇计，使单于阏氏解围以得开。"平城在今山西大同市。火食犹熟食。克全犹完全。
⑧ 人狗之喻：《史记·萧相国世家》："高祖以萧何功最盛，封为酂侯，所食邑多。功臣皆曰：'臣等身被坚执锐，多者百余战，少者数十合，攻城略地，大小各有差。今萧何未尝有汗马之劳，徒持文墨议论，不战，顾反居臣等上，何也？'高帝曰：'诸君知猎乎？'曰：'知之。''知猎狗乎？'曰：'知之。'高帝曰：'夫猎，追杀兽兔者狗也，而发踪指示兽处者人也。今诸君能得走兽耳，功狗也。至如萧何，发踪指示，功人也。且诸君独以身随我，多者两三人。今萧何举宗数十人皆随我，功不可忘也。'群臣皆莫敢言。"
⑨ 岂黄中之言：难道是随便乱讲？黄，乱讲，如信口雌黄。
⑩ 昏酒豪横：酗酒，强横，霸道，不法。
⑪ 屏气：不敢出声。
⑫ 风化大行：社会风气为之大变。风化：风俗教化。
⑬ 力田者：努力耕种田地的人。
⑭ 具条：写成条文。
⑮ 请田内地：请求在塞内划拨土地安置定居。
⑯ 魏绛和戎之术：魏绛，晋国大夫，事晋悼公。《史记·魏世家》："悼公十一年，曰：'自吾用魏绛，八年之中，九合诸侯，戎、翟和，子之力也。'"

忘大信。昔荆吴之战，事兴蚕妇；浇瓜之惠，梁宋息兵①。夫怨不在大，事不在小，扰边动众，非国之利也。所获资产，其悉以归之。"免雍官，以白衣领护军②，遣使修和，示之信义。辰于是入居塞内，贡献相寻③。乌丸独孤、鲜卑没奕于率众数万又降于坚。坚初欲处之塞内，苻融④以"匈奴为患，其兴自古。比房马不敢南首者，畏威故也。今处之于内陆，见其弱矣，方当窥兵郡县⑤，为北边之害。不如徙之塞外，以存荒服之义⑥"。坚从之。

　　坚僭位五年，凤皇集于东阙，大赦其境内，百僚进位一级。初，坚之将为赦也，与王猛、苻融密议于露堂，悉屏左右。坚亲为赦文，猛、融供进纸墨。有一大苍蝇入自牖间，鸣声甚大，集于笔端，驱而复来。俄而长安街巷市里人相告曰："官今大赦。"有司以闻。坚惊谓融、猛曰："禁中无耳属之理，事何从泄也？"于是敕外穷推之，咸言有一小人衣黑衣，大呼于市曰："官今大赦。"须臾不见。坚叹曰："其向苍蝇乎？声状非常，吾固恶之。谚曰：'欲人勿知，莫若勿为。'声无细而弗闻，事未形而必彰者，其此之谓也。"坚广修学官，召郡国学生通一经以上充之，公卿已下子孙并遣受业。其有学为通儒⑦、才堪干事、清修廉直、孝悌力田者，皆旌表⑧之。于是人思劝励，号称多士⑨，盗贼止息，请托路绝，田畴修辟⑩，帑藏⑪充盈，典章法物⑫靡不悉备。坚亲临太学，考学生经义优劣，品而第之⑬。问难五经⑭，博

---

① 荆吴之战，事兴蚕妇；浇瓜之惠，梁宋息兵：荆即楚。吴楚之间的战事，起于两个采桑女之争。梁即魏，与宋国之间本有边界之争。但因一瓜农在浇灌时一同浇了对方的瓜田，于是一场战事因之停息。喻人间小事可以影响国家之间的纷争。
② 以白衣领护军：以平民的身份继续领护军之职。白衣：古代平民着白衣，亦指无功名之人。
③ 贡献相寻：贡献连续不断。
④ 苻融：苻坚四弟，任侍中、东骑将军、都督中外诸军事、司隶校尉等职。反对苻坚伐晋，不为坚所纳，攻晋时阵亡。
⑤ 窥兵郡县：意为外族之兵进入塞内郡县之中。
⑥ 荒服之义：《禹贡》："天子之国以外五百里为甸服，甸服外五百里为侯服，侯服外五百里为绥服，绥服外五百里为要服，要服外五百里为荒服。"荒服，马融曰："政教荒忽，因其俗而治之。"意为教化不及，极其荒远之地。苻融以为不要让这些外族降人进入内地。
⑦ 通儒：指博学多闻，通晓古今的儒者。
⑧ 旌表：用立牌坊或赐匾额的方式予以表扬。
⑨ 多士：指贤士众多。
⑩ 田畴修辟：恢复荒废的田地，开垦新的田地。田畴，耕种之地。
⑪ 帑(tǎng)藏：国库。帑，货币。
⑫ 典章法物：制度、法律、物储等。
⑬ 品而第之：品评之后分出名次。第，次第。如上中下等。
⑭ 问难(nàn)五经：即考问学生对五经的学习情况。问难，对于疑义反复讨论，分析或辩论。五经，即《诗》《书》《礼》《易》《春秋》。

士多不能对。坚谓博士王寔曰:"朕一月三临太学,黜陟幽明①,躬亲奖励,罔敢倦违②,庶几周孔微言③不由朕而坠,汉之二武④其可追乎!"寔对曰:"自刘石扰覆华畿⑤,二都鞠为茂艹⑥,儒生罕有或存,坟籍灭而莫纪⑦,经沦学废,奄若秦皇⑧。陛下神武拨乱,道隆虞夏⑨,开庠序之美⑩,弘儒教之风,化盛隆周,垂馨千祀⑪,汉之二武焉足论哉!"坚自是每月一临太学,诸生竞劝焉。

屠各⑫张罔聚众数千,自称大单于,寇掠郡县。坚以其尚书邓羌为建节将军,率众七千讨平之。

时商人赵掇、丁妃、邹瓮等皆家累千金,车服之盛,拟则王侯⑬,坚之诸公竞引之为国二卿⑭。黄门侍郎程宪言于坚曰:"赵掇等皆商贩丑竖⑮,市郭小人⑯,车马衣服僭同王者,官齐君子⑰,为藩国列卿,伤风败俗,有尘⑱圣化,宜肃明典法,使清浊显分。"坚于是推检引掇等为国卿者⑲,降其爵。乃下制:"非命士已上,不得乘车马于都城百里之内。金银锦绣,工商、皂隶⑳、妇女不得服之,犯者弃市。"

兴宁三年,坚又改元为建元。慕容暐㉑遣其太宰慕容恪攻拔洛阳,略地至于崤渑㉒。坚惧其入关,亲屯陕城㉓以备之。

---

① 黜陟幽明:黜陟为升降。《史记·五帝本纪》:"三岁一考功,三考黜陟,幽明,庶绩咸熙。"幽明指隐显,即学习成绩的优劣。
② 倦违:因困倦、厌倦而改变学习的初衷。违,离去。
③ 周孔微言:周公与孔子所言之微言大义。《汉书·艺文志》:"昔仲尼没而微言绝。"颜师古注云:"精微要妙之言耳。"
④ 汉之二武:孝武帝刘彻与光武帝刘秀。
⑤ 刘石扰覆华畿:刘为刘渊,石为石勒。二人扰覆晋室。覆,颠覆。华为中华、华夏。畿为畿服、京城、首都。
⑥ 二都鞠为茂艹(cǎo):洛阳与长安二都长满了荒草。西晋都于洛阳。惠帝又迁往长安,故称二都。
⑦ 坟籍灭而莫纪:典籍毁灭而未有记载。坟籍即坟典、书籍。
⑧ 奄若秦皇:像秦始皇时代一样。奄,同。
⑨ 道隆虞夏:推崇唐虞、夏禹时代的风尚。隆,尊重。
⑩ 庠序之美:教化百姓的美好行为。庠序,学校。
⑪ 化盛隆周,垂馨千祀:风化之盛超越周代。美誉之声流传千年。
⑫ 屠各:南匈奴中一支,杂居西北,实力最强。
⑬ 拟则王侯:比拟于王侯。则:效法。
⑭ 国二卿:封国的执政者。
⑮ 丑竖:丑恶卑贱之辈。
⑯ 市郭小人:市井小人,非君子可比。
⑰ 官齐君子:意为官阶竟与君子相比。齐,等、比。
⑱ 尘:污染。
⑲ 推检引掇等为国卿者:纠察赵掇等人为国卿的引荐者。
⑳ 皂隶:古代称贱役。后专指衙门中的差役。
㉑ 慕容暐:字景茂,慕容儁第三子,鲜卑族。360年,慕容儁死后即前燕皇帝位于邺。
㉒ 崤渑:崤为崤山,渑为渑池县,在河南西部邻近陕西处。
㉓ 陕城:今河南陕县。

匈奴右贤王曹毂、左贤王卫辰举兵叛，率众二万攻其杏城以南郡县，屯于马兰山。索虏乌延等亦叛坚而通于辰、毂。坚率中外精锐以讨之，以其前将军杨安、镇军毛盛等为前锋都督。毂遣弟活距战于同官川，安大败之，斩活并四千余级，毂惧而降。坚徙其酋豪六千余户于长安。进击乌延，斩之。邓羌讨卫辰，擒之于木根山。坚自骢马城①如朔方②，巡抚夷狄，以卫辰为夏阳公以统其众。毂寻死，分其部落，贰城以西二万余落封其长子玺为骆川侯，贰城以东二万余落封其小子寅为力川侯，故号东、西曹。

秦、雍二州地震裂，水泉涌出，金象③生毛，长安大风震电，坏屋杀人，坚惧而愈修德政焉。

使王猛、杨安等率众二万寇荆州北鄙诸郡，掠汉阳万余户而还。羌敛岐叛坚，自称益州刺史，率部落四千家西依张天锡叛将李俨。坚遣王猛与陇西太守姜衡、南安太守邵羌讨敛岐于略阳。张天锡率步骑三万击李俨，攻其大夏、武始二郡，克之。天锡将掌据又败俨诸军于葵谷，俨惧，遣兄子纯谢罪于坚，仍请救。寻而猛攻破略阳，敛岐奔白马。坚遣杨安与建威王抚率众会猛以救俨。猛遣邵羌追敛岐，使王抚守侯和，姜衡守白石。猛与杨安救枹罕，及天锡将杨遹战于枹罕东，猛不利。邵羌擒敛岐于白马，送之长安。天锡遂引师而归。俨犹凭城未出，猛乃服白乘舆，从数十人，请与相见。俨开门延之，未及设备，而将士续入，遂房俨而还。坚以其将军彭越为平西将军、凉州刺史，镇枹罕。以俨为光禄勋、归安侯。

是岁，苻双据上邽、苻柳据蒲坂叛于坚，苻庾据陕城、苻武据安定并应之，将共伐长安。坚遣使谕之，各啗梨以为信，皆不受坚命，阻兵自守。坚遣后禁将军杨成世、左将军毛嵩等讨双、武，王猛、邓羌攻蒲坂，杨安、张蚝攻陕城。成世、毛嵩为双、武所败，坚又遣其武卫王鉴、宁朔吕光等率中外精锐以讨之，左卫苻雅、左禁窦冲率羽林骑七千继发。双、武乘胜至于榆眉，鉴等击败之，斩获万五千人。武弃安定，随双奔上邽，鉴等攻之。苻柳出挑战，猛闭垒不应。柳以猛为惮己，留

---

① 杏城、马兰山、同官川、木根山、骢马城：杏城，古地名，今陕西黄陵西南故邑。杏城镇之战是十六国时期经典的以少胜多之战；马兰山，今陕西白水县西北六十里。西晋时有马兰羌居马兰山中，因以为种落之号。《晋书·惠帝纪》元康六年（296年），"北地马兰羌、卢水胡反"，即此；同官山，不详；木根山，山名，在今内蒙古自治区鄂托克前旗西；骢马城，今银川市。

② 朔方：汉时郡名，位于内蒙古中西部及宁夏北部河套地区。晋时已久为羌胡居地。

③ 金象：铜像。

其世子良守蒲坂,率众二万,将攻长安。长安去蒲坂百余里,邓羌率劲骑七千夜袭败之,柳引军还,猛又尽众邀击,悉俘其卒,柳与数百骑入于蒲坂。鉴等攻上邽,克之,斩双、武。猛又寻破蒲坂,斩柳及其妻子,传首长安。猛屯蒲坂,遣邓羌与王鉴等攻陷陕城,克之,送庾于长安,杀之。

太和四年,晋大司马桓温①伐慕容暐,次于枋头②。暐众屡败,遣使乞师于坚,请割武牢③以西之地。坚亦欲与暐连横④,乃遣其将苟池等率步骑二万救暐。王师⑤寻败,引归,池乃还。

是时慕容垂⑥避害奔于坚,王猛言于坚曰:"慕容垂,燕之戚属,世雄东夏⑦,宽仁惠下,恩结士庶,燕赵之间咸有奉戴之意⑧。观其才略,权智无方⑨,兼其诸子明毅有干艺⑩,人之杰也。蛟龙猛兽,非可驯之物,不如除之。"坚曰:"吾方以义致英豪⑪,建不世之功。且其初至,吾告之至诚,今而害之,人将谓我何!"

王师既旋,慕容暐悔割武牢之地,遣使谓坚曰:"顷者割地,行人失辞⑫。有国有家,分灾救患⑬,理之常也。"坚大怒,遣王猛与建威梁成、邓羌率步骑三万,署慕容垂为冠军将军,以为乡导,攻暐洛州刺史慕容筑于洛阳。暐遣其将慕容臧率精卒十万,将解筑围。猛使梁成等以万人卷甲⑭赴之,大破臧于荥阳。筑惧而请降,猛陈师以受之⑮,留邓羌镇金墉⑯,猛振旅而归。

太和五年,又遣猛率杨安、张蚝、邓羌等十将率步骑六万伐暐。坚亲送猛于

---

① 桓温:字元子,晋宣城太守桓彝之子,时任大司马。
② 次于枋头:驻军枋头。枋头,地名,在今河南浚县西南。
③ 武牢:地名,即虎牢关,在今河南荥阳北。因唐人避李虎之讳曰武牢。
④ 连横:联合。共同抗击东晋的北伐行动。
⑤ 王师:指桓温率领的晋军。
⑥ 慕容垂:字道明,前燕国君慕容皝(333—348年)第五子。前燕亡后,又建立后燕政权,在位十三年。
⑦ 燕之戚属,世雄东夏:鲜卑慕容氏兴起于东北,日渐强盛,入主中原建前燕割据政权,与南方东晋对峙。因据中原(北方)东部地区,故称东夏。戚属犹亲属。
⑧ 燕赵之间咸有奉戴之意:燕赵之间即河北地区,战国时属燕(都蓟)赵(都邯郸)之国土。奉戴即拥护、支持。
⑨ 权智无方:谋略、权术、智慧等无与伦比。
⑩ 明毅有干艺:明确坚毅,有才能与技艺。
⑪ 方以义致英豪,建不世之功:方,正在。以义,用道义。不世之功:犹前世所没有人能建立的功业。
⑫ 顷者割地,行人失辞:顷者,不久前,行人为使者;失辞犹说错了话。
⑬ 有国有家,分灾救患:意为国家与国家之间,互相救难和人与人之间互相救助是一样的寻常之理。
⑭ 卷甲:不脱甲胄。
⑮ 陈师以受之:陈列军队接受对方的投降。
⑯ 金墉:城名,位于洛阳西北一城小而固,为戍守之要地。

霸东①,谓曰:"今授卿精兵,委以重任,便可从壶关②、上党③出潞川④,此捷济之机⑤,所谓捷雷不及掩耳。吾当躬自率众以继卿后,于邺相见。已敕运漕相继,但忧贼,不烦后虑也。"猛曰:"臣庸劣孤生⑥,操无豪介⑦,蒙陛下恩荣,内侍帷幄⑧,出总戎旅,藉⑨宗庙之灵,禀陛下神算,残胡不足平也。愿不烦銮轸⑩,冒犯霜露⑪。臣虽不武⑫,望克不淹时⑬。但愿速敕有司⑭,部置鲜卑之所。"坚大悦。于是进师。杨安攻晋阳,猛攻壶关,执皞上党太守慕容越,所经郡县皆降于猛,猛留屯骑校尉苟苌戍壶关。会杨安攻晋阳,为地道⑮,遣张蚝率壮士数百人入其城中,大呼斩关⑯,猛、安遂入晋阳,执皞并州刺史慕容庄。暐遣其太傅慕容评率众四十余万以救二城,评惮猛不敢进,屯于潞川。猛留将军毛当戍晋阳,进师与评相持。遣游击⑰郭庆以锐卒五千,夜从间道出评营后,傍山起火,烧其辎重,火见邺中。暐惧,遣使让评⑱,催之速战。猛知评卖水鬻薪⑲,有可乘之会。评又求战,乃阵于渭原而誓众⑳曰:"王景略㉑受国厚恩,任兼内外,今与诸君深入贼地,宜各勉进,不可退也。愿勤力行间,以报恩顾㉒,受爵明君之朝,庆觞㉓父母之室,不亦美乎!"众皆勇奋,破釜弃粮㉔,大呼竞进。猛望评师之众也,恶之㉕,谓邓羌

---

① 霸东:灞陵之东,在长安东部。古时出长安东行多送至此地相别。
② 壶关:古关名,又名壶口,在今山西省黎城东北太行山西,因状似壶而取名。
③ 上党:郡名,战国时韩置,治所在壶关附近。今山西长治市即古上党郡地。
④ 潞川:又名潞河,今称浊漳河。源于山西境内之太行山,流入河北邺城与清漳河合流。
⑤ 捷济之机:快捷取胜的好机会。
⑥ 孤生:孤陋的人。
⑦ 操无豪介:意为自己是个十分平凡的人。
⑧ 帷幄:军帐。
⑨ 藉:借,凭依。
⑩ 銮轸(luán zhěn):犹銮驾。皇帝乘坐的车驾。
⑪ 冒犯霜露:意为在野外奔波。霜露指酷寒的天气。
⑫ 不武:没有军事才干。武指军旅。
⑬ 克不淹时:克敌不拖时间,意为很快就会取得胜利。
⑭ 速敕有司,部置鲜卑之所:让有关部门赶快设置安排被俘鲜卑人的地方。
⑮ 为地道:挖掘地道。
⑯ 斩关:夺取城门。关,城门。
⑰ 游击:将军名。
⑱ 让评:责备慕容评。让,指责、责备。
⑲ 卖水鬻薪:向士兵出售水和柴。
⑳ 阵于渭原而誓众:布阵于渭原。阵,布阵。渭原,地名。誓众,誓师。
㉑ 王景略:王猛,字景略。
㉒ 恩顾:恩惠与眷顾。
㉓ 庆觞(shāng):庆功酒会。觞,饮酒器。
㉔ 破釜弃粮:砸破做饭的锅,抛弃多余的食料,表示义无反顾。
㉕ 恶之:憎恨、讨厌。

曰：“今日之事，非将军莫可以捷。成败之机，在斯一举。将军其勉之！"羌曰："若以司隶见与者①，公无以为忧。"猛曰："此非吾之所及也②。必以安定太守、万户侯相处。"羌不悦而退。俄而兵交，猛召之，羌寝而弗应③。猛驰就许之，羌于是大饮帐中，与张蚝、徐成等跨马运矛，驰入评军，出入数四，旁若无人，搴旗④斩将，杀伤甚众。及日中，评众大败，俘斩五万有余，乘胜追击，又降斩十万，于是进师围邺。坚闻之，留李威辅其太子宏守长安，以苻融镇洛阳，躬率精锐十万向邺。七日而至于安阳⑤，过旧闾⑥，引诸耆老语及祖父之事，泫然流涕，乃停信宿⑦。猛潜至安阳迎坚，坚谓之曰："昔亚夫不出军迎汉文⑧，将军何以临敌而弃众也？"猛曰："臣每览亚夫之事，尝谓前却人主，以此而为名将，窃未多之⑨。臣奉陛下神算，击垂亡之虏，若摧枯拉朽⑩，何足虑也！监国冲幼⑪，銮驾远临，脱有不虞⑫，其如宗庙何！"坚遂攻邺，陷之。慕容暐出奔高阳⑬，坚将郭庆执而送之。坚入邺宫，阅其名籍，凡郡百五十七，县一千五百七十九，户二百四十五万八千九百六十九，口九百九十八万七千九百三十五。诸州郡牧守及六夷渠帅尽降于坚。郭庆穷追余烬。慕容评奔于高句丽，庆追至辽海，句丽缚评送之。坚散暐宫人珍宝以赐将士，论功封赏各有差。以王猛为使持节、都督关东六州诸军事、车骑大将军、开府仪同三司、冀州牧，镇邺。以郭庆为持节、都督幽州诸军事、扬武将军、幽州刺史，镇蓟。

坚自邺如枋头，宴诸父老，改枋头为永昌县，复之终世。坚至自永昌，行饮至之礼⑭，歌劳止之诗⑮，以飨其群臣。赦慕容暐及其王公已下，皆徙于长安，封授

---

① 若以司隶见与者：如果能让我任司隶校尉。见与，授予。
② 此非吾之所及也：这不是我所能办到的。意为不在自己的职权之内。
③ 羌寝而弗应：邓羌卧在帐中不予答应。
④ 搴旗(qiān)：搴通"攓"。拔取敌方军旗，斩获敌方将领。
⑤ 安阳：县名，属魏郡，离邺都已近，即今河南安阳市。
⑥ 旧闾：曾经居住过的老街坊。
⑦ 信宿：连宿两夜。《诗·豳风·九罭》："公归不复，与汝信宿。"毛传云："再宿曰信。"
⑧ 昔亚夫不出军迎汉文：汉文帝六年，匈奴大入边关，以河内守周亚夫为将军，汉为备匈奴侵长安，命大将军周亚夫驻军细柳营。
⑨ 窃未多之：私意并不推重这种看法。多之，推重、赞美。
⑩ 摧枯拉朽：摧拉枯草朽木，喻极其容易。
⑪ 监国冲幼：留守长安的太子苻宏尚且年幼。冲，幼子。
⑫ 脱有不虞：或许预料不到的情况。脱，或许、倘或。
⑬ 高阳：晋武帝泰始间置高阳国，治所博陆（今河北蠡县南）。
⑭ 饮至之礼：古代的一种典礼，诸侯朝会、盟、伐完毕回到宗庙饮酒庆贺。
⑮ 劳止之诗：慰劳将士时所唱的歌。劳止：辛劳止息之谓。

有差。坚于是行礼于辟雍①，祀先师孔子，其太子及公侯卿大夫士之元子，皆束脩释奠②焉。徙关东豪杰及诸杂夷③十万户于关中，处乌丸杂类于冯翊、北地，丁零翟斌于新安④，徙陈留、东阿万户以实青州⑤。诸因乱流移，避仇远徙，欲还旧业⑥者，悉听之。

晋叛臣袁瑾固守寿春，为大司马桓温所围，遣使请救于坚。坚遣王鉴、张蚝率步骑二万救之，鉴据洛涧⑦，蚝屯八公山⑧。桓温遣诸将夜袭鉴、蚝，败之，鉴、蚝屯慎城⑨。

初，仇池氏⑩杨世以地降于坚，坚署为平南将军、秦州刺史、仇池公。既而归顺于晋。世死，子纂代立，遂受天子爵命而绝于坚⑪。世弟统骁武得众，起兵武都⑫，与纂分争。坚遣其将苻雅、杨安与益州刺史王统率步骑七万，先取仇池，进围宁益⑬。雅等次于鹫陕⑭，纂率众五万距雅。晋梁州刺史杨亮遣督护郭宝率骑千余救之，战于陕中，为雅等所败，纂收众奔还。雅进攻仇池，杨统帅武都之众降于雅。纂将杨他遣子硕密降于雅，请为内应。纂惧，面缚⑮出降。雅释其缚，送之长安。以杨统为平远将军、南秦州刺史，加杨安都督，镇仇池。

先是，王猛获张天锡将敦煌阴据及甲士五千，坚既东平六州⑯，西擒杨纂，欲以德怀远⑰，且跨威河右⑱，至是悉送所获还凉州。天锡惧而遣使谢罪称籓⑲，坚

---

① 辟雍：周代所设大学之名。《礼记·王制》："大学在郊，天子曰辟雍。"历代多为祭祀之所。
② 束脩释奠：祭祀用的干肉曰束脩。释奠为古代学校的一种典礼，陈设酒会以奠祭至圣先师。《礼记·文王世家》："凡学，春官释奠于其先师，秋冬亦如之。"
③ 杂夷：几种夷人。古代称东方的少数民族为夷。
④ 丁零、翟斌：部族名。新安：县名，位于洛阳以西，今渑池境。
⑤ 实青州：充实青州。实，充实，补充。
⑥ 旧业：原住地及产业。
⑦ 洛涧：古水名，又名洛水，即安徽淮南市东淮河支流洛河。
⑧ 八公山：在淮南市西，俯视平野，形势险要。后苻坚败于淝水，途经此处，见其上风声鹤唳，草木皆兵。
⑨ 慎城：古地名，位于今安徽颍上县。
⑩ 仇池氏：位于甘肃礼县西仇池山，顶平阔，能耕种。氏人杨氏割据于此，旁及附近百里，雄居一方。
⑪ 绝于坚：叛坚附晋，决，断绝。
⑫ 武都：郡名，今甘肃陇南市。
⑬ 宁益：古州名，西晋武帝泰始七年，分益州南部与古云南西郡置宁州。治所在今昆明市南。辖云南、建宁、永昌、兴古四郡。益州，即今四川大部。
⑭ 鹫(jiù)陕：地名，在今甘肃陇南西和县境内。
⑮ 面缚：双手反绑。
⑯ 六州：司州、并州、冀州、豫州、青州、兖州。
⑰ 以德怀远：用仁德怀柔远方。
⑱ 跨威河右：意为兼有黄河以西的地方。河右，前凉(凉州)。
⑲ 称籓：犹称臣，籓，属也。

大悦,即署天锡为使持节、散骑常侍、都督河右诸军事、骠骑大将军、开府仪同三司、凉州刺史、西域都护、西平公。

吐谷浑碎奚①以杨纂既降,惧而遣使送马五千匹、金银五百斤。坚拜奚安远将军、漒川侯。

坚尝如邺,狩于西山②,旬余,乐而忘返。伶人③王洛叩马谏曰:"臣闻千金之子坐不垂堂④,万乘之主行不履危。故文帝驰车,袁公止辔⑤;孝武好田,相如献规⑥。陛下为百姓父母,苍生所系,何可盘于游田,以玷圣德。若祸起须臾,变在不测者,其如宗庙何!其如太后何!"坚曰:"善。昔文公悟愆于虞人⑦,朕闻罪于王洛,吾过也。"自是遂不复猎。

坚闻桓温废海西公⑧也,谓群臣曰:"温前败灞上,后败枋头,十五年间,再倾国师⑨。六十岁公举动如此,不能思愆免退⑩,以谢百姓,方废君以自悦⑪,将如四海何!谚云'怒其室而作色于父⑫'者,其桓温之谓乎⑬!"

坚以境内旱,课百姓区种,惧岁不登⑭,省节谷帛之费,太官、后宫减常度二等⑮,百僚之秩以次降之。复魏晋士籍⑯,使役有常闻⑰,诸非正道,典学一皆禁

---

① 碎奚:吐谷浑首领。
② 狩于西山:在西山打猎。狩特指冬天打猎。西山,邺都以西的太行山。
③ 伶人:乐人。古代称乐人为伶人。
④ 千金之子坐不垂堂:垂堂,近屋檐处。意为富贵之人不处于危檐之下。
⑤ 文帝驰车,袁公止辔:《史记·袁盎、晁错列传》:"(汉)文帝从霸陵上,欲西驰下峻阪。袁盎骑,并车揽辔。上曰:'将军怯邪?'盎曰:'臣闻千金之子坐不垂堂,百金之子不骑衡,圣主不乘危而徼幸。'"袁公即袁盎。
⑥ 孝武好田,相如献规:孝武即汉武帝刘彻。好田,喜欢在田野上打猎。《史记·司马相如列传》:"相如以《子虚》虚言也,……明天子之义。……以推天子诸侯之苑囿。其卒章归之于节俭,因以风谏。"司马相如的《子虚》《上林》等赋虽然以宏富、奇丽称,但本意在于规谏武帝。
⑦ 文公悟愆于虞人:文公为晋文公重耳,从虞人处悟出自己的过失。虞人,古官名。周始置,春秋战国时掌山泽管理之权。愆,过失。
⑧ 桓温废海西公:太和六年(371年),晋大司马桓温假太后之命废帝司马奕为海西公,立会稽王司马昱为简文帝,号咸安。
⑨ 国师:国家的军队。
⑩ 思愆免退:犹思过引退。
⑪ 废君以自悦:《晋书·海西公纪》:"初桓温有不臣之志,欲先立功河朔,以收时望。及枋头之败,威名顿挫,遂潜谋废立,以长威权。"自悦,自己高兴的事。
⑫ 怒其室而作色于父:对家庭不满,给父亲发脾气,示脸色。此处以父喻海西公。古时君父、臣子一体。
⑬ 其桓温之谓乎:说的就是桓温的人。
⑭ 百姓区种,惧岁不登:老百姓用区种法,减少了种植面积,担心不得收获。岁,年成。登,丰收,如五谷丰登。
⑮ 常度二等:平常供给的基础上减少两个等次。
⑯ 复魏晋士籍:魏晋时,士族(世族)与庶族有别,主要体现在居官与服役方面,士族子弟享有一定的特权。永嘉乱后,北方士大多避难南迁。而刘渊、石勒等人建立的政权士庶不分,士族阶层的地位受到沉重的打击。苻坚以继承传统自居,恢复以前的士族制度,即对士族的身份进行登记,恢复原有的特权。
⑰ 役有常闻:徭役有常制。常,常期、稳定的制度。

之。坚临太学，考学生经义，上第擢叙①者八十三人。自永嘉之乱，庠序无闻，及坚之僭，颇留心儒学，王猛整齐风俗②，政理称举③，学校渐兴。关陇清晏④，百姓丰乐，自长安至于诸州，皆夹路树槐柳，二十里一亭，四十里一驿，旅行者取给于途，工商贸贩于道。百姓歌之曰："长安大街，夹树杨槐。下走朱轮⑤，上有鸾栖⑥。英颜云集，诲我萌黎⑦。"

是岁，有大风从西南来，俄而晦冥，恒星皆见，又有赤星见于西南。太史令魏延言于坚曰："于占西南国亡，明年必当平蜀汉。"坚大悦，命秦梁密严戎备。乃以王猛为丞相，以苻融为镇东大将军。代猛为冀州牧。融将发，坚祖于霸东，奏乐赋诗。坚母苟氏以融少子，甚爱之，比发，三至灞上，其夕又窃如融所，内外莫知。是夜，坚寝于前殿，魏延上言："天市南门屏内后妃星失明，左右阍寺不见，后妃移动之象。"坚推问知之，惊曰："天道与人何其不远！"遂重星官。王猛至长安，加都督中外诸军事，猛辞让再三，坚不许。

其后天鼓鸣，有彗星出于尾箕，长十余丈，名蚩尤旗，经太微，扫东井，自夏及秋冬不灭。太史令张孟言于坚曰："彗起尾箕，而扫东井，此燕灭秦之象。"因劝坚诛慕容暐及其子弟。坚不纳，更以暐为尚书，垂为京兆尹，冲为平阳太守。苻融闻之，上疏于坚曰："臣闻东胡在燕，历数弥久，逮于石乱，遂据华夏，跨有六州，南面称帝。陛下爰命六师，大举征讨，劳卒频年，勤而后获，本非慕义怀德归化。而今父子兄弟列官满朝，执权履职，势倾劳旧，陛下亲而幸之。臣愚以为猛兽不可养，狼子野心。往年星异，灾起于燕，愿少留意，以思天戒。臣据可言之地，不容默已。《诗》曰：'兄弟急难'，'朋友好合'。昔刘向以肺腑之亲，尚能极言，况于臣乎！"坚报之曰："汝为德未充而怀是非，立善未称而名过其实。《诗》云：'德辀如毛，人鲜克举。'君子处高，戒惧倾败，可不务乎！今四海事旷，兆庶未宁，黎元应抚，夷狄应和，方将混六合以一家，同有形于赤子，汝其息之，勿怀耿介。夫天道助顺，修德则禳灾。苟求诸己，何惧外患焉。"

---

① 上第擢叙：上第，成绩排名前列者。擢叙，擢拔叙用，即授予职务。
② 整齐风俗：犹整顿风俗。整齐，通过整治使之齐致。齐，统一、划一。此处整齐当动词用。
③ 政理称举：政理犹政教。称举犹恢复、建立、完善。
④ 清晏：安定、太平。
⑤ 朱轮：漆成红色的车轮。泛指达官显贵及有钱有势之人所乘之车。
⑥ 鸾栖：鸾鸟栖止在路两旁的树上。
⑦ 萌黎：萌通氓，指百姓。黎，黎民。

晋梁州刺史杨亮遣子广袭仇池，与坚将杨安战，广败绩，晋沮水①诸戍皆委城奔溃，亮惧而退守磬险②，安遂进寇汉川③。坚遣王统、朱彤率卒二万为前锋寇蜀，前禁将军毛当、鹰扬将军徐成率步骑三万入自剑阁。杨亮率巴獠④万余拒之，战于青谷⑤，王师不利，亮奔固西城⑥。彤乘胜陷汉中，徐成又攻二剑⑦，克之，杨安进据梓潼⑧。晋奋威将军、西蛮校尉⑨周虢降于彤。扬武将军、益州刺史周仲孙勒兵距彤等于绵竹⑩，闻坚将毛当将至成都，仲孙率骑五千奔于南中。安、当进兵，遂陷益州。于是西南夷邛莋⑪、夜郎⑫等皆归之。坚以安为右大将军、益州牧，镇成都；毛当为镇西将军、梁州刺史，镇汉中；姚苌为宁州刺史、领西蛮校尉；王统为南秦州刺史，镇仇池。

蜀人张育、杨光等起兵，与巴獠相应，以叛于坚。晋益州刺史竺瑶、威远将军桓石虔⑬率众三万据垫江⑭。育乃自号蜀王，遣使归顺，与巴獠酋帅张重、尹万等五万余人进围成都。寻而育与万争权，举兵相持，坚遣邓羌与杨安等击败之，育、光退屯绵竹。安又败张重、尹万于成都南，重死之，及首级二万三千。邓羌复击张育、杨光于绵竹，皆害之。桓石虔败姚苌于垫江，苌退据五城，石虔与竺瑶移屯巴东⑮。

时有人于坚明光殿大呼谓坚曰："甲申乙酉，鱼羊食人⑯，悲哉无复遗。"坚命执之，俄而不见。秘书监朱彤等因请诛鲜卑，坚不从。遣使巡行四方，观风俗，问

---
① 沮水：一名上沮水，汉水北源之一。源出陕西留坝县西，西南流折东南流至勉县西与汉水南源会。《汉水·地理志》作沮水。
② 磬险：地名，在今陕西洋县西。
③ 汉川：汉水流域。
④ 巴獠(lǎo)：魏晋时对西南部分少数民族的泛称，巴獠即生活在四川、甘肃、陕西相邻地区獠人的称谓。
⑤ 青谷：也称清水谷，在今陕西洋县东北。
⑥ 固西城：古地名，位于洋县东北。
⑦ 二剑：今川北门户剑门、剑阁。
⑧ 梓潼：郡名，今四川之梓潼县。
⑨ 西蛮校尉：官名，掌西南少数民族事务。
⑩ 绵竹：县名，今四川绵阳市之绵竹县。
⑪ 邛莋(qióng zuó)：汉代西南少数民族之一，居于四川汉源县一带。
⑫ 夜郎：古族，古国名。魏晋时主要居住在贵州西北部，四川南部、云南北部、广西北部亦有分布。此处当指川西南的夜郎人。
⑬ 桓石虔：东晋将军。祖桓彝、父桓豁皆为晋名臣。《晋书》本传称其"有才干，矫捷绝伦"。
⑭ 垫江：古县名，在今重庆市合州县。
⑮ 巴东：郡名，在今重庆市奉节县。
⑯ 甲申乙酉，鱼羊食人：甲申年为384年，亦东晋孝武帝太元九年。鱼、羊合为鲜。意为鲜卑将要吃人，慕容氏将叛坚反攻。

政道,明黜陟,恤孤独不能自存者。以安车蒲轮①征隐士乐陵②王欢为国子祭酒③。及王猛卒④,坚置听讼观⑤于未央之南。禁老、庄、图谶之学⑥。中外四禁、二卫、四军长上将士,皆令修学。课后宫,置典学,立内司以授于掖庭,选阉人及女隶有聪识者⑦署博士以授经。

遣其武卫苟苌、左将军毛盛、中书令梁熙、步兵校尉姚苌等率骑十三万伐张天锡于姑臧。遣尚书朗阎负、梁殊衔命军前,下书征天锡⑧。坚严饰卤簿⑨,亲饯苌等于城西,赏行将各有差。又遣其秦州刺史苟池、河州刺史李辩、凉州刺史王统,率三州之众以继之。阎负等到凉州,天锡自以晋之列藩⑩,志在保境,命斩之,遣将军马建出距苌等。俄而梁熙、王统等自清石津攻其将梁粲于河会城,陷之。苟苌济自石城津,与梁熙等会攻缠缩城,又陷之。马建惧,自杨川退还清塞。天锡又遣将军掌据率众三万,与马建阵于洪池。苟苌遣姚苌以甲卒三千挑战,诸将劝据击之,以挫其锋,据不从。天锡乃率中军三万次金昌。苌、熙闻天锡来逼,急攻据、健,健降于苌,遂攻据,害之,及其军司席仂。苌进军入清塞,乘高列阵。天锡又遣司兵赵充哲为前锋,率劲卒五万,与苌等战于赤岸⑪,哲大败。天锡惧而奔还,致笺⑫请降。苌至姑臧,天锡乘素车⑬白马,面缚舆榇⑭,降于军门。苌释缚焚榇⑮,送之于长安,诸郡县悉降。坚以梁熙为持节、西中郎将、凉州刺史、领护西羌校尉,镇姑臧。徙豪右⑯七千余户于关中,五品税⑰百姓金银一万三千斤

---

① 安车蒲轮:汉时征聘隐士时让其所乘坐的一种轻便马车。车轮上绑有柔软的蒲草以免路上颠簸。
② 乐陵:古县名,在山东西北,邻河北,以产金丝小枣闻名。
③ 国子祭酒:学官名,西汉设,称国子博士。晋设国子祭酒,为国子学主管。
④ 王猛卒:王猛因病卒于375年,时年五十一岁。
⑤ 听讼观:处理、判断诉讼的地方。
⑥ 禁老庄图谶之学:老庄即道家的《老子》及《庄子》。图谶,即谶书,由巫师或方士制作的一种隐语或预言,作为吉凶的符验或征兆。苻坚禁此等书,意在独尊儒术。
⑦ 女隶有聪识者:女隶为宫中女奴婢。聪识,聪慧有知识,即知书达理者。
⑧ 下书征天锡:给张天锡送去劝降书信。
⑨ 严饰卤簿:将自己乘坐的车驾仪仗隆重地装饰一新。卤簿为古代帝王出行时的仪仗车饰等。
⑩ 晋之列藩:前凉政权自张轨至张天锡始终自称晋臣。列藩犹藩属。
⑪ 清石津、河会城、石城津、缠缩城、杨川、清塞、洪池、金昌、赤岸:均为地名,当在凉州境内,但金昌绝非今甘肃之金昌市。
⑫ 致笺:派人送来请降书信。
⑬ 素车:没有装饰的车子。
⑭ 面缚舆榇(chèn):双手反绑,车上载着棺木。古代天子诸侯向战胜自己的一方表示真诚降服的仪式。榇,棺材。
⑮ 释缚焚榇:解开绳索,烧毁棺木。表示原谅对方。
⑯ 豪右:豪门大族。
⑰ 五品税:以五种品级征收。

以赏军士,余皆安堵如故①。坚封天锡重光县之东宁乡二百户,号归义侯。初,苌等将征天锡,坚为其立第于长安②,至是而居之。

坚既平凉州,又遣其安北将军、幽州刺史苻洛为北讨大都督,率幽州兵十万讨代王涉翼犍③。又遣后将军俱难与邓羌等率步骑二十万东出和龙,西出上郡,与洛会于涉翼犍庭。翼犍战败,遁于弱水④。苻洛逐之,势穷迫,退还阴山。其子翼圭缚父请降,洛等振旅而还,封赏有差。坚以翼犍荒俗⑤,未参仁义⑥,令入太学习礼。以翼圭执父不孝⑦,迁之于蜀。散其部落于汉鄣边故地⑧,立尉、监行事,官僚领押,课之治业营生⑨,三五取丁⑩,优复三年无税租⑪。其渠帅岁终令朝献⑫,出入行来为之制限⑬。坚尝之太学,召涉翼犍问曰:"中国以学养性,而人寿考⑭,漠北噉牛羊⑮而人不寿,何也?"翼犍不能答。又问:"卿种人有堪将者⑯,可召为国家用。"对曰:"漠北人能捕六畜,善驰走,逐水草而已,何堪为将!"又问:"好学否?"对曰:"若不好学,陛下用教臣何为⑰?"坚善其答⑱。

坚以关中水旱不时⑲,议依郑白故事⑳,发其王侯已下及豪望富室僮隶三万人,开泾水上源,凿山起堤,通渠引渎,以溉冈卤之田㉑。及春而成,百姓赖其利。

---

① 安堵如故:安堵犹安居,不受侵扰。堵,墙也,引申为房屋、居住地。
② 立第于长安:在长安为其建住宅一区。立,建立。第,宅第。
③ 代王涉翼犍:鲜卑一部首领,时称代王。未附苻坚,故起兵讨伐。
④ 弱水:在今甘肃河西走廊,源出祁连山,北流经张掖绿洲,入古居延海(今内蒙古额齐纳旗)。今称黑河。
⑤ 荒俗:五服最远为荒服,荒俗即荒服居人之风俗。犹远离文明社会近于野蛮的状态。
⑥ 未参仁义:参,加入,如参加。仁义,泛指教化。意为没有接受过仁义道德教化。
⑦ 执父不孝:执,逮捕。因为"翼圭缚父请降",但在苻坚的儒家观念中属不孝行为,所以要表示惩罚,让其"迁于蜀"。
⑧ 汉鄣边故地:鄣同障,障即边境地区。汉代曾设置官属,行使管理。
⑨ 课之治业营生:劝课民众经营生产,征收赋税。课,征税。
⑩ 三五取丁:十五岁以上即抽取丁口。意为已成纳税服役者。
⑪ 优复三年无税租:优待三年,意从十八岁起开征赋税。
⑫ 岁终令朝献:年终入朝纳献贡物。
⑬ 出入行来为之制限:意为对这部人的行动自由都有一定的限制。
⑭ 以学养性,而人寿考:通过学习来培养性情因而寿命长。考,老。
⑮ 漠北噉牛羊:漠北指北方游牧之族。噉,食。
⑯ 堪将者:担任将领的人。堪,胜任。
⑰ 教臣何为:意即陛下为什么还让我们受教育呢?
⑱ 善其答:认为他回答得好。其指涉翼犍。
⑲ 水旱不时:经常不是干旱,就是雨潦。不时,随时,不定时候。
⑳ 郑白故事:战国时,魏国派郑国(人名)入秦修渠,引泾水灌溉关中田。秦获大利。又西汉武帝时,白公又议开南渠。渠成溉田数十万亩。
㉑ 冈卤之田:地势较高无法浇水的薄田。

以凉州新附,复租赋一年①。为父后者赐爵一级,孝悌力田②爵二级,孤寡高年谷帛有差,女子百户牛酒,大酺三日③。

遣其尚书令苻丕率司马慕容暐、苟苌等步骑七万寇襄阳④。使杨安将樊邓之众⑤为前锋,屯骑校尉石越率精骑一万出鲁阳关⑥,慕容垂与姚苌出自南乡⑦,苟池等与强弩王显将劲卒四万从武当⑧继进,大会汉阳。师次沔北⑨,晋南中郎将朱序⑩以丕军无舟楫,不以为虞⑪,石越遂游马以渡⑫。序大惧,固守中城⑬。越攻陷外郛⑭,获船百余艘以济军⑮。丕率诸将进攻中城,遣苟池、石越、毛当以众五万屯于江陵⑯。晋车骑将军桓冲⑰拥众七万为序声援,惮池等不进,保据上明⑱。兖州刺史彭超遣使上言于坚曰:"晋沛郡太守戴逯以卒数千戍彭城⑲,臣请率精锐五万攻之,愿更遣重将讨淮南诸城。"坚于是又遣其后将军俱难率右将军毛当、后禁毛盛、陵江邵保等步骑七万寇淮阴⑳、盱眙㉑。扬武彭超寇彭城。梁州刺史韦钟寇魏兴㉒,攻太守吉挹于西城㉓。晋将军毛武生率众五万距之,与俱难等相持于南。

① 复租赋一年:免除租税一年。
② 孝悌力田:孝顺父母,和睦兄弟,努力耕田的子民。
③ 女子百户牛酒,大酺(pú)三日:包括妇女儿童在内百户之家,大设酒席,畅饮三日。酺,特许的大聚饮。古时,耕牛不许随意宰杀,特许方可。
④ 襄阳:今湖北襄阳市,位于汉水中游,为军事要地。
⑤ 樊邓之众:樊城与邓县的人马。两地都在襄阳西北附近。
⑥ 鲁阳关:古地名,在今河南鲁山县境内。
⑦ 南乡:郡名,隶荆州,位于襄阳西北,今湖北均县、老河口、河南淅川之间。
⑧ 武当:古县名,在今湖北十堰市东北,郧县东南之间。
⑨ 汉阳、沔北:地域名,泛指汉水下游北部地区,晋时称汉水为沔水。师次,军队驻扎。
⑩ 朱序:(?—393年)字次伦,义阳平氏(今河南桐柏西)人。时任晋梁州刺史,镇襄阳。秦军攻城,他率军固守,城破被俘,伪降。后随苻坚大军攻晋,淝水战时乘机反正,助晋军败苻坚。后为晋守洛阳、襄阳多年。
⑪ 不以为虞:虞为猜度、料想。意为未作防备。
⑫ 游马以渡:牵马浮水而渡。游,浮。马善游泳,故能渡。
⑬ 中城:即内城,城中之城。
⑭ 外郛(fú):外城。
⑮ 济军:用所获之船渡大军过江。济,渡。如同舟共济。
⑯ 江陵:荆州治所。今湖北沙市。
⑰ 桓冲:(326—384年)字幼子。晋将军。桓彝子,桓温少弟,掌兵权,能与谢安合力维持晋室,时誉甚高。
⑱ 上明:古地名,今湖北松滋西。
⑲ 彭城:今江苏徐州市。
⑳ 淮阴:广陵郡治,今江苏淮安市。
㉑ 盱眙:今江苏盱眙,位于洪泽湖南。
㉒ 魏兴:郡名,位于陕西、河南、湖北三省交汇处。郡治在今湖北郧西县西,陕西白河县北。
㉓ 西城:古县名,位于今陕西安康市西。属荆州魏兴郡。

先是，梁熙遣使西域，称扬坚之威德①，并以缯彩②赐诸国王，于是朝献③者十有余国。大宛献天马千里驹，皆汗血、朱鬣、五色、凤膺、麟身④，及诸珍异五百余种。坚曰："吾思汉文之返千里马⑤，咨嗟美咏。今所献马，其悉皆返，庶克念前王，仿佛古人⑥矣。"乃命群臣作《止马诗》⑦而遣之，示无欲也。其下以为盛德之事⑧，远同汉文，于是献诗者四百余人。

是时苻丕久围襄阳，御史中丞李柔劾丕以师老⑨无功，请征下廷尉。坚曰："丕等费广无成，实宜贬戮。但师已淹时⑩，不可虚然中返⑪，其特原之⑫，令以功成赎罪。"因遣其黄门郎韦华持节切让⑬丕等。仍赐以剑，曰："来春不捷者，汝可自裁⑭，不足复持面见吾也。"初，丕之寇襄阳也，将急攻之，苟苌谏曰："今以十倍之众，积粟如山，但徙荆楚之人内于许洛⑮，绝其粮运，使外援不接，粮尽无人，不攻自溃，何为促攻⑯以伤将士之命？"丕从之。及坚让至⑰，众咸疑惧，莫知所为。征南主簿河东王施进曰："以大将军英秀，诸将勇锐，以攻小城，何异洪炉⑱燎羽毛。所以缓攻，欲以计制之。若决一旦之机，可指日而定。今破襄阳，上明自遁⑲，复何所疑！愿请一旬之期，以展三军之势。如其不捷，施请为戮首⑳。"丕于

---

① 称扬坚之威德：宣扬称赞苻坚的威势与德望。
② 缯（zēng）彩：彩色丝织品。缯，古代丝织品的总称。
③ 朝献：遣使入朝，贡献方物。
④ 汗血、朱鬣(liè)、五色、凤膺、麟身：所出之汗呈红色故名汗血宝马。鬣，马的长鬃毛，亦为红色，朱，红色。其马毛呈五色，胸像凤凰，身体像麒麟。
⑤ 汉文之返千里马：西汉文帝(刘恒)以节俭闻名，曾经退还西域诸国所献之宝马。受到世人的普遍称颂。咨嗟，赞叹。美咏，称颂。
⑥ 克念前王，仿佛古人：铭记追念先王的遗德，自己也和古人一样会受到后人的称颂。克通"刻"，铭刻。前王，汉文帝。
⑦ 止马诗：为退还宝马而作的诗。止，停，此处当退还之意，作此诗，目的还是为了让人称颂自己的美德。
⑧ 盛德之事：即大德之事。盛，大也。
⑨ 师老：军队停留时间长为师老。如师老兵疲。
⑩ 淹时：滞留时间长。淹，深长。
⑪ 虚然中返：无功而返。虚，空也。犹白白出师一趟。
⑫ 特原之：特别厚待他(苻丕)。
⑬ 切让：深切责备。让，责让，责备。
⑭ 自裁：自杀。
⑮ 徙荆楚之人内于许洛：意为将襄阳周边的人口迁徙到河南许昌、洛阳一带。荆楚，指今湖北。许洛，即河南中西部。内，同纳。
⑯ 何为促攻：为什么要急于进攻？何为，即为何。
⑰ 坚让至：接到苻坚的切让辞令(黄门郎韦华所持)。
⑱ 洪炉：大火炉。燎，烧。
⑲ 上明自遁：指退据上明的桓冲。遁，逃。
⑳ 施请为戮首：我王施以性命担保。戮首犹杀头。

是促围攻之。坚将亲率众助丕等，使苻融将关东甲卒①会于寿春②，梁熙统河西之众以继中军。融、熙并上言③，以为未可兴师，乃止。

太元四年，晋兖州刺史谢玄④率众数万次于泗汭⑤，将救彭城。苻丕陷襄阳，执南中郎将朱序，送于长安，坚署为度支尚书。以其中垒⑥梁成为南中郎将、都督荆扬州诸军事、荆州刺史，领护南蛮校尉，配兵一万镇襄阳，以征南府器仗⑦给之。彭超围彭城也，置辎重于留城⑧。至是，晋将谢玄遣将军何谦之、高衡率众万余，声趣⑨留城，超引军赴之。戴逯率彭城之众奔于谢玄，超留其治中徐褒守彭城而复寇盱眙。俱难既陷淮阴，留邵保成之，与超会师而南。晋将毛武生救魏兴，遣前锋督护赵福、将军袁虞等将水军一万，溯江而上。坚南巴校尉姜宇遣将张绍、仇生等水陆五千距之，战于南县⑩，王师败绩。寻而韦钟攻陷魏兴，执太守吉挹。毛当与王显自襄阳而东，会攻淮南。彭超陷盱眙，获晋建威将军、高密内史毛璪之，遂攻晋幽州刺史田洛于三阿⑪，去广陵⑫百里，京都大震，临江列戍⑬。孝武帝⑭遣征房将军谢石率水军次于涂中，右卫将军毛安之、游击将军河间王坛之次于堂邑⑮，谢石自广陵救三阿。毛当、毛盛驰袭安之，王师败绩。玄率众三万次于白马塘，俱难遣其将都颜率骑逆玄，战于塘西，玄大败之，斩颜。玄进兵至三阿，与难、超战，超等又败，退保盱眙。玄进次石梁⑯，与田洛攻盱眙，难、超出战，复败，退屯淮阴。玄遣将军何谦之、督护诸葛侃率舟师乘潮而上，焚淮桥，又与难等合战，谦之斩其将邵保，难、超退师淮北。难归罪彭超，斩其司马柳浑。坚

---

① 甲卒：穿戴甲胄的士兵。
② 寿春：古邑名，战国时楚地，曾一度为楚都，在今安徽寿县。时为军事重镇。
③ 并上言：一同上书言事。
④ 谢玄：东晋名将。字幼度，陈郡阳夏（今河南太康）人，宰相谢安之侄。秦晋淝水大战中晋军主帅。
⑤ 泗汭：古地名。在泗水附近，今江苏泗洪一带。
⑥ 中垒：即中垒校尉。
⑦ 器仗：器械与仪仗。
⑧ 留城：古县城，位于江苏沛县东南，微山湖西，汉张良封邑。
⑨ 声趣：声称将趋向留城。趣同趋。
⑩ 南县：古县名，位于今湖南北部洞庭湖滨，紧邻湖北。
⑪ 三阿：古地名，位于今江苏金湖县东南。
⑫ 广陵：郡名，即今江苏扬州市。
⑬ 临江列戍：沿着长江布防。
⑭ 孝武帝：司马曜，字昌明，在位二十四年。
⑮ 堂邑：古县名。又古邑名，春秋时楚邑，后属吴，称堂邑，西汉初为侯国，后置县，治所在今江苏六合北。
⑯ 石梁：地名，位于今江苏兴化市境内。

闻之,大怒,槛车①征超下狱,超自杀,难免为庶人。

坚以毛当为平南将军、徐州刺史,镇彭城;毛盛为平东将军、兖州刺史,镇胡陆;王显为平吴校尉、扬州刺史,戍下邳;赏堂邑之功也。又以苻洛为散骑常侍、持节、都督益宁西南夷诸军事、征南大将军、益州牧,领护西夷校尉,镇成都,命从伊阙②自襄阳溯汉而上。洛,健之兄子也。雄勇多力,而猛气绝人,坚深忌之,故常为边牧③。洛有征伐之功而未赏,及是迁④也,恚怒,谋于众曰:"孤于帝室,至亲⑤也,主上不能以将相任孤,常摈⑥孤于外,既投之西裔⑦,复不听过京师⑧,此必有伏计⑨,令梁成沈孤于汉水矣。为宜束手就命⑩,为追晋阳之事⑪以匡社稷邪?诸君意如何?"其治中平颜妄陈祥瑞⑫,劝洛举兵。洛因攘袂大言⑬曰:"孤计决矣,沮谋⑭者斩!"于是自称大将军、大都督、秦王,署置官司,以平颜为辅国将军、幽州刺史,为其谋主。分遣使者征兵于鲜卑、乌丸、高句丽、百济及薛罗、休忍等诸国,并不从⑮。洛惧而欲止,平颜曰:"且宜声言受诏⑯,尽幽并之兵出自中山、常山⑰,阳平公必郊迎于路,因而执之,进据冀州,总关东之众以图秦雍⑱,可使百姓不觉易主⑲而大业定矣。"洛从之,乃率众七万发和龙⑳,将图长安。于是关中骚动,盗贼并起。坚遣使数之曰:"天下未一家,兄弟匪他,何为而反?可还

---

① 槛车:四面上方有木栏的囚车。人犯居中,如兽在笼。
② 伊阙:山名,在洛阳南伊水下游。伊水穿山北流,山状如阙,故名。又称龙门山,附近有龙门石窟及白居易墓等名胜。
③ 边牧:边远地区的牧守。远离中央朝廷。牧,治民之官,汉有州牧。
④ 是迁:这一次移防四川。迁,犹调动。
⑤ 至亲:最亲近的亲属。
⑥ 摈(bìn):排斥,弃绝。如摈弃。
⑦ 投之西裔(yì):投放到西部边远地区。投,丢弃。裔,原为衣服的边,引申为边地。
⑧ 复不听过京师:又不同意我从京师(长安)经过。听,从也。
⑨ 伏计:潜藏的计谋。
⑩ 为宜束手就命:宜,应当。束手就命,犹自觉听从命运的安排。就命犹从命。
⑪ 为追晋阳之事:追在此处有追踪、效法之意。晋阳之事应为自立为王,不听苻坚之命。《史记·赵世家》:"晋定公,十四年十月,范,中行氏伐赵鞅。鞅奔晋阳。……孔子闻赵简子(赵鞅)不请晋君(定公)而执邯郸午,保晋阳,故书《春秋》曰:'赵鞅以晋阳畔。'"晋阳,今山西太原市。畔同叛。
⑫ 妄陈祥瑞:胡说有祥瑞之兆出现,意劝苻洛称帝。
⑬ 攘袂大言:撩起衣襟,大声讲话。袂,衣襟。攘,撩。
⑭ 沮谋:反对,阻挡我的主意。沮,阻止。
⑮ 并不从:以上诸国都不听从苻洛的调遣。
⑯ 宜声言受诏:应当声称自己接受苻坚的诏书。
⑰ 中山、常山:中山为古侯国,西汉有中山靖王刘胜。常山为郡,两地均在今河北中西部。
⑱ 秦雍:关中。
⑲ 易主:换了主人(皇帝)。
⑳ 和龙:和龙为古城名,本名龙城,前燕慕容皝迁都于此,筑宫名和龙,故城亦名和龙,位于今辽宁朝阳市。

和龙,当以幽州永为世封①。"洛谓使者曰:"汝还白东海王,幽州偏陋②,不足容万乘③,须还王咸阳,以承高祖之业。若能候驾潼关④者,位为上公,爵归本国。"坚大怒,遣其左将军窦冲及吕光率步骑四万讨之,右将军都贵驰传诣邺⑤,率冀州兵三万为前锋,以苻融为大都督,授之节度⑥。使石越率骑一万,自东莱⑦出石径,袭和龙,海行⑧四百余里。苻重亦尽蓟城⑨之众会洛,兵于中山,有众十万。冲等与洛战于中山,大败之,执洛及其将兰殊,送于长安。吕光追斩苻重于幽州,石越克和龙,斩平颜及其党与百余人。坚赦兰殊,署为将军,徙洛于凉州,征苻融为车骑大将军、领宗正、录尚书事。

洛既平,坚以关东地广人殷⑩,思所以镇静之⑪,引其群臣于东堂议曰:"凡我族类,支胤弥繁⑫,今欲分三原⑬、九嵕⑭、武都⑮、汧、雍⑯十五万户于诸方要镇,不忘旧德,为磐石之宗⑰,于诸君之意如何?"皆曰:"此有周所以祚隆八百⑱,社稷之利也。"于是分四帅子弟⑲三千户,以配苻丕镇邺,如世封诸侯,为新券⑳主。坚送丕至灞上,流涕而别。诸戎子弟离其父兄者,皆悲号哀恸,酸感行人㉑,识者以为

---

① 世封:犹世世代代都是你的封地。
② 偏陋(ài):偏远、狭隘。陋同隘。
③ 万乘:拥有一万辆兵车的君主。古称皇帝为万乘之尊。
④ 潼关:位于今陕西东部潼关县北,地处陕西、河南、山西三省界处,南依秦岭,北临黄河,东西通道狭窄,为关中平原的门户。
⑤ 驰传诣邺:骑驿站马疾行至邺城。
⑥ 授之节度:授权苻融节制所有军队。
⑦ 东莱:郡名,位于胶东半岛北端,治掖县,属青州。今烟台、威海等地。
⑧ 海行:乘船越渤海北上。
⑨ 蓟城:古地名,在今北京西南,属幽州。
⑩ 人殷:人口众多。
⑪ 镇静之:镇守并使地方安静。
⑫ 支胤弥繁:子孙越来越多。支胤,苗裔。支,分支。繁,多、盛。
⑬ 三原:县名,位于今西安、咸阳渭河以北。
⑭ 九嵕:山名,在今陕西礼泉县东北。此处当指今礼泉县境。
⑮ 武都:郡名,西汉置,位于今甘肃东南部,白龙江、西汉水流域。今为陇南市,古氐族人聚居地区。
⑯ 汧、雍:汧指汧水流域。汧水发源于陇山东麓今甘肃华亭县内。流经陕西陇县、汧阳(今名千阳)在宝鸡市东汇入渭河。雍指雍州。这一地区也属氐族人聚居地区。苻氏家族原居临渭,即属陇山西部同一地区。
⑰ 磐石之宗:像磐石一样坚固的宗族根基。磐石,喻坚固。
⑱ 祚隆八百:周朝自武王灭商至秦灭赧王约八百余年。祚,福。隆,盛大。周朝起于关中,都关中,故曰此有周。社稷之利,国家的好处。
⑲ 四帅子弟:即聚居于三原等四地的氐族子弟。帅,渠帅。
⑳ 世封诸侯为新券(quàn)主:如周初分封世袭诸侯王一样。券:古代天子分给诸侯土地时颁赐的书契,上书经界人口等内容,双方各执一份以为信物。新券犹新赐的券书。券,如债券、证券等。
㉑ 酸感行人:其酸楚痛苦之状感动了行路之人。酸,心痛。如心酸。

丧乱流离之象。于是分幽州置平州①，以石越为平州刺史，领护鲜卑中郎将，镇龙城②；大鸿胪韩胤领护赤沙③中郎将，移乌丸府于代郡之平城④；中书令梁谠为安远将军、幽州刺史，镇蓟城；毛兴为镇西将军、河州刺史，镇枹罕；王腾为鹰扬将军、并州刺史，领护匈奴中郎将，镇晋阳；二州各配支户⑤三千；苻晖为镇东大将军、豫州牧，镇洛阳；苻叡为安东将军、雍州刺史，镇蒲坂⑥。

先是，高陆人穿井得龟，大三尺，背有八卦文，坚命太卜池养之，食以粟，及此而死，藏其骨于太庙。其夜庙丞高房梦龟谓之曰："我本出将归江南，遭时不遇，陨命秦庭。"又有人梦中谓房曰："龟三千六百岁而终，终必妖兴，亡国之征也。"

坚自平诸国之后，国内殷实，遂示人以侈⑦，悬珠帘⑧于正殿，以朝群臣，宫宇车乘，器物服御，悉以珠玑、琅玕、奇宝、珍怪饰之。尚书郎裴元略谏曰："臣闻尧舜茅茨，周卑宫室，故至和平，庆隆八百。始皇穷极奢丽，嗣不及孙⑨。愿陛下则采椽之不琢⑩，鄙琼室⑪而不居，敷纯风⑫于天下，流休范⑬于无穷，贱金玉，珍谷帛，勤恤人隐⑭，劝课农桑，捐无用之器，弃难得之货，敦至道以厉薄俗⑮，修文德以怀远人。然后一轨九州，同风天下，刑错既登⑯，告成东岳，踪轩皇以齐美⑰，哂二汉之徙封⑱，臣之愿也。"坚大悦，命去珠帘，以元略为谏议大夫。

---

① 平州：从幽州分置，辖今辽宁南部及朝鲜北部。朝鲜境内有乐浪、带方两郡。
② 龙城：即和龙。
③ 赤沙：族名。
④ 平城：今山西大同市东北。
⑤ 支户：从氏族聚落中分出的人户。
⑥ 蒲坂：古县名，位于今山西永济县西，河东郡治所，地处晋陕要冲。
⑦ 示人以侈：向世人显示富贵奢侈。侈，奢侈。
⑧ 珠帘：用珍珠制作的门帘。
⑨ 嗣不及孙：止于二世。嗣，后嗣。及，到达。
⑩ 则采椽之不琢：以不加雕琢的楼宇为榜样。则，榜样、准则。椽，泛指建房用的木料。琢，雕琢镂刻。
⑪ 鄙琼室：鄙弃装饰华美的宫室。琼室，用珠玉装饰的室宇。
⑫ 敷纯风：宣施、推行淳朴的风尚。
⑬ 流休范：流布美好的风范。休，美、福禄。
⑭ 勤恤人隐：多体恤照顾人民的痛苦。
⑮ 敦至道以厉薄俗：崇敬至道来抵制浮薄的风俗。敦，敬。至道，最高尚的道德修养。厉，砥。薄俗，浇薄浮浅的风俗。
⑯ 刑错既登：刑错，又同刑措。刑罚搁置不用。措，安放。登，完成。
⑰ 踪轩皇以齐美：追踪黄帝，与之齐美。轩皇，黄帝号轩辕。齐美犹同美、等肩。意为应效法黄帝之治理天下。
⑱ 哂(shěn)二汉之徙封：讥笑汉朝两代的徙封是不成功的。汉初大封同姓之王徙于各地，本为屏藩王室，结果酿成吴楚七国之乱。哂，讥笑。

鄯善王、车师前部王来朝,大宛献汗血马,肃慎贡楛矢①,天竺献火浣布②,康居、于阗及海东诸国,凡六十有二王,皆遣使贡其方物。

初,坚母少寡,将军李威有辟阳之宠③,史官载之。至是,坚收起居注④及著作所录而观之,见其事,惭怒,乃焚其书而大检史官,将加其罪。著作郎赵泉、车敬等已死,乃止。

荆州刺史都贵遣其司马阎振、中兵参军吴仲等率众二万寇竟陵⑤,留辎重于管城⑥,水陆轻进⑦。桓冲遣南平太守桓石虔、竟陵太守郭铨等水陆二万距之,相持月余,战于激水。振等大败,退保管城。石虔乘胜攻破之,斩振及仲,俘斩万七千。

太元七年,坚饷群臣于前殿,奏乐赋诗。秦州别驾天水姜平子诗有"丁"字,直而不曲。坚问其故。平子曰:"臣丁至刚,不可以屈,且曲下者之不正之物,未足献也。"坚笑曰:"名不虚行。"因擢为上第⑧。

坚兄法子东海公阳与王猛子散骑侍郎皮谋反,事泄,坚问反状⑨,阳曰:"《礼》云,父母之仇,不同天地。臣父哀公,死不以罪⑩。齐襄复九世之仇,而况臣也!"皮曰:"臣父丞相有佐命之勋⑪,而臣不免贫馁⑫,所以图富也。"坚流涕谓阳曰:"哀公之薨,事不在朕⑬,卿宁不知之⑭!"让皮曰:"丞相临终,托卿以十具牛⑮为田,不闻为卿求位。知子莫若父,何斯言之征也⑯!"皆赦不诛,徙阳于高昌⑰,皮

---

① 楛(kǔ)矢:楛木制成的箭,为肃慎国特产。相传商周时已向中原贡献过此物。
② 火浣(huàn)布:用石棉制成的布,不怕火烷。浣,洗濯。
③ 辟阳之宠:李威与坚母私通。汉初,郦食其为辟阳侯,得宠于吕后。其后称与皇太后私通为辟阳之宠。
④ 起居注:专门记录皇帝言行的书名。由著作郎兼修,自汉武帝始,历代沿袭,为修史的主要根据。
⑤ 竟陵:古县名,在湖北潜江西北。
⑥ 管城:地名,在今湖北钟祥市北。
⑦ 轻进:犹冒进。
⑧ 擢为上第:选拔为第一名。
⑨ 反状:谋反的情况。
⑩ 死不以罪:犹死不加罪。意为无罪名而处死。
⑪ 佐命之勋:辅佐陛下开创大业的功勋。
⑫ 贫馁(něi):因贫困而受饥挨饿。馁,饿也。
⑬ 事不在朕:意为不是我的主意。
⑭ 卿宁不知之:你难道不知道吗?宁,岂、难道。
⑮ 十具牛:犹十套,十副。具为计数的单位。
⑯ 知子莫若父,何斯言之征也:了解儿子的莫过于父亲,何曾有过替你要求爵禄的这种话呢?
⑰ 高昌:位于今新疆吐鲁番东哈剌和卓。327年前凉张骏设郡。苻坚灭前凉,高昌郡为前秦治下最边远地区。

于朔方之北①。苻融以位忝宗正，不能肃遏奸萌②，上疏请待罪私藩③。坚不许。将以融为司徒，融固辞。坚锐意荆扬④，将谋入寇，乃改授融征南大将军、开府仪同三司。

新平郡献玉器。初，坚即伪位，新平王雕陈说图谶，坚大悦，以雕为太史令。尝言于坚曰："谨案谶云：'古月之末乱中州，洪水大起健西流，惟有雄子定八州。'此即三祖、陛下之圣讳也。又曰：'当有艸付臣又土，灭东燕，破白虏，氐在中，华在表。'案图谶之文，陛下当灭燕，平六州。愿徙汧陇诸氐于京师，三秦大户置之于边地，以应图谶之言。"坚访之王猛，猛以雕为左道惑众，劝坚诛之。雕临刑上疏曰："臣以赵建武四年，从京兆刘湛学，明于图记，谓臣曰：'新平地古颛顼之墟，里名曰鸡闾。记云，此里应出帝王宝器，其名曰延寿宝鼎。颛顼有云，河上先生为吾隐之于咸阳西北，吾之孙有艸付臣又土应之。'湛又云：'吾尝斋于室中，夜有流星大如半月，落于此地，斯盖是乎！'愿陛下志之，平七州之后，出于壬午之年。"至是而新平人得之以献，器铭篆书文题之法，一为天王，二为王后，三为三公，四为诸侯，五为伯子男，六为卿大夫，七为元士。自此已下，考载文记，列帝王名臣，自天子王后，内外次序，上应天文，象紫宫布列，依玉牒版辞，不违帝王之数。从上元人皇起，至中元，穷于下元，天地一变，尽三元而止。坚以雕言有征，追赠光禄大夫。

幽州蝗⑤，广袤千里，坚遣其散骑常侍刘兰持节为使者，发青、冀、幽、并百姓讨之⑥。

以苻朗为使持节、都督青徐兖三州诸军事、镇东将军、青州刺史，以谏议大夫裴元略为陵江将军、西夷校尉、巴西梓潼二郡太守，密授规模⑦，令与王抚备舟师⑧于蜀，将以入寇。

---

① 朔方之北：朔方郡之北部，今内蒙古河套地区。
② 肃遏奸萌：意为没有及早发现阻止苻阳与王皮的谋反之举。肃遏，肃清恶阻。奸萌，谋反计谋的萌发。
③ 待罪私藩：在家里等待降罪。意不上朝。私藩，个人居住的宅第而非任职的公府。
④ 锐意荆扬：意图谋取荆扬二州，实欲并吞晋朝，一并天下。锐本意为锋尖、锋利，此处意为尖锋所指在于荆扬二州。
⑤ 蝗：即遭遇蝗虫之害。
⑥ 讨之：犹灭蝗。之，蝗虫。
⑦ 规模：规则、计划。模同摹。
⑧ 舟师：即水军。

车师前部王弥寘、鄯善王休密驮朝于坚①，坚赐以朝服，引见西堂。寘等观其宫宇壮丽，仪卫严肃，甚惧，因请年年贡献。坚以西域路遥，不许，令三年一贡，九年一朝，以为永制②。寘等请曰："大宛诸国虽通贡献，然诚节未纯③，请乞依汉置都护故事④。若王师出关，请为乡导。"坚于是以骁骑吕光为持节、都督西讨诸军事，与陵江将军姜飞、轻骑将军彭晃等配兵七万，以讨定西域。苻融以虚耗中国，投兵⑤万里之外，得其人不可以役，得其地不可耕，固谏以为不可。坚曰："二汉力不能制匈奴，犹出师西域。今匈奴既平，易若摧朽⑥，虽劳师远役，可传檄而定，化被昆山⑦，垂芳⑧千载，不亦美哉！"朝臣又屡谏，皆不纳。

晋将军朱绰焚践沔北屯田⑨，掠六百余户而还。坚引群臣会议，曰："吾统承大业垂二十载，芟荑逋秽⑩，四方略定，惟东南一隅未宾王化⑪。吾每思天下不一，未尝不临食辍餔⑫，今欲起天下兵以讨之。略计兵杖精卒⑬，可有九十七万，吾将躬先启行⑭，薄伐南裔⑮，于诸卿意何如？"秘书监朱彤曰："陛下应天顺时，恭行天罚⑯，啸咤⑰则五岳摧覆，呼吸则江海绝流，若一举百万，必有征无战。晋主自当衔璧舆榇⑱，启颡军门，若迷而弗悟，必逃死江海，猛将追之，即可赐命南巢⑲。中

---

① 朝于坚：向苻坚朝贡。
② 永制：不可变更的制度。
③ 诚节未纯：忠诚的礼节不够纯正。意为心底不纯。
④ 汉置都护故事：汉代在西域设置都护的先例。故事，过去的事例。
⑤ 投兵：投入兵力。
⑥ 摧朽：摧毁腐朽的东西。喻容易，如摧枯拉朽。
⑦ 化被昆山：教化覆被昆仑山一带。昆山指代西域。
⑧ 垂芳：犹流芳。
⑨ 焚践沔北屯田：焚烧践踏汉水北边的前秦屯田。沔水即汉水。
⑩ 芟荑逋(bū)秽：芟荑，削除。逋，逃亡。秽指污浊的势力。
⑪ 未宾王化：未能臣服本朝的统治。宾，服。王化，帝王的教化。
⑫ 辍餔：停食。
⑬ 兵杖精卒：兵器及精锐的士卒。
⑭ 躬先启行：犹言身先士卒，御驾亲征，率先起行之意。
⑮ 薄伐南裔：薄伐，讨伐。南裔，指东晋。
⑯ 恭行天罚：意为自己奉行上天的旨意对晋室进行讨伐、惩罚。语见《书·甘誓》："今予惟恭行天之罚。"
⑰ 啸咤：犹大声呼叫。啸，长啸。咤，叱咤。
⑱ 衔璧舆榇：口衔玉璧，抬着棺木。古时帝王表示投降的表征。人死葬前，口里放一小玉璧（帝王），故衔璧意指等对方处死自己。
⑲ 赐命南巢：南巢为古地名，位于今安徽巢县西南。皇甫谧《帝王世纪·夏第二》："汤来伐桀，以乙卯日战于鸣条之野。桀未战而败绩，汤追至大涉，遂禽桀于焦，放之历山。乃与妹喜及诸嬖妾同舟泛海，奔于南巢之山而死。"赐命，犹赐死，让其死命。

州之人，还之桑梓。然后回驾岱宗，告成封禅，起白云于中坛①，受万岁于中岳。尔则终古一时，书契未有②。"坚大悦曰："吾之志也。"左仆射权翼进曰："臣以为晋未可伐。夫以纣之无道，天下离心，八百诸侯不谋而至，武王犹曰彼有人焉③，回师止旆④。三仁⑤诛放，然后奋戈牧野⑥。今晋道虽微，未闻丧德，君臣和睦，上下同心。谢安、桓冲，江表伟才⑦，可谓晋有人焉。臣闻师克在和⑧，今晋和矣，未可图也。"坚默然久之，曰："诸君各言其志。"太子左卫率石越对曰："吴人⑨恃险偏隅，不宾王命，陛下亲御六师，问罪衡越⑩，诚合人神四海之望。但今岁镇星守斗牛⑪，福德有吴。悬象无差，弗可犯也。且晋中宗，藩王⑫耳，夷夏之情，咸共推之，遗爱⑬犹在于人。昌明⑭，其孙也，国有长江之险，朝无昏贰之衅⑮。臣愚以为利用修德，未宜动师。孔子曰：'远人不服，修文德以来之⑯。'愿保境养兵，伺其虚隙⑰。"坚曰："吾闻武王伐纣，逆岁犯星⑱。天道幽远，未可知也。昔夫差威陵上国，而为句践所灭⑲。仲谋泽洽全吴⑳，孙皓因三代之业，龙骧一呼，君臣面缚，

---

① 起白云于中坛，受万岁于中岳：即在中岳嵩山设坛告祭天帝，受封万岁。祭天之时，坛中香烟缭绕，上升于天，如白云冉冉升起之状。
② 终古一时，书契未有：自古以来从来没有过的盛世。书契：记载历史的文字。
③ 彼有人焉：他们有贤人在朝。人：仁人、贤人。
④ 止旆(pèi)：停止前进。旆，军队的旗帜。
⑤ 三仁：比干、微子、箕子。《论语·微子》："孔子曰：'殷有三仁焉。'"
⑥ 牧野：古地名，在今河南淇县西南，周武王与殷商之师会战之地。
⑦ 伟才：即大才。
⑧ 师克在和：军队能否取胜关键在于"君臣和睦，上下同心"。克，胜。
⑨ 吴人：指晋人。东晋所居之地乃三国时吴国之地，故以吴指晋。且吴曾被北方晋朝所灭。
⑩ 衡越：泛指江南。衡即衡山，越为南越国。
⑪ 镇星守斗牛：镇星即土星。古人以为土星每二十八年运行一周天，每年镇守二十八宿中的一宿。斗牛，二十八宿中的斗宿和牛宿，按照星象家的分野区划，正对着江南的浙江、江苏、安徽、江西诸省区。而其地为东晋，因称"福德在吴"。即天象护佑着晋室，故言"不可犯也"。
⑫ 晋中宗，藩王：东晋开国皇帝司马睿系宣帝司马懿的曾孙，琅邪恭王司马觐的儿子。生于洛阳，后嗣琅琊王位。
⑬ 遗爱：仁爱遗留于后世。语见《左传·昭公二十年》："及子产卒，孔子闻之，出涕曰：'古之遗爱也。'"杜预注："子产见爱，有古人之遗风。"
⑭ 昌明：孝武帝司马曜，字昌明，系元帝之孙。
⑮ 昏贰之衅(xìn)：昏为惑乱、昏溃。贰为离心。意为晋室内部没有昏溃离叛之隙。衅，间隙、瑕隙、破绽。
⑯ 远人不服，修文德以来之：语见《论语·季氏》。
⑰ 伺其虚隙：等候对方内部出现裂隙之象。伺，伺候。虚隙犹间隙。
⑱ 武王伐纣，逆岁犯星：《史记·周本纪第四》："武王渡河，中流，白鱼跃入王舟中，武王俯取以祭。既渡，有火自上复于下，至于王屋，流为乌，其色赤，其声魄云。是时诸侯不期而会盟津者八百诸侯。诸侯皆曰：'纣可伐矣。'武王曰：'汝未知天命，未可也。'乃还师归。故云：'天道幽远，未可知也。'"
⑲ 夫差威陵上国，而为句践所灭：春秋末，吴王夫差自恃强盛，欲称霸中原，两次伐齐国，后终为越王勾践所灭。威陵，以威势欺陵，陵通凌。上国犹大国，指北方齐国。
⑳ 仲谋泽洽全吴：仲谋即吴主孙权。泽洽谓恩泽广布。洽，协和。

虽有长江,岂能固乎!以吾之众旅,投鞭于江①,足断其流。"越曰:"臣闻纣为无道,天下患之。夫差淫虐,孙皓昏暴,众叛亲离,所以败也。今晋虽无德,未有斯罪,深愿厉兵积粟以待天时。"群臣各有异同,庭议者久之。坚曰:"所谓筑室于道②,沮计万端,吾当内断于心③矣。"群臣出后,独留苻融议之。坚曰:"自古大事,定策者一两人而已,群议纷纭,徒乱人意,吾当与汝决之。"融曰:"岁镇在斗牛,吴越之福,不可以伐一也。晋主休明④,朝臣用命⑤,不可以伐二也。我数战,兵疲将倦,有惮敌之意,不可以伐三也。诸言不可者,策之上也,愿陛下纳之。"坚作色⑥曰:"汝复如此,天下之事吾当谁与言之!今有众百万,资仗如山,吾虽未称令主⑦,亦不为闇劣⑧。以累捷之威,击垂亡之寇,何不克之有乎!吾终不以贼遗子孙,为宗庙社稷之忧。"融泣曰:"吴之不可伐昭然,虚劳大举,必无功而返。臣之所忧,非此而已。陛下宠育鲜卑、羌、羯,布诸畿甸,旧人族类,斥徙遐方。今倾国而去,如有风尘之变⑨者,其如宗庙何!监国以弱卒数万留守京师,鲜卑、羌、羯攒聚⑩如林,此皆国之贼也,我之仇也。臣恐非但徒返而已,亦未必万全。臣智识愚浅,诚不足采;王景略一时奇士,陛下每拟之孔明,其临终之言不可忘⑪也。"坚不纳。游于东苑,命沙门道安同辇⑫。权翼谏曰:"臣闻天子之法驾⑬,侍中陪乘,清道而行,进止有度。三代末主,或亏大伦⑭,适一时之情,书恶来世⑮。

---

① 投鞭于江,足断其流:意为兵马之众多。江,长江。
② 筑室于道,沮计万端:意为要在大道上建一座房子,阻止的意见一定很多。
③ 内断于心:自己拿主意,不再听取其他人的意见。
④ 休明:美好、清明。
⑤ 用命:听命、效命。
⑥ 作色:犹变脸色,因生气而致。嫌苻融不迎合自己。
⑦ 令主:犹明君。令,美好,如令名。
⑧ 闇劣:昏庸狂悖。
⑨ 风尘之变:意为国内诸族叛变。
⑩ 攒聚:聚集、包围。
⑪ 临终之言不可忘:同书《王猛传》:"(王猛)及疾笃,坚亲临省病,问以后事。猛曰:'晋虽僻陋吴越,乃正朔相承。亲仁善邻,国之宝也。臣没之后,愿不以晋为图。鲜卑羌虏我之仇也,终为人患,宜渐除之,以便社稷。'"
⑫ 道安同辇(niǎn):与道安同乘一辆车子。道安:(314—358年)著名高僧,翻译家。本姓卫,常山(今河北冀县)人。从佛图澄学,译著颇多。弟子慧远、慧持亦著名高僧。辇:君王所乘之车,如帝辇。
⑬ 法驾:天子所乘的车驾。
⑭ 三代末主,或亏大伦:指夏桀、殷纣、周幽。大伦:最重要的伦常。
⑮ 书恶来世:史书记下他们亏于大伦的丑行,以耻来世君主。

故班姬辞辇，垂美无穷①。道安毁形贱士②，不宜参秽神舆③。"坚作色曰："安公道冥至境④，德为时尊⑤，朕举天下之重，未足以易之⑥。非公与辇之荣⑦，此乃朕之显也。"命翼扶安升辇，顾谓安曰："朕将与公南游吴越，整六师而巡狩，谒虞陵于疑岭⑧，瞻禹穴于会稽⑨，泛长江，临沧海，不亦乐乎！"安曰："陛下应天御世，居中土而制四维⑩，逍遥顺时，以适圣躬⑪，动则鸣銮清道⑫，止则神栖无为⑬，端拱而化⑭，与尧舜比隆⑮，何为劳身于驰骑，口倦于经略⑯，栉风沐雨，蒙尘野次⑰乎？且东南区区，地下气疠⑱，虞舜游而不返，大禹适而弗归，何足以上劳神驾，下困苍生。《诗》云：'惠此中国，以绥四方。'苟文德足以怀远⑲，可不烦寸兵而坐宾百越⑳。"坚曰："非为地不广、人不足也，但思混一六合，以济苍生。天生蒸庶㉑，树之君者，所以除烦去乱，安得惮劳㉒！朕既大运所钟，将简天心以行天罚㉓。高辛

---

① 班姬辞辇，垂美无穷：班姬即汉成帝时之班婕妤。《汉书·外戚传》："成帝游于后庭，尝欲与婕妤同辇载。婕妤辞曰：'观古图画，圣贤之君皆有名臣在侧，三代末主乃有嬖女。今欲同辇，得无近似之乎？'"后世传为美谈。
② 毁形贱士：僧人去发。中华古人以为身体发肤受之父母，去之为不孝，去之者即为毁形卑贱之人。
③ 参秽神舆：意为有辱于帝王的车驾。参秽犹侮辱，弄脏。神舆，帝王的车驾。
④ 道冥至境：道行高远，幽深达于极致的境界。冥，幽深。
⑤ 德为时尊：道德为当时最尊贵的士人。
⑥ 举天下之重，未足以易之：拿天下这样的重器，都换不来他这样尊贵的名声。
⑦ 非公与辇之荣，此乃朕之显也：不是他与我同车以为荣耀，而是我能与他同乘一车而显得尊贵。荣，荣耀。显，显扬。
⑧ 谒虞陵于嶷岭：去九嶷山拜谒舜帝的陵墓。虞即帝舜。《史记·五帝本纪一》云："舜践位三十九年，南巡狩，崩于苍梧之野，葬于江南九嶷，是为零陵。"九嶷山在今湖南宁远县南。
⑨ 瞻禹穴于会稽：去会稽瞻仰大禹的陵墓。禹穴即大禹陵。《史记·夏本纪二》云："十年，帝禹东巡狩，至于会稽而崩。"皇甫谧《帝王本纪·夏第二》云："大禹年百岁，崩于会稽，因葬会稽之山阴县之南，今山上有禹冢井祠，下有群乌芸田。"
⑩ 四维：指东南、西南、西北、东北四个方位。语见《淮南子·天文训》。
⑪ 圣躬：指符坚本人。古时称皇帝为圣上。躬，身体。
⑫ 鸣銮清道：銮为车上的铜铃。皇帝乘坐的车又称銮驾。皇帝出行，路旁行人闻铃声及时避让。
⑬ 神栖无为：像神仙一样栖止无为。
⑭ 端拱而化：端坐拱手而化育天下。化，使之变化。
⑮ 比隆：比高。隆，高起。
⑯ 口倦于经略：因经营谋划而与众人劳口舌之倦。倦，疲困。
⑰ 蒙尘野次：蒙受征战的苦辛。野次，驻军野外。
⑱ 地下气疠：土地低湿，疠气遍布。疠，瘟疫、疾病。
⑲ 文德足以怀远：《论语·季氏》："故远人不服，则修文德以来之。"
⑳ 坐宾百越：端坐不动而使百越宾服。百越泛指南方越人。
㉑ 烝庶：百姓。烝，众。庶，人民，如庶民。
㉒ 惮劳：惧怕劳苦。惮，怕、畏惧。
㉓ 简天心以行天罚：秉承上天的旨意对晋进行讨伐。简，书简，犹言天帝的授命。罚，惩罚。

有熊泉之役①,唐尧有丹水之师②,此皆著之前典,昭之后王。诚如公言,帝王无省方之文③乎?且朕此行也,以义举④耳,使流度衣冠之胄,还其墟坟⑤,复其桑梓,止为济难铨才⑥,不欲穷兵极武。"安曰:"若銮驾⑦必欲亲动,犹不愿远涉江淮,可暂幸洛阳,明授胜略⑧,驰纸檄于丹阳⑨,开其改迷之路。如其不庭⑩,伐之可也。"坚不纳。先是,群臣以坚信重道安,谓安曰:"主上欲有事于东南,公何不为苍生致一言也!"故安因此而谏。苻融及尚书原绍、石越等上书面谏,前后数十,坚终不从。坚少子中山公诜有宠于坚,又谏曰:"臣闻季梁在随,楚人惮之⑪;宫奇在虞,晋不窥兵⑫。国有人焉故也。及谋之不用,而亡不淹岁⑬。前车之覆轨,后车之明鉴。阳平公,国之谋主,而陛下违之;晋有谢安、桓冲,而陛下伐之。是行也,臣窃惑焉。"坚曰:"国有元龟⑭,可以决大谋;朝有公卿,可以定进否。孺子言焉,将为戮也。"

所司奏刘兰讨蝗幽州,经秋冬不灭,请征下廷尉诏狱。坚曰:"灾降自天,殆非人力所能除也。此自朕之政违⑮所致,兰何罪焉!"

明年,吕光发长安,坚送于建章宫⑯,谓光曰:"西戎荒俗,非礼义之邦。羁縻之道,服而赦之,示以中国之威,导以王化之法,勿极武穷兵,过深残掠⑰。"加善鄯王休密驮使持节、散骑常侍、都督西域诸军事、宁西将军,车师前部王弥寘使持节、平西将军、西域都护,率其国兵为光向导。

---

① 高辛有熊泉之役:高辛即帝喾。熊泉为地名。役为战役,但不详出处。
② 唐尧有丹水之师:唐尧即帝尧。皇甫谧《帝王世纪》云:"诸侯有苗氏处南蛮而不服,尧征而克之于丹水之浦。"
③ 省方之文:指高辛与唐尧有关巡视四方的记载。省,察看,检查。方,地方。
④ 义举:从道义出发。
⑤ 使流度衣冠之胄,还其墟坟:让南渡衣冠之族的后代回到先辈曾居住过的地方。衣冠之胄,士大夫的后代。墟坟,犹故土、故国、老家。
⑥ 为济难铨才:为了平定变乱选拔人才。铨,衡量选拔。
⑦ 銮驾:指代皇帝本人。这里特指苻坚。
⑧ 明授胜略:给统军的将领指明取胜的方略。
⑨ 驰纸檄于丹阳:飞骑传檄文予驻守丹阳的晋军。丹阳,古县名,在今安徽当涂东北。
⑩ 不庭:不服从。庭,趋庭朝拜。用作动词。
⑪ 季梁在随,楚人惮之:季梁为隋国贤臣。楚国因此不犯。
⑫ 宫奇在虞,晋不窥兵:宫之奇为春秋时虞国大夫。晋国欲借道虞国灭虢国,他用唇亡齿寒的道理规劝虞君,但虞君不听。三年后,答应借道于晋。晋灭虢后果灭虞国。窥:窥探,意为发兵灭虞。
⑬ 亡不淹岁:亡国不出一年。淹,迟滞。
⑭ 元龟:大龟,古代用以占卜。引申为借鉴的意思。
⑮ 政违:政治有违天理。违,犯。
⑯ 建章宫:西汉宫名,位于长安城北。
⑰ 过深残掠:过度残杀抢掠。

是年,益州西南夷、海东诸国皆遣使贡其方物。

坚南游灞上,从容谓群臣曰:"轩辕,大圣也,其仁若天,其智若神,犹随不顺者从而征之①,居无常所,以兵为卫,故能日月所照,风雨所至,莫不率从。今天下垂平②,惟东南未殄③。朕恭荷大业④,巨责攸归⑤,岂敢优游卒岁,不建大同之业!每思桓温之寇也,江东不可不灭。今有劲卒百万,文武如林,鼓行⑥而摧遗晋,若商风之陨秋箨⑦。朝廷内外,皆言不可,吾实未解所由。晋武若信朝士之言⑧而不征吴者,天下何由一轨!吾计决矣,不复与诸卿议也。"太子宏进曰:"吴今得岁⑨,不可伐也。且晋主无罪,人为之用;谢安、桓冲兄弟皆一方之隽才,君臣勠力⑩,阻险长江,未可图也。但可厉兵积粟,以待暴主⑪,一举而灭之。今若动而无功,则威名损于外,资财竭于内。是故圣王之行师也,内断必诚⑫,然后用之。彼若凭长江以固守,徙江北百姓于江南,增城清野,杜门不战,我已疲矣。彼未引弓⑬,土下气疠,不可久留,陛下将若之何?"坚曰:"往年车骑灭燕,亦犯岁而捷之。天道幽远,非汝所知也。昔始皇之灭六国,其王岂皆暴乎?且吾内断于心久矣,举必克之,何为无功!吾方命蛮夷以攻其内⑭,精甲劲兵以攻其外,内外如此,安有不克!"道安曰:"太子之言是也,愿陛下纳之。"坚弗从。冠军慕容垂言于坚曰:"陛下德侔轩唐,功高汤武,威泽被于八表,远夷重译⑮而归。司马昌明因余烬之资⑯,敢拒王命,是而不诛,法将安措⑰!孙氏跨僭江东⑱,终并于晋,其势

---

① 不顺者从而征之:《史记·五帝本纪一》:"天下有不顺者,黄帝从而征之,平者去之,披山通道,未尝宁居。"
② 垂平:将近平定。
③ 殄(tiǎn):灭绝。
④ 恭荷大业:敬承大业。恭,恭敬。荷,承担。大业,天命。
⑤ 巨责攸归:大责所归。巨,大。攸,所。
⑥ 鼓行:击鼓前进。
⑦ 商风之陨秋箨(tuò):商风为秋风。陨,坠落。箨,竹笋外之苞叶。也指干枯的树叶。意为十分容易。
⑧ 晋武若信朝士之言:晋武帝(司马炎)伐吴之时,朝中大臣不乏持反对意见者,如贾充等,但晋武帝没有听从。
⑨ 得岁:犹得天时之运。
⑩ 勠力:努力,尽力。
⑪ 暴主:暴虐的君王。
⑫ 内断必诚:内心下决定一定要诚心。
⑬ 引弓:引弓为拉弓射箭。意为发动进攻。
⑭ 吾方命蛮夷以攻其内:苻坚已向晋朝境内的诸少数部族发出号令,让他们在境内发动叛乱,以响应自己的军事攻势。蛮夷,泛指江南少数民族。
⑮ 重译:经过两次以上的翻译才能互通语言的远方使者。
⑯ 余烬之资:凭借未燃尽之余火。资,犹余运。
⑰ 法将安措:法理将置何处。安,如何。措,置放。
⑱ 孙氏跨僭江东:指孙坚、孙策、孙权父子据有江东。僭,伪也。此处以吴喻东晋为伪朝。

然也。臣闻小不敌大,弱不御强,况大秦之应符①,陛下之圣武,强兵百万,韩白盈朝②,而令其偷魂假号③,以贼虏遗子孙哉!《诗》云:'筑室于道谋,是用不溃于成。'陛下内断神谋足矣,不烦广访朝臣以乱圣虑。昔晋武之平吴也,言可者张杜数贤而已④,若采群臣之言,岂能建不世之功!谚云凭天俟时⑤,时已至矣,其可已乎!"坚大悦,曰:"与吾定天下者,其惟卿耳。"赐帛五百匹。

彗星扫东井。自坚之建元十七年四月,长安有水影,远观若水,视地则见人,至是则止。坚恶之。上林竹死,洛阳地陷。

晋车骑将军桓冲率众十万伐坚,遂攻襄阳。遣前将军刘波、冠军桓石虔、振威桓石民攻沔北⑥诸城;辅国杨亮伐蜀,攻拔伍城,进攻涪城⑦,龙骧胡彬攻下蔡⑧;鹰扬郭铨攻武当⑨;冲别将攻万岁城,拔之。坚大怒,遣其子征南叡及冠军慕容垂、左卫毛当率步骑五万救襄阳,扬武张崇救武当,后将军张蚝、步兵校尉姚苌救涪城。叡次新野⑩,垂次邓城⑪。王师败张崇于武当,掠二千余户而归。叡遣垂及骁骑石越为前锋,次于沔水。垂、越夜命三军人持十炬火,系炬于树枝,光照十数里中。冲惧,退还上明。张蚝出斜谷⑫,杨亮亦引兵退归。

坚下书悉发诸州公私马,人十丁遣一兵。门在灼然者⑬,为崇文义从。良家子年二十已下,武艺骁勇、富室材雄者,皆拜羽林郎。下书期克捷之日⑭,以帝为尚书左仆射,谢安为吏部尚书,桓冲为侍中,并立第以待之⑮。良家子至者三万余骑。其秦州主簿金城赵盛之为建威将军、少年都统。遣征南苻融、骠骑张蚝、抚军苻方、卫军梁成、平南慕容暐、冠军慕容垂率步骑二十五万为前锋。坚发长

---

① 应符:应验符瑞。
② 韩白盈朝:韩信、白起一类的良将满朝皆是。盈,满也。
③ 偷魂假号:意为东晋政权窃取名号,不属正统。魂,引申为神器。
④ 张杜数贤而已:晋武帝欲伐吴之前问群臣计,司空张华、镇南将军杜预以为可。
⑤ 凭天俟时:依凭天运,等待时机。
⑥ 沔北:古时称汉水为沔水,沔北即汉水以北诸城。
⑦ 涪城:位于今重庆市彭水县。
⑧ 下蔡:古县名,位于今安徽凤台县。
⑨ 武当:古县名,位于今湖北十堰东北。
⑩ 新野:古县名,位于今河南新野县。
⑪ 邓城:古县名,位于今河南邓县。
⑫ 斜(yé)谷:沟通秦岭南北的一道深谷,在陕西眉县西南。北口名斜,南口名褒,故又称褒斜道。
⑬ 门在灼然者,为崇文义从:意为门第显赫的家庭子弟被征为"崇文义从"。
⑭ 期克捷之日:预期攻克报捷时。
⑮ 立第以待之:准备好居住的府邸等待晋帝、谢安、桓冲来投降。

安,戎卒六十余万,骑二十七万,前后千里,旗鼓相望。坚至项城①,凉州之兵始达咸阳,蜀汉之军顺流而下,幽冀之众至于彭城,东西万里,水陆齐进。运漕万艘,自河入石门②,达于汝颍。

融等攻陷寿春③,执晋平虏将军徐元喜、安丰④太守王先。垂攻陷郧城⑤,害晋将军王太丘。梁成与其扬州刺史王显、弋阳太守王咏等率众五万,屯于洛涧⑥,栅淮以遏东军⑦。成频败王师。晋遣都督谢石、徐州刺史谢玄、豫州刺史桓伊、辅国谢琰等水陆七万,相继距融,去洛涧二十五里,惮成不进。龙骧将军胡彬先保硖石⑧,为融所逼,粮尽,诈扬沙以示融军,潜遣使告石等曰:"今贼盛粮尽,恐不见大军。"融军人获而送之。融乃驰使白坚曰:"贼少易俘,但惧其越逸⑨,宜速进众军,掎⑩禽贼帅。"坚大悦,恐石等遁也,舍大军于项城,以轻骑八千兼道赴之,令军人曰:"敢言吾至寿春者拔舌。"故石等弗知。晋龙骧将军刘牢之⑪率劲卒五千,夜袭梁成垒,克之,斩成及王显、王咏等十将,士卒死者万五千。谢石等以既败梁成,水陆继进。坚与苻融登城而望王师,见部阵齐整,将士精锐,又北望八公山⑫上草木,皆类人形⑬,顾谓融曰:"此亦劲敌也,何谓少乎!"怃然⑭有惧色。初,朝廷闻坚入寇,会稽王道子⑮以威仪鼓吹求助于钟山之神⑯,奉以相国之号⑰。

---

① 项城:即今河南项城,地处颍河南岸,河南与安徽相邻之间。
② 自河入石门,达于汝颍:漕船从黄河进入石门直达汝水和颍水。河即黄河。石门地名。汝、颍二水皆在河南东南部,流经安徽西部汇入淮河。
③ 寿春:今安徽寿县,战国末楚迁都于此。
④ 安丰:郡名。位于今安徽西南霍邱、金寨及河南固始地区,时属豫州。
⑤ 郧城:位于湖北西北部,今郧县。
⑥ 洛涧:古水名。即今安徽淮南市东淮河支流洛水。
⑦ 栅淮以遏东军:用木栅栏堵住淮水来阻挡晋的水军。栅,名词用作动词,设置栅栏。遏,阻。东军即晋军。晋处秦之东南。
⑧ 硖石:山名,在寿县西北,淮河流经山峡中。
⑨ 越逸:犹远逃。
⑩ 掎(jǐ):拉住、拖住。
⑪ 刘牢之(? —402年):字道坚,彭城人。因骁勇被谢玄任为北府兵将领。淝水之战后,任彭城内史,手握重兵,屡干朝政。后兵权为桓玄所夺,自杀。
⑫ 八公山:位于安徽淮南市西,俯瞰平原,形势险要。相传汉淮南王刘安与八人在此山修道,成仙而去,故名。
⑬ 类人形:像人的形状。类,相似。
⑭ 怃然:怅然失意之貌。
⑮ 会稽王道子:晋简文帝子。初封琅邪王,改封会稽王。孝武帝时,权倾朝野。
⑯ 钟山之神:钟山即南京城东紫金山,因山上有蒋侯祠宇,故又称蒋山。蒋侯祠奉汉末秣陵尉蒋子文之神位,晋时多显神异,时人多信之。
⑰ 奉以相国之号:供奉钟山之神为晋室相国的称号。

及坚之见草木状人①,若有力焉。

坚遣其尚书朱序②说石等以众盛,欲胁而降之③。序诡谓④石曰:"若秦百万之众皆至,则莫可敌也。及其众军未集,宜在速战。若挫其前锋,可以得志⑤。"石闻坚在寿春也,惧,谋不战以疲之。谢琰劝从序言,遣使请战,许之。时张蚝败谢石于肥南,谢玄、谢琰勒卒数万,阵以待之⑥。蚝乃退,列阵逼肥水⑦。王师不得渡,遣使谓融曰:"君悬军深入,置阵逼水,此持久之计,岂欲战者乎?若小退师⑧,令将士周旋⑨,仆与君公缓辔而观之⑩,不亦美乎!"融于是挥军却阵⑪,欲因其济水,覆而取之。军遂奔退,制之不可止。融驰骑略阵⑫,马倒被杀,军遂大败。王师乘胜追击,至于青冈,死者相枕。坚为流矢所中,单骑遁还于淮北,饥甚,人有进壶飧豚髀⑬者,坚食之,大悦,曰:"昔公孙豆粥⑭何以加也!"命赐帛十匹,丝十斤。辞曰:"臣闻白龙厌天池之乐而见困豫⑮,且,陛下目所睹也,耳所闻也。今蒙尘之难⑯,岂自天乎⑯!且妄施不为惠,妄受不为忠⑰。陛下,臣之父母也,安有子养而求报⑱哉!"弗顾而退⑲。坚大惭,顾谓其夫人张氏曰:"朕若用朝臣之言,岂见今日之事邪!当何面目复临天下乎?"潸然流涕而去。闻风声鹤唳⑳,皆谓

---

① 状人:意为八公山草木皆类人形乃钟山之神显灵相助之力。
② 朱序:晋梁州刺史,守襄阳。苻坚军攻襄阳,城陷被俘,任为尚书。坚淝水败后,朱序回归东晋,为晋防守洛阳、襄阳多年。
③ 以众盛,欲胁而降之:凭借强大的武力而胁迫对方投降。
④ 诡谓:隐秘陈说。
⑤ 得志:犹取胜。
⑥ 阵以待之:严阵以待敌。
⑦ 逼肥水:军阵逼近淝水。
⑧ 小退师:稍稍向后退却,让出交战的地方。
⑨ 周旋:交战的隐语,本义为转圈子。
⑩ 缓辔而观之:悠闲地骑在马上观战。辔,马缰绳。
⑪ 挥军却阵:指挥军队向后稍作退却。
⑫ 驰骑略阵:骑马奔驰,巡行军阵。
⑬ 壶飧(sūn)豚髀:汤饭和猪腿肉。壶飧,用壶盛的汤饭。
⑭ 公孙豆粥:公孙为东汉初年名将冯异的字。光武帝刘秀作战至饶阳时天寒饥疲,冯异奉上豆粥释饥。且日,刘秀对诸将曰:"昨日得公孙豆粥,饥寒俱解。"事见《后汉书·冯异传》。豆粥即掺有豆类的米粥。
⑮ 白龙厌天池之乐而见困豫:白龙指皇帝,暗喻苻坚不满足于广大疆域发动对晋室的入侵,从而一败涂地,沦落困顿。困豫,不适。
⑯ 蒙尘之难,岂自天乎:遭受饥饿劳顿之苦难道是出自天意吗?意为是自食其苦。蒙尘:特指帝王及大臣逃亡在外,蒙受风尘苦难。
⑰ 妄施不为惠,妄受不为忠:妄施,随意施舍。妄受,随意接受。惠,恩惠。忠,忠诚。
⑱ 才养而求报:刚才施人以饭食,接着就接受报答。
⑲ 弗顾而退:没有回头便返了回去。顾,回看。
⑳ 鹤唳(lì):鹤高声鸣叫。

晋师之至。其仆射张天锡、尚书朱序及徐元喜等皆归顺①。初,谚言"坚不出项②"。群臣劝坚停项,为六军声镇③,坚不从,故败。

诸军悉溃,惟慕容垂一军独全,坚以千余骑赴之。垂子宝劝垂杀坚,垂不从,乃以兵属坚④。初,慕容暐屯郧城,姜成等守漳口,晋随郡太守夏侯澄攻姜成,斩之,暐弃其众奔还。坚收离集散,比至洛阳,众十余万,百官威仪⑤军容粗备。未及关而垂有贰志⑥,说坚请巡抚燕岱⑦,并求拜墓⑧,坚许之。权翼固谏以为不可,坚不从。寻惧垂为变,悔之,遣骁骑石越率卒三千戍邺,骠骑张蚝率羽林五千戍并州,留兵四千配镇军毛当戍洛阳。坚至自淮南,次于长安东之行宫,哭符融而后入,告罪于其太庙⑨,赦殊死已下,文武增位一级,厉兵课农,存恤孤老,诸士卒不返者皆复其家终世⑩。赠融大司马,谥曰哀公。

卫军从事中郎丁零翟斌⑪反于河南,长乐公符丕遣慕容垂及符飞龙讨之。垂南结丁零,杀飞龙,尽坑其众⑫。豫州牧、平原公符晖遣毛当击翟斌,为斌所败,当死之。垂子农亡奔列人⑬,招集群盗,众至万数千。丕遣石越击之,为农所败,越死之。垂引丁零、乌丸之众二十余万,为飞梯⑭地道以攻邺城。

慕容暐弟燕故济北王泓先为北地长史,闻垂攻邺,亡命奔关东,收诸马牧鲜卑⑮,众至数千,还屯华阴。慕容暐乃潜使诸弟及宗人起兵于外。坚遣将军强永率骑击之,为泓所败,泓众遂盛,自称使持节、大都督陕西诸军事、大将军、雍州牧、济北王,推叔父垂为丞相、都督陕东诸军事、领大司马、冀州牧、吴王。

坚谓权翼曰:"吾不从卿言,鲜卑至是⑯。关东之地,吾不复与之争,将若泓

---

① 归顺:离开符坚,返回晋室。顺,意为正确的道路,与逆相反。
② 出项:离开项城。
③ 声镇:坐镇指挥。声,发出命令。
④ 以兵属坚:把自己的军队交给符坚指挥。属,归属。
⑤ 百官威仪:百官仪仗、容止等。
⑥ 贰志:二心,背叛的意向。
⑦ 燕岱:河北、山东等地,燕即燕山。岱即泰山。
⑧ 拜墓:拜祭祖坟。
⑨ 告罪于太庙:在太庙中向先祖告罪,认错以求宽恕。
⑩ 复其家终世:免除其家终生的徭役。
⑪ 丁零翟斌:翟斌为丁零族人。
⑫ 坑其众:活埋符飞龙的部众。
⑬ 列人:古邑,又县名。战国时赵邑,汉置县,在河北肥乡东北。
⑭ 飞梯:攻城用的云梯。
⑮ 诸马牧鲜卑:前秦所置诸马场养马的鲜卑族人。
⑯ 至是:到这种状况。是,犹这样。

何①?"翼曰:"寇不可长。慕容垂正可据山东为乱,不暇近逼②。今暐及宗族种类尽在京师,鲜卑之众布于畿甸③,实社稷之元忧④,宜遣重将⑤讨之。"坚乃以广平公苻熙为使持节、都督雍州杂戎诸军事、镇东大将军、雍州刺史,镇蒲坂⑥。征苻叡为都督中外诸军事、卫大将军、司隶校尉、录尚书事,配兵五万,以左将军窦冲为长史,龙骧姚苌为司马,讨泓于华泽⑦。平阳太守慕容冲起兵河东,有众二万,进攻蒲坂,坚命窦冲讨之。苻叡勇果轻敌⑧,不恤士众。泓闻其至也,惧,率众将奔关东,叡驰兵要⑨之。姚苌谏曰:"鲜卑有思归之心,宜驰令出关,不可遏也。"叡弗从,战于华泽,叡败绩,被杀。坚大怒。苌惧诛,遂叛。窦冲击慕容冲于河东,大破之,冲率骑八千奔于泓军。泓众至十余万,遣使谓坚曰:"秦为无道,灭我社稷。今天诱其衷⑩,使秦师倾败,将欲兴复大燕。吴王已定关东,可速资备大驾,奉送家兄皇帝并宗室功臣之家。泓当率关中燕人,翼卫皇帝,还返邺都,与秦以武牢⑪为界,分王天下,永为邻好,不复为秦之患也。钜鹿公⑫轻戆锐进,为乱兵所害,非泓之意。"坚大怒,召慕容暐责之曰:"卿父子干纪僭乱⑬,乖逆⑭人神,朕应天行罚,尽兵势而得卿。卿非改迷归善⑮,而合宗蒙宥⑯,兄弟布列上将⑰、纳言,虽曰破灭,其实若归。奈何因王师小败,便猖悖若此!垂为长蛇⑱于关东,泓、冲称兵内侮⑲。泓书若此,卿欲去者,朕当相资⑳。卿之宗族,可谓人面兽心,

---

① 将若泓何:对慕容泓该怎么办呢?
② 不暇近逼:一时无法逼近长安。不暇,顾不上,没时间。
③ 畿甸:京城附近。如畿辅。甸,郊外。
④ 元忧:最大的忧患。元,首,第一。
⑤ 重将:大将,地位很高的将军。
⑥ 蒲坂:古县名,秦治,治所在今山西永济县西南,为河东郡治所。
⑦ 华泽:地名。
⑧ 勇果轻敌:勇猛果敢,轻视敌人。
⑨ 要:同腰。意为从中间拦截。
⑩ 天诱其衷:语见《左传·僖公廿八年》:"今天诱其衷。"意为苻坚伐晋而至大败是上天诱使他一定要这样做,即天罚之谓。
⑪ 武牢:即虎牢,唐人避李虎之讳改称武牢,位于河南荥阳汜水镇。
⑫ 钜鹿公:即苻叡。
⑬ 干纪僭乱:干犯纲纪,僭越叛乱。
⑭ 乖逆:背逆、违犯人神。
⑮ 改迷归善:改变迷途,归于善类。意为改正过错,重新做人。
⑯ 合宗蒙宥:全家族人都得到宽宥,庇护。
⑰ 布列上将:担任了上将分布于朝中。
⑱ 长蛇:喻凶恶。
⑲ 称兵内侮:称兵犹举兵。内侮,华阴位于关中,离长安很近,故曰内。侮,欺侮,威胁。
⑳ 相资:犹资助。

殆不可以国士期也①。"暐叩头流血,泣涕陈谢。坚久之曰:"《书》云,父子兄弟无相及也②。卿之忠诚,实简③朕心,此自三竖④之罪,非卿之过。"复其位而待之如初。命暐以书招喻垂及泓、冲,使息兵还长安,恕其反叛之咎⑤。而暐密遣使者谓泓曰:"今秦数已终,长安怪异特甚,当不复能久立。吾既笼中之人,必无还理。昔不能保守宗庙,致今倾丧若斯,吾罪人也,不足复顾吾之存亡。社稷不轻,勉建大业,以兴复为务。可以吴王为相国,中山王为太宰、领大司马,汝可为大将军、领司徒,承制封拜⑥。听吾死问⑦,汝便即尊位。"泓于是进向长安,改年曰燕兴⑧。是时鬼夜哭,三旬而止。

坚率步骑二万讨姚苌于北地,次于赵氏坞⑨,使护军杨璧游骑⑩三千,断其奔路,右军徐成、左军窦冲、镇军毛盛等屡战败之,仍断其运水之路。冯翊游钦因淮南之败,聚众数千,保据频阳㉑,遣军运水及粟,以馈姚苌,杨璧尽获之。苌军渴甚,遣其弟镇北尹买率劲卒二万决堰⑪。窦冲率众败其军于鹳雀渠,斩尹买及首级万三千。苌众危惧⑫,人有渴死者。俄而降雨于苌营,营中水三尺,周营百步⑬之外,寸余而已,于是苌军大振。坚方食,去案⑭怒曰:"天其无心,何故降泽⑮贼营!"苌又东引慕容泓为援。

泓谋臣高盖、宿勤崇等以泓德望后冲⑯,且持法苛峻,乃杀泓,立冲为皇太弟,承制行事,自相署置。

姚苌留其弟征虏绪守杨渠川大营,率众七万来攻坚。坚遣杨璧等击之,为苌

---

① 殆不可以国士期也:恐怕不能把你看作是国士一样的人。
② 无相及也:不相牵连,不相干。及,推及。如各不相及,不及其余。
③ 简:简慢、怠慢。
④ 三竖:慕容垂、慕容泓与慕容冲。竖,小子,鄙贱之称。
⑤ 恕其反叛之咎:宽恕,饶恕三人反叛的罪过。恕,宽宥。咎,罪责。
⑥ 承制封拜:接受我的命令(嘱托),封拜他的(吴王、中山王)官职。封拜,授予爵位与官职,官阶。如封侯拜相(将)。
⑦ 死问:犹死信。问,音信。
⑧ 燕兴:年号,取大燕复兴之意。
⑨ 次于赵氏坞:驻扎在赵氏坞。坞,村外土堡。如董卓之郿坞。
⑩ 游骑:流动巡行的骑兵。
⑪ 决堰:掘开蓄水的堰堤。
⑫ 危惧:忧虑、恐惧。
⑬ 周营百步:军营一百步之内的四周之地。周,围。
⑭ 去案:离开桌案。
⑮ 降泽:降雨水。泽,雨露。
⑯ 德望后冲:德行与资望都不及慕容冲。

所败，获杨璧、毛盛、徐成及前军齐午等数十人，皆礼而遣之①。

苻晖率洛阳、陕城②之众七万归于长安。益州刺史王广遣将军王蚝率蜀汉之众来赴难。坚闻慕容冲去长安二百余里，引师而归，使抚军苻方戍骊山③，拜苻晖使持节、散骑常侍、都督中外诸军事、车骑大将军、司隶校尉、录尚书，配兵五万距冲，河间公苻琳为中军大将军，为晖后继。冲乃令妇人乘牛马为众，揭竿为旗，扬土为尘，督厉其众④，晨攻晖营于郑西⑤。晖出距战，冲扬尘鼓噪，晖师败绩。坚又以尚书姜宇为前将军，与苻琳率众三万，击冲于灞上，为冲所败，宇死之，琳中流矢，冲遂据阿房城⑥。初，坚之灭燕，冲姊为清河公主，年十四，有殊色⑦，坚纳之，宠冠后庭⑧。冲年十二，亦有龙阳之姿⑨，坚又幸之。姐弟专宠，宫人莫进。长安歌之曰："一雌复一雄，双飞入紫宫⑩。"咸惧为乱。王猛切谏，坚乃出冲。长安又谣曰："凤皇凤皇上阿房。"坚以凤皇非梧桐不栖，非竹实不食，乃植桐竹数十万株于阿房城以待之。冲小字⑪凤皇，至是，终为坚贼，入止阿房城焉。

晋西中郎将桓石虔进据鲁阳⑫，遣河南太守高茂北戍洛阳。晋冠军谢玄次于下邳，徐州刺史赵迁弃彭城奔还。玄前锋张愿追迁及于砀山⑬，转战而免。玄进据彭城。

时吕光讨平西域三十六国，所获珍宝以万万计。坚下书以光为使持节、散骑常侍、都督玉门以西诸军事、安西将军、西域校尉，进封顺乡侯，增邑一千户。

刘牢之伐兖州，坚刺史张崇弃鄄城奔于慕容垂。牢之遣将军刘袭追崇，战于河南，斩其东平太守杨光而退。牢之遂据鄄城⑭。

慕容冲进逼长安，坚登城观之，叹曰："此虏何从出也？其强若斯！"大言⑮责

---

① 礼而遣之：以礼相待，遣送回归。
② 陕城：古陕县之城，位于今河南三门峡市。
③ 骊山：在今西安市临潼区南。其下有温泉。
④ 督厉其众：严厉地督促他的部众向前推进。
⑤ 郑西：郑县以西之地。古郑县即今陕西华县。
⑥ 阿房城：即秦朝所建阿房宫城，位于今西安市西阿房村。
⑦ 殊色：出众的美丽。
⑧ 宠冠后庭：宠遇冠绝后宫。宠，宠爱。冠，第一。后宫，嫔妃所居之处。
⑨ 龙阳之姿：美男子代称。
⑩ 紫宫：本为天帝所居之宫，此处指皇宫。
⑪ 小字：小名，乳名。
⑫ 鲁阳：古邑名，县名。治所在今河南鲁山县境内。
⑬ 砀山：在河南永城县东北。汉高祖(刘邦)起兵前曾隐于此。
⑭ 鄄城：旧县名，汉置，治所在今山东鄄城县北旧城。
⑮ 大言：大声。

冲曰:"尔辈群奴正可牧牛羊,何为送死!"冲曰:"奴则奴矣,既厌奴苦,复欲取尔见代①。"坚遣使送锦袍一领遗冲,称诏曰:"古人兵交,使在其间。卿远来草创②,得无劳乎?今送一袍,以明本怀③。朕于卿恩分如何,而于一朝忽为此变!"冲命詹事④答之,亦称"皇太弟有令:孤今心在天下,岂顾一袍小惠。苟能知命,便可君臣束手,早送皇帝,自当宽贷⑤苻氏,以酬曩好⑥,终不使既往之施⑦独美于前⑧"。坚大怒曰:"吾不用王景略、阳平公之言,使白虏⑨敢至于此。"

苻丕在邺粮竭,马无草,削松木而食之。会丁零叛慕容垂,垂引师去邺,始具西问⑩,知苻叡等丧败,长安危逼,乃遣其阳平太守邵兴率骑一千,将北引重合侯苻谟、高邑侯苻亮、阜城侯苻定于常山,固安侯苻鉴、中山太守王兖于中山,以为己援。垂遣将军张崇要兴⑪,获之于襄国⑫南。又遣其参军封孚西引张蚝、并州刺史王腾于晋阳,蚝、腾以众寡不赴。丕进退路穷,乃谋于群僚。司马杨膺唱归顺之计⑬,丕犹未从。会晋遣济北太守丁匡据碻磝⑭,济阳太守郭满据滑台⑮,将军颜肱、刘袭次于河北,丕遣将军桑据距之,为王师所败。袭等进攻黎阳⑯,克之。丕惧,乃遣从弟就与参军焦逵请救于谢玄。丕书称假途⑰求粮,还赴国难,须军援既接,以邺与之,若西路不通,长安陷没,请率所领保守邺城。乃羁縻⑱一方,文降⑲而已。逵与参军姜让密谓杨膺曰:"今祸难如此,京师阻隔,吉凶莫审,

---

① 见代:代替。
② 草创:本为开始,此处意为刚到,尚处鞍马劳顿之时。
③ 本怀:犹本心。
④ 詹事:官名,秦置。为太子属官之长。
⑤ 宽贷:宽宥,饶恕。
⑥ 酬曩好:酬谢昔日的友好。曩,昔日、从前。
⑦ 既往之施:过去对我的种种好处。施,施与。
⑧ 独美于前:让你的美名一人独占。意为也要让世人知道我对你的宽大之怀。
⑨ 白虏:对鲜卑族人蔑视的称呼。
⑩ 始具西问:才获知西部苻叡丧败的消息。始,方始。问,音讯。
⑪ 要兴:拦截邵兴。要同腰,用如动词。
⑫ 襄国:古县名。项羽改信都置县,以赵襄子谥为名。治所在今河北邢台市西南,后赵石虎曾建都于此。
⑬ 唱归顺之计:提议归顺晋室的计谋。唱通倡,即倡议。
⑭ 碻磝(qiāo áo):古津渡,城名。故址在今山东茌平西南古黄河南岸,城在津东,东晋南北朝时军事要地。
⑮ 滑台:古城名,西汉置。治所在今河南浚县东,亦为军事要地。
⑯ 黎阳:古县名,在今河南滑县东,北临黄河,军事要地。
⑰ 假途:犹借道。成语有假途灭虢。假,犹借。
⑱ 羁縻:控制,束缚。
⑲ 文降:以虚文归降,即表面归降。

密迩寇仇①，三军罄绝，倾危之甚，朝不及夕。观公豪气不除②，非救世之主，既不能竭尽诚款③，速致粮援，方设两端④，必无成也。今日之殆，疾于转机⑤，不容虚设，徒成反覆。宜正书为表⑥，以结殷勤⑦。若王师之至，必当致身。如其不从，可逼缚与之⑧。苟不义服⑨，一人力耳。古人行权，宁济为功⑩，况君侯累叶载德⑪，显祖初著名于晋朝⑫，今复建崇勋，使功业相继，千载一时，不可失也。"膺素轻丕，自以力能逼之，乃改书⑬而遣逵等，并遣济南毛蜀、毛鲜等分房为任于晋。

坚遣鸿胪郝稚征处士王嘉于到兽山。既至，坚每日召嘉与道安于外殿，动静咨问之。慕容暐入见东堂，稽首谢曰："弟冲不识义方，孤背国恩，臣罪应万死。陛下垂天地之容，臣蒙更生之惠。臣二子昨婚，明当三日，愚欲暂屈銮驾，幸臣私第。"坚许之。暐出，嘉曰："椎芦作蓬莜，不成文章，会天大雨，不得杀羊。"坚与群臣莫之能解。是夜大雨，晨不果出。初，暐之遣诸弟起兵于外也，坚防守甚严，谋应之而无因。时鲜卑在城者犹有千余人，暐乃密结鲜卑之众，谋伏兵请坚，因而杀之。令其豪帅悉罗腾、屈突铁侯等潜告之曰："官今使侯外镇，听旧人悉随，可于某日会集某处。"鲜卑信之。北部人突贤与其妹别，妹为左将军窦冲小妻，闻以告冲，请留其兄。冲驰入白坚，坚大惊，召腾问之，腾具首服。坚乃诛暐父子及其宗族，城内鲜卑无少长及妇女皆杀之。

慕容垂复围邺城。焦逵既至，朝廷果欲征丕任子，然后出师。逵固陈丕款诚无贰，并宣杨膺之意，乃遣刘牢之等率众二万，水陆运漕救邺。

---

① 密迩寇仇：四面遍布仇敌。密，多。迩，近。寇仇，敌人。
② 公豪气不除：苻丕的强横之气并未减退。除，去掉。
③ 诚款：真诚、恳切。
④ 方设两端：方略陷于前矛后盾之中。方，方略、计谋。没，沦没、深陷。两端，犹有二心，即不诚心，耍滑头之意。故"必无成也"。
⑤ 今日之殆，疾于转机：今天的危险，快于机械的旋转。殆，危。疾，速。
⑥ 宜正书为表：应当用正式的书信上表于晋室，不同于苻丕的私人书信。
⑦ 殷勤：情谊恳切深厚。
⑧ 逼缚与之：强迫苻丕投晋。逼，强迫。缚，捆缚。之，苻丕。
⑨ 苟不义服，一人之力耳：如果他（苻丕）不能以大义为重，坚决不从，只需一名武士用力制服。义服，用大义说服。
⑩ 古人行权，宁济为功：古人在重要关头多能权变而不拘。只要使国人安宁有利就算是有功德于天下。权，权宜、权变。宁济，安宁有益。功，成功、功勋。
⑪ 累叶载德：累叶，累世。载德，戴德。
⑫ 显祖初著名于晋朝：祖先曾扬名于晋朝。
⑬ 改书：改写书信（苻丕致谢玄书信）。

时长安大饥,人相食,诸将归而吐肉以饴妻子①。

慕容冲僭称尊号于阿房,改年更始。坚与冲战,各有胜负。尝为冲军所围,殿中上将军邓迈、左中郎将邓绥、尚书郎邓琼相谓曰:"吾门世荷荣宠,先君建殊功于国家,不可不立忠孝节,以成先君之志。且不死君难者,非丈夫也。"于是与毛丧乐等蒙兽皮,奋矛而击冲军。冲军溃,坚获免,嘉其忠勇,并拜五校,加三品将军,赐爵关内侯。冲又遣其尚书令高盖率众夜袭长安,攻陷南门,入于南城。左将军窦冲、前禁将军李辩等击败之,斩首千八百级,分其尸而食之。坚寻败冲于城西,追奔至于阿城。诸将请乘胜入城,坚惧为冲所获,乃击金②以止军。

是时刘牢之至枋头。征东参军徐义、宦人孟丰告苻丕,杨膺、姜让等谋反,丕收膺、让戮之。牢之以丕自相屠戮③,盘桓不进。

苻晖屡为冲所败,坚让之曰:"汝,吾之子也,拥大众,屡为白虏小儿所摧,何用生为④!"晖愤恚自杀。关中堡壁⑤三千余所,推平远将军冯翊赵敖为统主⑥,相率结盟,遣兵粮助坚。左将军苟池、右将军俱石子率骑五千,与冲争麦⑦,战于骊山,为冲所败,池死之,石子奔邺。坚大怒,复遣领军杨定率左右精骑二千五百击冲,大败之,俘掠鲜卑万余而还。坚怒,悉坑之。定果勇善战,冲深惮之,遂穿马埳⑧以自固。

刘牢之至邺,慕容垂北如新城。邺中饥甚,丕率邺城之众就晋谷⑨于枋头。牢之入屯邺城。慕容垂军人饥甚,多奔山中,幽冀人相食。初,关东谣曰:"幽州畎,生当灭。若不灭,百姓绝。"畎,垂之本名。与丕相持经年,百姓死几绝。

先是,姚苌攻新平,新平太守苟辅将降之,郡人辽西⑩太守冯杰、莲勺⑪令冯羽等谏曰:"天下丧乱,忠臣乃见。昔田单守一城而存齐⑫,今秦之所有,犹连州

---

① 吐肉以饴(sì)妻子:把含在口中的肉吐出来让妻子儿女吃。饴,通饲。
② 击金:鸣金。发出收兵的号令。
③ 自相屠戮:犹自相残杀。指苻丕杀害杨膺的行为。
④ 何用生为:活着有什么用? 生,活着。
⑤ 堡壁:以村庄为核心建造的防御工程。又称堡子、壁坞。
⑥ 统主:犹共主,即统一领袖。
⑦ 争麦:争收成熟的麦田,收成以充军粮。
⑧ 穿马埳:挖掘能防御对方骑兵冲击的沟坎。穿,洞穿、穿凿。埳同坎。
⑨ 就晋谷:取食晋军运来的粮食。就,往,如就食。
⑩ 辽西:郡名。战国燕置,秦汉时治所在阳乐(今河北昌黎西北)。
⑪ 莲勺:古县名。在今陕西蒲城、渭南之间。
⑫ 昔田单守一城而存齐:战国时,燕将乐毅率军攻下齐国七十余城。唯莒与即墨二城坚守不降。田单率众守即墨,用火牛之阵败燕军,复齐国。

累镇,郡国百城。臣子之于君父,尽心焉,尽力焉,死而后已,岂宜贰哉!"辅大悦,于是凭城固守。苌为土山地道,辅亦为之。或战山峰,苌众死者万有余人。辅乃诈降,苌将入,觉之,引众而退。辅驰出击之,斩获万计。至是,粮竭矢尽,外救不至,苌遣吏谓辅曰:"吾方以义取天下①,岂仇忠臣②乎?卿但率见众③男女还长安,吾须此城置镇。"辅以为然,率男女万五千口出城,苌围而坑之,男女无遗。初,石季龙末,清河崔悦为新平相,为郡人所杀。悦子液后仕坚,为尚书郎,自表父仇不同天地,请还冀州。坚悯之,禁锢新平人,缺其城角以耻之④。新平酋望⑤深以为惭,故相率距苌,以立忠义。

时有群乌数万,翔鸣于长安城上,其声甚悲,占者以为斗羽⑥不终年,有甲兵入城之象。冲率众登城,坚身贯甲胄,督战距之,飞矢满身,血流被体。时虽兵寇危逼,冯翊诸堡壁犹有负粮冒难而至者,多为贼所杀。坚谓之曰:"闻来者率不善达,诚是忠臣赴难之义。当今寇难殷繁,非一人之力所能济也。庶明灵有照⑦,祸极灾返,善保诚顺,为国自爱,蓄粮厉甲,端听师期⑧,不可徒丧无成,相随兽口⑨。"三辅人为冲所略者,咸遣使告坚,请放火以为内应。坚曰:"哀诸卿忠诚之意也,何复已已。但时运圮丧⑩,恐无益于国,空使诸卿坐自夷灭⑪,吾所不忍也。且吾精兵若兽,利器如霜,而衄⑫于乌合疲钝之贼,岂非天也!宜善思之。"众固请曰:"臣等不爱性命,投身为国,若上天有灵,单诚或冀一济⑬,没无遗恨⑭矣。"坚遣骑七百应之。而冲营放火者为风焰所烧,其能免者十有一二。坚深痛之,身为设祭而招之曰:"有忠有灵,来就此庭⑮。归汝先父,勿为妖形。"欷歔流涕,悲

---

① 以义取天下:凭借大义取得天下。义,道义。
② 仇忠臣:以忠臣为仇敌。仇当动词仇视、仇恨用。
③ 见(xiàn)众:现有的民众。
④ 缺其城角以耻之:限制新平人在建筑城墙时必须缺少一角,用来惩罚他们杀死崔悦的行为。耻之,羞辱新平人。
⑤ 酋望:有威望的领袖人物。
⑥ 斗羽:鸟相啄而掉羽毛。
⑦ 庶明灵有照:希望神灵保佑。祸极灾返:祸灾至极必相反复。
⑧ 端听师期:犹静听胜利的日期。师期,犹军事阵战的日期。
⑨ 相随兽口:相继落入敌人的杀戮之中。兽口喻敌人的刀下。
⑩ 圮(pǐ)丧:倾颓丧失。圮,毁绝。
⑪ 坐自夷灭:犹徒然被敌人消灭。坐,空、徒然。夷灭,犹杀戮。
⑫ 衄(nǜ):挫败、损伤。
⑬ 单诚或冀一济:单通殚,意为竭尽诚心。或许还能拼一小胜。冀,希望。济,成功。
⑭ 没无遗恨:身死而无遗憾。
⑮ 此庭:祭奠所设之灵棚。

不自胜。众咸相谓曰："至尊慈恩如此,吾等有死无移①。"冲毒暴关中,人皆流散,道路断绝,千里无烟。坚以甘松护军仇腾为冯翊太守,加辅国将军,与破虏将军蜀人兰犊慰勉冯翊诸县之众。众咸曰："与陛下同死共生,誓无有二。"

每夜有人周城大呼曰："杨定健儿应属我,宫殿台观应坐我,父子同出不共汝。"旦寻而不见人迹。城中有书曰古苻传贾录②,载"帝出五将久长得"。先是,又谣曰:"坚入五将山长得③。"坚大信之,告其太子宏曰："脱如此言,天或导予④。今留汝兼总戎政⑤,勿与贼争利,朕当出陇收兵运粮以给汝⑥。天其或者正训予⑦也。"于是遣卫将军杨定击冲于城西,为冲所擒。坚弥惧,付宏以后事,将中山公诜、张夫人率骑数百出如五将⑧,宣告州郡,期以孟冬救长安⑨。宏寻将母妻宗室男女数千骑出奔,百僚逃散。慕容冲入据长安,纵兵大掠,死者不可胜计。

初,秦之未乱也,关中土然,无火而烟气大起,方数十里中,月余不灭。坚每临听讼观,令百姓有怨者举烟于城北,观而录之。长安为之语曰:"欲得必存当举烟。"又为谣曰:"长鞘马鞭击左股,太岁南行当复虏。"秦人呼鲜卑为白虏。慕容垂之起于关东,岁在癸未。坚之分氐户于诸镇也,赵整因侍,援琴而歌曰:"阿得脂,阿得脂,博劳旧父是仇绥,尾长翼短不能飞,远徙种人留鲜卑,一旦缓急语阿谁!"坚笑而不纳。至是,整言验矣。

坚至五将山,姚苌遣将军吴忠围之。坚众奔散,独侍御十数人而已。神色自若,坐而待之,召宰人⑩进食。俄而忠至,执坚以归新平,幽之于别室。苌求传国玺⑪于坚曰:"苌次膺符历⑫,可以为惠。"坚瞋目叱之曰:"小羌⑬乃敢干逼天子,岂

---

① 无移:不变。移,动、变更。
② 古苻传贾录:指预言之类的书籍。
③ 五将久长得:五将,山名。在今陕西礼泉县,位于长安西北。《新唐书·地理志》作"武将山"。久长得,意为江山永固。
④ 脱如此言,天或导予:倘若真是所说的这样,可能是上天在指导我。脱,倘或、或许。导,开导。
⑤ 兼总戎政:意为军政全权负责。
⑥ 出陇收兵运粮以给汝:到陇上收集军队运送粮草接济你。陇指凉州(今甘肃)。出,出发,去。
⑦ 正训予:正在教诲开导我。训,训示,开导。
⑧ 出如五将:出长安城,往五将山。如,往,去。
⑨ 期以孟冬救长安:约定于孟冬时来救长安城。期,约定。孟冬,初冬。
⑩ 宰人:主管皇帝饮食的官员。
⑪ 传国玺:古代帝王的玉印,古人多迷信得此者可得天下。三国时袁术用五百兵士换孙策所持汉朝传国玉玺。
⑫ 次膺符历:意为自己按次序应受符历上所排的皇帝之位。膺,受。符历,犹符命。
⑬ 小羌:姚苌为羌族人。小,蔑视。

以传国玺授汝羌也。图纬符命，何所依据？五胡次序①，无汝羌名。违天不祥，其能久乎！玺已送晋，不可得也。"苌又遣尹纬说坚，求为尧舜禅代之事②。坚责纬曰："禅代者，圣贤之事。姚苌叛贼，奈何拟之古人！"坚既不许苌以禅代，骂而求死，苌乃缢坚于新平佛寺中，时年四十八。中山公诜及张夫人并自杀。是岁，太元十年③也。

宏之奔也，归其南秦州刺史杨璧于下辩，璧距之，乃奔武䣭氏豪强熙，假道归顺，朝廷处宏于江州。宏历位辅国将军。桓玄篡位，以宏为梁州刺史。义熙初，以谋叛被诛。

初，坚强盛之时，国有童谣云："河水清复清，苻诏死新城。"坚闻而恶之，每征伐，戒军候云："地有名新者避之。"时又童谣云："阿坚连牵三十年，若后欲败当在江淮间。"坚在位二十七年，因寿春之败，其国大乱，后二年，竟死于新平佛寺，咸应谣言矣。丕僭号，伪追谥坚曰世祖宣昭皇帝。

选自《晋书》卷一百十三《苻坚载记上》、卷一百十四《苻坚载记下》

---

① 五胡次序：古代北方五个少数民族的排列次序。西晋末，先有"八王之乱"，接着为"五胡乱华"。匈奴人刘渊首起，建后汉。继之以羯族人石勒建立后赵。鲜卑族人慕容皝建立前燕。再次即氐族人苻坚建立前秦。此时还未轮到羌族人登上皇位。故苻坚称："无汝羌名。"
② 尧舜禅代之事：像尧传位于舜一样让苻坚传帝位于姚苌。
③ 太元十年：晋孝武帝十年即 385 年。

姚 苌 传

苌字景茂，弋仲①第二十四子也。少聪哲②，多权略，廓落任率③，不修行业④，诸兄皆奇之。随襄征伐，每参大谋。襄之寇洛阳也，梦苌服衮衣⑤，升御坐，诸酋长皆侍立，旦谓将佐曰："吾梦如此，此儿志度不恒⑥，或能大起吾族⑦。"襄之败于麻田⑧也，马中流矢死，苌下马以授襄⑨，襄曰："汝何以自免"⑩苌曰："但令兄济⑪，竖子安敢害苌！"会救至，俱免。

及襄死，苌率诸弟降于苻生⑫。苻坚以苌为扬武将军，历左卫将军，陇东、汲郡、河东、武都、巴西、扶风太守，宁、幽、兖三州⑬刺史，复为扬武将军，步兵校尉，封益都侯。为坚将，累有大功。

初，苌随杨安伐蜀，尝昼寝水旁⑭，上有神光焕然⑮，左右咸异之。及苻坚寇晋，以苌为龙骧将军、督益梁州诸军事，谓苌曰："朕本以龙骧建业，龙骧之号未曾假人，今特以相授，山南⑯之事一以委卿。"坚左将军窦冲进曰："王者无戏言，此

---

① 弋仲：姚苌父，南安赤亭（今甘肃陇西东南）人，羌族。《晋书·姚弋仲载记》："永嘉之乱，有众数万，自称护西羌校尉、雍州刺史、扶风公。刘曜以弋仲为平西将军。后从石勒、石虎，位居上公。晚年称臣于东晋，有子四十二人。苌为其第二十四子。"
② 聪哲：聪明有智慧。哲亦聪明之谓。
③ 廓落任率：廓落，大貌。任率，任性，率真。
④ 不修行业：不务正业。
⑤ 服衮(gǔn)衣：穿着皇帝的衣服。衮：皇帝的衣服。服，穿。
⑥ 志度不恒：志向气度不寻常。恒，常。
⑦ 大起吾族：使我族类兴旺发达。起，兴起。
⑧ 麻田：植麻之田。
⑨ 下马以授襄：将自己的坐骑让给姚襄。
⑩ 自免：自存，犹逃生。
⑪ 兄济：兄长得救。济，救，如救济。
⑫ 苻生：见《苻坚载记》。
⑬ 宁州：西晋泰始七年(271年)分益州置。治所在滇池(今云南宁晋)，辖今云南大部，贵州及广西各一小部分。
⑭ 昼寝水旁：白天睡在水边。
⑮ 焕然：鲜明，光亮。如焕然一新。
⑯ 山南：秦岭以南今四川、云南等地。

将不祥之征①也,惟陛下察之。"坚默然。

坚既败于淮南,归长安,慕容泓起兵叛坚。坚遣子叡讨之,以苌为司马。为泓所败,叡死之。苌遣龙骧长史②赵都诣坚谢罪,坚怒,杀之。苌惧,奔于渭北③,遂如马牧④。西州豪族尹详、赵曜、王钦卢、王钦卢、牛双、狄广、张乾等率五万余家,咸推苌为盟主。苌将距之,天水尹纬说苌曰:"今百六之数既臻⑤,秦亡之兆已见,以将军威灵命世⑥,必能匡济时艰,故豪杰驱驰⑦,咸同推仰⑧。明公宜降心从议⑨,以副群望,不可坐观沈溺⑩而不拯救之。"苌乃从纬谋,以太元九年⑪自称大将军、大单于、万年秦王,大赦境内,年号白雀,称制行事。以天水尹详、南安庞演为左右长史,南安姚晃、尹纬为左右司马,天水狄伯支、焦虔、梁希、庞魏、任谦为从事中郎,姜训、阎遵为掾属,王据、焦世、蒋秀、尹延年、牛双、张乾为参军,王钦卢、姚方成、王破虏、杨难、尹嵩、裴骑、赵曜、狄广、党删等为帅⑫。

时慕容冲与苻坚相攻,众甚盛。苌将西上,恐冲遏之⑬,乃遣使通和,以子崇为质于冲⑭,进屯北地,厉兵积粟,以观时变。苻坚先徙晋人李祥等数千户于敖陆⑮,至是,降于苌,北地、新平、安定羌胡降者十余万户。坚率诸将攻之,不能克。

苌闻慕容冲攻长安,议进趋之计⑯,群下咸曰:"宜先据咸阳以制天下。"苌曰:"燕因怀旧之士而起兵⑰,若功成事捷,咸有东归之志⑱,安能久固秦川⑲!吾

---

① 不祥之征:对自己不利的征兆。
② 龙骧长史:龙骧将军的长史。
③ 渭北:关中渭河以北地区。
④ 马牧:地名,在今山西洪洞县西北。
⑤ 百六之数既臻:百六当为数术家推算出的时变预期。如东汉末年黄巾军所盛传的"岁在甲子(184年),天下大吉"之类。臻,达到。
⑥ 命世:顺应天命而降世的人。
⑦ 豪杰驱驰:豪杰之士愿意听从你的指挥。驱驰,奔走。
⑧ 推仰:推戴,敬仰。
⑨ 降心从议:平抑心气地听从大家的倡议。
⑩ 坐观沉溺:眼看着局势混乱下去。沉溺,指时局颓败、沉沦。
⑪ 太元九年:晋孝武帝太元九年为384年。
⑫ 帅:军队中的将领。
⑬ 恐冲遏之:担心慕容冲阻挡自己。遏,阻拦。
⑭ 为质于冲:让儿子姚崇去慕容冲部中当人质。以示同盟。
⑮ 敖陆:古地名,在今河南荥阳西北。
⑯ 议进趋之计:商议进攻的计划。
⑰ 燕因怀旧之士而起兵:慕容部等前燕之人因怀念旧国而起兵反叛。
⑱ 东归之志:返回故土的愿望。燕都邺城在长安之东,故曰东归。
⑲ 久固秦川:长期盘踞关中。秦川,陕西关中平原又称八百里秦川。

欲移兵岭北①，广收资实②，须秦弊燕回，然后垂拱取之。兵不血刃，坐定天下，此卞庄得二之义③也。"坚宁朔将军宋方率骑三千从云中将赴长安，苌自貳县④要破之，方单马奔免，其司马田晃率众降苌。苌遣诸将攻新平，克之，因略地至安定，岭北诸城尽降之。

时苻坚为慕容冲所逼，走入五将山。冲入长安。坚司隶校尉权翼、尚书赵迁、大鸿胪皇甫覆、光禄大夫薛赞、扶风太守段铿等文武数百人奔于苌。苌遣骁骑将军吴忠率骑围坚，坚如新平。俄而忠执坚，送之⑤。

慕容冲遣其车骑大将军高盖率众五万来伐，战于新平南，大破之，盖率麾下数千人来降，拜散骑常侍。

冲既率众东下，长安空虚。卢水郝奴⑥称帝于长安，渭北尽应之。扶风王驎有众数千，保据马嵬⑦。奴遣弟多⑧攻驎。苌伐驎，破之，驎走汉中。执多而进攻奴，降之。

以太元十一年苌僭即皇帝位于长安，大赦，改元曰建初，国号大秦，改长安曰常安。立妻蚆氏为皇后，子兴为皇太子，置百官。自谓以火德承苻氏木行⑨，服色如汉氏⑩承周故事⑪。徙安定五千余户于长安。以弟征虏绪为司隶校尉，镇长安。

苌如安定，击平凉胡金熙、鲜卑没奕于⑫，大破之。遂如秦州⑬，与苻坚秦州刺史王统相持，天水屠各⑭、略阳羌胡应苌者二万余户，统惧，乃降。因飨将士于上邽，南安人古成诜进曰："臣州人殷地险，俊杰如林，用武之国也。王秦州不能

---

① 岭北：泛指关中以北之地。
② 资实：犹言土地、人口、士马、粮草等实用物资。
③ 卞庄得二之义：意为一箭双雕。
④ 貳县：古地名，今陕西黄陵县西北。
⑤ 执坚送之：捕获苻坚后送到新平姚苌之处。之，指姚苌。
⑥ 卢水郝奴：卢水胡人名郝奴者。卢水胡为匈奴内附一支。晋时分布于今甘肃张掖、庆阳两地。郝奴当为安定胡人。
⑦ 马嵬：地名，在今陕西兴平境内。
⑧ 弟多：郝奴之弟郝多。
⑨ 火德承苻氏木行：以五德终始之说，火德承木德（金木水火土）。行，五行。
⑩ 服色从汉氏：自皇帝至百官的衣着、车饰颜色依从汉代的模式。
⑪ 承周故事：依据周代的旧制。
⑫ 平凉胡金熙、鲜卑没奕于：盘踞于平凉郡（今甘肃平凉市）的胡人金熙和鲜卑族人首领没奕干。平凉郡为苻坚所置，位于今平凉市西北地区。
⑬ 遂如秦州：于是到秦州。
⑭ 天水屠各：屠各为羌族一支，世居陇西、天水一带。

收拔贤才①，三分鼎足，而坐玩珠玉②，以至于此。陛下宜散秦州金帛以施六军，旌贤表善③以副鄙州之望④。"苌善之，擢为尚书郎。拜弟硕德都督陇右诸军事、征西将军、秦州刺史，领护东羌校尉，镇上邽。

苌还安定，修德政⑤，布惠化⑥，省非急之费⑦，以救时弊，闾阎⑧之士有豪介之善者，皆显异之⑨。

苌复如秦州，为苻登所败，语在《登传》⑩。以其太子兴镇长安，而与登相距。登冯翊太守兰犊与苻师奴离贰⑪，慕容永攻之，犊遣使请救。苌将赴救，尚书令姚旻、左仆射尹纬等言于苌曰："苻登近在瓦亭⑫，陛下未宜轻举。"苌曰："登迟重少决⑬，每失时机，闻吾自行，正当广集兵资，必不能轻军深入。两月之间，足可克此三竖⑭，吾事必矣。"遂师次于渥源⑮。师奴率众来距，大战，败之，尽俘其众。又擒兰犊，收其士马。苌乃掘苻坚尸，鞭挞无数，裸剥衣裳，荐之以棘⑯，坎土而埋之。慕容永征西将军王宣率众降苌。

初，关西雄杰以苻氏既终，苌雄略命世⑰，天下之事可一旦而定。苌既与苻登相持积年，数为登所败，远近咸怀去就之计⑱，唯征房齐难、冠军徐洛生、辅国刘郭单、冠威弥姐婆触、龙骧赵恶地、镇北梁国儿等守忠不贰，并留子弟守营，供继军粮，身将精卒，随苌征伐。时诸营既多，故号苌军为大营，大营之号自此始

---

① 收拔贤才：收集提拔贤能之士。
② 三分鼎足，而坐玩珠玉：意为与江南的晋室、关东的慕容冲（燕），三分天下。坐玩珠玉意为坐享富贵。
③ 旌贤表善：表彰贤能善良之士。
④ 副鄙州之望：符合本州的期望。
⑤ 修德政：建设有德之政。如修明政治。
⑥ 布惠化：施恩惠于人民的政策。化，风气，风尚。
⑦ 非急之费：不是非常急需的费用。
⑧ 闾阎：里巷。
⑨ 显异之：让豪杰之善者显现展露出来。
⑩ 《登传》：登，苻登，字文高，苻坚族孙。《晋书》有传，言其"少而雄勇，有壮气，粗险不修细行"。苻坚死后，登于太元十一年即皇帝位，改元太初。率军多次与姚苌战于陇东，互有胜负。后为姚兴所败，被杀。在位九年。
⑪ 苻师奴离贰：苻师奴为苻纂之弟。离贰：不亲附，有异心。
⑫ 瓦亭：地名，见《后汉书·隗嚣传》注。
⑬ 迟重少决：不果断，迟疑滞缓。
⑭ 三竖：兰犊、苻师奴、慕容永。
⑮ 渥源：古地名，不详。
⑯ 荐之以棘，坎土而埋之：在尸体下铺上荆棘，用土埋掉。坎，土坎。
⑰ 雄略命世：雄才大略闻名于世。
⑱ 去就之计：离去还是继续追随的计划。

也。时天大雪,苌下书深自责罚①,散后宫文绮②珍宝以供戎事,身食一味③,妻不重彩④。将帅死王事者⑤,加秩二等,士卒战没,皆有褒赠。立太学,礼先贤之后。

敦煌索卢曜请刺苻登,苌曰:"卿以身徇难,将为谁乎?"曜曰:"臣死之后,深以友人陇西辛遑仰托⑥。"苌遣之。事发,为登所杀,苌以遑为骑都尉。

登进逼安定,诸将劝苌决战,苌曰:"与穷寇竞胜,兵家之下⑦。吾将以计取之。"于是留其尚书令姚旻守安定,夜袭登辎重于大界⑧,克之。诸将或欲因登骇乱⑨击之,苌曰:"登众虽乱,怒气犹盛,未可轻也。"遂止。苌以安定地狭,且逼苻登⑩,使姚硕德镇安定,徙安定千余家于阴密⑪,遣弟征南靖镇之。

立社稷⑫于长安。百姓年七十有德行者,拜为中大夫,岁赐牛酒。

尹纬、姚晃谓古成诜曰:"苻登穷寇,历年未灭,奸雄鸱峙⑬,所在纠扇⑭,夷夏皆贰,将若之何?"诜曰:"主上权略无方⑮,信赏必罚,贤能之士,咸怀乐推⑯,岂虑大业不成,氐贼不灭乎!"纬曰:"登穷寇未灭,奸雄所在扇合,吾等宁无惧乎?"诜曰:"三秦天府之国,主上十分已有其八。今所在可虑者,苻登、杨定、雷恶地耳,自余琐琐⑰,焉足论哉!然恶地地狭众寡,不足为忧。苻登藉乌合犬羊,偷存假息⑱,料其智勇,非至尊之匹⑲。霸王之起,必有驱除⑳,然后克定大业。昔汉、魏之兴也,皆十有余年,乃能一同于海内,五六年间未为久也。主上神略内明,英武外发㉑,

---

① 深自责罚:深切地责罚自己的过失。
② 文绮:织有各色花纹的绫罗绸缎等纺织品。
③ 身食一味:每顿饭只有一样食品。身,即姚苌自身,如以身作则。
④ 妻不重彩:妻子不穿奢华的衣饰。重彩,犹色泽艳丽的服饰。
⑤ 死王事者:犹为国捐躯的将士。
⑥ 仰托:仰仗,拜托,托附。
⑦ 兵家之下:兵家的下策。兵家,犹兵法。
⑧ 大界:地名,在今甘肃平凉市泾川县境。
⑨ 骇乱:如马受惊而慌乱。
⑩ 逼苻登:逼近苻登。
⑪ 阴密:古县名,属安定郡,在今甘肃灵台县西南。
⑫ 社稷:古代祭土神与谷神的地方,又为国家的代称。
⑬ 鸱(chī)峙:像鸱鸟一样窥视着我方。鸱,即鹞鸟,专食小鸟。
⑭ 纠扇:纠合扇动。
⑮ 无方:犹无限广大。方,如四方、八方。
⑯ 咸怀乐推:都心怀乐意推戴之心。
⑰ 琐琐:卑微、细小貌。
⑱ 偷存假息:偷,苟且,如偷生。存,保存。假,借。息,喘气。意为苟且求存。
⑲ 至尊之匹:陛下的对手。至尊,至高无上的地位。匹,对手,匹敌。
⑳ 驱除:排除,赶走。
㉑ 神略内明,英武外发:内含神明,外发英武。喻非常之人。

可谓无敌于天下耳,取登有余力。愿布德行仁,招贤纳士,厉兵秣马,以候天机。如其鸿业①不成者,诜请腰斩②以谢明公。"纬言之于苌,苌大悦,赐诜爵关内侯。

雷恶地率众降苌,拜为镇东将军。魏褐飞自称大将军、冲天王,率氐胡数万人攻安北姚当城于杏城③,雷恶地应之,攻镇东姚汉得于李润④。苌议将讨之,群臣咸曰:"陛下不忧六十里苻登,乃忧六百里褐飞?"苌曰:"登非可卒殄⑤,吾城亦非登所能卒图。恶地多智,非常人也。南引褐飞,东结董成,甘言美说⑥以成奸谋,若得杏城、李润,恶地据之,控制远近,相为羽翼,长安东北非复吾有。"于是潜军⑦赴之。苌时众不满二千,褐飞、恶地众至数万,氐胡赴之者首尾不绝。苌每见一军至,辄有喜色。群下怪而问之,苌曰:"今同恶相济,皆来会集,吾得乘胜席卷,一举而覆其巢穴,东北无复余⑧也。"褐飞等以苌兵少,尽众来攻。苌固垒不战⑨,示之以弱,潜遣子崇率骑数百,出其不意,以乘其后。褐飞兵扰乱,苌遣镇远王超、平远谭亮率步骑击之,褐飞众大溃,斩褐飞及首级万余。恶地请降,苌待之如初。恶地每谓人曰:"吾自言智勇所施,足为一时之杰⑩。校数诸雄,如吾之徒,皆应跨据一方⑪,兽啸千里⑫。遇姚公智力摧屈,是吾分⑬也。"恶地猛毅清肃⑭,不可干以非义⑮,岭北诸豪皆敬惮之。

苌命其将当城于营处一栅孔中莳树⑯一根,以旌战功。岁余,问之,城曰:"营所至小,已广之矣⑰。"苌曰:"少来斗战无如此快⑱,以千六百人破三万众,国

---

① 鸿业:犹大业,宏业。
② 腰斩:古代死刑之一。即拦腰斩为两段。
③ 杏城:古城名,在今陕西黄陵县西南。
④ 李润:坞堡名,在今陕西蒲城县东北。
⑤ 卒殄:卒同猝。意为不可很快歼灭。殄同歼。
⑥ 甘言美说:犹甜言蜜语。
⑦ 潜军:偷偷起兵,不肆声张。
⑧ 无复余:不再留有余敌。
⑨ 固垒不战:坚守堡垒,不应挑战。乘其后:深入敌后。乘,趁。
⑩ 智勇所施,足为一时之杰:智慧与勇气所施展也算得为一时豪杰。
⑪ 跨据一方:占据一方之地。跨,越。如跨州连郡。
⑫ 兽啸千里:如猛兽一样狂啸至千里之远。
⑬ 摧屈,是吾分:摧折屈服是我分内之事。分内,犹命定。
⑭ 猛毅清肃:勇猛、坚毅、清正、严肃。
⑮ 不可干以非义:不可犯以非义。干,犯。非义,不正义。
⑯ 莳(shì)树:莳移一棵栽种其中。
⑰ 营所至小,已广之矣:原来的营所太小,现在已经扩大了。姚苌在姚当成的营栅孔中植树是表示要扩大他的部署,增加他的兵力。
⑱ 少来斗战无如此快:向来的战斗没有像这次这样快捷、快意的。

之事业,由此克举①。小乃为奇,大何足贵②!"

贰城胡曹寅、王达献马三千匹。以寅为镇北将军、并州刺史,达镇远将军、金城太守。

苌性简率③,群下有过,或面加骂辱。太常权翼言于苌曰:"陛下弘达自任,不修小节,驾驭群雄,苞罗俊异,弃嫌录善④,有高祖之量⑤。然轻慢之风,所宜除也。"苌曰:"吾之性也。吾于舜之美,未有片焉⑥;汉祖之短,已收其一⑦。若不闻谠言⑧,安知过也!"

南羌窦茍率户五千来降,拜安西将军。

苌下书,有复私仇者,皆诛之。将吏亡灭者,各随所亲以立后⑨,振给长育之⑩。

镇东苟曜据逆万堡,密引苻登。苌与登战,败于马头原⑪,收众复战。姚硕德谓诸将曰:"上慎于轻战⑫,每欲以计取之。今战既失利,而更逼贼者,必有由也。"苌闻而谓硕德曰:"登用兵迟缓,不识虚实,今轻兵直进,迳据吾东⑬,必苟曜竖子与之连结也。事久变成,其祸难测⑭。所以速战者,欲使竖子谋之未就,好之未深⑮,散败其事⑯耳。"进战,大败之,登退屯于郿。登将金槌⑰以新平降苌,苌轻将⑱数百骑入槌营。群下谏之,苌曰:"槌既去苻登,复欲图我⑲,将安所归!且怀德初附⑳,推款委质㉑,吾复以不信待之,何以御物㉒乎!"群氏果有异谋,槌不从

---

① 克举:完成,胜任。
② 小乃为奇,大何足贵:虽小(人少)但可出奇制胜,大(人多)有什么可贵的呢。
③ 简率:简慢率性。
④ 弃嫌录善:不计前嫌,记人之善。嫌,怨恨,不满。善,善举。
⑤ 高祖之量:汉高祖刘邦的度量。
⑥ 舜之美未有片焉:舜帝的美德一点也不具备。片,少。
⑦ 汉高之短已收其一:刘邦最大的缺点是对人简慢。短,缺。
⑧ 谠(dǎng)言:谠,正直的言论。
⑨ 各随所亲以立后:各自可在亲属中为其重立后嗣,以免绝户。
⑩ 振给长育之:振同赈。意为长期救助使之成长。育,抚育。
⑪ 逆万堡、马头原:均为地名。
⑫ 慎于轻战:不轻易与敌人打硬仗、无准备之仗。轻战,随意之战。慎,重。
⑬ 迳据吾东:直接占据我的东方之地。迳,直截了当。
⑭ 事久变成,其祸难测:事情拖得一久,就会发生意想不到的变化,其结果则难以预测。祸,坏结果。
⑮ 谋之未就,好之未深:谋划还未完善,友谊还未深结。
⑯ 散败其事:拆散挫败他的计划打算。
⑰ 金槌:人名。
⑱ 轻将:轻,少。将,率领。
⑲ 复欲图我,将安所归:又想加害于我,他又将归于何处?图,加害。
⑳ 怀德初附:心怀德义,初附于我。
㉑ 推款委质:推诚心,投身于我。款,诚。委质,投身。质,身。
㉒ 御物:驾驭群雄。物,人物。

而止。

苌如阴密攻登，敕其太子兴曰："苟曜好奸变，将为国害，闻吾还北，必来见汝，汝便执之。"苟曜果见兴于长安，兴遣尹纬让而诛之。

苌大败登于安定东，置酒高会①，诸将咸曰："若值魏武王②，不令此贼至今，陛下将牢太过③耳。"苌笑曰："吾不如亡兄④有四：身长八尺五寸，臂垂过膝，人望而畏之，一也；当十万之众，与天下争衡⑤，望麾而进，前无横阵⑥，二也；温古知今，讲论道艺⑦，驾驭英雄，收罗隽异⑧，三也；董率大众⑨，履险若夷⑩，上下咸允⑪，人尽死力，四也。所以得建立功业，策任群贤⑫者，正望算略中一片⑬耳。"群臣咸称万岁。

苌下书令留台诸镇⑭各置学官，勿有所废，考试优劣，随才擢叙⑮。苻登骠骑将军没奕于率户六千降，拜使持节、车骑将军、高平公。

苌寝疾⑯，遣姚硕德镇李润，尹纬守长安，召其太子兴诣行营。征南姚方成言于兴曰："今寇贼未灭，上复寝疾，王统、苻胤等皆有部曲⑰，终为人害，宜尽除之。"兴于是诛苻胤、王统、王广、徐成、毛盛，乃赴召。兴至，苌怒曰："王统兄弟是吾州里⑱，无他远志⑲，徐成等昔在秦朝⑳，并为名将。天下小定，吾方任之，奈何辄便诛害，令人丧气！"

---

① 置酒高会：设酒宴大会群士。高，大。会，聚会。
② 魏武王：即其兄姚襄。襄亡后，姚苌谥曰魏武王。
③ 将牢太过：过分持重。
④ 亡兄：即姚襄。
⑤ 当十万之众，与天下争衡：当，面对。争衡：争强斗胜。
⑥ 望麾而进，前无横阵：军锋所向，无所阻挡。麾，指挥军队的旗帜。横阵：横向的军阵，可阻拦对方的攻击。
⑦ 道艺：道德准则。艺，标准，准则。引申为法度，限度。
⑧ 隽异：同俊义。亦作俊艾。即贤能的人。
⑨ 董率大众：董，督，监督。
⑩ 履险若夷：跋涉于艰难险阻如若平地。履，踩踏。夷，平地。
⑪ 上下咸允：所有的人都能服从。允，应许，答应。
⑫ 策任群贤：任用群贤。策，驱使。任，委任。贤，贤能之士。
⑬ 正望算略中一片：正是期望谋略中的一小部分。
⑭ 留台诸镇：留守京师的机构及分镇一方者。
⑮ 随才擢叙：根据考试成绩结合实际才能选拔、任用。擢，拔。叙，授官职。
⑯ 寝疾：卧病。
⑰ 部曲：本为军队编制之一，后渐演变为将军的私人部队。
⑱ 州里：犹同乡。
⑲ 无他远志：意为没有野心。远志，大志。
⑳ 秦朝：即苻坚建立的前秦王朝。

苌下书，兵吏从征伐，户在大营者，世世复其家，无所豫①。

苻登与窦冲相持，苌议击之，尹纬言于苌曰："太子纯厚之称，著于遐迩，将领英略，未为远近所知。宜遣太子亲行，可以渐广威武②，防窥觎之原③。"苌从之，戎兴曰："贼徒知汝转近，必相驱入堡，聚而掩之，无不克矣。"比至胡空堡④，冲围自解。登闻兴向胡空堡，引还，兴因袭平凉，大获而归，咸如苌策。使兴还镇长安。

苌下书除妖谤之言及赦前奸秽⑤，有相劾举者⑥，皆以其罪罪之⑦。

晋平远将军、护氐校尉杨佛嵩率胡蜀⑧三千余户降于苌，晋将杨佺期、赵睦追之。遣姚崇赴救，大败晋师，斩赵睦。以佛嵩为镇东将军。

苌如长安，至于新支堡⑨，疾笃⑩，舆疾而进。梦苻坚将天官使者⑪、鬼兵数百突入营中，苌惧，走入宫，宫人迎苌刺鬼，误中苌阴，鬼相谓曰："正中死处。"拔矛，出血石余⑫。寤而惊悸，遂患阴肿⑬，医刺之，出血如梦。苌遂狂言⑭，或称"臣苌，杀陛下者兄襄，非臣之罪，愿不枉臣"。至长安，召太尉姚旻、尚书左仆射尹纬、右仆射姚晃、尚书狄伯支等入，受遗辅政⑮。苌谓兴曰："有毁此诸人者，慎勿受之⑯。汝抚骨肉以仁⑰，接大臣以礼，待物以信，遇黔首以恩⑱，四者既备，吾无忧矣。"以太元十八年死，时年六十四，在位八年。伪谥武昭皇帝，庙号太祖，墓称原陵。

选自《晋书》卷一百十六《姚苌载记》

---

① 户在大营者，世世复其家，无所豫：户籍属于大营的将士世代免除他们的家庭的徭役。大营，即姚苌的大本营。
② 渐广威武：逐渐扩大太子的威武之望。
③ 防窥觎之原：防止他人取代的念想。窥觎同觊觎。原同源。
④ 胡空堡：古地名，在陕西彬县西南。
⑤ 妖谤之言及赦前奸秽：邪恶、谤毁的言说。奸秽，奸邪，污秽。
⑥ 相劾举者：互相举发揭发的人。
⑦ 以其罪罪之：以举发别人的罪行来判举发的罪。即以其人之道还治其人之身。前罪为名词，当罪行讲。后罪为动词，当论罪讲。
⑧ 胡蜀：四川境内的胡人及汉人。
⑨ 新支堡：古地名。
⑩ 疾笃：病情加重。笃，病重。
⑪ 将天官使者：率领天宫官使。
⑫ 出血石(dàn)余：血流了近一石多。石，量词。
⑬ 阴肿：下身发肿。阴，外生殖器。
⑭ 狂言：荒诞的言语。
⑮ 受遗辅政：接受遗诏，辅佐太子姚兴治理国家。
⑯ 有毁此诸人者，慎勿受之：谤毁以上几人的一定不能接受。慎，禁戒之词。
⑰ 抚骨肉以仁：用仁爱之心抚育至亲族属。骨肉，至亲。
⑱ 遇黔首以恩：对待百姓要给予恩惠。黔首，黎民百姓。

吕 光 传

吕光字世明,略阳氐人也。其先吕文和,汉文帝初,自沛①避难徙焉。世为酋豪。父婆楼,佐命苻坚,官至太尉。光生于枋头,夜有神光之异,故以光为名。年十岁,与诸童儿游戏邑里,为战阵之法②,俦类③咸推为主。部分详平④,群童叹服。不乐读书,唯好鹰马⑤。及长,身长八尺四寸,目重瞳子⑥,左肘有肉印⑦。沈毅凝重,宽简⑧有大量,喜怒不形于色。时人莫之识也,惟王猛异之⑨,曰:"此非常人。"言之苻坚,举贤良,除美阳⑩令,夷夏爱服。迁鹰扬将军。从坚征张平,战于铜壁,刺平养子蚝,中之⑪,自是威名大著。

苻双反于秦州,坚将杨成世为双将苟兴所败,光与王鉴讨之。鉴欲速战⑫,光曰:"兴初破成世,奸气⑬渐张,宜持重以待其弊。兴乘胜轻来,粮竭必退,退而击之,可以破也。"二旬而兴退,诸将不知所为,光曰:"揆⑭其奸计,必攻榆眉。若得榆眉,据城断路,资储复赡⑮,非国之利⑯也,宜速进师。若兴攻城,尤须赴救。如其奔也,彼粮既尽,可以灭之。"鉴从焉。果败兴军。从王猛灭慕容,封都亭侯。

---

① 沛:今江苏沛县。
② 战阵之法:行兵布阵之类的作战方法。
③ 俦(chóu)类:同辈,伴侣。
④ 部分详平:部分犹分布,即分给每个人的角色、位置、任务等既详细又公平,故"群童叹服"。
⑤ 鹰马:飞鹰走马。即驰骋,行猎。
⑥ 目重瞳子:眼珠中有两个中心。相传项羽为重瞳子。
⑦ 肉印:象印一样的肉记,凸出在皮肤之上。
⑧ 宽简:宽大,不苛求。
⑨ 异之:认为吕光是特异人才。
⑩ 美阳:县名,在今陕西扶风与武功之间。
⑪ 中之:刺中张蚝要害部位。
⑫ 连战:犹继战,连续作战。
⑬ 奸气:凶恶气焰。
⑭ 揆:度量,揣度,估计。
⑮ 资储复赡:资储犹军需,复赡,又丰富了起来。赡,充裕,足够。
⑯ 非国之利:不是国家的好事情。利,好。

苻重之镇洛阳,以光为长史。及重谋反,苻坚闻之,曰:"吕光忠孝方正,必不同也。"驰使命光槛重送之①。寻入为太子右率②,甚见敬重。

蜀人李焉聚众二万,攻逼益州。坚以光为破虏将军,率兵讨灭之,迁步兵校尉。苻洛反,光又击平之,拜骁骑将军。

坚既平山东,士马强盛,遂有图西域之志③,乃授光使持节、都督西讨诸军事,率将军姜飞、彭晃、杜进、康盛等总兵七万,铁骑五千,以讨西域,以陇西董方、冯翊郭抱、武威贾虔、弘农杨颖为四府佐将。坚太子宏执光手曰:"君器相非常④,必有大福,宜深保爱。"行至高昌,闻坚寇晋,光欲更须后命⑤。部将杜进曰:"节下⑥受任金方⑦,赴机宜速⑧,有何不了,而更留乎!"光乃进及流沙,三百余里无水,将士失色。光曰:"吾闻李广利精诚玄感,飞泉涌出⑨,吾等岂独无感致乎!皇天必将有济,诸君不足忧也。"俄而大雨,平地三尺。进兵至焉耆,其王泥流率其旁国请降。龟兹王帛纯距光,光军其城南⑩,五里为一营,深沟高垒,广设疑兵,以木为人,被之以甲⑪,罗之垒上⑫。帛纯驱徙城外人入于城中,附庸侯王各婴城自守⑬。

至是,光左臂内脉起成字,文曰"巨霸"。营外夜有一黑物,大如断堤,摇动有头角,目光若电,及明而云雾四周,遂不复见。旦视其处,南北五里,东西三十余步,鳞甲隐地之所,昭然犹在。光笑曰:"黑龙也。"俄而云起西北,暴雨灭其迹。杜进言于光曰:"龙者神兽,人君利见之象。《易》曰:'见龙在田,德施普也。'斯诚明将军道合灵和,德以甲符幽显。愿将军勉之,以成大庆。"光有喜色。

---

① 槛重送之:让吕光把苻重用槛车押送到京师长安。之,苻重。
② 太子右率:护卫太子(东宫)的武官。《晋书·职官志》:"惠帝建东宫,建卫率,初曰中卫率,泰始五年分为左右,各领一军。主宫殿门户及赏罚事职。"
③ 图西域之志:图谋讨伐西域诸国。
④ 器相非常:气度相貌不同于普通之人。
⑤ 更须后命:须等待新的命令。
⑥ 节下:指吕光。因吕光为持节之首长。节下犹阁下等敬称。
⑦ 金方:犹西方。
⑧ 赴机宜速:赶机会应当快速前进。机,时机。
⑨ 李广利精诚玄感,飞泉涌出:《后汉书·耿恭传》:"匈奴遂于城下拥绝涧水。恭于城中穿井十五丈不得水,吏士渴乏,笮(榨)马粪汁而饮之。恭仰叹曰:'闻昔贰师将军拔佩刀刺山,飞泉涌出;今汉德神明,岂有穷哉。'乃整衣服向井再拜,为吏士祷。有顷,水泉涌出,众皆称万岁。乃令吏士扬水以示虏。"
⑩ 光军其城南:吕光将军营设在龟兹城南。军,动词,设营驻军。
⑪ 被之以甲:给木人身披衣甲。被犹披。
⑫ 罗之垒上:罗列在高垒之上,以为疑兵。
⑬ 附庸侯王各婴城自守:附庸侯王,为龟兹国附近的小国之君,婴城自守,据城自守。

又进攻龟兹城,夜梦金象①飞越城外。光曰:"此谓佛神去之,胡必亡矣。"光攻城既急,帛纯乃倾国财宝请救狯胡。狯胡弟呐龙、侯将馗率骑二十余万,并引温宿、尉头等国王,合七十余万以救之。胡便弓马②,善矛槊③,铠如连锁,射不可入,以革索为胃④,策马掷人,多有中者。众甚惮之。诸将咸欲每营结阵,案兵以距之。光曰:"彼众我寡,营又相远,势分力散,非良策也。"于是迁营相接阵,为勾锁之法⑤,精骑为游军,弥缝其阙⑥。战于城西,大败之,斩万余级。帛纯收其珍宝而走,王侯降者三十余国。光入其城,大飨将士,赋诗言志。见其宫室壮丽,命参军京兆段业著《龟兹宫赋》以讥之。胡人奢侈,厚于养生⑦,家有蒲桃酒,或至千斛,经十年不败,士卒沦没酒藏者相继矣。诸国惮光威名,贡款属路⑧,乃立帛纯弟震为王以安之。光抚宁西域,威恩甚著,桀黠胡王昔所未宾者⑨,不远万里皆来归附,上汉所赐节传⑩,光皆表而易之⑪。

坚闻光平西域,以为使持节、散骑常侍、都督玉门已西诸军事、安西将军、西域校尉,道绝不通⑫。光既平龟兹,有留焉之志⑬。时始获鸠摩罗什⑭,罗什劝之东还,语在《西夷传》。光于是大飨文武,博议进止⑮。众咸请还,光从之,以驼二万余头致外国珍宝及奇伎异戏、殊禽怪兽千有余品,骏马万余匹。而苻坚高昌太守杨翰说其凉州刺史梁熙距守高梧、伊吾二关,熙不从。光至高昌,翰以郡迎降。初,光闻翰之说,恶之,又闻苻坚丧败,长安危逼,谋欲停师⑯。杜进谏曰:"梁熙文雅有余,机鉴⑰不足,终不能纳善从说也,愿不足忧之。闻其上下未同⑱,宜在

---

① 金象:金色的佛像。
② 便弓马:长于骑射。
③ 矛槊:长矛及矟(shuò),又称槊。
④ 革索为胃(juàn):皮条织成的绳索。革索,皮绳,胃,绳套。
⑤ 勾锁之法:原用于套捕野兽的布阵之法。意为结成像缫丝时勾取丝绪结成一股的方法。
⑥ 弥缝其阙:补充阵与阵之间的缺口。
⑦ 厚于养生:重视养生。厚,重,看重。
⑧ 属路:路上贡献的队伍络绎不绝。属,连。
⑨ 桀黠(jié xiá)胡王昔所未宾者:凶悍狡狯的胡王昔日未曾宾服中国。桀黠,凶悍而狡狯。宾,服从。
⑩ 上汉所赐节传:呈上两汉时中国所赐予他的符节信物。传,符信。
⑪ 表而易之:上表朝廷,换成秦家(苻秦)的节符授予诸胡王。易,更换。
⑫ 道绝不通:苻坚兵败,各地叛失,从西域返回中国的道路也被阻拦而不能顺利通过。
⑬ 留焉之志:留在西域的想法。
⑭ 鸠摩罗什:龟兹人,佛学大师,后随吕光入中国,翻译了大量佛经。《晋书》为其立传。
⑮ 博议进止:广泛听取各方意见,是留在西域,还是返回中国。
⑯ 谋欲停师:想停留在高昌,暂不东返。
⑰ 机鉴:机智,鉴识。
⑱ 闻其上下未同:乘着他内部还未达成一致之机。闻,乘间。上下,犹部众。

速进，进而不捷，请受过言之诛。"光从之。及至玉门，梁熙传檄责光擅命还师①，遣子胤与振威姚皓、别驾卫翰率众五万，距光于酒泉。光报檄凉州②，责熙无赴难之诚③，数其遏归师之罪④。遣彭晃、杜进、姜飞等为前锋，击胤，大败之。胤轻将麾下数百骑东奔，杜进追擒之。于是西山胡夷⑤皆来款附。武威太守彭济执熙请降。光入姑臧，自领凉州刺史、护羌校尉，表杜进为辅国将军、武威太守，封武始侯，自余封拜各有差。

光主簿尉祐，奸佞倾薄人⑥也，见弃前朝⑦，与彭济同谋执梁熙，光深见宠任⑧，乃谮诛⑨南安姚皓、天水尹景等名士十余人，远近颇以此离贰⑩。光寻擢祐为宁远将军、金城太守。祐次允吾⑪，袭据外城以叛，祐从弟随据鹯阴⑫以应之。光遣其将魏真讨随，随败，奔祐，光将姜飞又击败祐众。祐奔据兴城⑬，扇动百姓，夷夏多从之。飞司马张象、参军郭雅谋杀飞应祐，发觉，逃奔。

初，苻坚之败，张天锡南奔，其世子大豫为长水校尉王穆所匿。及坚还长安，穆将大豫奔秃发思复鞬⑭，思复鞬送之魏安⑮。是月，魏安人焦松、齐肃、张济等起兵数千，迎大豫于揟次⑯，陷昌松⑰郡。光遣其将杜进讨之，为大豫所败。大豫遂进逼姑臧，求决胜负，王穆谏曰："吕光粮丰城固，甲兵精锐，逼之非利。不如席卷岭西⑱，厉兵积粟，东向而争，不及期年，可以平也。"大豫不从，乃遣穆求救于岭西诸郡，建康⑲太守李隰、祁连⑳都尉严纯及阎袭起兵应之。大豫进屯城西，王

---

① 传檄责光擅命还师：传出檄文责难吕光未接苻坚之命而擅自还师入关。
② 光报檄凉州：吕光还报檄文于凉州。报，回应梁熙檄文。
③ 责熙无赴难之诚：责备梁熙没有援助苻坚的诚心。
④ 数其遏归师之罪：列举（梁熙）阻遏他回师救难的罪过。数，列举罪状。
⑤ 西山胡夷：西部山区的游牧民族。
⑥ 奸佞倾薄人：奸邪谄媚、轻薄无威之人。倾薄犹轻薄。
⑦ 见弃前朝：不为刺史梁熙见重。
⑧ 深见宠任：吕光对此人的宠信和任用非同一般。深，甚，如深信不疑。
⑨ 谮诛：进谗言于吕光，使吕光杀害了十余名名士。
⑩ 离贰：疏离甚至叛离的心意。
⑪ 允吾：县名，属金城郡，位于今甘肃永登县南。
⑫ 鹯(zhàn)阴：县名，属武威郡，位于今甘肃省景泰县境内。
⑬ 兴城：地名，不详。
⑭ 秃发思复鞬：秃发乌孤之父。
⑮ 魏安：地名，不详。
⑯ 揟次：地名，属武威郡，位于今甘肃武威东南。
⑰ 昌松：地名，位于揟次以西，属武威郡，又曰苍松。
⑱ 岭西：武威以西诸地。
⑲ 建康：郡名，前凉张骏设，在张掖附近。
⑳ 祁连：郡名。前凉张玄靓设，在敦煌附近。

穆率众三万及思复鞬子奚于等阵于城南。光出击，破之，斩奚于等二万余级。光谓诸将曰："大豫若用王穆之言，恐未可平也。"诸将曰："大豫岂不及此邪！皇天欲赞成明公八百之业①，故令大豫迷于良算②耳。"光大悦，赐金帛有差。大豫自西郡诣临洮，驱略百姓五千余户，保据俱城③。光将彭晃、徐炅攻破之，大豫奔广武，穆奔建康。广武人执大豫，送之，斩于姑臧市。

光至是始闻苻坚为姚苌所害，奋怒哀号，三军缟素，大临④于城南，伪谥坚曰文昭皇帝，长吏百石已上服斩缞⑤三月，庶人哭泣三日。光于是大赦境内，建元曰太安，自称使持节、侍中、中外大都督、督陇右河西诸军事、大将军、邻护匈奴中郎将、凉州牧、酒泉公。王穆袭据酒泉，自称大将军、凉州牧。时谷价踊贵，斗直五百，人相食，死者太半。光西平太守康宁自称匈奴王，阻兵以叛，光屡遣讨之，不捷。

初，光之定河西也，杜进有力焉，以为辅国将军、武威太守。既居都尹⑥，权高一时，出入羽仪⑦，与光相亚⑧。光甥石聪至自关中⑨，光曰："中州人言吾政化⑩何如？"聪曰："止知有杜进耳，实不闻有舅。"光默然，因此诛进。光后宴群僚，酒酣，语及政事。时刑法峻重，参军段业进曰："严刑重宪，非明王之义也。"光曰："商鞅之法至峻，而兼诸侯；吴起之术无亲，而荆蛮以霸，何也？"业曰："明公受天眷命⑪，方君临四海，景行尧舜⑫，犹惧有弊⑬，奈何欲以商申之末法临道义之神州⑭，岂此州士女⑮所望于明公哉！"光改容谢之，于是下令责躬⑯，及崇宽简之政。

其将徐炅与张掖太守彭晃谋叛，光遣师讨炅，炅奔晃。晃东结康宁，西通王

---

① 八百之业：意为像周朝一样立国长久。周从武王伐商至秦始皇灭国大约八百年。
② 良算：好主意，指王穆之谏。
③ 俱城：古地名，约在今甘肃岷县境内。
④ 大临(lìn)：大设临吊于姑臧城南。临，哭吊死者。
⑤ 斩缞(cuī)：丧服名。五服中最重的一种，其服用最粗的麻布制成。不缉边，使断处外露，以本无饰，故称"斩缞"。
⑥ 都尹：武威太守，首都最高长官。如西汉有京兆尹，东汉有河南尹。
⑦ 羽仪：用羽毛装饰的仪仗队伍。
⑧ 相亚：仅次于吕光。
⑨ 至自关中：从关中来到姑臧。
⑩ 政化：政治与教化。意为对他的评论。
⑪ 受天眷命：受到天命的眷顾。
⑫ 景行尧舜：仰慕尧舜。景行：崇高的德行，引申为仰慕崇高之意。
⑬ 犹惧有弊：忧心害怕自己受到蒙蔽。
⑭ 临道义之神州：对待讲求道义的国土人民。神州，指所治下的国土国民。
⑮ 士女：指本州的所有人。
⑯ 责躬：问责于自己。躬，身体，即自己。

穆，光议将讨之，诸将咸曰："今康宁在南，阻兵伺隙①，若大驾西行，宁必②乘虚出于岭左。晃、穆未平，康宁复至，进退狼狈，势必大危。"光曰："事势③实如卿言。今而不往，当坐待其来。晃、穆共相唇齿，宁又同恶相救，东西交至，城外非吾之有，若是，大事去矣。今晃叛逆始尔，宁、穆与之情契未密，及其仓卒，取之为易。且隆替④命也，卿勿复言。"光于是自率步骑三万，倍道兼行。既至，攻之二旬，晃将寇颛斩关⑤纳光，于是诛彭晃。王穆以其党⑥索嘏为敦煌太守，既而忌其威名，率众攻嘏。光闻之，谓诸将曰："二虏相攻，此成擒也。"光将攻之，众咸以为不可。光曰："取乱侮亡⑦，武之善经⑧，不可以累征之劳⑨而失永逸之举⑩。"率步骑二万攻酒泉，克之，进次凉兴。穆引师东还，路中众散，穆单骑奔骍马⑪，骍马令郭文斩首送之。

　　是时麟见金泽县，百兽从之，光以为己瑞，以孝武太元十四年僭即三河王位，置百官自丞郎已下，赦其境内，年号麟嘉。光妻石氏、子绍、弟德世至自仇池⑫，光迎于城东，大飨群臣。遣其子左将军他、武贲中郎将纂讨北虏匹勒于三岩山，大破之。立妻石氏为王妃，子绍为世子。宴其群臣于内苑新堂。太庙新成，追尊其高祖为敬公，曾祖为恭公，祖为宣公，父为景昭王，母曰昭烈妃。其中书侍郎杨颖上疏，请依三代故事，追尊吕望⑬为始祖，永为不迁之庙，光从之。

　　是岁，张掖督邮傅曜考核属县，而丘池⑭令尹兴杀之，投诸空井。曜见梦⑮于光曰："臣张掖郡小吏，案校⑯诸县，而丘池令尹兴赃状⑰狼藉⑱，惧臣言之，杀臣投

---

① 伺隙：窥伺可乘之机。隙，漏洞，机会。
② 宁必：一定会。
③ 事势：事情与形势。
④ 隆替：兴废，盛衰，犹成败。
⑤ 斩关：斩杀守城将士。
⑥ 其党：同党。
⑦ 取乱侮亡：乘着二人相攻之乱局将其一并制服。
⑧ 武之善经：武略中最善之策。意为坐山观虎斗，最后收拾二败俱伤之敌。
⑨ 累征之劳：连续作战的劳苦。
⑩ 永逸之举：长久安逸的举措。
⑪ 骍(xīng)马：古县名，属酒泉郡。位于今嘉峪关与玉门之间。
⑫ 仇池：地名，在今甘肃陇南礼县境内。
⑬ 吕望：即西周武王师傅吕望，又称太公望、姜太公。
⑭ 丘池：古县名。
⑮ 见梦：如托梦。
⑯ 案校：查验案情。
⑰ 赃状：贪赃枉法的状况十分严重。
⑱ 狼藉：散乱不可收拾。

于南亭空井中。臣衣服形状如是。"光寤而犹见，久之乃灭。遣使覆之如梦，光怒，杀兴。著作郎段业以光未能扬清激浊，使贤愚殊贯①，因疗疾于天梯山②，作表志诗《九叹》《七讽》十六篇以讽焉。光览而悦之。

南羌彭奚念入攻白土③，都尉孙峙退奔兴城。光遣其南中郎将吕方及其弟右将军吕宝、振威杨范、强弩窦苟讨乞伏乾归④于金城。方屯河北，宝进师济河，为乾归所败，宝死之。武贲吕纂、强弩窦苟率步骑五千南讨彭奚念，战于盘夷⑤，大败而归。光亲讨乾归、奚念，遣纂及扬武杨轨、建忠沮渠罗仇、建武梁恭军于左南⑥。奚念大惧，于白土津⑦累石为堤，以水自固，遣精兵一万距守河津。光遣将军王宝潜趣上津，夜渡湟河。光济自石堤，攻克枹罕⑧，奚念单骑奔甘松⑨，光振旅而旋。

初，光徙西海郡⑩人于诸郡，至是，谣曰："朔马心何悲？念旧中心劳。燕雀何徘徊？意欲还故巢。"顷之，遂相扇动，复徙之于西河乐都⑪。

群议以高昌虽在西垂，地居形胜，外接胡虏，易生翻覆，宜遣子弟镇之。光以子覆为使持节、镇西将军、都督玉门已西诸军事、西域大都护，镇高昌，命大臣子弟随之。

光于是以太元二十一年僭即天王位，大赦境内，改年龙飞。立世子绍为太子，诸子弟为公侯者二十人。中书令王详为尚书左仆射，段业等五人为尚书。

乾归从弟轲弹来奔，光下书曰："乾归狼子野心，前后反覆。朕方东清秦、赵，勒铭会稽⑫，岂令竖子鸱峙洮南⑬！且其兄弟内相离间，可乘之机，勿过今也。其

---

① 贤愚殊贯：好人坏人不加区别。殊，不同，如殊途。贯，通。意为吕光在用人方面做得很差。
② 天梯山：在今武威南、祁连山北麓。有佛教传入早期的大型石窟。
③ 白土：古县名，属金城郡，在今青海循化县。
④ 乞伏乾归：西秦国君乞伏国仁之弟。
⑤ 盘夷：古地名，不详。
⑥ 左南：古县名。十六国前凉置，治今青海省民和县西北湟水北岸。属晋兴郡。东晋太和二年(367)前凉张天锡击李俨，遣常据进军于此。后废。
⑦ 白土津：白土附近的黄河渡口。
⑧ 枹罕：古县名，秦置。治今甘肃临夏东北(北魏迁今临夏)。
⑨ 甘松：古县名，十六国西秦建义元年(385)乞伏国仁置，治所在今甘肃迭部县东南，接四川若尔盖县东境。北周于此筑城置甘松防，建德六年(577)改置芳州。
⑩ 西海郡：汉献帝时置，位于今内蒙古自治区西部额济纳旗居延海附近。
⑪ 西河乐都：在今青海乐都县。
⑫ 东清秦、赵，勒铭会稽：意为他将向东清除姚秦、石赵，在会稽勒铭记功。勒铭，摩岩以记其功。会稽指东晋。
⑬ 洮南：洮河以南。

敕中外戒严,朕当亲讨。"光于是次于长最①,使吕纂率杨轨、窦苟等步骑三万攻金城。乾归率众二万救之。光遣其将王宝、徐炅率骑五千邀之,乾归惧而不进。光又遣其将梁恭、金石生以甲卒万余出阳武下峡②,与秦州刺史没奕于攻其东,光弟天水公延以枹罕之众攻临洮、武始③、河关④,皆克之。吕纂克金城,擒乾归金城太守卫翰,翰瞋目⑤谓光曰:"我宁守节断头,不为降虏也。"光义而免之⑥。乾归因大震,泣叹曰:"死中求生,正在今日也。"乃纵反间⑦,称乾归众溃,东奔成纪。吕延信之,引师轻进⑧。延司马耿稚谏曰:"乾归雄勇过人,权略难测,破王广,克杨定,皆赢师以诱之,虽蕞尔⑨小国,亦不可轻也。困兽犹斗,况乾归而可望风自散⑩乎!且告者视高而色动⑪,必为奸计。而今宜部阵而前,步骑相接,徐待诸军大集,可一举灭之。"延不从,与乾归相遇,战败,死之。耿稚及将军姜显收集散卒,屯于枹罕。光还于姑臧。

光荒耄⑫信谗,杀尚书沮渠罗仇、三河太守沮渠麹粥。罗仇弟子蒙逊叛光,杀中田护军⑬马邃,攻陷临松郡⑭,屯兵金山⑮,大为百姓之患。蒙逊从兄男成先为将军,守晋昌,闻蒙逊起兵,逃奔赀房,扇动诸夷,众至数千,进攻福禄⑯、建安⑰。宁戎护军赵策击败之,男成退屯乐涫⑱。吕纂败蒙逊于忽谷⑲。酒泉太守垒澄率将军赵策、赵陵步骑万余讨男成于乐涫,战败,澄、策死之。男成进攻建

---

① 长最:古县名,在今甘肃永登县南。
② 阳武下峡:在今靖远县西北。
③ 武始:郡名,十六国前凉张骏置,治狄道县(今甘肃临洮县)。北魏移治勇田县(今临洮县北)。西魏复还治狄道县。辖境相当今甘肃省临洮县一带。隋开皇三年(583)废。
④ 河关:在今甘肃临夏市西北与青海循化县相邻的黄河沿岸。
⑤ 瞋目:瞪大眼睛。
⑥ 义而免之:以其重于义气、气节而免于罪。
⑦ 纵反间:使出反间之计。
⑧ 轻进:轻率前进。
⑨ 蕞尔:形容小的。
⑩ 望风自散:还没有经过大战就会奔散吗?望风,犹听到声势。
⑪ 告者视高而色动:告者,报告假消息的人,眼睛向上看,脸色改动,说明心中有鬼。
⑫ 荒耄:迷乱。
⑬ 中田护军:官名。
⑭ 临松郡:《晋书·地理志·凉州》:"元康五年,惠帝分敦煌郡之宜禾、伊吾、冥安、渊泉、广至等五县,分酒泉之沙头县,又别立会稽、新乡,凡八县为晋昌郡。"张天锡又别置临松郡。
⑮ 金山:地名,不详。
⑯ 福禄:古县名,位于今甘肃酒泉市。
⑰ 建安:地名,不详。
⑱ 乐涫:古县名,在今甘肃酒泉市西南。
⑲ 忽谷:古地名,今甘肃山丹县东。

康,说太守段业曰:"吕氏政衰,权臣擅命,刑罚失中①,人不堪役,一州之地,叛者连城,瓦解之势,昭然在目,百姓嗷然②,无所宗附③。府君岂可以盖世之才,而立忠于垂亡之世!男成等既唱大义,欲屈府君抚临鄯州,使涂炭之余蒙来苏之惠④。"业不从。相持二旬而外救不至,郡人高逯、史惠等言于业曰:"今孤城独立,台无救援,府君虽心过田单,而地非即墨⑤,宜思高算,转祸为福。"业先与光侍中房晷、仆射王详不平⑥,虑不自容,乃许之。男成等推业为大都督、龙骧大将军、凉州牧、建康公。光命吕纂讨业,沮渠蒙逊进屯临洮,为业声势⑦。战于合离⑧,纂师大败。

光散骑常侍、太常郭黁明天文,善占候,谓王详曰:"于天文,凉之分野将有大兵。主上老病,太子冲暗⑨,纂等凶武⑩,一旦不讳⑪,必有难作。以吾二人久居内要,常有不善之言,恐祸及人,深宜虑之。田胡王乞机⑫部众最强,二苑⑬之人多其故众。吾今与公唱义,推机为主,则二苑之众尽我有也。克城之后,徐更图之。"详以为然。夜烧光洪范门,二苑之众皆附之,详为内应。事发,光诛之。黁遂据东苑以叛。光驰使召纂,诸将劝纂曰:"业闻师回,必蹑军后。若潜师夜还,庶无后患矣。"纂曰:"业虽凭城阻众,无雄略之才,若夜潜还,张其奸志⑭。"乃遣使告业曰:"郭黁作乱,吾今还都。卿能决者,可出战。"于是引还。业不敢出。纂司马杨统谓其从兄桓曰:"郭黁明善天文,起兵其当有以⑮。京城之外非复朝廷之有,纂今还都,复何所补⑯!统请除纂,勒兵推兄为盟主,西袭吕弘,据张掖以

---

① 刑罚失中:刑罚不合实际。
② 嗷然:哀号之状。
③ 宗附:犹归附。
④ 来苏之惠:犹再生之惠。惠,好。
⑤ 心过田单,而地非即墨:战国时,燕将乐毅率军伐齐,攻下七十余城,只剩田单坚守的即墨城。田单终于反败而胜燕。
⑥ 不平:不相容。犹言关系不好。
⑦ 声势:犹声援。
⑧ 合离:古地名,不详。
⑨ 冲暗:幼小无知。
⑩ 凶武:凶狠、勇武。
⑪ 不讳:死的婉称。
⑫ 王气乞机:人名。
⑬ 二苑:姑臧有东西二苑。
⑭ 张其奸志:犹涨了敌人的志气。张,涨。
⑮ 其当有以:一定有所缘由。以,缘由。
⑯ 复何所补:有什么可以补救的呢?

号令诸郡,亦千载一时也。"桓怒曰:"吾闻臣子之事君亲①,有陨无二②,吾未有包胥存救之效③,岂可安荣其禄,乱增其难④乎!吕宗⑤若败,吾为弘演⑥矣。"统惧,至番禾⑦,遂奔郭䵣。䵣遣军邀⑧纂于白石,纂大败。光西安太守石元良率步骑五千赴难,与纂共击䵣军,破之,遂入于姑臧。䵣之叛也,得光孙八人于东苑。及军败,恚甚,悉投之于锋刃之上,枝分节解,饮血盟众⑨,众皆掩目不忍视之,䵣悠然自若。

　　䵣推后将军杨轨为盟主,轨自称大将军、凉州牧、西平公。吕纂击䵣将王斐于城西,大破之,自是䵣势渐衰。光遗杨轨书曰:"自羌胡不靖,郭䵣叛逆,南藩⑩安否,音问两绝。行人风传,云卿拥逼百姓,为䵣唇齿。卿雅志忠贞,有史鱼之操⑪,鉴察成败,远侔古人,岂宜听纳奸邪,以亏大美!陵霜不凋者松柏也,临难不移者君子也,何图松柏凋于微霜,鸡鸣已于风雨!郭䵣巫卜小数⑫,时或误中,考之大理⑬,率多虚谬。朕宰化寡方⑭,泽不逮远⑮,致世事纷纭,百城离叛。勠力一心,同济巨海⑯者,望之于卿也。今中仓积粟数百千万,东人战士一当百余,入则言笑晏晏⑰,出则武步⑱凉州,吞䵣咀业,绰有余暇。但与卿形虽君臣,心过父子,欲全卿名节,不使贻笑将来。"轨不答,率步骑二万北赴郭䵣。至姑臧,垒于城北。轨以士马之盛,议欲大决成败,䵣每以天文裁之⑲。吕弘为段业所逼,光遣

---

① 事君亲:为君王和亲人做事。君亲,君王与父母,有时特指君主。
② 有陨无二:有死一途,不能有背叛之心。陨,犹陨身捐躯。
③ 包胥存救之效:春秋时,伍子胥借吴国之力,报杀父之仇,败楚军,鞭尸楚平王。申包胥求救于秦国,秦为其忠所感动,派兵援楚。
④ 安荣其禄,乱增其难:安定之时光荣地接受俸禄,变乱之时反去增加危难。
⑤ 吕宗:犹吕氏一门。
⑥ 弘演:春秋卫国大夫,忠君典范。
⑦ 番禾:县名,属武威郡,在今甘肃永昌。
⑧ 邀:阻击。
⑨ 枝分节解,饮血盟众:肢解分尸,用人血来盟誓其部众。
⑩ 南藩:指沮渠蒙逊。
⑪ 史鱼之操:史鱼,春秋时卫国大夫,以直节名世。《论语》载孔子曰:"直哉史鱼,邦有道如矢;邦无道,如矢。"矢,直也。
⑫ 小数:技术,方术。
⑬ 大理:大道理。
⑭ 宰化寡方:治国无方。
⑮ 泽不逮远:恩惠不及远方。
⑯ 同济巨海:共渡难关。巨海,大海,此处借指大难。
⑰ 言笑晏晏:和悦。
⑱ 武步:犹跬步。意为凉州乃自己漫步之地,他人不容涉足。
⑲ 以天文裁之:凭天文气象作决断。

吕纂迎之。轨谋于众曰："吕弘精兵一万，若与光合，则敌强我弱。养兽不讨，将为后患。"遂率兵邀纂，纂击败之。郭黁闻轨败，东走魏安，遂奔于乞伏乾归。杨轨闻黁走，南奔廉川。

光疾甚，立其太子绍为天王，自号太上皇帝。以吕纂为太尉，吕弘为司徒。谓绍曰："吾疾病唯增，恐将不济。三寇窥窬①，迭伺国隙②。吾终以后，使纂统六军，弘管朝政，汝恭己无为③，委重二兄，庶可以济。若内相猜贰，衅起萧墙④，则晋赵之变⑤旦夕至矣。"又谓纂、弘曰："永业才非拨乱⑥，直以正嫡有常，猥居元首⑦。今外有强寇，人心未宁，汝兄弟辑穆⑧，则贻厥⑨万世。若内自相图，则祸不旋踵。"纂、弘泣曰："不敢有二心。"光以安帝隆安三年死，时年六十三，在位十年。伪谥懿武皇帝，庙号太祖，墓号高陵。

选自《晋书》卷一百二十二《吕光载记》

---

① 三寇窥窬：三寇指郭黁、杨轨、沮渠蒙逊。窥窬，犹言觊觎，谓窥伺可乘之机。
② 迭伺国隙：选择、窥伺进攻的机会。国隙，特指内部裂隙。
③ 恭己无为：自己不要有所作为。
④ 衅起萧墙：衅，意指祸乱。萧墙，门屏。意为祸端出于自家院内。
⑤ 晋赵之变：春秋末期，晋国三大夫赵魏韩分裂晋国，意为因内部分裂而亡国。
⑥ 永业才非拨乱：吕绍不是能拨乱反正的人才。永业，吕绍字永业。
⑦ 正嫡有常，猥居元首：因为吕绍为正妻所生的嫡子，依照正常继承原则才居于王位。常，常规，传统。猥，谦词，犹言辱。元首，君王之位。
⑧ 辑穆：同辑睦，犹言和睦。
⑨ 贻厥：贻，遗留给。厥犹其。后以"贻厥"为子孙的代称。

秃发乌孤传

秃发乌孤,河西鲜卑人也。其先与后魏同出①。八世祖匹孤率其部自塞北迁于河西,其地东至麦田、牵屯,西至湿罗,南至浇河②,北接大漠。匹孤卒,子寿阗立。初,寿阗之在孕,母胡掖氏因寝而产于被中,鲜卑谓被为"秃发",因而氏焉③。寿阗卒,孙树机能立,壮果多谋略。泰始中,杀秦州刺史胡烈④于万斛堆⑤,败凉州刺史苏愉于金山,尽有凉州之地,武帝为之旰食⑥。后为马隆所败⑦,部下杀之以降。从弟务丸立。死,孙推斤立。死,子思复鞬立,部众稍盛。乌孤即思复鞬之子也。

及嗣位,务农桑,修邻好。吕光遣使署为假节、冠军大将军、河西鲜卑大都统、广武县侯。乌孤谓诸将曰:"吕氏远来假授,当可受不?"众咸曰:"吾士众不少,何故属人⑧!"乌孤将从之,其将石真若留曰:"今本根未固,理宜随时⑨。光德刑修明,境内无虞⑩,若致死于我者,大小不敌⑪,后虽悔之,无所及也。不如受而遵养之,以待其衅耳。"乌孤乃受之。

乌孤讨乙弗、折掘二部,大破之,遣其将石亦干筑廉川堡⑫以都之。乌孤登廉川大山,泣而不言。石亦干进曰:"臣闻主忧臣辱,主辱臣死,大王所为不乐者,

---

① 与后魏同出:和后来建立北魏的拓跋氏出自同一部落。
② 麦田、牵屯、湿罗、浇河:均为地名,不详。
③ 因而氏焉:以秃发为其氏族之名称,如拓跋氏、宇文氏、慕容氏等。
④ 胡烈:安定人,曹魏车骑将军胡遵之子。
⑤ 万斛堆:见《胡奋传》注。
⑥ 旰(gàn)食:晚食。因心忧而食晚。
⑦ 为马隆所败:《晋书·武帝纪》:"咸宁五年春正月,虏帅树能机攻陷凉州。乙丑,使讨虏护军武威太守马隆击之。……十二月,马隆击树机能,大破,斩之,凉州平。"
⑧ 属人:受别人节制。属,从属。
⑨ 随时:根据实际情状来作决定。时,时势。
⑩ 无虞:无贻误。
⑪ 大小不敌:意谓吕光兵多将广,自己人少力微,寡不敌众。
⑫ 廉川堡:城堡名。

将非吕光乎？光年已衰老，师徒屡败。今我以士马之盛，保据大川，乃可以一击百，光何足惧也。"乌孤曰："光之衰老，亦吾所知。但我祖宗以德怀远，殊俗惮威①，卢陵、契汗万里委顺②。及吾承业，诸部背叛，迩既乖违，远何以附，所以泣耳。"其将苻浑曰："大王何不振旅誓众，以讨其罪。"乌孤从之，大破诸部。吕光封乌孤广武郡公。又讨意云鲜卑，大破之。

光又遣使署乌孤征南大将军、益州牧、左贤王。乌孤谓使者曰："吕王昔以专征之威，遂有此州，不能以德柔远，惠安黎庶。诸子贪淫，三甥肆暴③，郡县土崩，下无生赖。吾安可违天下之心，受不义之爵！帝王之起，岂有常哉！无道则灭，有德则昌。吾将顺天人之望，为天下主。"留其鼓吹羽仪④，谢其使而遣之。

隆安元年⑤，自称大都督、大将军、大单于、西平王，赦其境内，年号太初。曜兵广武⑥，攻克金城。光遣将军窦苟来伐，战于街亭，大败之。降光乐都、湟河、浇河三郡⑦，岭南羌胡数万落皆附之。光将杨轨、王乞基率户数千来奔。乌孤更称⑧武威王。后三岁，徙于乐都，署弟利鹿孤为骠骑大将军、西平公，镇安夷⑨，傉檀为车骑大将军、广武公，镇西平。以杨轨为宾客。金石生、时连珍，四夷之豪隽；阴训、郭幸，西州之德望⑩；杨统、杨贞、卫殷、麴丞明、郭黄、郭奋、史暠、鹿嵩，文武之秀杰；梁昶、韩疋、张昶、郭韶，中州之才令⑪；金树、薛翘、赵振、王忠、赵晁、苏霸，秦雍之世门⑫，皆内居显位，外宰郡县。官方授才⑬，咸得其所。

乌孤从容谓其群下曰："陇右区区数郡地耳！因其兵乱，分裂遂至十余。乾归擅命河南，段业阻兵张掖，虐氏假息⑭，偷据姑臧。吾借父兄遗烈，思廓清西

---

① 殊俗惮威：意谓不同之地都惧怕我们的威力。殊俗：不同风俗之地。
② 委顺：投奔，归顺。委，致身。
③ 三甥肆暴：吕光的三个外甥肆暴行于其国中。肆暴：肆意行暴。
④ 鼓吹羽仪：鼓吹为演奏鼓吹乐的乐队。有击鼓，吹箫、笛、唢呐，胡笳等乐人组成，用于庆典大事。羽仪为用鸟羽装饰的仪仗队伍。
⑤ 隆安元年：晋安帝司马德宗的年号，即397年。
⑥ 曜兵广武：意为整军经武，扩充军旅。曜，明亮。广，扩大。
⑦ 乐都、湟河、浇河三郡：均在今青海东部湟水流域。乐都，今亦名乐都。湟河，浇河二郡不详其地。
⑧ 更称：改称。
⑨ 安夷：县名，在今西宁市与乐都之间湟水谷地。
⑩ 德望：道德名望高尚之士。
⑪ 中州之才令：中州即中原地区。才令，才美之士。
⑫ 世门：世家高门。门，门第。
⑬ 官方授才：根据实际设置官职。根据个人才能，授予不同职务。官，用如动词，设官。方，方面，地方。授，选拔，委任。才，才俊之士。
⑭ 虐氏假息：虐氏即吕光一族。吕为氏族，因其子甥暴虐，故称虐氏。假息，意谓假借时日，苟延残喘。

夏,兼弱攻昧①,三者何先?"杨统进曰:"乾归本我所部,终必归服。段业儒生,才非经世,权臣擅命,制不由己,千里伐人,粮运悬绝,且与我邻好,许以分灾共患②,乘其危弊,非义举也。吕光衰老,嗣绍冲闇③,二子纂、弘,虽颇有文武,而内相猜忌。若天威临之,必应锋瓦解④。宜遣车骑镇浩亹,镇北据廉川,乘虚迭出,多方以误之,救右则击其左,救左则击其右,使纂疲于奔命,人不得安其农业。兼弱攻昧,于是乎在⑤,不出二年,可以坐定姑臧。姑臧既拔,二寇不待兵戈,自然服矣。"乌孤然之,遂阴有吞并之志。

段业为吕纂所侵,遣利鹿孤救之。纂惧,烧氏池、张掖谷麦而还。以利鹿孤为凉州牧,镇西平,追傉檀入录府国事⑥。

是岁,乌孤因酒坠马伤胁,笑曰:"几使吕光父子大喜。"俄而患甚,顾谓群下曰:"方难未静⑦,宜立长君。"言终而死。在王位三年,伪谥武王,庙号烈祖。弟利鹿孤立。

选自《晋书》卷一百二十六《秃发乌孤载记》

---

① 兼弱攻昧:兼并弱者,攻击暗昧。昧,昏暗。
② 分灾并患:患难与共,相邻为好。
③ 嗣绍冲闇:继吕光之位的吕绍年纪幼小,不明政事。嗣,后继之人。冲闇,年纪暗弱。
④ 应锋瓦解:一触即溃。锋,军锋,如前锋、冲锋。
⑤ 于是乎在:在于是乎。意为就在这里。
⑥ 录府国事:官名。总理国府之事,如录尚书事。
⑦ 方难未静:四方患难犹未平定。靖,平定。

沮渠蒙逊传

沮渠蒙逊,临松卢水胡人①也。其先世为匈奴左沮渠②,遂以官为氏焉。蒙逊博涉群史,颇晓天文,雄杰有英略,滑稽善权变③,梁熙、吕光皆奇而惮之,故常游饮自晦④。

会伯父罗仇、麹粥从吕光征河南,光前军大败,麹粥言于兄罗仇曰:"主上荒耄骄纵,诸子朋党相倾,谗人侧目。今军败将死,正是智勇见猜之日,可不惧乎!吾兄弟素为所惮,与其经死沟渎,岂若勒众向西平,出苕藋⑤,奋臂大呼,凉州不足定⑥也。"罗仇曰:"理如汝言,但吾家累世忠孝,为一方所归,宁人负我,无我负人。"俄而皆为光所杀。宗姻⑦诸部会葬者万余人,蒙逊哭谓众曰:"昔汉祚中微,吾之乃祖翼奖⑧窦融,保宁河右。吕王昏耄,荒虐无道,岂可不上继先祖安时之志⑨,使二父有恨黄泉!"众咸称万岁。遂斩光中田护军马邃、临松令井祥以盟,一旬之间,众至万余。屯据金山,与从兄男成推光建康太守段业为使持节、大都督、龙骧大将军、凉州牧、建康公,改吕光龙飞二年为神玺元年。业以蒙逊为张掖太守,男成为辅国将军,委以军国之任。

业将使蒙逊攻西郡⑩,众咸疑之。蒙逊曰:"此郡据岭之要⑪,不可不取。"业曰:"卿言是也。"遂遣之。蒙逊引水灌城,城溃,执太守吕纯以归。于是王德以晋

---

① 卢水胡人:匈奴的一支,卢水为地名,胡指匈奴。晋时分布于张掖、安定等地。
② 左沮渠:匈奴官名。
③ 滑稽善权变:头脑灵活,应机而变。
④ 游饮自晦:到处豪饮,从而隐晦自己的志向。游,不局限于一地。
⑤ 苕(tiáo)藋(diào):地名,在张掖市东南。
⑥ 不足定:不够定。意谓平定凉州还不是最终的目标。
⑦ 宗姻:宗族姻亲。
⑧ 翼奖:辅助。
⑨ 安时之志:安定时局的志向。
⑩ 西郡:位于今武威市与张掖市之间,今永昌县境内。
⑪ 岭之要:要同腰。此郡地处河西走廊中部石羊河与黑河分水岭,东西咽喉之地。

昌，孟敏以敦煌降业。业封蒙逊临池侯。吕弘去张掖，将东走，业议欲击之。蒙逊谏曰："归师勿遏，穷寇弗追，此兵家之戒也。不如纵之，以为后图①。"业曰："一日纵敌，悔将无及。"遂率众追之，为弘所败。业赖蒙逊而免，叹曰："孤不能用子房②之言，以至于此！"业筑西安城，以其将臧莫孩为太守。蒙逊曰："莫孩勇而无谋，知进忘退，所谓为之筑冢，非筑城③也。"业不从。俄而为吕纂所败。蒙逊惧业不能容己，每匿智④以避之。

业僭称凉王，以蒙逊为尚书左丞，梁中庸为右丞。

吕光遣其二子绍、纂伐业，业请救于秃发乌孤，乌孤遣其弟鹿孤及杨轨救业。绍以业等军盛，欲从三门关挟山而东⑤。纂曰："挟山示弱，取败之道，不如结阵冲之，彼必惮我而不战也。"绍乃引军而南。业将击之，蒙逊谏曰："杨轨恃虏骑之强，有窥觎之志。绍、纂兵在死地，必决战求生。不战则有太山之安，战则有累卵之危。"业曰："卿言是也。"乃按兵不战。绍亦难之，各引兵归。

业惮蒙逊雄武⑥，微欲远之⑦，乃以蒙逊从叔益生为酒泉太守，蒙逊为临池太守。业门下侍郎马权隽爽有逸气，武略过人。业以权代蒙逊为张掖太守，甚见亲重，每轻陵⑧蒙逊。蒙逊亦惮而怨之，乃谮之于业曰："天下不足虑，惟当忧马权耳。"业遂杀之。蒙逊谓男成曰："段业愚暗，非济乱之才，信谗爱佞，无鉴断之明⑨。所惮惟索嗣、马权，今皆死矣，蒙逊欲除业以奉兄何如？"男成曰："业羁旅孤飘⑩，我所建立，有吾兄弟，犹鱼之有水，人既亲我，背之不祥。"乃止。蒙逊既为业所惮，内不自安，请为西安太守。业亦以蒙逊有大志，惧为朝夕之变⑪，乃许焉。

蒙逊期与男成同祭兰门山，密遣司马许咸告业曰："男成欲谋叛，许以取假日作逆⑫。若求祭兰门山，臣言验矣。"至期日，果然。业收男成，令自杀。男成曰：

---

① 后图：以后再加图谋。
② 子房：即张良，字子房。汉初名臣，佐刘邦取天下，功居首位。
③ 筑冢，非筑城：不是在修建城池，而是在修筑坟墓。
④ 匿智：隐藏自己的才智，以避祸及自身。
⑤ 三门关挟山而东：三门关，明铁门关。在今张掖市。
⑥ 雄武：雄壮，勇武。
⑦ 微欲远之：逐渐疏远蒙逊。微，稍。之，指蒙逊。
⑧ 轻陵：陵同凌，轻视侮辱。
⑨ 鉴断之明：鉴别，判断的能力。
⑩ 羁旅孤飘：段业为京兆人，随吕光进兵西域，因苻坚丧败，还乡无路，遂留河西。
⑪ 朝夕之变：早晚会生变故。
⑫ 取假日作逆：准备在请假（祭山）之日作乱。逆，叛乱。

"蒙逊欲谋叛,先已告臣,臣以兄弟之故,隐忍不言。以臣今在,恐部人不从,与臣克期祭山,返相诬告。臣若朝死,蒙逊必夕发。乞诈言臣死,说臣罪恶,蒙逊必作逆,臣投袂讨之,事无不捷。"业不从。蒙逊闻男成死,泣告众曰:"男成忠于段公,枉见屠害,诸君能为报仇乎?且州土兵乱,似非业所能济。吾所以初奉之者,以之为陈、吴①耳,而信谗多忌,枉害忠良,岂可安枕卧观②,使百姓离于涂炭。"男成素有恩信,众皆愤泣而从之。比至氐池③,众逾一万。镇军臧莫孩率部众附之,羌胡多起兵响应。蒙逊壁于侯坞④。

业先疑其右将军田昂,幽之于内,至是,谢而赦之,使与武卫梁中庸等攻蒙逊。业将王丰孙言于业曰:"西平诸田,世有反者,昂貌恭而心很,志大而情险,不可信也。"业曰:"吾疑之久矣,但非昂无可以讨蒙逊。"丰孙言既不从,昂至侯坞,率骑五百归于蒙逊。蒙逊至张掖,昂兄子承爱斩关内之,业左右皆散。蒙逊大呼曰:"镇西⑤何在?"军人曰:"在此。"业曰:"孤单飘一己,为贵门⑥所推,可见丐余命⑦,投身岭南,庶得东还⑧,与妻子相见。"蒙逊遂斩之。

业,京兆人也。博涉史传,有尺牍之才⑨,为杜进记室,从征塞表⑩。儒素长者,无他权略,威禁不行,群下擅命,尤信卜筮、谶记、巫觋、征祥,故为奸佞所误。

隆安五年⑪,梁中庸、房晷、田昂等推蒙逊为使持节、大都督、大将军、凉州牧、张掖公,赦其境内,改元永安。署从兄伏奴为镇军将军、张掖太守、和平侯,弟挐为建忠将军、都谷侯,田昂为镇南将军、西郡太守,臧莫孩为辅国将军,房晷、梁中庸为左右长史,张鹥、谢正礼为左右司马。擢任贤才,文武咸悦。

时姚兴遣将姚硕德攻吕隆于姑臧,蒙逊遣从事中郎李典聘于兴,以通和好。蒙逊以吕隆既降于兴,酒泉、凉宁二郡叛降李玄盛⑫,乃遣建忠挐、牧府长史张潜见硕德于姑臧,请军迎接,率郡人东迁。硕德大悦,拜潜张掖太守,挐建康太守。

---

① 陈、吴:即秦末起义的陈涉、吴广。
② 安枕卧观:犹坐视不顾。
③ 氐池:县名,位于今张掖市民乐县。
④ 壁于侯坞:以侯坞为壁垒。
⑤ 镇西:指段业。
⑥ 贵门:豪贵之门。
⑦ 见丐余命:留我一条性命。
⑧ 庶得东还:幸能东还长安。
⑨ 尺牍之才:书写各类文书的才能。尺牍,木简,长一尺,用于书写。
⑩ 塞表:塞外,指西域之行,随吕光远征。
⑪ 隆安五年:401年。
⑫ 李玄盛:李暠,见其传。

潜劝蒙逊东迁。挚私于①蒙逊曰:"吕氏犹存,姑臧未拔,硕德粮竭将还,不能久也。何故违离桑梓②,受制于人!"辅国莫孩曰:"建忠之言是也。"蒙逊乃斩张潜,因下书曰:"孤以虚薄③,猥忝时运。未能弘阐大猷④,戡荡群孽⑤,使桃虫鼓翼东京⑥,封豕烝涉西裔⑦,戎车屡动⑧,干戈未戢⑨,农失三时之业⑩,百姓户不粒食⑪。可蠲省百徭,专功南亩⑫,明设科条,务尽地利。"

时梁中庸为西郡太守,西奔李玄盛。蒙逊闻之,笑曰:"吾与中庸义深一体,而不信我,但自负耳,孤岂怪之!"乃尽归其妻孥。

蒙逊下令曰:"养老乞言,晋文纳舆人之诵⑬,所以能招礼英奇,致时邕之美⑭。况孤寡德,智不经远⑮,而可不思闻谠言以自镜⑯哉!内外群僚,其各搜扬贤隽⑰,广进刍荛⑱,以匡孤不逮。"

遣辅国臧莫孩袭山北虏,大破之。姚兴遣将齐难率众四万迎吕隆,隆劝难伐蒙逊,难从之。莫孩败其前军,难乃结盟而还。

蒙逊伯父中田护军亲信、临松太守孔笃并骄奢侵害,百姓苦之。蒙逊曰:"乱吾国者,二伯父也,何以纲纪⑲百姓乎!"皆令自杀。

蒙逊袭狄洛磐于番禾,不克,迁其五百余户而还。

姚兴遣使人梁斐、张构等拜蒙逊镇西大将军、沙州刺史、西海侯。时兴亦拜

---

① 私于:私下。
② 违离桑梓:远离故土。桑梓,故乡。
③ 虚薄:意为基础薄弱。
④ 弘阐大猷:弘扬,阐发大谋略。
⑤ 戡荡群孽:克平、扫荡众多残孽。
⑥ 桃虫鼓翼东京:喻害虫肆虐。鼓翼,振翅高飞。东京泛指河西以东广大地区。
⑦ 封豕烝涉西裔:封豕,长蛇大猪。喻食人猛兽尚且盘踞在自己国土之外的广大地区。烝涉犹进军,西裔即西邻。
⑧ 戎车屡动:戎车即战车,喻战事不停。
⑨ 干戈未戢:戢,止息。战乱不止。
⑩ 三时之业:春、夏、秋三个农忙季节的事情。
⑪ 户不粒食:每户人家无谷可食。粒食,以谷物为食。
⑫ 蠲省百徭,专功南亩:除去各种徭役,专心从事农业生产。南亩,农田。
⑬ 晋文纳舆人之诵:《左传·僖公二十八年》:"楚师背郿而舍,晋侯(重耳)患之。听舆人之诵曰:'原田每每,舍其旧而新是谋。'"舆人:驾车之人。
⑭ 时邕之美:邕同雍,意为君臣和睦,百姓乐业。
⑮ 智不经远:智慧不能达到很远的地方。
⑯ 可不思闻谠言以自镜:不能不听取直言来当作自己的镜子。谠言:直言。自镜:自察自省。
⑰ 搜扬贤隽:搜犹发现,举荐。扬:表扬,宣扬。贤隽,贤德俊逸之士。
⑱ 刍荛:割草打柴之人。喻草野之人。
⑲ 纲纪:治理,管理。

秃发傉檀为车骑将军，封广武公。蒙逊闻之，不悦，谓斐等曰："傉檀上公之位，而身为侯者何也①！"构对曰："傉檀轻狡不仁，款诚未著，圣朝所以加其重爵者，褒其归善即叙之义耳。将军忠贯白日，勋高一时，当入谐鼎味②，匡赞帝室，安可以不信待也。圣朝爵必称功，官不越德③，如尹纬、姚晃佐命初基④，齐难、徐洛元勋骁将，并位才二品，爵止侯伯。将军何以先之乎？窦融殷勤固让，不欲居旧臣之右⑤，未解将军忽有此问！"蒙逊曰："朝廷何不即以张掖见封，乃更远封西海⑥邪？"构曰："张掖，规画之内，将军已自有之。所以远授西海者，盖欲广大将军之国耳。"蒙逊大悦，乃受拜。

时地震，山崩折木。太史令刘梁言于蒙逊曰："辛酉，金也。地动于金，金动刻木，大军东行无前之征。"时张掖城每有光色，蒙逊曰："王气将成，百战百胜之象也。"遂攻秃发西郡太守杨统于日勒⑦。统降，拜为右长史，宠逾功旧⑧。

张掖太守句呼勒出奔西凉。以从弟成都为金山太守，罗仇子也；鄯为西郡太守，麹粥子也。句呼勒自西凉奔还，待之如初。

蒙逊率骑二万东征，次于丹岭⑨，北虏大人思盘率部落三千降之。

时木连理，生于永安，永安令张披上书曰："异枝同干，遐方有齐化之应⑩；殊本共心，上下有莫二之固⑪。盖至道之嘉祥⑫，大同之美征。"蒙逊曰："此皆二千石令长匪躬济时⑬所致，岂吾薄德所能感之！"

蒙逊率步骑三万伐秃发傉檀，次于西郡。大风从西北来，气有五色，俄而昼昏。至显美⑭，徙数千户而还。傉檀追及蒙逊于穷泉⑮，蒙逊将击之。诸将皆曰：

---

① 傉檀上公之位，而身为侯者何也：为什么傉檀的爵位要比我高呢？身，自称。
② 入谐鼎味：意为入朝重用。鼎味：与天子同食九鼎之食。
③ 官不越德：所授之官不能超越本人的德功。
④ 佐命初基：开创基业的佐命元勋。
⑤ 窦融殷勤固让，不欲居旧臣之右：东汉初年，窦融率河西士众归附刘秀。刘秀欲封窦融为侯，窦融多次辞让不受。以为自己的功劳不及追随起兵的旧臣。殷勤：真诚恳切。
⑥ 西海：郡名。位于今内蒙古额济纳旗，古称居延海。
⑦ 日勒：县名，位于今甘肃永昌西。
⑧ 宠逾功旧：对杨统的恩宠超过了有功的旧部属。
⑨ 丹岭：永安，地名。
⑩ 齐化之应：统一的响应。
⑪ 莫二之固：没有二心的牢固之本。
⑫ 至道之嘉祥：最美好的前景预兆。至道：大道之极。嘉祥：美好，祥和。
⑬ 匪躬济时：意为地方官员尽职尽责以济时艰。匪躬，舍己尽忠，不计个人利害。《易·蹇》："王臣蹇蹇，匪躬之故。"
⑭ 显美：县名，属武威郡，位于今甘肃永昌以东。
⑮ 穷泉：地名。

"贼已安营,弗可犯也。"蒙逊曰:"傉檀谓吾远来疲弊,必轻而无备,及其垒壁未成,可以一鼓而灭。"进击,败之,乘胜至于姑臧,夷夏降者万数千户。傉檀惧,请和,许之而归。及傉檀南奔乐都①,魏安人焦朗据姑臧自立,蒙逊率步骑三万攻朗,克而宥之。飨文武将士于谦光殿,班赐金马②有差。以敦煌张穆博通经史,才藻清赡③,擢拜中书侍郎,委以机密之任。以其弟挐为护羌校尉、秦州刺史,封安平侯,镇姑臧。旬余而挐死,又以从祖益子为镇京将军、护羌校尉、秦州刺史,镇姑臧。

俄而蒙逊迁于姑臧,以义熙八年④僭即河西王位,大赦境内,改元玄始。置官僚,如吕光为三河王故事⑤。缮宫殿,起城门诸观。立其子政德为世子,加镇卫大将军、录尚书事。

傉檀来伐,蒙逊败之于若厚坞⑥。傉檀湟河太守文支据湟川,护军成宜侯率众降之。署文支镇东大将军、广武太守、振武侯,成宜侯为振威将军、湟川太守,以殿中将军王建为湟河太守。蒙逊下书曰:"古先哲王应期拨乱者,莫不经略八表⑦,然后光阐纯风⑧。孤虽智非靖难,职在济时,而狡虏傉檀鸱峙旧京,毒加夷夏。东苑之戮,酷甚长平⑨,边城之祸,害深猃狁⑩。每念苍生之无辜,是以不遑启处⑪,身疲甲胄⑫,体倦风尘。虽倾其巢穴,傉檀犹未授首。傉檀弟文支追项伯归汉之义⑬,据彼重藩⑭,请为臣妾⑮。自西平已南,连城继顺。惟傉檀穷兽,守死

---

① 乐都:青海乐都县,今改海东市。
② 金马:钱帛与马匹。
③ 才藻清赡:才藻,才情与文采,才华。清赡:清为明晰不乱,赡为丰富充盈。
④ 义熙八年:412年。
⑤ 三河王故事:吕光曾僭称三河王。故事:前例。
⑥ 若厚坞,湟川:均为地名。
⑦ 八表:八方极远之地。
⑧ 光阐纯风:发扬光大纯美的风尚。
⑨ 东苑之戮,酷甚长平:即郭黁叛吕光,攻入东苑,肢解吕光子孙八人之惨剧。长平,战国时秦将白起败赵括,坑四十万降卒于长平。
⑩ 猃狁(xiǎn yǔn):亦作"獯狁",古族名。相传黄帝时即居西北。西周时屡屡入侵,周宣王曾多次率军征讨。
⑪ 不遑启处:没有闲暇时间休息。启,小跪。处,坐。犹言在家安息。
⑫ 身疲甲胄:身体长期疲于甲胄的重负。甲胄用皮革金缕制成,常服必疲。
⑬ 追项伯归汉之义:项伯为项羽叔父,因与张良友好,故同情刘邦,鸿门之宴多赖其翼护。项羽败之,项伯归汉,封侯。义,指文支归顺自己的正义之行。
⑭ 重藩:重镇。文支任河湟太守,为傉檀重要外镇。
⑮ 臣妾:犹臣属。臣妾有二义,一为君臣关系,一为夫妻关系。此处指前者。

乐都。四支①既落,命岂久全!五纬之会②已应,清一之期无赊③,方散马金山④,黎元永逸。可露布远近,咸使闻知。"

蒙逊西如苕藿,遣冠军伏恩率骑一万袭卑和、乌啼二虏,大破之,俘二千余落而还。

蒙逊寝于新台,阉人王怀祖击蒙逊,伤足,其妻孟氏擒斩之,夷其三族。

蒙逊母车氏疾笃,蒙逊升南景门,散钱以赐百姓。下书曰:"孤庶凭宗庙之灵,乾坤之佑,济否剥⑤之运会,拯遗黎之荼蓼⑥,上望扫清氛秽⑦,下冀保宁家福。而太后不豫⑧,涉岁弥增⑨,将刑狱枉滥⑩,众有怨乎?赋役繁重,时不堪乎⑪?群望不絜⑫,神所谴乎?内省诸身⑬,未知罪之攸在⑭。可大赦殊死已下。"俄而车氏死。

蒙逊遣其将运粮于湟河,自率众攻克乞伏炽磐广武郡。以运粮不继,自广武如湟河,度浩亹。炽磐遣将乞伏魋尼寅距蒙逊,蒙逊击斩之。炽磐又遣将王衡、折斐、麹景等率骑一万据勒姐岭⑮,蒙逊且战且前,大破之,擒折斐等七百余人,麹景奔还。蒙逊以弟汉平为折冲将军、湟河太守,乃引还。

晋益州刺史朱龄石遣使来聘。蒙逊遣舍人黄迅报聘益州⑯,因表曰:"上天降祸,四海分崩,灵耀拥于南裔⑰,苍生没于丑虏⑱。陛下累圣重光⑲,道迈周汉⑳,纯风所被,八表宅心㉑。臣虽被发边徼㉒,才非时隽,谬为河右遗黎推为盟主。臣

---

① 四支:人体之四肢。
② 五纬之会:五纬之会为五星相汇合。
③ 清一之期无赊:清一犹一清。意为清明平和的日子就会到来。
④ 散马金山:放马南山,刀枪入库之意。散,放。金山,祁连山。
⑤ 济否剥:否、剥为六十四卦之一。意为成就于盛衰无常,时运消长的时机。济,救济。
⑥ 拯遗黎之荼蓼:遗黎为饱受战乱之后留活的百姓。荼蓼,荒草。拯,救。
⑦ 氛秽:污秽凶丑的风气。
⑧ 不豫:不安适。
⑨ 涉岁弥增:过了年更加严重。涉岁,经历岁月。
⑩ 刑狱枉滥:刑法过重,监狱人满为患。枉,冤枉。滥,名目繁多。
⑪ 时不堪:百姓不堪重负。时,农时。
⑫ 群望不絜(jié):老百姓对自己的评价不高。絜,高尚。
⑬ 内省诸身:反省自己的内心。
⑭ 攸在:所在。攸,所。如生命攸关。
⑮ 勒姐岭:又名勒且岭,在今青海乐都县西南。
⑯ 报聘益州:回报益州来聘。聘,访问。
⑰ 灵耀拥于南裔:灵耀,上天神灵的光耀。南裔,南渡江左的晋室。
⑱ 苍生没于丑虏:北方的百姓处于异族的统治下。丑虏,五胡蔑称。
⑲ 累圣重光:累发圣意,重新光大。
⑳ 道迈周汉:帝道超过了周朝、汉朝。迈,超过。
㉑ 宅心:存于心中。如宅心仁厚。
㉒ 被发边徼(jiào):边远外夷之族。被发犹披发。古代少数民族多不束发。边徼,边塞,边境。

之先人,世荷恩宠,虽历夷险,执义不回,倾首朝阳①,乃心王室。去冬益州刺史朱龄石遣使诣臣,始具朝廷休问②。承车骑将军刘裕秣马挥戈③,以中原为事,可谓天赞大晋,笃生英辅④。臣闻少康⑤之兴大夏,光武之复汉业,皆奋剑而起,众无一旅,犹能成配天之功⑥,著《车攻》之咏⑦。陛下据全楚之地,拥荆扬之锐,而可垂拱晏然⑧,弃二京以资戎虏!若六军北轸⑨,克复有期,臣请率河西戎为晋右翼前驱。"

炽磐率众三万袭湟河,汉平力战固守,遣司马隗仁夜出击炽磐,斩级数百。炽磐将引退,先遣老弱。汉平长史焦昶、将军段景密信招炽磐,炽磐复进攻汉平。汉平纳昶、景之说,面缚出降。仁勒壮士百余据南门楼上,三日不下,众寡不敌,为炽磐所擒。炽磐怒,命斩之。段晖谏曰:"仁临难履危,奋不顾命,忠也。宜宥之,以厉事君⑩。"炽磐乃执之而归。在炽磐所五年,晖又为之固请,乃得还姑臧。及至,蒙逊执其手曰:"卿孤之苏武也!"以为高昌太守。为政有威惠之称,然颇以爱财为失。

蒙逊西祀金山,遣沮渠广宗率骑一万袭乌啼虏,大捷而还。蒙逊西至苕藿,遣前将军沮渠成都将骑五千袭卑和虏⑪,蒙逊率中军三万继之,卑和虏率众迎降。遂循海而西⑫,至盐池⑬,祀西王母寺⑭。寺中有《玄石神图》⑮,命其中书侍郎张穆赋焉,铭之于寺前,遂如金山而归。

---

① 倾首朝阳:意为敬畏晋室为正朔。倾首犹鞠躬,叩头。
② 休问:美好的问候。
③ 秣马挥戈:喂饱战马,挥军北伐。戈,泛挥军锋。
④ 笃生英辅:因为忠诚于上天,才能降生刘裕之类的英武辅佐。
⑤ 少康:夏代中兴之王。
⑥ 配天之功:和天地一样伟大的功绩。配,匹配,相当。
⑦ 著《车攻》之咏:车攻,《诗·小雅》篇名。记周宣王在东部与诸侯会猎的情形,以见军实之盛况。著,显现。
⑧ 垂拱晏然:垂衣拱手,平静安逸。
⑨ 六军北轸(zhěn):出兵北伐。六军犹朝廷军队。白居易《长恨歌》:"六军不发无奈何。"轸,北诊,战车指向北方。
⑩ 以厉事君:用来激励将士忠于其主的典范。
⑪ 乌啼虏、卑和虏:均为祁连山中的游牧部族。
⑫ 循海而西:沿着海边向西而进。海,今之青海湖,古称西海。
⑬ 盐池:当为今日青海柴达木盆地西部之察尔汗盐池。
⑭ 西王母寺:奉祠西王母的寺院。其地不详,依文中所述当在今青海省西部祁连山南麓。西王母传说始自《穆天子传》及《汉武外传》。都云在西方见过西王母。蒙逊所见此寺及玄石神图足证早在晋代此传说已十分流行。此地为游牧民族所居,且建寺供奉,说明西王母不全是汉族人所信仰的神祇,亦为早期各民族共同信奉之女神。
⑮ 玄石神图:黑色石头上刻制的西王母图像。玄,黑色。

蒙逊下书曰："顷自春炎旱，害及时苗，碧原青野，倏为枯壤。将刑政失中，下有冤狱乎？役繁赋重，上天所谴乎？内省多缺，孤之罪也。《书》不云乎：'百姓有过，罪予一人。'可大赦殊死已下。"翌日而澍雨①大降。

蒙逊闻刘裕灭姚泓，怒甚。门下校郎刘祥言事于蒙逊，蒙逊曰："汝闻刘裕入关，敢研研然②也！"遂杀之。其峻暴③如是。顾谓左右曰："古之行师，不犯岁镇④所在。姚氏舜后，轩辕之苗裔⑤也。今镇星在轩辕，而裕灭之，亦不能久守关中。"蒙逊为李士业⑥败于解支涧，复收散卒欲战。前将军成都谏曰："臣闻高祖有彭城之败，终成大汉⑦，宜旋师以为后图。"蒙逊从之，城建康而归。

其群下上书曰："设官分职，所以经国济时；恪勤官次，所以缉熙庶政⑧。当官者以匪躬为务，受任者以忘身为效。自皇纲初震，戎马生郊⑨，公私草创，未遑旧式⑩。而朝士多违宪制⑪，不遵典章；或公文御案，在家卧署⑫；或事无可否，望空而过⑬。至今黜陟绝于皇朝⑭，驳议寝于圣世⑮，清浊共流，能否相杂⑯，人无劝竞之心⑰，苟为度日之事⑱。岂忧公忘私，奉上之道也！今皇化日隆⑲，遐迩宁泰，宜肃振纲维⑳，申修旧则㉑。"蒙逊纳之，命征南姚艾、尚书左丞房晷撰朝堂制㉒。行之旬日，百僚振肃。

---

① 澍(shù)雨：及时雨。
② 研研然：对己不恭貌。
③ 峻暴：峻刻暴虐。
④ 岁镇：见《苻坚传》注。
⑤ 姚氏舜后，轩辕之苗裔：皇甫谧《帝王世纪·五帝第一》："舜，姚姓也，其先出自颛顼。"又云："帝颛顼高阳氏黄帝之孙昌意之子也。"
⑥ 李士业：李暠子。暠死后，士业继其位，事见《李暠传》。解支涧，地名。
⑦ 高祖有彭城之败，终成大汉：刘邦在彭城曾败于项羽，但终得天下。
⑧ 缉熙庶政：缉熙，积渐广大，犹今云深广。庶政：众多政务。
⑨ 戎马生郊：多在郊野作战。
⑩ 旧式：沿袭下来的制度。
⑪ 宪制：犹宪章，典章制度。
⑫ 公文御案，在家卧署：不在衙署办公，躺在家里床上签阅公文。
⑬ 事无可否，望空而过：遇到具体公事，不置可否，一推而过。望空，白看。
⑭ 黜陟绝于皇朝：官员的升降赏罚未能执行。绝，断，止息。
⑮ 驳议寝于圣世：辩驳议论朝政的制度也止息于今日。皇朝、圣世都是对执政者的美称。
⑯ 能否相杂：有才能的和无名之辈混杂在一起。
⑰ 劝竞之心：劝勉竞争向上的心思。
⑱ 度日之事：苟且混日子的本事。
⑲ 皇化日隆：大化蒸蒸日上。皇化犹大化，大道。隆，盛大。
⑳ 肃振纲维：肃振即振肃，意为振奋肃整各项典章制度，改变作风。
㉑ 申修旧则：重申修定旧日奉行的规章制度。

太史令张衍言于蒙逊曰:"今岁临泽城西当有破兵①。"蒙逊乃遣其世子政德屯兵若厚坞。蒙逊西至白岸,谓张衍曰:"吾今年当有所定②,但太岁在申,月又建申③,未可西行。且当南巡,要其归会,主而勿客④,以顺天心。计在临机⑤,慎勿露也。"遂攻浩亹,而蛇盘于帐前。蒙逊笑曰:"前一为腾蛇,今盘在吾帐,天意欲吾回师先定酒泉。"烧攻具⑥而还,次于川岩⑦。闻李士业征兵欲攻张掖,蒙逊曰:"入吾计矣。但恐闻吾回军,不敢前也。兵事尚权⑧。"乃露布西境⑨,称得浩亹,将进军黄谷。士业闻而大悦,进入都渎涧⑩。蒙逊潜军逆之⑪,败士业于坏城⑫,遂进克酒泉。百姓安堵如故,军无私焉。以子茂虔为酒泉太守,士业旧臣皆随才擢叙。

蒙逊以安帝隆安五年自称州牧,义熙八年僭立,后八年而宋氏受禅⑬,以元嘉十年死,时年六十六,在伪位三十三年。子茂虔立,六年,为魏所擒⑭,合三十九载而灭。

选自《晋书》卷一百二十九《沮渠蒙逊载记》

---

① 破兵:犹兵灾、兵祸。
② 定:古星名,即营室。
③ 月又建申:十二地支的第九位,即九月。
④ 要其归会,主而勿客:关键在于天时聚集在一起,利于主人,不利敌人。
⑤ 计在临机:好计谋全在于善于把握住有利时机。机,机运。
⑥ 烧攻具:烧掉准备攻城的器械。
⑦ 川岩:地名。
⑧ 兵事尚权:作战贵在权变。
⑨ 西境:张掖以西的酒泉、敦煌地区。
⑩ 黄谷、都渎涧:地名,不详。
⑪ 潜军逆之:隐蔽待敌,迎面截击。
⑫ 坏城:《李士业传》作"怀城"。
⑬ 宋氏受禅:420年,刘裕受晋恭帝禅让帝位,建号宋朝,史称刘宋。
⑭ 为魏所擒:被鲜卑拓跋氏建立的北魏所灭。

参考文献

(按书名首字母排序)

方铭《楚辞全注》,人民文学出版社,2019 年
(春秋)孔子、公羊高《春秋公羊传》,黄铭、曾亦译注,中华书局,2022 年
杨伯峻《春秋左传注》,中华书局,2017 年
《辞海》(缩印版),上海辞书出版社,1979 年
徐宗元《帝王世纪辑存》,中华书局,1964 年
(晋)郭璞注《尔雅》,上海古籍出版社,2015 年
(东汉)杨雄《法言》,韩敬注译,中华书局,2022 年
(清)王念孙《广雅疏证》,上海古籍出版社,2018 年
徐元诰《国语集解》,中华书局,2002 年
(清)王先谦《韩非子集解》,钟哲点校,中华书局,2021 年
(东汉)班固《汉书》,中华书局,1962 年
(南朝·宋)范晔《后汉书》,(唐)李贤等注,中华书局,1965 年
(晋)常璩著《华阳国志》,刘琳校注,巴蜀书社,1984
何宁《淮南子集释》,中华书局,2021 年
(唐)房玄龄等《晋书》,中华书局,1974 年
陈鼓应《老子今注今译》,中华书局,2022 年
王文锦《礼记译解》,中华书局,2016 年
杨伯峻《列子集释》,中华书局,2016 年
许维遹《吕氏春秋集解》,中华书局,2017 年
毛子水《论语今注今译》,重庆出版社,2011 年
杨伯峻《孟子译注》,中华书局,2018 年
(晋)陈寿《三国志》,(南朝·宋)裴松之注,中华书局,1965 年

顾颉刚、刘起釪《尚书校释译论》,中华书局,2005 年
李山《诗经析读》,中华书局,2018 年
(西汉)司马迁《史记》,中华书局,1959 年
(东汉)刘熙《释名》,中华书局,2016 年
(春秋)孙武《孙子兵法》,陈曦译注,中华书局,2017 年
(清)王先谦《荀子集解》,沈啸寰、王星贤点校,中华书局,2022 年
(陈)徐陵编《玉台新咏笺注》,(清)吴兆宜注,(清)程琰删补,穆克宏点校,中华书局,2017 年
范祥雍《战国策笺证》,上海古籍出版社,2006 年
谭其骧《中国历史地图集》,中国地图出版社,1982 年
黄寿祺、张善文《周易译注》,中华书局,2016 年
陈鼓应《庄子今注今译》,中华书局,2016 年